DE COSTA A COSTA

JAIME RODRIGUES

De costa a costa
*Escravos, marinheiros e intermediários do tráfico
negreiro de Angola ao Rio de Janeiro (1780-1860)*

2ª edição revista

Prefácio
Maria Cristina Cortez Wissenbach

Copyright © 2005, 2022 by Jaime Rodrigues

Grafia atualizada segundo o Acordo Ortográfico da Língua Portuguesa de 1990, que entrou em vigor no Brasil em 2009.

Capa
Ettore Bottini

Imagem de capa
Ex-voto cênico. Na inscrição, lê-se: "Milagre que fez Nossa Senhora do Rosário do Castelo ao capitão Francisco de Souza Pereira, que vindo do Recife de Pernambuco para a cidade do Rio de Janeiro com cento e setenta negros e na altura de catorze graus se viu perseguido dos negros que se levantaram e oferecendo-se à Senhora o livrou de tão grande perigo no ano de 1756".

Projeto gráfico do caderno de imagens
Silvia Massaro

Índice remissivo
Luciano Marchiori

Preparação
Beatriz de Freitas Moreira

Revisão
Ana Maria Barbosa
Renato Potenza Rodrigues
Andrea Souzedo
Sandra Russo

Dados Internacionais de Catalogação na Publicação (CIP)
(Câmara Brasileira do Livro, SP, Brasil)

Rodrigues, Jaime
    De costa a costa : Escravos, marinheiros e intermediários do tráfico negreiro de Angola ao Rio de Janeiro (1780-1860) / Jaime Rodrigues ; prefácio Maria Cristina Cortez Wissenbach. — 2ª ed. — São Paulo : Companhia das Letras, 2022.

    Bibliografia.
    ISBN 978-65-5921-134-0

    1. Escravos — Tráfico — Angola — História — Século 18 2. Escravos — Tráfico — Angola — História — Século 19 3. Escravos — Tráfico — Brasil — História — Século 18 4. Escravos — Tráfico — Brasil — História — Século 19 I. Título.

22-128631   CDD-981.04

Índice para catálogo sistemático:
1. Escravidão : Brasil : História 981.04

Cibele Maria Dias — Bibliotecária — CRB-8/9427

[2022]
Todos os direitos desta edição reservados à
EDITORA SCHWARCZ S.A.
Rua Bandeira Paulista 702 cj. 32
04532-002 — São Paulo — SP
Telefone: (11) 3707-3500
www.companhiadasletras.com.br
www.blogdacompanhia.com.br
facebook.com/companhiadasletras
instagram.com/companhiadasletras
twitter.com/cialetras

Para Glaucia, João Pedro, Bruno e Ana Clara

Este es el viaje de Orinoco
Quien no muere se vuelve loco.

Sebastian Vicente, marinheiro espanhol, em 1843
(Hill, *Fifty days on board a slave-vessel in the Mozambique Channel*)

Sumário

Apresentação 11
Prefácio — *Maria Cristina Cortez Wissenbach* 19
Agradecimentos 27
Palavras iniciais 31

PARTE I — NEGOCIAÇÕES E CONFLITOS EM ANGOLA
1. A grande loba que devora tudo: portos, feitorias e barracões de Angola 53
2. Interesses em confronto 83
3. A rede miúda do tráfico 104

PARTE II — NAVIOS E HOMENS NO MAR
4. Navios negreiros: imagens e descrições 139
5. As tripulações do tráfico negreiro 167
6. Cultura marítima: a vez dos marinheiros 193

PARTE III — MARINHEIROS E AFRICANOS EM AÇÃO
7. Guerras, resistência e revoltas 231
8. Saúde e artes de curar 260
9. O mercado do Valongo 305

Epílogo 321
Notas 329
Abreviaturas utilizadas 387
Fontes e bibliografia 389
Lista das tabelas 411
Créditos das imagens 413
Índice remissivo 415

Apresentação

Revisitar um livro anos após sua escrita provoca sensações variadas. Tratando-se de uma obra de História, disciplina repleta de novidades nos quesitos metodológico, de pesquisa e de formas de divulgação, a tentação trazida por uma segunda edição é a de rever completamente o conteúdo e construir um novo diálogo com a produção focada no mesmo tema. A primeira coisa a dizer nesta apresentação é que não cedi a essa tentação. Para isso, seria preciso reescrever a obra, mas avalio que ela se sustenta da forma como foi concebida originalmente.

Nesta nova apresentação, reitero que a associação entre o tráfico de pessoas escravizadas e os horrores do tempo presente nunca foi tão atual e sensível. A pandemia de Covid-19 é parte desse conjunto de horrores, depois de mais de seiscentas mil pessoas mortas no Brasil. Porém, o contexto é dado ainda pelos anos de abominável gestão do Estado, com flagrantes ataques aos avanços da Constituição de 1988, tão arduamente conquistados nos anos iniciais da redemocratização pós-ditadura civil-militar. Desde 2016, revivemos temores que alguns de nós julgávamos superados. A pandemia, associada à desastrosa negação da ciência nesse processo, trouxe inevitavelmente à tona uma sensibilidade ampliada para a constatação das terríveis condições de vida e trabalho no Brasil nos tempos presente e passado. O passado não cessa de se reatualizar, ao menos em seus fundamentos. Nem por ser uma farsa, o resultado disso deixa de ser cruel.

A temporalidade adotada em *De costa a costa*, cobrindo o período entre 1780 e 1860, tinha a intenção de verificar como se organizava o comércio de africanos escravizados entre Angola e o Rio de Janeiro em um período de intensa demanda e realizado sob a proteção das leis, confrontando isso com a época da ilegalidade pós-1831, caracterizada por picos de introdução de africanas e africanos escravizados, em certa medida para compensar o possível encerramento do negócio transatlântico que começava a se firmar no horizonte da política interna e internacional em que o Brasil estava inserido. Compensar, evidentemente, é o verbo aplicável para definir a perspectiva senhorial, num tempo em que o tráfico transatlântico de cativos já era questionado sob diferentes pontos de vista. O objetivo perseguido no livro foi adotar outra perspectiva, a de uma história vista de baixo, relacional e centrada na experiência dos africanos desterrados, afastados de seus familiares, instituições, línguas e culturas e obrigados ao trabalho em terras estrangeiras na América.

Tenho acompanhado, ainda que não de forma exaustiva, os rumos da historiografia sobre o tráfico para o Brasil no decorrer das duas primeiras décadas do século XXI. Sem receio de errar, afirmo que o aporte mais significativo veio dos estudos referentes ao tráfico ilegal pós-1831. Após anos de expectativa, Beatriz Mamigonian publicou seu volumoso livro sobre os africanos livres,[1] sistematizando a ampla produção da autora acerca dessa temática e ampliando os marcos da temporalidade nas análises sobre a ilegalidade da escravização das últimas gerações de africanos introduzidas no país. Lidando no interior do recorte entre 1808 e 1865, época que abrange a nunca concluída formação do Estado-nação no Brasil, Mamigonian estudou as possibilidades legais muitas vezes ignoradas acerca do direito à liberdade de milhares de pessoas de ambos os sexos e de todas as idades que foram contrabandeadas e, portanto, escravizadas ilegalmente no país. Embora a lei de 1831 seja central em sua análise, os acordos e as desavenças diplomáticas anteriores e posteriores àquela data não foram deixados de lado pela autora em seu estudo sobre a escravização, o tráfico e os africanos livres.

Dizer que o Estado-nação nunca teve sua formação concluída são palavras minhas diante das inúmeras formas de exclusão arquitetadas e levadas a cabo pelos detentores dos poderes na formação política e social do Brasil, como o suposto preparo que os senhores julgavam necessário ao gozo da liberdade pelos egressos do cativeiro. A tal preparação "educativa" nunca chegou aos milhares de africanos escravizados — e é preciso dizer que eles não ficaram à espera disso para construir seus próprios anseios e projetos de liberdade — em 1831, nem antes ou depois dessa data. Em muitos casos, ainda hoje continua a ser negado aos brasileiros descendentes de africanos o acesso à educação formal de qualidade e ao usufruto de outros direitos de cidadania, constituindo um processo no qual identifico duas linhas de continuidade. Uma delas abrange os africanos livres e os escravizados e seus descendentes como ancestrais dos trabalhadores brasileiros de hoje; a outra vincula orgulhosamente os empresários e seus representantes nos poderes constituídos da República até o século XXI aos senhores de escravos e traficantes nos séculos da colonização e do Império. E não se trata aqui de ancestralidades eletivas: as queixas e a desfaçatez dos traficantes contra a ingerência do Estado em seus negócios são da mesma cepa das reclamações de empresários novecentistas e do tempo presente quando se referem à impossibilidade de cumprir as leis trabalhistas e pagar os tributos devidos, requerendo e quase sempre sendo atendidos em suas exigências de reformas constitucionais com a finalidade de desonerá-los dos seus deveres.

Não estou lidando nos termos de uma comparação retórica. O tráfico e a escravidão sempre tiveram defensores de peso no governo, nos órgãos da justiça e no poder legislativo desde que o país se tornou independente, como podemos ver pelos argumentos de Tâmis Parron,[2] por exemplo. Mesmo antes disso, no tempo da Corte lusa instalada no Brasil, encontramos situações que demonstram como empresários açodavam as ações do poder público na defesa de seus interesses privados. Exemplo disso estava na fiscalização de saúde nos navios negreiros, obrigatória havia séculos e renovada no início do Oitocentos, contra a qual se levantaram os maiores traficantes instalados no Rio de Janeiro. Eles ameaçaram as autoridades sanitárias, afirmando que o aumento das despesas devido à quarentena dos escravos levaria muitos empresários a se desinteressarem do negócio. Segundo os traficantes, os africanos recém-chegados não traziam outras doenças além da varíola e do sarampo, que não eram "mais que um incômodo moderado, ordinário e passageiro". É impossível não ver no cinismo desse discurso a raiz de outras falas, como os que minimizaram a capacidade mortífera da pandemia que assolou o mundo, e o Brasil de forma particular, entre 2020 e 2022. É sob o signo do cinismo estatal e das elites brasileiras que escrevo esta apresentação. Em diferentes épocas, fomos regidos por sabotadores da ciência e usurpadores de direitos. A versão mais recente dessas práticas estatais e governamentais se valeu da emergência sanitária para levar adiante a pauperização dos mais vulneráveis e a retirada de direitos dos trabalhadores, em aliança com empresários intimidadores e com a demiúrgica mão invisível do mercado. Os males do século XIX têm se mostrado fortes e persistentes, ao mesmo tempo em que as instituições democráticas e a sociedade civil têm se mostrado frágeis e impotentes para fazer frente a eles. É isso que entendo ser a incompletude da formação do Estado-nação no Brasil.

Formas reinventadas de trabalho análogo à escravidão no tempo presente nos fazem cogitar que o Oitocentos não acabou. Ao apresentarem um instigante dossiê intitulado "Escravidão e comércio de escravos através da história", Suely Almeida e Marcus Carvalho chamaram nossa atenção para a muitas vezes alardeada incompatibilidade entre capitalismo e escravidão, sem que os historiadores se deem conta do enraizamento da escravidão "na periferia das engrenagens dos grandes mercados". Eles nos lembram ainda que "mesmo nos centros mais avançados ela [a escravidão] pode ser empregada sob diferentes justificativas, algumas muito apropriadas ao mundo moderno. Na contemporaneidade, multidões de trabalhadores vivem em condições análogas à escravidão em países onde os direitos civis mais básicos são conquistas centenárias. Pessoas desprotegidas ainda são traficadas como mercadorias".[3]

Enriquecer e enobrecer às custas do trabalho alheio e do crime eram e continuam a ser práticas corriqueiras de membros de certos setores sociais ao longo da história do Brasil, sobretudo quando se tratava de traficantes escravistas. As formas de enobrecimento foram modernizadas, passando dos títulos nobiliárquicos às benesses em forma de subsídios fiscais ou fraudes em licitações, por exemplo. Mas o fundamento continua a ser o mesmo. Marcus Carvalho tem estudado e orientado estudos inspirados, destrinchando a maneira pela qual mesmo alguns homens de origem social simples souberam aproveitar oportunidades no crime e se tornaram barões ou viscondes, componentes da "boa sociedade" na Bahia, em Pernambuco e em Portugal — evidentemente também em outros lugares, se soubermos conduzir a busca a partir do método e da perspicácia aplicados nos estudos dessa linha de pesquisa. Entre outros trabalhos exemplares, podem ser mencionados os de Aline Albuquerque[4] e Amanda Gomes,[5] ocupados com as biografias de gente que fez fortuna na prática do crime de tráfico ilegal; ou o de Paulo Cadena,[6] que, ao estudar o Marquês de Olinda menos pelo aspecto da fortuna e mais pelo da consolidação de seu poder político e prestígio social, toma essa personagem como exemplo daqueles homens do século XIX que, mais do que fazerem parte dos grupos Conservador ou Liberal e serem defensores das pautas bipartidárias da época, construíram suas trajetórias por meio de escaladas oportunistas — neste caso, incluindo vistas grossas à persistência criminosa do tráfico, negócio no qual seus familiares estavam envolvidos, sendo ele a maior autoridade do governo brasileiro nos anos finais da década de 1830.

Se para as províncias do Norte os trabalhos se mostram vigorosos, para o Centro-Sul não é diferente. Trabalhos monográficos sobre negociantes como José Gonçalves da Silva e Manoel Pinto da Fonseca, escritos respectivamente por Nilma Accioli[7] e João Marcos Mesquita,[8] revelam os meandros das trajetórias de traficantes que nutriam excelentes relações com as instâncias do poder na Corte imperial e estavam enfronhados nos interesses da camada senhorial da província do Rio de Janeiro. Thiago Pessoa seguiu uma linha semelhante, analisando indivíduos proeminentes ou famílias destacadas cuja fortuna e prestígio transmutado em poder político estavam baseados em uma rede de bons contatos, exemplificando o processo por meio do complexo escravista dos Souza Breves fluminenses, que incluía fortes conexões com o contrabando de africanos.[9]

A "trama da ilegalidade" dos traficantes no litoral da província do Rio de Janeiro também foi tema privilegiado nos trabalhos de Walter Pereira.[10] Conjuntamente com Thiago Pessoa, Carneiro dirige um amplo projeto de mapeamento dos lugares de desembarque de africanos sob a forma de contrabando após 1831, no espaço litorâneo das províncias entre o Espírito Santo e o norte de São Paulo, considerando a ação das autoridades e dos proprietários locais ao encobertar esse crime. Os frutos desse esforço de pesquisa se mostram promissores.[11] Parte dos trabalhos aqui mencionados foi sistematizada em uma obra coletiva bastante oportuna, com contribuições de historiadores empenhados na busca de novos caminhos para o estudo do tráfico realizado sob a forma de contrabando após 1831.[12]

A imprensa — fonte e ao mesmo tempo sujeito interveniente nos debates e ações sobre o tráfico de africanos escravizados no contrabando — também tem recebido alguma atenção nos últimos anos. Nessa linha, destacam-se os trabalhos de Paulo César de Jesus sobre a Bahia[13] e o de Alain El Youssef para o Rio de Janeiro.[14]

O tempo da legalidade do comércio de africanos escravizados, por outro lado, vem recebendo uma atenção bem menor por parte dos historiadores. Talvez isso se deva à dificuldade de acesso às fontes, em sua maioria custodiadas por arquivos portugueses, mas é preciso um empenho maior para destrinchar as especificidades do comércio de pessoas escravizadas nesses outros tempos históricos. Os papéis desempenhados pelos profissionais que compunham as tripulações e que eram responsáveis pela efetivação das viagens dos navios através do Atlântico são um campo abordado neste livro que permanece à espera de mais interesse dos historiadores. Para o século XVIII, destacam-se a pesquisa de Wildson Félix Silva,[15] debruçada sobre o perfil dos capitães de navios negreiros atuantes em Pernambuco, e as coletâneas com trabalhos de historiadores empenhados em estudar aspectos da Bahia e do Rio de Janeiro setecentistas.[16]

Anunciei aqui diferentes caminhos percorridos pela historiografia sobre o tráfico no Brasil desde a primeira edição de *De costa a costa*, ao menos aquelas que julgo mais promissoras ou que fui capaz de perceber. Alguns dos caminhos apontados — sobre os usos da imprensa ou de natureza biográfica em suas conexões com a política institucional e estatal — ou deixados de lado nesta apresentação — sobretudo os de caráter econômico e/ou demográfico — não faziam parte do escopo do livro, mas certamente tiraram dele algum encaminhamento para suas análises. Este livro sustenta uma abordagem em História Social feita em diálogo com clássicos da historiografia e apresentando resultados oriundos da pesquisa em fontes ainda pouco conhecidas na altura em que a obra foi escrita. Dentre todas as temáticas abordadas no livro, a "oferta" e as injunções africanas com implicações sobre o comércio de gente para ser escravizada do outro lado do Atlântico — perspectiva aparentemente incontornável nos estudos sobre o tráfico desde a publicação de *Em costas negras*, de Manolo Florentino —[17] talvez tenham sido as que menos frutificaram entre os estudiosos baseados no Brasil.[18]

A ação em rede, o diálogo com historiadores africanos e a disponibilização de fontes em formato digital — com destaque para o *Transatlantic Slave Trade Database* —[19] podem pavimentar o caminho a ser trilhado nos próximos anos na problematização do tráfico como questão da História Global, do Atlântico, das Américas, da África, da Europa e do mundo do trabalho. Em que pesem algumas novidades — representadas pelo amplo uso dos dados seriais e pela chamada "segunda escravidão" —, nada disso supriu certas carências historiográficas nem foi capaz de conectar os aportes empíricos e o modelo teórico às experiências dos escravizados e às condições em que a escravização dos africanos se davam, particularmente no Brasil. Novamente, os africanos escravizados vêm sendo cobertos pelo manto da invisibilidade. Decerto, para os milhares de homens, mulheres e crianças escravizados/as a partir do século XIX fazia pouca diferença a definição conceitual da fase escravista ou do estágio de desenvolvimento do capitalismo em que suas vidas se encontravam, nos termos postulados por alguns estudiosos.[20] No livro que tem em mãos, como o leitor em breve verá, a abordagem pretendida foi a de uma história vista de baixo para cima. Nela, importa a perspectiva dos africanos escravizados e dos agentes envolvidos na viabilização do comércio, mesmo que suas vozes tenham deixado registros limitados e suas ações tenham sido quase sempre desconsideradas na historiografia.

Estudiosos do hemisfério sul têm algo a dizer quando se trata de colaborar para a construção de explicações mais amplas e menos colonizadas do que aquelas que temos experimentado. Em suas múltiplas dimensões, o tráfico é (ou deveria ser) um problema histórico compartilhado por gente de três continentes, podendo se constituir em um campo de estudos efetivamente mais colaborativo e menos hierarquizado na construção de teorias explicativas e de instrumentos de pesquisa acessíveis e atualizados para uso por todos os interessados.

Prefácio

Maria Cristina Cortez Wissenbach

Cada vez mais a produção historiográfica revela a complexidade do comércio atlântico de escravos, demonstrando a racionalidade econômica dos negócios do tráfico e o envolvimento progressivo de parcelas significativas das sociedades europeias, americanas e africanas. Pesquisas relativamente recentes, baseadas na exploração empírica de dados colhidos em fontes e arquivos de diversos países, elucidam detalhes até então pouco explorados e que muitas vezes chegam a surpreender. Indicam, entre outros aspectos, a prevalência da África Centro-Ocidental, da América Portuguesa e do Brasil no fornecimento e na recepção dos maiores contingentes de cativos, o auge desse comércio no século XVIII, coincidindo tanto com uma fase de grande poderio da Grã-Bretanha, como por um intenso processo de internalização dos resgates no continente africano que atingiu sociedades localizadas a milhares de quilômetros da costa, sem que fossem desmobilizadas as incursões junto aos povos do litoral. Numa outra escala, outros trabalhos, atentos à movimentação atlântica, flagram os mercadores em plena atuação, ora na escolha dos melhores pontos para o aprovisionamento de escravizados e na seleção das melhores peças, ora ainda no pagamento de tributos e taxas aos dirigentes locais e a seus prepostos.

As abordagens recentes contribuem para um melhor entendimento não só da dinâmica histórica do tráfico, como também da participação ativa de grupos africanos, entre eles centros de poder e elites, bem como agrupamentos étnicos e religiosos. Não se trata exclusivamente de dividir as responsabilidades pela deportação compulsória de milhões de homens e de mulheres de suas terras de origem para a América e em direção a outros pontos do Atlântico, mas de revelar a infinidade de agentes que operacionalizaram cada uma das fases desse ramo do comércio atlântico, antes, depois e durante a viagem marítima. Nesse sentido, a complexidade dos negócios do tráfico remete-se também à consideração dos africanos como sujeitos históricos.

O eixo do trabalho de Jaime Rodrigues reside exatamente na análise das complexas redes de relações que concretizaram as atividades do comércio de escravos por meio do acompanhamento de figuras sociais nelas envolvidas: capitães dos navios e suas equipagens, mercadores itinerantes, sertanejos, colonos, pombeiros, autoridades metropolitanas, sobas africanos, entre outras. Na recomposição do universo constituído em torno do tráfico, seu estudo traz contribuições significativas a um tema que, embora clássico, não se encontra de forma alguma esgotado. De uma parte, inspirado pelas novas direções teóricas e metodológicas da História Social, o ponto de partida de sua interpretação é o de detectar a historicidade de relações, bem como atinar ao que Joseph Miller (1988) chama de contingências históricas capazes de transformar um fato aparentemente linear e unívoco em um processo marcado por características e variações ao longo do tempo.

De outra parte, ao observar de perto as ligações entre o Rio de Janeiro e os territórios portugueses de Angola, o historiador se associa a uma profícua produção historiográfica sobre um tema amplo que atraiu, desde há muito tempo, estudiosos pioneiros como Afonso d'E. Taunay (1941) e Maurício Goulart (1949). Como também o francês Pierre Verger (1987), que, analisando os fluxos e os refluxos da movimentação atlântica — de mercadores, marinheiros, embaixadas e trabalhadores, e de produtos tais como o tabaco, o açúcar e o ouro —, pôde comprovar, de maneira inquestionável, os nexos históricos que se estabeleceram entre a Bahia e o golfo de Benin, ou a Costa da Mina, como diziam os homens do século XVIII. Uma linha de interpretação que foi retomada depois por Manolo Florentino (1997) e Luiz Felipe de Alencastro (2000), em seus trabalhos sobre o eixo Luanda-Rio de Janeiro, ao pontuarem que o caminho aberto entre os dois portos não só era percorrido com a mesma intensidade que as rotas baianas, como tornava indissociáveis dois lados de um mesmo empreendimento político, social e econômico. Estudos que, em última instância, reafirmaram a impossibilidade de compreender a história do Brasil sem a atenção à história das sociedades africanas, em especial daquelas que participaram do circuito atlântico.

Neste conjunto de reflexões, em grande parte retiradas da leitura deste livro, o mérito de Jaime Rodrigues é o de examinar nuances do que se convencionou qualificar como o "infame comércio". Expressão, aliás, que inspirou o título de sua obra anterior, publicada em 2000, resultado das pesquisas feitas para o mestrado na Unicamp, na qual estudou as implicações do tráfico na sociedade brasileira do século XIX, incluindo a fase do comércio ilegal acentuada a partir dos anos 1830. Ao lidar com temáticas de reconhecida dificuldade, já nesse trabalho deixava à mostra suas qualidades de pesquisador acurado e sensível a temas significativos da nossa história. Qualidades que se repetem aqui, fruto de sua tese de doutorado, igualmente sustentada por pesquisas minuciosas feitas em acervos brasileiros e portugueses, em busca de uma documentação rarefeita e, principalmente, fragmentada. Empreendimento nada fácil, conforme ele próprio reconhece numa espécie de desabafo: "O desafio consistiu em amarrar dados aparentemente desconexos, percorrer espaços diferenciados e temporalidades relativamente longas, além de superar meu próprio desconhecimento e estranhamento a respeito de como as coisas se passavam entre homens e mulheres tão diferentes de nós". Ainda segundo ele, desafio diante do qual foi preciso ousar.

Os primeiros capítulos de *De costa a costa* caminham por entre as áreas de presença histórica portuguesa, na costa ocidental africana, explicitando os diferentes níveis das tensões vividas pelos colonos, em grande parte mercadores portugueses, luso-africanos e luso-brasileiros, e as dificuldades do poder metropolitano em manter seus enclaves livres da concorrência das nações rivais e em implementar as medidas de controle sobre as atividades mercantis. Nas cidades de Luanda e Benguela e nos presídios do interior; nos territórios como Cabinda e Ambriz, em que o domínio português era relativamente tênue e onde de fato quem governava eram os dignitários africanos; e nos centros de poder em que esta soberania se mostrava inconteste, como em Loango e em Molembo, o historiador acompanha as vicissitudes do viver e do negociar na África. Realiza sua tarefa com sensibilidade e por meio de uma documentação variada: correspondência dos governadores às autoridades centrais, ofícios de funcionários da Coroa e de observadores estrangeiros que mapeiam, além das queixas dos colonos, as dificuldades e/ou as potencialidades do comércio.

Doenças, descaso do governo metropolitano, fases de carestia e de abastecimento precário eram percalços cotidianos que se somavam aos conflitos frequentes com as populações locais e suas chefias tradicionais, que nunca deixaram de resistir e de impor seus interesses. Segundo constata o autor, para os mercadores lusos (ou luso-brasileiros ou luso-africanos), a fortuna, aparentemente fácil, viria somente depois que fossem contornadas as febres que teimavam em se fazer frequentes, vencidas por vezes a infidelidade dos agentes empregados a serviço dos sertanejos — os chamados pombeiros — e a eventual traição dos sobas aliados ou vassalos da Coroa, no caso das áreas angolanas. E ainda, nas faixas costeiras e no Atlântico, depois de combater a ação dos concorrentes rivais e a pirataria nos mares, promovida por franceses, ingleses e holandeses que atuavam nos intervalos do poder metropolitano e à revelia das pretensões de exclusivismo dos portugueses. Conflitos, asperezas e características do comércio atlântico que somente os lucros incomensuráveis dos negócios com o sertão e a riqueza que circulava ao longo das rotas marítimas e terrestres poderiam justificar, mas que, de outra parte, imprimiram um perfil característico aos assentamentos estrangeiros no litoral e ao longo dos rios — formados por uma população intermitente, aventureira em sua origem, marcada pela indisponibilidade em se fixar e por uma tendência em permanecer somente o tempo necessário para enriquecer e depois desfrutar as fortunas pessoais nas áreas mais prósperas e menos pestilentas dos impérios ultramarinos europeus.

Cuidadoso às inflexões do tempo e atento às pressões conjunturais, o historiador nos conduz, com certa frequência, à dinâmica particular do século XIX em que os negócios do tráfico, no litoral da África atlântica e avançando gradativamente em direção às zonas orientais, ganharam uma movimentação mais rápida e mais flexível. A presença do esquadrão antitráfico britânico, plantado inicialmente nos flancos ocidentais, levava os capitães dos navios tumbeiros a adotarem uma infinidade de artimanhas: quando desviavam suas rotas marítimas, substituíam os portos mais tradicionais, como Uidá, Ajudá e mesmo Luanda, por exemplo, por embarcadouros recém-formados e menos conhecidos, por praias e enseadas ermas, e ainda quando definiam preferências por tipos mais leves de embarcações. Numa conjuntura particular, modificaram-se também os procedimentos internos dos resgates, multiplicando, entre eles, os depósitos onde eram armazenados os escravizados trazidos pelas caravanas do interior, os chamados barracões ou quibandas, feitorias privadas edificadas não mais na costa, mas mais ao interior, nas zonas ribeirinhas e na parte interna das pequenas baías. Conjuntura que, supõe-se, também levou ao aumento da mortalidade no interior dos tumbeiros, pois, diante da ilegalidade do comércio e da ausência de uma legislação normativa, registrava-se rotineiramente a superlotação dos navios. Nota-se que muitas dessas situações ocorriam nas duas margens do oceano — nas regiões africanas das lagunas que acompanhavam a orla da baía de Benin, nas áreas próximas ao estuário do rio Congo, e mais ao sul, em Benguela, como também nas zonas americanas de desembarque que se pulverizavam pela costa sul do Brasil, de Paranaguá a São Paulo, entre Ubatuba e Angra dos Reis, bem como nas faixas litorâneas do Nordeste, como o autor já havia indicado em seu trabalho anterior.

Em sua análise, tendo como referência sobretudo a África Centro-Ocidental e o contexto oitocentista, algumas regiões ganham destaque no livro. Entre elas, o porto de Cabinda, em Ngoyo, que exemplifica uma situação histórica em que a pretensão do domínio português não conseguiu vencer a barreira trazida pela autonomia dos africanos (sendo "governado por pretos", no dizer das fontes). Como evidencia o historiador, essa região africana, em particular, constitui ora cenário da concorrência com os franceses, que destruíram, em 1883-84, o forte português recém-construído, ora referência à importância dos povos *bawoyo* na intermediação das atividades do tráfico, ora ainda a destreza dos marinheiros cabinda no suprimento dos mercadores euro-americanos estacionados na costa. É também Cabinda, zona de livre-comércio em razão da prevalência do poder africano, a base de negociantes envolvidos tanto com o mercado brasileiro como com o cubano, sobretudo após a proclamação britânica sobre a ilegalidade do comércio de escravos. E, por fim, Cabinda foi palco de uma das sublevações de escravizados ocorridas a bordo de um navio, das poucas registradas pela documentação, segundo o autor.

Sem querer fixar filiações que aprisionariam uma abordagem em muitos sentidos original, é possível identificar algumas inspirações historiográficas no trabalho de Jaime Rodrigues. Se nos primeiros capítulos encontram-se mais ou menos indicadas as contribuições de Joseph Miller, estudioso do tráfico na região de Angola, da gradativa ampliação das zonas fornecedoras de escravos e das contingências históricas que cadenciam as ofertas — secas, fome e epidemias, por exemplo —, na segunda parte, intitulada "Navios e homens no mar", o historiador dialoga com os estudiosos da middle passage e persegue algumas das sugestões feitas, há algum tempo, por Peter Linebaugh (1983) e Marcus Rediker (1989), em especial a de investigar as relações sociais que se estabelecem nas longas travessias oceânicas. A começar pela consideração do navio tumbeiro como um fato histórico e, portanto, sujeito a mudanças no tempo, o autor segue esclarecendo a enorme variação tipológica das embarcações — sumaca, galera, bergantim, brigue, escuna, patacho etc. — e examina as transformações das técnicas e dos materiais de construção. Inovações caras também aos traficantes, pois delas dependiam um tempo menor de viagem e possibilidades maiores de transporte de suas mercadorias humanas. E que acabam por originar uma arquitetura própria aos tumbeiros, leves, rápidos e internamente providos de escotilhas gradeadas e outras disposições necessárias para o aprisionamento da carga.

Talvez um dos trechos mais instigantes do trabalho seja aquele em que o autor se debruça sobre o mundo híbrido, multiétnico e transcultural das embarcações atlânticas. Tendo em mãos uma base documental igualmente diversificada — cartas de ordens aos pilotos e de saúde, relatos de viajantes que navegaram nos tumbeiros e, principalmente, os processos contra as embarcações apreendidas pelas Comissões Mistas instituídas para o combate do contrabando —, Jaime Rodrigues trata de uma temática relativamente ausente na produção brasileira, à exceção talvez do livro de Amaral Lapa (1968) sobre a Bahia e a Carreira da Índia. Nessa parte, recompõe o universo social do navio, decifrando desde a origem dos marujos, os jargões marítimos e a língua falada entre eles — chamada de gíria de proa, uma espécie de *pidgin* dos homens do mar —, ritos, superstições e religiosidades até chegar às considerações sobre a divisão do trabalho a bordo e as relações de poder que atribuíam um caráter todo especial aos navios. Segundo sua análise, tripulações heterogêneas de diferentes procedências e nacionalidades e, nelas, escravizados e alforriados de ascendência africana, hierarquias profundas e regras de disciplina rígidas, uma situação de senhorio provisório com as africanas e os africanos encarcerados e, por fim, longos períodos de navegação transformavam os tumbeiros em algo mais que um simples meio de transporte marítimo.

Ainda com relação ao perfil da tripulação, o autor sublinha outra particularidade relativamente simples: a de que ela era formada, de fato, por homens especializados no comércio de escravos. A associação com um ramo específico de negócios definia e configurava, segundo ele, as práticas e os conhecimentos desses homens do mar, capitães, mestres e contramestres e outros oficiais que passavam a ser não só os encarregados de realizar a escolha e a compra das peças escravas, como também os que articulavam acordos, assinavam tratados, lideravam embaixadas direcionadas aos Estados africanos. Em especial, as atividades dos cirurgiões iam além das relativas ao trato médico e ao enfrentamento das intempéries das viagens; principais ajudantes dos capitães nos negócios terrestres, desenvolviam um saber adquirido no escrutínio dos homens, das mulheres e das crianças que seriam comprados. Vale dizer que, considerando as fontes históricas, essa característica imprimiu um sentido muito particular às narrativas de viagem que foram produzidas por eles.

A importância da terceira parte do trabalho reside, a meu ver, na capacidade do historiador em superar a perspectiva histórica estreita que considera os africanos transportados unicamente como vítimas passivas de um comércio rendoso, quase sempre silenciosas. Ou mesmo daquela produção que os observa exclusivamente a partir das lentes quantitativas. No esteio de alguns estudiosos que insistem em investigar a resistência dos africanos ao movimento hegemônico do tráfico atlântico, entre eles Winston McGowan (1990) e Roquinaldo Ferreira (2014), Rodrigues examina revoltas contra a escravização. Não só algumas poucas que aconteceram a bordo dos navios (ou que foram noticiadas), como também as que ocorreram ainda em terra, no cenário dos barracões, como ainda outras, gerais, que mobilizavam os povos dos sertões contra o domínio português e que acabavam por obstaculizar os fluxos regulares das caravanas entre o interior e o litoral. Além disso, uma vez que parte do pressuposto e comprometimento em analisar os africanos como sujeitos históricos, Jaime Rodrigues sublinha, à luz das interpretações de Robert Slenes, que devem ser igualmente buscados entre os escravizados o sentido da escravidão atlântica, a simbologia do mar e os temores diante dos sinais de canibalismo entre os homens brancos. Nessa parte de seu estudo, vislumbram-se as inúmeras possibilidades e perspectivas que se abrem e que devem permanecer nos horizontes de pesquisas históricas sobre o tráfico.

Denso de informações, mas ao mesmo tempo de leitura fluente, a cada página do livro desponta uma profusão de dados, retirados dos documentos e compilados de uma bibliografia nem sempre disponível ao público leitor brasileiro. Jaime Rodrigues desenvolve assuntos e temas que já haviam sido descortinados nas pesquisas anteriores: a composição eminentemente estrangeira dos navios tumbeiros e o ensino da língua portuguesa ainda no continente africano como prática que antecipava um processo de ladinização no sentido de camuflar a feição dita boçal dos escravizados transportados. Fornece ainda informes variados sobre os produtos com os quais se negociava, a preferência das sociedades africanas pelas fazendas de Malabar, os tecidos ingleses e, sobretudo, direcionada aos produtos brasileiros: a cachaça, ou gerebita, e o tabaco, que fundamentavam a prevalência dos mercadores e dos navios vindos do Rio de Janeiro e da Bahia.

Detalhes a mais que contribuem para evidenciar que se trata de uma obra indispensável para os interessados em aprofundar a compreensão do tráfico atlântico e da diáspora em seus sentidos históricos variados e amplos.

Agradecimentos

Versão anterior deste livro foi defendida como tese de doutorado em agosto de 2000, no Programa de Pós-Graduação em História Social do Instituto de Filosofia e Ciências Humanas da Universidade Estadual de Campinas. Naquela ocasião, pude contar com as arguições competentes dos professores Robert Wayne Slenes, Manolo Garcia Florentino, Carlos Moreira Henriques Serrano e Maria Cristina Cortez Wissenbach, aos quais dirijo os primeiros e calorosos agradecimentos.

Trechos modificados, publicados sob a forma de artigos em livros e periódicos, tiveram boa acolhida dos editores. Dentre eles, gostaria de agradecer a Lilia Schwarcz, Letícia Reis, Manolo Florentino, Hermetes Reis de Araújo, Denise Bernuzzi de Sant'Anna e Maria Antonieta Antonacci.

Quando a pesquisa que resultou neste livro chegou à metade, imaginei que um bom meio de não esquecer ninguém na hora dos agradecimentos era anotar, passo a passo, todas as pessoas que, por generosidade ou no cumprimento de suas funções, deram colaborações preciosas no decorrer do trabalho. O método foi se mostrando pouco científico, podendo agora revelar suas fraquezas e me fazer passar o vexame de deixar alguém fora da lista de merecimentos.

Silvia Hunold Lara orientou mais este trabalho e mantém-se como referencial em minha carreira. Depois de muitos anos de convívio, ela continua sempre disposta: sugere, indica, lê, participa — enfim, conjuga todos os verbos que levam seus alunos a se sentirem no caminho certo ou a reformular os rumos sempre que necessário.

O acesso à bibliografia em língua estrangeira foi driblando algumas dificuldades. Quem muito me valeu para superá-las foi Jimena Beltrão, que roubou tempo de sua própria pesquisa para prestar-me uma ajuda imensa, enviando muitos textos de Lester, Inglaterra. Outros, consegui por aqui, em diversas instituições.

No IFCH-Unicamp, no Instituto de Estudos Brasileiros, na Faculdade de Medicina e no Instituto de Medicina Tropical da USP, assim como no Instituto Adolpho Lutz, encontrei bibliotecas e bibliotecárias que me foram de grande ajuda para conseguir os materiais. Na Faculdade de Saúde Pública da USP, fui brindado com a amizade de Maria da Penha C. Vasconcelos, que me proporcionou trabalho em uma época de caça às bolsas e me auxiliou a vencer dificuldades de outra forma incontornáveis. Ao mesmo tempo que elaborava o projeto para a criação do Centro de Memória daquela instituição e principiava a organização de seu rico acervo documental, pude usufruir de um ambiente de trabalho o mais acolhedor possível: a sala de obras raras da faculdade. Ali fui descobrindo pistas que acabaram gestando a ideia inicial do projeto de doutorado.

A sra. Margarida Cesário atendeu de maneira gentil aos meus pedidos, facultando o acesso ao acervo do Museu Histórico da Faculdade de Medicina da USP. Em duas instituições sediadas no Rio de Janeiro também acumulei dívidas de gratidão: no Itamaraty, contei com a boa vontade de Lúcia Monte Alto Silva e dos funcionários do Arquivo Histórico; no Arquivo Nacional, recebi a atenção dos funcionários do atendimento. Em Lisboa, agradeço particularmente a José Manuel de Andrea Soares, da Fundação Luso-Americana para o Desenvolvimento, e aos esforçados funcionários do Arquivo Histórico Ultramarino. Fazer amigos numa cidade estrangeira é sempre surpreendente e prazeroso; Rajya Lakshmi Karumanchi e Franz-Juergen Doersam, amigos descobertos em Lisboa, tornaram minha estada naquela cidade, entre abril e maio de 1998, ainda mais acolhedora.

Na Unicamp, a convivência com meus companheiros de cursos propiciou um ambiente de trocas difícil de encontrar em outros lugares. A três grandes amigas, em particular, devo sugestões, críticas e indicações valiosas, além de outras coisas que são impossíveis de calcular em uma amizade: Lúcia Helena Oliveira Silva, Jane Felipe Beltrão e Regina Xavier. O bom humor insuperável dessas mulheres foi de enorme valia para que este trabalho chegasse a bom termo, apesar de todas as atribulações.

Laura Antunes Maciel, Maria Cristina Wissenbach, Tânia Salgado Pimenta e Luiz Geraldo Silva leram partes do trabalho; Eliete Toledo e Ebe Christina Spadaccini o leram na íntegra, e todos eles ofereceram valiosas observações e puseram seus conhecimentos à minha disposição de forma generosa.

Outros amigos ajudaram de muitas maneiras a superar este e outros desafios. Cândido Domingues Granjeiro, Ester Feldman, Elena Grosbaum, Sérgio Penkak, Cássia Magaldi, Leila Diêgoli (e seus maravilhosos dons da paciência e habilidades técnica, espacial, histórica e humana), Sônia Foianesi, Kátia Chigres, Gislane Campos de Azevedo, Reinaldo Seriacopi, Olga Brites, Sônia Maria Vitório, Celso Prezzotto, Marta Emísia Jacinto Barbosa, Regina Ilka Vasconcelos, Fernanda Carvalho, Ivone Cordeiro Barbosa e Vera Santiago são alguns deles, amigos sempre presentes e com os quais pude contar incondicionalmente. Essas pessoas tiveram e têm uma importância que não pode ser avaliada por um agradecimento nesta hora. Ainda assim vou fazê-lo.

Com Beatriz Gallotti Mamigonian mantive uma correspondência estimulante. Ela em Waterloo, Canadá (e, mais tarde, em Florianópolis), e eu em São Paulo tínhamos interesses históricos semelhantes e pudemos trocar algumas figurinhas. Suas cartas e e-mails, repletos de sugestões e críticas valiosas, estiveram sempre sobre minha mesa (ou em minha tela) de trabalho. Lícia Gomes Mascarenhas e Alessandra F. Martinez de Schueler trabalharam valorosamente nos processos do Itamaraty e se mostraram excelentes pesquisadoras, auxiliando-me enquanto alçavam seus próprios voos.

De Robert Slenes, sempre tão generoso em repartir conosco o melhor de seus (amplos) conhecimentos, obtive informações fundamentais. Em seus cursos, em conversas e outras ocasiões, transformei a ideia inicial e resultados parciais em um trabalho viável. Suas observações, junto com as de Sidney Chalhoub, feitas na banca de qualificação, foram de grande importância. Desnecessário (mas conveniente) dizer que todas essas pessoas não são responsáveis por eventuais barbaridades cometidas aqui.

A família, mais uma vez, foi a "camisa 12". Orélio e Mathilde, meus pais, incentivaram e torceram como sempre fazem. Cristina e José, meus irmãos, tornaram-se ainda mais próximos em situações algumas vezes extremadas. Zé trouxe para nosso convívio as presenças alegres de Meire, João Pedro e Ana Clara; Cris fez o mesmo com Bruno. Rogério Noda, corresponsável pelo Bruno, será sempre lembrado com alegria, ainda que todos os que o conheceram sofram devido à maneira trágica com que ele nos deixou, em meio à estúpida violência cotidiana que a maioria dos brasileiros vive e vê aumentar todos os dias.

Agradeço ainda à Fapesp pela bolsa de doutoramento que me concedeu entre setembro de 1995 e fevereiro de 2000.

Fim dos problemas. Deixei o melhor para o final e para sempre: Glaucia, que desta vez esteve presente desde o início. Ela pegou o finalzinho do mestrado, casou-se comigo, acompanhou todos os passos deste trabalho, deu tratos à bola de sua própria dissertação, suportou meus surtos mansos e furiosos, e ainda assim continua comigo. Tenho, cada vez mais, a certeza de que os sentimentos que ela tem por mim são bons e sei o quanto isso faz de mim um homem privilegiado. Sem ela e sua alegria a toda prova, pouca animação teria havido nesses anos todos. Que posso fazer para demonstrar minha felicidade por tê-la encontrado? Além de muitas outras coisas, dedicar-lhe este trabalho.

Palavras iniciais

Na história do Ocidente, poucos temas têm recebido mais atenção do que a escravidão moderna, em seus múltiplos e facetados aspectos. Literatos, historiadores e cientistas sociais europeus, africanos, latino-americanos e americanos do norte, além de um amplo setor militante, analisaram a escravidão e suas sequelas nas sociedades onde o cativeiro existiu como principal forma de exploração da força de trabalho e dos seres humanos.

Dentre todas as sociedades envolvidas nesse processo, os povos africanos foram, sem dúvida, os mais afetados pela longa duração da escravidão atlântica moderna (entre os séculos XV e XIX) e pela compra e venda de homens, mulheres e crianças negras como mercadorias num lucrativo comércio transcontinental. A existência de um amplo corpo de especialistas acadêmicos nos diz muito sobre o interesse sempre renovado pelos acontecimentos na África, e a origem desse interesse repousa justamente na escravidão negra e em seus desdobramentos: o impacto demográfico do tráfico negreiro, as consequências da escravidão nas estruturas políticas dos Estados africanos, a partilha do continente e, eventualmente, a descolonização e a formação das sociedades contemporâneas, ainda marcadas por conflitos.

O interesse de gerações de pesquisadores em três continentes também se voltou para dimensões como a economia e os aspectos jurídicos da escravidão, bem como a marca deixada pelo cativeiro nas relações sociais — mais especificamente o racismo, que persiste apesar do questionamento ao seu pressuposto "científico", ou seja, o próprio conceito biológico de raça.

Neste livro, o leitor encontrará uma discussão sobre um dos aspectos fundantes da escravidão ocidental moderna: o tráfico de africanos. Foi por meio do comércio negreiro que milhões de seres humanos escravizados deixaram compulsoriamente sua terra de origem, atravessaram oceanos e foram forçados ao trabalho em "terra de brancos" — expressão utilizada de forma recorrente pelos cativos apreendidos em navios contrabandistas do século XIX para se referirem à América.

Na historiografia sobre a escravidão — e particularmente sobre o tráfico negreiro para o Brasil —, muitos questionamentos já foram feitos e novas abordagens têm sido incorporadas. A análise dos escravos como sujeitos de sua própria história e o destino daqueles que, utilizando-se de diferentes estratégias ou da própria legislação, conquistaram sua liberdade na "terra de brancos", foram o objeto de autores como Beatriz Mamigonian, Jorge Prata Sousa e Afonso Florence,[1] que estudaram o quase esquecido (e numeroso) contingente dos africanos livres — categoria criada a partir das campanhas britânicas pela extinção do tráfico de escravos e que, com diferentes nomenclaturas, existiu em vários territórios banhados pelo Atlântico.[2]

O papel desempenhado pelos traficantes brasileiros como empresários com interesses decisivos no abastecimento de mão de obra e a revisão do rígido esquema de comércio triangular ao longo de todo o tempo e em todos os lugares onde o tráfico existiu estão entre as perspectivas abertas a partir de trabalhos como os de João Luís Ribeiro Fragoso e Manolo Florentino.[3]

Há décadas ou mais recentemente, os historiadores do tema vêm se debruçando sobre fontes variadas, e o resultado disso se mostra numa produção vasta. Uma tendência mais ampla, no entanto, pode ser percebida: o comércio negreiro entre as costas atlânticas da África e da América, via de regra, foi visto por muito tempo como um negócio de traficantes, senhores de escravos e governos (português e, mais tarde, brasileiro). Poucas vezes historiadores ou antropólogos puderam refazer as rotas dos escravos desde o momento em que eles eram capturados em seu continente.[4]

O tráfico de escravos africanos para o Brasil não é, portanto, um tema novo para os estudiosos. O debate com a ampla produção acadêmica sobre esse objeto sugere uma analogia com a navegação: são muitos os portos onde se devem fazer paradas de abastecimento, de verificação dos equipamentos e, por vezes, reparos no navio. Dediquei anos de minha vida ao assunto: comecei a estudar o comércio de escravos no final da década de 1980, animado por questões que vieram à tona quando eu ainda era um estudante de graduação em história e pelo debate em torno da questão racial no Brasil no ano do centenário da abolição da escravidão e do início da vigência da progressista Constituição brasileira (1988), cujas conquistas vêm sendo destruídas desde o fatídico ano de 2016.

O resultado disso se traduziu em uma obra que publiquei em 2000,[5] centrada em aspectos "brasileiros" da questão: a discussão parlamentar ocorrida na primeira metade do século XIX em torno dos tratados firmados com os ingleses e da legislação que levou à extinção do comércio negreiro; a pertinência das análises que afirmam a pressão britânica como fator determinante para o fim do tráfico; a gradualidade da abolição do trabalho escravo, por meio de etapas definidas em leis emancipadoras, e a participação de escravizados, autoridades governamentais e homens livres e pobres no período final do tráfico para o Brasil, particularmente no contrabando — para combatê-lo ou para auxiliá-lo.

As aspas nos aspectos "brasileiros" se devem ao tipo de preocupação que me movia quando escrevi meu primeiro livro sobre o assunto e também às fontes que consultei naquela oportunidade. Naquela altura, poucos estudos sobre a escravidão abordavam o tema sob o prisma da história política e partidária — e havia bons motivos para isso. A história social deu e continuou a dar as contribuições mais importantes e inovadoras para o conhecimento histórico das relações envolvendo senhores e escravos, atendo-se principalmente ao século XIX. No entanto, minhas preocupações estavam voltadas para um debate com dois firmes paradigmas da historiografia: a determinação como "motor" da história e a gradualidade das ações dos sujeitos históricos — entendidos os sujeitos como as figuras atuantes no parlamento, capazes de propor e implementar leis que pautavam a vida social. Julguei ser necessário analisar as mesmas fontes utilizadas pelos autores que escreveram suas obras no interior desses paradigmas historiográficos — em especial os anais da Câmara e do Senado do Império. Com isso, percebi que, além de discussões sobre os assuntos parlamentares clássicos, o "povo brasileiro" era um tema trazido amiúde ao recinto e ao cerne dos debates. Corrompido pela presença de um grande contingente de africanos escravizados e a partir da possibilidade da ocorrência de uma convulsão social generalizada, o "povo" precisava ser "melhorado" por meio da miscigenação — um tema ventilado na primeira metade do século XIX a propósito das questões relativas ao tráfico negreiro.

Quase todos os deputados e senadores concordavam ao dizer que o africano escravizado significava um "mal social" para o "povo brasileiro". As propostas para sanar esse "mal", no entanto, não foram unânimes. A gradualidade da abolição firmou-se como solução brasileira (pacífica, como sempre querem os arautos das transições políticas no país) para acabar com a escravidão e, consequentemente, com o mal representado pela presença dos escravos na sociedade e com o perigo latente trazido pelo descontentamento deles com o cativeiro. Mas é preciso dizer que essa não foi a única solução em debate: entre as décadas de 1820 e 1850 houve quem defendesse o fim do tráfico para acabar com a "corrupção" social dos brasileiros e o risco da haitianização, mas o fim da escravidão, apontado em muitos estudos como processo histórico gradual, era uma proposta que contava com poucos e dissonantes defensores.

O viés da História Social, todavia, não estava ausente do leque das minhas preocupações naquele momento. Para além dos parlamentares, dos membros dos gabinetes ministeriais e de outras autoridades que viveram a primeira metade do século XIX, a sociedade brasileira compunha-se de inúmeros outros sujeitos históricos obscurecidos nas análises da história política com a qual procurei dialogar. Africanos (livres ou desejosos de liberdade) e homens brancos ou mestiços livres e pobres tiveram um papel considerado pouco relevante para o desfecho da história do tráfico de africanos para o Brasil. Talvez nem se possa dizer que seu papel tenha sido considerado, pois a maior parte da historiografia passou muito longe das pistas que poderiam levar a uma análise da agência dos "populares" na questão do fim do tráfico negreiro. É possível que essa desconsideração parta do pressuposto de que a ação cotidiana desses homens tivesse um interesse apenas local e localizado, e pouca ou nenhuma importância para um tema da história do país num período crucial de sua formação, no qual as discussões estão mais centradas nas questões clássicas da formação do Estado nacional e da definição do estatuto da nacionalidade.

De mais a mais, é perigoso confundir projeto político com história vivida: se os projetos estão todos inseridos no corpo da história, independentemente de sua viabilidade e ocorrência, o historiador corre muitos riscos se analisar os processos históricos apenas com um olhar retrospectivo, na posição confortável de quem observa os acontecimentos a partir do final. É do presente que partem todas as nossas preocupações, mas os sujeitos históricos nem sempre se conformam à posição que definimos para eles em nossas análises. A sucessão de leis emancipatórias permite afirmar que 1888 coroou um processo lento, gradual e seguro de abolição, cujas etapas marcantes foram as leis Eusébio de Queirós (1850), do Ventre Livre (1871), dos Sexagenários (1885) e Áurea (1888); todavia, essa afirmação só é possível para quem se posiciona em fins do século XIX a observar o tempo passado. Perspicazes, alguns senhores de escravos podem ter percebido que, com o fim do tráfico em 1850, quando começaram a se firmar os discursos sobre a inevitabilidade natural da abolição, nada mais precisava ser feito — e eles militaram pelo imobilismo: se a escravidão acabaria "naturalmente" devido às restrições no abastecimento transatlântico de trabalhadores cativos, tudo deveria ser deixado como estava a partir da Lei Eusébio de Queirós.

Humanos como eram, os sujeitos que discutiram as questões do tráfico negreiro a partir do início do Oitocentos não tinham o dom da vidência. Muitos queriam que tudo ficasse como até então, mantendo o tráfico e a escravidão — talvez embasados pela moral dos tempos do Absolutismo, como Azeredo Coutinho, para quem o tráfico era uma questão do império ultramarino português. Outros homens chegaram a propor que o tráfico acabasse, mas que a escravidão fosse alimentada pelos métodos da reprodução endógena — afinal, o exemplo do Sul dos Estados Unidos era bem conhecido. Houve ainda quem considerasse que a escravidão e o tráfico eram questões de natureza diferenciada: mais premente, o comércio de escravos era um tema referente à soberania nacional, ameaçada pelas pressões do governo da Inglaterra, mas o fim da escravidão não estava na ordem do dia. Também não faltaram projetos de colonização por imigrantes estrangeiros, aos quais seriam distribuídas terras e em quem se apostaria para tocar a produção até que os escravos fossem paulatinamente emancipados e, quem sabe, incorporados a um novo povo branqueado e civilizado pela vinda maciça de europeus — uma possibilidade remota nos termos do mercado internacional de mão de obra da primeira metade do século XIX, mas nem por isso descartada nas falas daqueles que defendiam tal ideia.

Nos estudos sobre o tráfico da África para a América, também persistiu por muito tempo uma vertente que investiu no debate sobre cifras, taxas e números. Esse interesse quantitativo, que aumentou ou diminuiu ao longo do tempo, resultou em obras escritas em meio a controvérsias e reatualizações e, embora os resultados não possam ser considerados definitivos, elas certamente foram e continuam a ser fundamentais para novos estudos sobre o tema, mesmo que as preocupações tenham se transformado.

No Brasil, o debate teve início na década de 1930, com as estimativas pioneiras dos volumes globais do tráfico. Autores como Pandiá Calógeras (*Formação histórica do Brasil*, 1930) e Pedro Calmon (*História do Brasil*, 1933) calcularam que o total de escravos desembarcados nas costas brasileiras teria sido algo entre 13,5 milhões (nas projeções do primeiro) e 6 milhões (nas contas do segundo). Se essas primeiras contagens indicam certo exagero, ainda naquela década outros autores chegaram a números substancialmente menores: Artur Ramos (*As culturas negras no novo mundo*, 1937) estimou em 5 milhões e Roberto Simonsen (*História econômica do Brasil*, 1937) em 3,3 milhões o total de africanos introduzidos no país. Até 1950, os resultados de outras contagens chegaram a valores mais próximos dos apurados por Simonsen: em *Subsídios para a história do tráfico africano no Brasil*, de 1941, Taunay estabeleceu o número de 3,6 milhões de escravos traficados; Maurício Goulart (*A escravidão africana no Brasil*, 1950) calculou que o total de africanos desembarcados girou entre 3,5 e 3,6 milhões, enquanto Luiz Vianna Filho (*O negro na Bahia*, 1946) apontou que até 1830 haviam chegado 4,3 milhões de escravos africanos.[6] As imensas diferenças certamente devem-se aos métodos utilizados e à descoberta de novas fontes.

A questão dos volumes do tráfico perdeu o fôlego inicial durante as décadas de 1950 e 1960. O assunto foi retomado em 1969 pelo historiador norte-americano Philip D. Curtin, que, apoiando-se nos dados de Maurício Goulart, complementou-os com informações dos *Parliamentary Papers* britânicos e estabeleceu a cifra de 3,6 milhões de escravos destinados ao Brasil, de um total de 9 566 100 exportados entre 1450 e 1900 pela África.[7] A publicação do livro de Curtin renovou o interesse pelo tema e reiniciou a busca por novas fontes e a atualização dos cálculos que, hoje, ainda alimentam o debate, especialmente entre os historiadores econômicos.[8]

Nas décadas seguintes à publicação da obra de Curtin, os historiadores dedicaram-se menos à elaboração de censos globais do tráfico e procuraram estabelecer séries estatísticas referentes a regiões e períodos mais limitados. Nessa linha de análise, destacaram-se os esforços de David Eltis, que acrescentou novas fontes aos dados de Curtin e refez as contagens do volume do tráfico brasileiro durante o século XIX, ampliando as estimativas de escravos importados nesse período.[9] Mais recentemente, o demógrafo canadense José Curto afirmou que, apesar da atenção dispensada pelos estudiosos nas últimas duas décadas ao *numbers game* do tráfico, as estimativas de Philip Curtin ainda não foram superadas de forma convincente.[10] Impossível deixar de mencionar o impacto que a coleta de dados inseridos no *The Trans-Atlantic Slave Trade Database* teve nos estudos de toda ordem sobre o tráfico, particularmente nos seus aspectos quantitativos.

Pelos portos brasileiros entraram cerca de 38% do total de escravos que vieram para a América (de acordo com as contas de Curtin). Até meados do século XVIII, Costa da Mina e Angola eram as principais regiões abastecedoras de Salvador, Rio de Janeiro, Recife e São Luís — pela ordem, os principais centros compradores de cativos na América portuguesa.[11] Se, desde o início da colonização, Bahia e Pernambuco concentraram grandes volumes de importação de africanos, a partir do início das atividades mineradoras no Centro--Sul do país, o Rio de Janeiro ampliou seu peso no comércio marítimo da colônia, especialmente na importação de escravos.[12] Em todas as estimativas numéricas do tráfico para o Brasil, emerge a relação comercial privilegiada do Rio de Janeiro com os portos da África Centro-Ocidental entre a segunda metade do século XVIII e a primeira metade do XIX.[13]

Ao longo de um século, a partir de meados do Setecentos, o Rio de Janeiro manteve a condição de principal porto importador de africanos do Brasil. Se a mineração em declínio já não demandava tantos braços, a importação de cativos passou a ser estimulada pela abertura de novas frentes produtivas.[14] Com a vinda da Corte portuguesa, em 1808, a cidade assumiu definitivamente a condição de principal porto do império lusitano e, mais tarde, brasileiro.[15]

A primazia carioca na importação de trabalhadores escravizados pelo Brasil era alimentada por rotas que tinham seus pontos de partida no litoral da África Central atlântica. As fontes abastecedoras se diversificaram entre fins do século XVIII e meados do XIX, período em que os portos moçambicanos e congoleses também se destacaram no abastecimento do mercado de escravos do Rio de Janeiro, como salientam os estudos de Herbert Klein e Stanley Engerman, entre outros.[16]

Os dados de Curtin reiteram o predomínio relativo de Luanda e Benguela no abastecimento do mercado brasileiro com números expressivos: ele estimou que 70% dos escravos importados pelo Brasil no século XVIII vieram daquela região.[17] Florentino confirmou o predomínio angolano e ampliou esse percentual, através da contagem dos navios negreiros aportados no Rio de Janeiro e da verificação de suas procedências.[18]

Se a princípio Luanda tinha a primazia como fonte abastecedora, o posto foi ocupado por Benguela no início do século XIX.[19] Cabinda, o terceiro porto em importância na região, manteve-se como área de comércio livre até o fim do século XVIII: era lá que se abasteciam não só franceses, ingleses e holandeses, mas também traficantes portugueses que desejavam escapar aos regulamentos vigentes em portos angolanos situados mais ao sul.[20] Apesar do aumento relativo da importância de Benguela e Cabinda, Luanda manteve exportações estáveis ao longo do século XVIII.[21]

Neste rápido apanhado da trajetória historiográfica, ficam claros os avanços nos métodos demográficos e nas pesquisas que levaram à descoberta de novas fontes seriais, descortinando os volumes do comércio de escravos a partir dos portos litorâneos. Milhões de homens, mulheres e crianças foram retirados compulsoriamente da África, trazidos para a América e, embora os números sejam impressionantes, ainda há muito o que descobrir sobre os significados desse processo. Na casa dos milhões, porém, as cifras não deixam entrever individualidades, experiências, relações sociais ou regras de funcionamento do negócio.

Para os africanos, por certo, tratou-se de uma experiência marcante, cujas consequências prolongaram-se pelo resto de suas vidas e das de seus descendentes. Ao mesmo tempo que o tráfico provocou um desligamento dessas pessoas em relação à sua origem (cultural, social, territorial), motivou também a reinvenção de identidades e formas de sobrevivência e solidariedade, o que não se fez sem sofrimento. Mas não eram apenas os negros escravizados os únicos envolvidos no tráfico — embora tenham sido eles os que mais sentiram seus efeitos em todos os sentidos. Comerciantes, feirantes, autoridades administrativas, colonos, oficiais e marinheiros comuns, todos eles tiveram parte nesse processo e formaram uma rede cujo funcionamento ainda hoje é abordado de forma segmentada, sem considerar os interesses que moviam o tráfico não só do ponto de vista do capital, mas também das relações sociais que se criaram em torno dele — perspectivas que de modo algum são excludentes. Que papel esses intermediários da escravização cumpriam, como agiam e quais experiências retiraram para suas vidas são questões que me inquietavam e para as quais não encontrava respostas satisfatórias. Essas eram as indagações que estavam na origem deste trabalho.

Considerando a importância comercial do tráfico e o número de escravizados em trânsito entre Angola e o Rio de Janeiro de fins do século XVIII até meados do XIX, parti do princípio de que, no interior desses recortes temporal e geográfico, encontraria dados para uma análise que se aproximasse da perspectiva de seus agentes. Para isso, precisei considerar as quantificações e ir além delas, abordando o tráfico de africanos como um tema permeado por relações sociais que abarcavam diversos sujeitos históricos.

Essa perspectiva aproxima-se das avaliações de Joseph Miller. De acordo com ele, os estudiosos do tema têm se apoiado nos dados e nas descobertas das primeiras gerações de pesquisadores e têm se colocado outros problemas históricos. Cifras e números foram reavaliados a fim de dirigir o foco a outras questões: "as causas da mortalidade escrava, as estratégias econômicas dos traficantes, distinções de idade e sexo entre os escravos, o significado da escravização para regiões específicas da África e a contribuição do tráfico para os acontecimentos na Europa e nas Américas".[22] Essas palavras revestem-se de uma importância especial: afinal, o próprio Miller é um especialista na demografia do tráfico atlântico que, posteriormente, dedicou-se ao tema com uma abordagem em diálogo com a História Social. Dessa mudança de foco identificada por Miller resultaram trabalhos que, considerando as categorias analíticas quantitativas, não ficaram restritos apenas a elas. O exemplo mais acabado dessa superação está em uma de suas últimas obras de fôlego — o volumoso *Way of death*.[23]

Se, a partir dos estudos quantitativos, os historiadores voltaram-se para outras questões, ainda assim persistiram lacunas — como no caso da especificação mais exata das etnias a que pertenciam os africanos embarcados.[24] Por outro lado, muitos estudos sobre o tráfico tratam da experiência dos africanos em poucas palavras, nas quais se condena o tratamento que eles recebiam e se denunciam os altos índices de mortalidade a bordo, como violência e crueldade, parte inerente do negócio.[25] A interpretação dos dados demográficos relativos à mortalidade e à morbidade parece ter sido uma das poucas possibilidades de integrar o africano traficado ao "negócio" e, consequentemente, à história do tráfico. Em outras palavras, a historiografia do tráfico, em seu viés mais marcadamente econômico e comercial, incorporou de forma ainda insatisfatória os africanos como parte ativa no comércio negreiro.

Desde o início dos tempos modernos até meados do século XIX, a África subsaariana foi compelida a desempenhar o papel de fornecedora de mão de obra para as atividades produtivas nos territórios conquistados pelos europeus na América. O cômputo geral dos africanos introduzidos como trabalhadores escravos no Brasil é um bom indicador dessa afirmação, mas é também um fio em meio a uma urdidura bem mais ampla. A constatação desse papel africano no mercado internacional de mão de obra e sua quantificação não esclarecem, por si sós, a complexidade dos modos pelos quais os africanos eram escravizados. Esse objeto vem merecendo a atenção de historiadores como Paul Lovejoy, dedicado ao estudo das guerras na África como forma de produção de cativos para exportação, e Joseph Miller, em seus estudos sobre as sociedades escravistas produtoras de dependentes para a escravidão, as trocas de cativos por mercadorias e os interesses divergentes envolvidos no tráfico angolano.[26] Os historiadores têm se dado conta de que o tráfico negreiro não foi apenas uma transação comercial e que seus efeitos se fizeram sentir por toda parte. As sociedades nativas de Angola, por exemplo, transformaram-se profundamente para participar desse comércio, que também legitimou a ocupação portuguesa em determinadas áreas. Uma análise aguda como a de Roquinaldo Ferreira, centrada no período final do tráfico legal e nas décadas seguintes, reforça os paradoxos desse processo: para Portugal, abrir mão do tráfico poderia também significar a perda de Angola, a colônia mais importante de seu império ultramarino em meados do século XIX.[27]

A participação africana no tráfico atravessou as fronteiras daquele continente. A captura e a venda, as dificuldades da vida a bordo, o tipo de alimentação e as doenças foram experiências compartilhadas em muitos sentidos por todos os africanos escravizados. Todavia, poucos foram os registros deixados por eles a respeito do significado dessas vivências ou mesmo as descrições mais detalhadas do processo que ia da captura no continente africano até o desembarque nos portos americanos. Talvez por isso a descrição dos métodos para se conseguir cativos entre fins do século XVIII e o início do XIX se mantenha atrelada a padrões formais generalizados para toda a África: a guerra, a rapina, as punições judiciais ao roubo ou ao adultério, as dívidas e as trocas comerciais eram as principais maneiras de "produzir" cativos em massa em todas as sociedades africanas envolvidas no tráfico.

Todavia, sem negar que essas fossem, de fato, as bases da criação do contingente de cativos para exportação, reaparece o problema: de que forma as diversas fases do processo de escravização eram vivenciadas pelos próprios africanos enquanto estavam em Angola, quando atravessavam o Atlântico e no momento em que desembarcavam no Rio de Janeiro? Que mecanismos e que agentes sociais movimentavam as engrenagens que tornavam isso possível?

Para abordar o comércio de escravos dessa perspectiva, precisei rastrear indícios aqui e ali, quase sempre trilhando vias indiretas para chegar ao resultado. O desafio consistiu em amarrar dados aparentemente desconexos, percorrer espaços diferenciados e temporalidades relativamente longas, além de superar meu próprio desconhecimento e estranhamento a respeito de como as coisas se passavam entre homens e mulheres tão diferentes de nós. Em uma palavra, ousar.

Obviamente, não pretendo afirmar que sou o pioneiro no enfrentamento desse tipo de dificuldade: em seu trabalho, os historiadores quase sempre se deparam com desafios dessa natureza em maior ou menor grau. Ao reinterpretar uma história envolvendo casamento, amor, fidelidade e cumplicidade entre camponeses pirenaicos no século XVI, Natalie Zemon Davis utilizou-se das narrativas contemporâneas sobre o caso em questão. Em breves palavras, trata-se das vidas de Bertrand, Martin e Arnaud, em particular depois do sumiço do segundo e do aparecimento do terceiro. Martin, o marido legal de Bertrand, alistou-se nas tropas que lutavam ao lado do rei espanhol e deixou para trás a família e a comunidade junto às quais vivia. Anos depois, Arnaud apareceu na vila usando a identidade do marido verdadeiro. Legítimo ou impostor, o fato é que Arnaud foi aceito pela comunidade, pela família e pela mulher. Após anos de convivência e depois do nascimento de um filho do casal Bertrand-Arnaud, eis que ressurgiu na vila o "verdadeiro" Martin, instaurando uma celeuma que um processo judicial procurou dirimir.

As imensas lacunas documentais sobre os sentimentos e as motivações dos principais envolvidos, em vez de impedir a reconstituição da história, instigaram Davis a elaborar um método em que a imaginação desempenhou um papel decisivo. O resultado final foi uma história na qual os sujeitos apareceram de maneira muito diversa das fontes primárias, o que não retirou a verossimilhança e a plausibilidade da história.[28]

O trabalho de Davis foi reconhecido especialmente por sua reconstituição minuciosa do contexto histórico e da vida social dos camponeses na região onde se desenrolou o evento. Críticas, por sua vez, centraram-se justamente nas lacunas que havia para avaliar o papel das personagens. Davis elaborou uma interpretação na qual Bertrand apareceu como cúmplice de Arnaud, motivada pela paixão que passou a nutrir pelo impostor assim que ele apareceu na vila. Todavia, o processo judicial isentou Bertrand de cumplicidade no caso, livrando-a da acusação de fraude, bigamia e adultério. As evidências do processo foram contrariadas pela historiadora, que não se baseou na descoberta de novas evidências diretas sobre o caso — procedimento mais comum na construção da narrativa histórica.[29]

Para Davis, o tema central de seu livro é a exploração do problema da verdade e da dúvida no trabalho do historiador, indagando até onde vai a reconstrução e onde começa a invenção na escrita da história. Imaginação, invenção e especulação teriam papel central na interpretação e no método históricos, com consequências inegáveis na construção da narrativa — no caso dela, mais próxima da narrativa literária ficcional, da retórica das histórias policiais ou do movimento cinematográfico, com idas e vindas no tempo cronológico. Em sua defesa, Davis argumenta ainda que sua interpretação procurou superar a visão unívoca das fontes.[30]

Debruçar-se sobre um tema para o qual as fontes são rarefeitas requer cuidados redobrados. Além do reconhecimento dos sujeitos das relações escravistas no tráfico, tudo o que eu dispunha ao longo da pesquisa eram evidências sumárias, indiretas, escassas e outros adjetivos que qualifiquem limitação. Como os intermediários, os tripulantes negreiros e os africanos se relacionavam, quais eram suas visões de mundo e, particularmente, da situação em que se encontravam foram indagações que, para serem respondidas, me fizeram trilhar um caminho tortuoso em meio a fontes de natureza diversificada e díspar no formato e no tempo.

O primeiro passo foi tomar decisões quanto às delimitações temporais e espaço. Escolhi o período 1780-1860 porque ele abrange uma época do tráfico legal (até 1831) e, por isso, proporcionava registros mais volumosos a respeito das transações do tráfico (navios, negociações na África e no Valongo) — ao passo que, se trabalhasse apenas com o tráfico clandestino, teria dificuldades ainda maiores, semelhantes às que encontrei em meu livro anterior, no qual lidei com a repressão ao tráfico ilegal e encontrei pouquíssimos relatos sobre a vida de bordo, as relações sociais e as transações comerciais.[31]

Em períodos como o final do século XVIII, por exemplo, não havia procedimento algum que incriminasse os homens que participavam legalmente do tráfico de africanos entre as colônias portuguesas. Imaginei, portanto, que encontraria rastros substanciais de uma atividade corriqueira — como os diários de bordo; afinal, sendo comerciantes que agiam no interior das normas da legalidade e da moral vigentes, os traficantes setecentistas deveriam registrar suas transações como quaisquer outros homens de negócios. Todavia, a situação dessas fontes se revelou bem diferente, já que esses documentos simplesmente pereceram nas viagens, no tempo ou nos arquivos. Já para a época posterior a 1831, a inexistência dos diários tem explicação relativamente óbvia: atuando em uma atividade considerada criminosa, não havia o menor interesse de traficantes ou capitães em deixar pistas diretas sobre o exercício do contrabando.

É preciso lembrar, porém, que não há crime perfeito, e o tráfico ilegal foi objeto de uma ampla repressão que deixou indícios importantes — ainda que fragmentários —, que procurei analisar usando um método que conjugou imaginação, invenção e suposição, inspirado em trabalhos como o de Davis. As lacunas nas fontes e a recorrência a indícios referentes a épocas e lugares diferentes fazem deste trabalho um esforço historiográfico inserido no campo das possibilidades. Ginzburg observou a profusão de expressões como "talvez", "pode-se presumir" e "muito provavelmente" na obra de Davis; o leitor também as encontrará aqui, utilizadas no mesmo sentido de integrar "realidades" e "possibilidades", sem a intenção ingênua de contrapor verdade e invenção de forma absoluta.[32]

Antes de mais nada, é necessário apresentar os indícios com os quais lidei. Trata-se, basicamente, de correspondências entre as autoridades coloniais em Angola e a sede da monarquia portuguesa, processos de apreensão de contrabando de escravizados (particularmente aqueles que julgaram tripulações engajadas nas rotas entre Angola e Rio de Janeiro no século XIX), relatos de viajantes sobre suas próprias travessias dos mares e dicionários portugueses de marinharia. Essas fontes permitiram colher traços suficientes para revisitar a história do tráfico através da ação dos diferentes sujeitos nela envolvidos.

Dentre as fontes que utilizei de modo mais significativo, destaca-se primeiramente a correspondência oficial. Ao longo dos séculos, e apesar das dificuldades em fixar-se em Angola, os portugueses organizaram uma estrutura administrativa que se ocupava de muitos assuntos; entre os principais estavam aqueles relacionados ao tráfico, ao menos até meados do século XIX. Disputas pela posse de territórios; confrontos com estrangeiros e nativos bantos; conflitos envolvendo colonos brancos e mestiços, autoridades, comerciantes, militares e todo tipo de gente que de uma forma ou de outra operava o negócio: todos esses são temas que emergem das contas que as autoridades coloniais prestavam à Corte portuguesa, fontes ricas que permitem uma aproximação com o funcionamento do tráfico em Angola.

Quanto aos autos judiciais e particularmente os interrogatórios neles contidos, têm sido valiosos na discussão de temáticas ligadas à escravidão no Brasil.[33] Os processos de apreensão de navios contrabandistas permitem cruzamentos das inúmeras falas neles registradas. Funcionários da Justiça, comandantes ingleses, tripulantes e alguns africanos prestaram depoimentos nesses autos e contaram detalhes importantes, ainda que parciais, para reconstituir relações sociais-limite como eram as do tráfico de escravizados. A maior riqueza dessas fontes reside na diversidade de pontos de vista muitas vezes conflitantes e na revelação de estratégias de acusação e de defesa. Os tripulantes, por exemplo, quando eram pegos em flagrante crime de contrabando, certamente buscavam dar respostas que negassem suas culpas, mas ainda assim suas falas nos informam sobre práticas de bordo, auxiliando na compreensão do quadro mais geral da vida no mar. Anteriormente, eu já havia me deparado com as estratégias usadas pelas tripulações em situação idêntica: os processos de apreensão dos navios negreiros julgados na justiça brasileira em meados do século XIX. Neles, por um lado, os tripulantes presos se empenhavam em negar seu óbvio envolvimento com uma atividade ilegal e, por outro, havia uma série de repetições formais no conteúdo das falas, devidas à própria estrutura dos processos judiciais que anulavam qualquer tipo de diversidade nos interrogatórios, pasteurizados na pena do escrivão.[34]

Os relatos dos viajantes, por sua vez, ao informarem sobre as ocorrências nas viagens, trazem o impacto de um choque cultural quase sempre insuperável na narrativa. Esse choque produziu juízos de valor que, na maior parte das vezes, eram depreciativos da cultura e do comportamento dos africanos e dos homens do mar, via de regra descritos como bárbaros ou indisciplinados. Ainda assim, permitem entrever certas práticas de bordo que, de outro modo e na ausência de outras fontes, seriam praticamente insondáveis. Em muitos relatos de viajantes, podemos ler observações e impressões que se mostram estranhas à compreensão contemporânea, tais como as descrições dos rituais de batismo na passagem da linha do equador. Se aceitar o desafio do estranhamento, o historiador pode estar diante de pistas frutíferas para seu trabalho: "analisando o documento onde ele é mais opaco, talvez se consiga descobrir um sistema de significados estranhos", afirmou Darnton.[35] Essa metodologia revelou-se promissora: através da "opacidade" dos relatos escritos, o historiador pôde ensaiar uma série de explicações para episódios que, de outro modo, seriam praticamente incompreensíveis e relegados à categoria de exotismo.[36]

Por fim, quanto aos dicionários, eles também apresentam problemas de significação.[37] Penso ser bastante relativa a validade dos dicionários como repositórios de definições unívocas; dicionários compilados em determinados momentos podem não expressar toda a dinâmica da transformação da linguagem, e as definições neles contidas não têm necessariamente o mesmo significado para todos os usuários do mesmo léxico ou para a sociedade coeva como um todo. No caso específico dos dicionários de marinharia, eles reúnem conceitos técnicos sobre partes e peças das embarcações e, às vezes, sobre as técnicas construtivas, além de descreverem cargos e funções da equipagem. A quantidade de dicionários editados é suficiente para permitir algumas comparações e sondar os diferentes entendimentos que se tinham sobre determinados conceitos. Quase todos, porém, são do século XIX, o que impede a verificação das alterações de conteúdo nos significados das palavras ao longo de um período mais amplo.[38] O mesmo acontece com os vocabulários eventualmente compilados por homens que, a rigor, não eram dicionaristas profissionais.[39]

Apresentadas as fontes e indicados seus problemas, chegou o momento de dizer algumas palavras sobre a trajetória e descrever a estrutura deste livro.

Durante os séculos em que o tráfico existiu, ele foi um ponto de cruzamento dos mais variados e conflitantes interesses. Há anos venho perseguindo o tema por meio dessa abordagem, procurando trazer à tona a ação de sujeitos históricos pouco considerados e exercitando a crítica aos paradigmas que explicaram o fim do tráfico de escravos para o Brasil como um tema vinculado apenas à política partidária imperial ou às relações internacionais entre Brasil e Grã-Bretanha. Desta vez, recuei no tempo e ampliei o espaço geográfico da análise para abranger o período de maior importação de africanos escravizados e para incorporar Angola, a principal fonte de cativos destinados ao Rio de Janeiro. Mantive a intenção de abarcar os diversos sujeitos envolvidos no tráfico negreiro, seus interesses e suas relações muitas vezes conflituosas.

O livro foi dividido em três partes. Na primeira, "Negociações e conflitos em Angola", o foco está centrado na margem oriental do Atlântico. Na interpretação dos acontecimentos angolanos, reafirmo que o tráfico foi muito mais complexo do que fazem supor as análises da abolição da escravidão brasileira baseadas na gradualidade e na pressão inglesa. Nesse processo, é preciso considerar a conjuntura econômica, os interesses ingleses na Europa, América e África, a dependência portuguesa em relação às suas colônias, a necessidade de mão de obra para as lavouras brasileiras de exportação, os interesses dos grandes e dos pequenos traficantes transatlânticos, a participação da gama de agentes intermediários da compra e venda de escravos e, por fim, a desestruturação que o fim do tráfico trazia às sociedades africanas que se engajaram ativamente no comércio de cativos no interior e na costa.

No capítulo 1 ("A grande loba que devora tudo: portos, feitorias e barracões de Angola"), abordo a questão visando aos agentes sociais cujos interesses podem ser considerados mais importantes quanto ao poder de fogo (em sentido literal e figurado) que tinham no tráfico e no território angolanos. A monarquia portuguesa, os soberanos locais e os grandes traficantes foram os regulamentadores e beneficiários da atividade, além de movimentarem capitais e navios. No desempenho desses papéis, confrontaram seus interesses entre si e num circuito mais amplo, que abarcava outros sujeitos históricos.

No capítulo 2 ("Interesses em confronto"), analiso as descrições feitas por viajantes e pelos próprios escravos sobre as fases do processo de escravização na África (especialmente em Angola), bem como o papel das guerras, das armas de fogo e das negociações comerciais no funcionamento do tráfico.

A análise do papel dos agentes da escravização em Angola trouxe à luz outros sujeitos e confrontos intimamente ligados ao funcionamento cotidiano da atividade e poucas vezes observados mais de perto. Assim, no capítulo 3 ("A rede miúda do tráfico"), procuro ir além dos grandes interessados no comércio de escravos, buscando pistas sobre a ação daqueles que, no varejo, compunham uma rede cujo sentido era possibilitar a operacionalidade do comércio — pombeiros, mercadores, tripulações negreiras e contrabandistas estrangeiros. Para cumprir suas funções, esses homens precisaram criar ou recriar mecanismos de relacionamento com as sociedades locais.

Na segunda parte ("Navios e homens no mar"), abordo a travessia do Atlântico. Nela, discuto as condições materiais e de trabalho no interior das quais se faziam as viagens, considerando não só o processo de trabalho em que estavam envolvidos os oficiais e os marinheiros, mas também as adversidades de uma viagem marítima na qual a "carga" transportada eram seres humanos em processo de escravização. A análise concentrou-se nos navios negreiros, vistos enquanto espaço físico, parte do mundo do trabalho, espaço de convívio social e local onde um grande número de pessoas perdeu a vida ou esteve exposto a uma série de doenças. "Navios negreiros: imagens e descrições" — o capítulo 4 — refere-se à construção naval, considerando algumas imagens dos navios negreiros, os materiais empregados na sua construção, as medidas necessárias para sua preservação e a classificação das embarcações empregadas no tráfico. Esse capítulo também dialoga com a historiografia que se deteve nas questões da mortalidade escrava e da incidência de doenças, observando a relação entre esses eventos e o tempo de duração das viagens.

No capítulo 5, intitulado "As tripulações do tráfico negreiro", dedico a atenção ao processo de trabalho no mar e suas transformações. Para autores como Gervase Clarence-Smith, "uma das ironias dos estudos sobre a escravatura no século XIX é o fato de tão pouco se ter debruçado sobre os homens humildes que tripulavam os navios negreiros".[40] Procedendo a recortes temporais, espaciais e de atividade, encarei as tripulações como um elemento constitutivo do tráfico de escravizados. A viagem transatlântica e o contato entre marinheiros e africanos eram parte do processo de escravização, na qual os cativos estavam submetidos a senhores provisórios. Mesmo que limitado no tempo e no espaço, esse contato não foi valorizado na historiografia como um momento privilegiado de construção das relações escravistas. Desse modo, pude me aproximar de um dos aspectos menos considerados nos estudos historiográficos e dar às tripulações o estatuto de objeto de análise, imprimindo uma dimensão diferente ao tráfico nos termos da história social da escravidão. Afinal, trata-se de uma relação escravista na qual os homens que submetiam os cativos não eram necessariamente seus senhores definitivos, mas sim homens livres ou mesmo outros escravos. Isso é curioso se levarmos até o fim a conclusão de alguns estudos que afirmam terem os homens do mar criado uma tradição na qual a afirmação da liberdade era algo inerente à sua identidade.

Finalizando a segunda parte, no capítulo 6 ("Cultura marítima: a vez dos marinheiros") levo em conta a prática cultural expressada na língua, na religiosidade, na sociabilidade e nos processos decisórios sobre o destino da embarcação em situações de risco, ligados especificamente ao comércio negreiro. Todos os envolvidos no tráfico desenvolveram práticas cotidianas em torno dele, além de criarem complexas formas de convivência com os escravizados nas diversas fases. De um lado, a relação entre tripulantes e africanos embarcados introduzia especificidades no mundo do trabalho marítimo e na cultura dos marinheiros; de outro, a qualidade do tratamento dispensado pelos tripulantes aos africanos era fator decisivo no êxito da viagem, estimulando ou não rebeliões a bordo, reduzindo ou não a mortalidade e decidindo o estado de saúde em que os escravos chegariam ao seu destino — variável que interferia enormemente no preço a ser obtido por eles nos mercados americanos.

A terceira parte do livro ("Marinheiros e africanos em ação") retoma as considerações anteriores no sentido de compreender a relação entre tripulantes e africanos, e está dividida também em três capítulos. No capítulo 7 ("Guerras, resistência e revoltas"), revisito a atuação dos africanos enquanto sujeitos históricos do tráfico. Nesse capítulo, procuro demonstrar que a resistência se iniciava em sua terra de origem (neste caso, nos territórios habitados pelas diversas etnias que hoje compõem Angola), numa luta que envolvia os soberanos africanos e os próprios escravos. Não é exagero dizer que a maior peculiaridade do negócio residia no tipo de mercadoria comercializada: homens, mulheres e crianças africanos. Pensando nisso, é impossível desconsiderar o papel da resistência imposta por eles e imaginar que a transação fluísse sem maiores empecilhos. Assim, trata-se de resgatar não só o tema quase impenetrável que são as rebeliões de cativos a bordo dos navios, mas também a resistência imposta desde a ocupação portuguesa em Angola e os inúmeros conflitos em torno dela.

O capítulo 8 ("Saúde e artes de curar") volta-se para um tema clássico dos estudos sobre o tráfico: a saúde de africanos e tripulantes. Durante a pesquisa, lidando com a literatura escrita por médicos que atuaram entre fins do século XVIII e meados do XIX e com outras fontes do período, pude constatar que a medicina encontrou formas de tratamento para doenças que tinham enorme incidência nos navios negreiros. Varíola, escorbuto, lepra, cólera, febre amarela, disenteria e distúrbios digestivos em geral, entre outras moléstias, mereceram a atenção de diversos médicos. Entretanto, consultando outras fontes do período — como os processos de apreensão de navios contrabandistas — pude constatar que esses conhecimentos raramente eram utilizados no tráfico. Assim, procurei encontrar, na prática daqueles que cuidavam da saúde (médicos, cirurgiões, barbeiros e sangradores), elementos oriundos das culturas que se cruzavam no trânsito dos navios e pude constatar que, se a medicina ensinada nas universidades estava relativamente ausente das embarcações, outras práticas médicas encontraram ali um lugar para serem exercidas. Esse cruzamento cultural era o produto de conhecimentos que iam da terra para o mar e deste para outras terras, num processo animado pelas constantes viagens e deslocamentos de homens que deixaram sua marca ao buscarem soluções para a cura dos doentes contando com recursos limitados. O capítulo se encerra com um estudo sobre o serviço de inspeção de saúde no porto do Rio de Janeiro e as disputas políticas envolvendo traficantes e doutores em torno de questões como pagamentos de taxas, quarentenas e o poder de interferir no comércio de escravizados.

Por fim, no capítulo 9 ("O mercado do Valongo"), dediquei-me a interpretar o mercado de escravos como espaço físico que abrigava as primeiras experiências de sociabilidade dos africanos que chegavam ao Rio de Janeiro. Nele abordei — à medida que as informações disponíveis permitiram — o comportamento dos africanos, os estranhamentos que eles motivavam e as possibilidades de contatos e reencontros inter(ou intra)culturais e inter(ou intra)étnicos, encerrando assim a análise de uma fase importante da escravização. A partir da venda no Valongo ou em outros mercados e feiras, os trabalhadores africanos tomaram outros rumos e construíram outras histórias e relações.

O tráfico negreiro apresenta todas as características de um tema sobre o qual se pode reconstituir boas histórias, mas tanto para o historiador como para o ficcionista coloca-se uma questão: de algum modo sabemos *o que* dizer, mas é preciso também saber *como* fazê-lo. José Saramago, comentando um de seus primeiros romances — *Levantado do chão* —, explicou que conhecia bem a história a ser narrada, pois se tratava da vida de pessoas que viviam no campo havia gerações, experiência similar à de sua família. O autor foi viver algum tempo entre os camponeses e, assim, pôde juntar ideias e informações que se tornaram a matéria-prima do livro. Mas havia um problema que dificultava a construção da narrativa, como ele mesmo explicou:

> Porque eu não sabia de uma coisa, muito mais importante do que às vezes se imagina: eu tinha uma história para contar, a história dessa gente, de três gerações de uma família de camponeses do Alentejo, com tudo: a fome, o desemprego, o latifúndio, a polícia, a igreja, tudo. Mas me faltava alguma coisa, me faltava saber como contar isso. Então eu descobri que o como tem tanta importância quanto o quê. Não se pode contar como se não há o que contar, mas pode acontecer de você ter o que e ficar paralisado porque não tem o como.[41]

Sinto certo alento em compartilhar problemas com tão boa companhia, mas o fato é que, se há diferenças, também percebo outras tantas semelhanças em relação ao trabalho do escritor português em minha tentativa de aproximar-me do objeto escolhido. Em primeiro lugar, a opção de observar o funcionamento do tráfico ao vivo não se coloca, e essa diferença é fundamental — o fornecimento da matéria-prima, como os historiadores sabem e com o que aprenderam a lidar, é sempre de segunda mão. Quanto às semelhanças, sei que há uma história a ser narrada: conheço as personagens, rastreei seus papéis, as conjunturas e as circunstâncias, o tempo e o espaço, mas precisei criar o *como* contá-la — optando pela via das relações sociais construídas entre os intermediários do tráfico e os africanos, com base no que pude saber a respeito de suas experiências.

PARTE I

Negociações e conflitos em Angola

A ANGOLA PORTUGUESA EM 1845-48

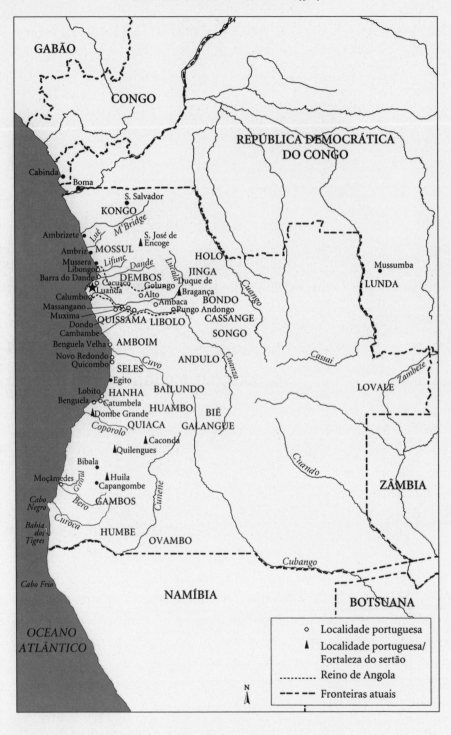

1. A grande loba que devora tudo: portos, feitorias e barracões de Angola

A história da ocupação de Angola pelos portugueses foi contada em diferentes versões. Numa delas, saída da pena do governador Miguel Antonio de Melo em 1798, podemos ler uma crítica à forma como o processo teria sido conduzido. De acordo com esse documento, foi em 1570 que os portugueses começaram a negociar com os povos que habitavam o "território a que chamavam Angolas, nome que transmitimos a todo o vasto continente que conhecemos nesta parte de África". As guerras de conquista marcaram o início do contato, seguidas pela instalação dos custosos presídios que visavam abastecer de escravos "um país mais ditoso, qual já então se nos mostrava o Brasil".

Seguiram-se as lutas contra os holandeses, com a perda e posterior recuperação de Angola "quase como por milagre e por um complexo de felizes sucessos raros de se juntarem". Após a reconquista, a ocupação através dos presídios foi reativada e os colonos começaram a, "sem resguardo nem conselho", adentrar o território à procura de escravos. Para Melo, melhor teria sido manter o abastecimento de cativos ao litoral pelos negros do interior, como ainda faziam ingleses e franceses no século XVIII, pois a interiorização só teria trazido despesas e criado feiras distantes do centro de poder luso na costa. Com isso, e ainda de acordo com ele, fomentou-se a "natural indolência dos pretos" e o comércio de Angola chegou lentamente ao "deplorável estado em que se acha[va] no ano de 1761".[1]

Nessa versão, algumas figuras emergem para o terreno da história, enquanto outras são relegadas a uma condição secundária. Os portugueses, os estrangeiros usurpadores e contrabandistas, os negros com quem se fazia o comércio, os funcionários reais e os colonos de Angola são mencionados como os sujeitos mobilizados no processo de ocupação. Até o Brasil foi lembrado como o motivo da presença lusitana na região. Já os escravizados são citados apenas quando se pensava na melhor forma de transportá-los de um lado para outro do continente.

Para a grande maioria dos africanos que habitavam as terras ao sul do Saara, a perspectiva era pouco promissora desde as primeiras expedições portuguesas e do início do tráfico transatlântico no século XV. Se inicialmente o engajamento dos portugueses na atividade integrou-se à rede preexistente de comércio de escravos ligada aos muçulmanos no Norte do continente, logo eles construíram feitorias, fortes e presídios para servir como pontos de apoio logístico à compra e venda de cativos africanos para as distantes colônias americanas — no que foram rapidamente seguidos por outros europeus.

No caso da região congo-angolana, as instalações físicas, além de demarcarem precariamente a posse do território português, introduziram as primeiras transformações na forma de capturar escravos: a violência cometida diretamente por europeus sobre os povos do litoral passou a ocorrer paralelamente aos acordos com os soberanos locais.[2] A opção da Coroa em demarcar seu domínio pelas fortificações equipadas como entrepostos de escravos foi permeada de conflitos: de um lado, isso significava uma demonstração de força diante dos povos de Angola; de outro, motivava críticas por sua ineficácia em garantir a regularidade comercial.[3]

A manutenção dos territórios coloniais e a operacionalização do tráfico estavam intimamente vinculadas. Desde o final do século XVIII, a dominação portuguesa parecia oscilar entre uma presença militar mais incisiva, dominando povos e territórios mais vastos, e uma ocupação pontual de portos e cruzamentos de rotas de escravos. As expedições exploratórias e a edificação de fortalezas (como as de Benguela e Cabinda, por exemplo) procuravam garantir a posse de áreas onde se realizavam atividades negreiras, ao mesmo tempo que visavam expulsar os estrangeiros que faziam um tráfico considerado de contrabando e travar contato com povos cujos costumes ainda eram desconhecidos — interesse que se traduzia numa "etnografia comercial", cujo principal objetivo era conhecer seus hábitos para efetuar trocas com eles.

O papel dos traficantes era fundamental nesse processo, evidenciando a grande diferença que havia entre os portugueses e os outros europeus na política colonial africana do período: enquanto os primeiros efetivamente se estabeleciam e viviam na África, mantendo relações regulares com os comerciantes e soberanos africanos que os abasteciam de escravos, os demais tiveram uma presença superficial e marcada pelo contrabando ou pela posse de áreas reduzidas — política que só foi modificada a partir de meados do século XIX.[4]

Mas nem sempre o contrabando era inibido pelas instalações portuguesas nas áreas onde sua soberania era reconhecida. Autores como Gervase Clarence-Smith mencionaram a existência do contrabando em lugares onde a presença lusa era forte, como o Sul do Senegal, a Costa da Mina entre Togo e Lagos, Angola e Moçambique — em todos eles, por exemplo, os espanhóis compravam escravos diretamente de intermediários portugueses e mestiços. A reação a esse contrabando sempre foi tímida, em especial nas áreas onde os interesses da Coroa portuguesa eram mais fracos (como na África Ocidental). Considerando que até meados da década de 1840 era proibido aos estrangeiros fazer comércio em portos africanos sob domínio luso, as atividades espanholas nessas regiões conjugavam-se a um enraizado sistema de corrupção.[5] De certa forma, as propinas recebidas por funcionários da administração colonial acabavam por dar respaldo ao domínio português, na medida em que evitavam ataques mais sérios de outras nações europeias ávidas por trabalhadores escravizados para suas colônias americanas, como no caso dos espanhóis.

Foram inúmeros os confrontos e questionamentos em torno da posse de territórios e do controle das rotas comerciais, e inúmeras foram também as formas de lidar com eles. É sobre isso que falarei neste capítulo.

Garantir o domínio sobre os territórios africanos sempre foi uma questão problemática para os portugueses envolvidos na colonização ultramarina. Entre as adversidades a serem enfrentadas, contavam-se a imensa diferença ambiental e a difícil adaptação a ela, a resistência dos africanos e o questionamento de outros governos europeus em relação à posse dos territórios que a

Coroa afirmava lhe pertencerem. O exemplo clássico desse questionamento foi a invasão holandesa em Angola na primeira metade do século XVII, mas a tensão também marcou o cotidiano dos portugueses que habitaram as colônias na África nos séculos posteriores. Além das doenças, dos confrontos intermitentes com nativos[6] e estrangeiros, os colonos em Angola também padeciam com o papel secundário a que a Coroa os relegava no conjunto do império.

Ao fixar estabelecimentos num território tão diferente de Portugal em termos ambientais, a empresa colonial lidava com várias dificuldades. A escolha de sítios onde abundassem as mercadorias desejadas pelos comerciantes parece ter pesado mais do que as condições do terreno onde se edificariam as vilas e cidades portuguesas no litoral da África. Essa regra pode ser verificada tanto nos pequenos estabelecimentos quanto nos de maior porte; em Serra Leoa, por exemplo — que na década de 1820 já passara ao domínio inglês —, a presença lusa deixou sua marca em uma localidade descrita por James Holman. O lugar, conhecido como "Cidade Portuguesa", tinha fama de pouco saudável para os europeus — creditada pelo viajante às condições ambientais onde ela fora edificada:

> a vegetação de gramíneas que cerca a localidade [...] é tida como a principal causa da falta de saúde local, mas há outras. Uma delas é o cinturão de madeira em torno da cidade, que impede a circulação do ar e que se fosse cultivada traria salubridade ao lugar. Mas tenho para mim que a causa mais insuperável de todas esteja fora do alcance dos colonos. São as terras baixas e pantanosas que existem do outro lado da baía, em direção oposta à cidade, no local chamado Boollam.[7]

Mesmo com a falta de salubridade local, tratava-se de um importante entreposto de escravos que, no caso, era a mercadoria desejada. Condições similares também existiam nas conquistas mais duradouras: um bom exemplo foi a fundação de São Felipe de Benguela em abril de 1617, edificada sobre um terreno pouco propício — uma planície litorânea entre montanhas, cujas águas descendentes estagnavam em seu entorno.[8] Numa descrição de fins do século XVIII, os efeitos disso ainda se mostravam como problemas a serem superados: "no seu pavimento se acha água salobra em pouca profundidade (o que talvez concorra para ser muito sujeita a moléstia)". O abastecimento de água dependia da estação do ano, pois a grande fonte era o rio Maribombo — "de boa água mas ninguém a vê senão nas enchentes de água do sertão".[9]

Algumas autoridades cogitaram transferir a cidade para um lugar mais apropriado — como fez o governador local José Correa de Quevedo em 1783. Para ele, os montes circundantes negavam "as deliciosas virações que sempre são certas naquela costa", interferindo negativamente na saúde de seus habitantes e tornando menos visitado seu porto. As epidemias que atingiam Benguela geravam tamanho pavor entre os habitantes que estes desejavam "fazerem-se separáveis da mesma capital". O porto também apresentava problemas para os desembarques, "porque estes só se podem fazer de manhã cedo e ainda assim com evidente perigo pela violência com que as águas ali sacodem as embarcações". A conclusão, após esse somatório de inconvenientes, era transferir a cidade para o local conhecido como Sombreiro, já que Benguela se assemelhava mais a uma "sepultura de vivos do que habitação de mortais".[10]

Três anos depois, o então governador barão de Mossâmedes notava como era custoso promover a prosperidade de Benguela devido às condições geográficas e climáticas desfavoráveis do lugar e relatava a grande mortalidade havida em 1785 — comentando que, não fosse pelo tráfico de escravos realizado naquele porto, seria "impossível o haver ainda homem que o habitasse". Mais pragmático, ele não chegou a sugerir a mudança da localidade, optando pelo pedido mais modesto do envio de um médico que cuidasse dos habitantes e usuários do porto de Benguela: "parecendo-me que S. M. pouparia muitos vassalos com a insignificante despesa de um ordenado de 400 a 600$000 com que se mandasse um professor; vou certificar a V. Excia. que de setenta recrutas, morrendo mais da metade, por não poder a natureza vencer os influxos do país sem um científico trato; o que se faz digno da maior consideração e dos piedosos efeitos da grandeza de S. M.".[11] Há anos Benguela não era sequer visitada por "médico, cirurgião ou botica a que se possa recorrer", na ausência dos quais ocorriam muitas mortes — sendo as mais lamentadas as dos tão necessários efetivos militares numa região conturbada pelos conflitos com os habitantes locais.[12]

A Coroa fazia ouvidos moucos a pedidos dessa natureza, e as doenças endêmicas e epidêmicas continuavam a afetar não só os colonos brancos e mestiços, mas também os africanos de diversas etnias que viviam no litoral de Angola e outros trazidos do interior pelo fluxo das caravanas de pombeiros, os tripulantes de diversas nacionalidades de passagem por aqueles portos e os funcionários da administração portuguesa. A população branca e mestiça de Benguela, em particular, continuou a sofrer com as condições ambientais do lugar, já que as medidas saneadoras não eram aplicadas com a rapidez que a situação exigia. No ano de 1798, 25 pessoas faleceram em razão de moléstias como pleuris, febres de diversos tipos, hidropesia e disenteria.[13] Os habitantes — que viviam em sobrados, casas térreas de telhas ou cobertas de palha, senzalas e centenas de casas de barro e palha (cubatas), "em que se acomodam até seis pessoas, algumas de uma só casa e outras divididas ao meio em duas partes, bem como são as casas do gentio pelo sertão" — eram atendidos por um cirurgião e um boticário brancos,[14] além de inúmeros curandeiros negros.

Os colonos não contavam com hospitais, pois o único (não) existente tivera sua construção iniciada em 1792, mas nunca chegou a ser terminado e estava arruinado a partir de 1795. Até meados do século XIX, as possibilidades de tratamento pouco haviam mudado: nessa época, Luanda, por exemplo, contava com o hospital militar de São José e a Santa Casa de Misericórdia. Entre os problemas arrolados pelo governador local em 1798, incluía-se a proibição de transferências dos negociantes doentes para o Brasil em busca de tratamento, quando o médico os desenganava "tanto pela falta de meios, como pelo pestífero do país". O mais comum era que a morte alcançasse o doente antes das licenças para viajar a fim de cuidar da saúde.[15]

O mapa dos falecidos em Benguela em 1798 contém a reveladora observação de que os 25 mortos não representavam o número total de atingidos por moléstias letais: "Além dos mortos acima expressados, morreram nesta cidade muitos negros e negras pelos seus arrabaldes, que não chegam à notícia pelos enterrarem particularmente no mato, uns pela sua pobreza e outros pela sua pouca fé e por não serem batizados, entrando nesta classe os muitos que morrem das armações para os navios".[16]

Nessa época, a cidade contava com 3023 habitantes, divididos entre 68 brancos, 2710 pretos livres e cativos e 245 mulatos livres e cativos.[17] A julgar pela nota explicativa do mapa de falecimentos, não entraram na lista dos mortos negros livres ou escravos que trabalhavam em Benguela, nem tampouco os escravos que aguardavam carregamento. Portanto, os principais atingidos pelas moléstias fatais foram os brancos — uma mortalidade que, se aplicada apenas a esse segmento da população, assumiu proporções catastróficas.

As providências reais no sentido de melhorar as condições dos brancos e mestiços de Benguela limitaram-se à ordem de construir "um ou mais cemitérios" na cidade em 1802. Depois de construídos, ficariam proibidos os enterros nos templos "a fim de prevenir as perniciosas e funestas consequências inseparáveis de um tal abuso". À vista da ordem, o governador mandou executar uma planta do cemitério, embora tenha comentado de modo irônico: "É porém isto tudo quanto até o presente tenho podido fazer, por não saber donde há de sair a despesa desta interessantíssima obra".[18]

Mesmo com todos os problemas que apresentava, Benguela era considerado o porto mais promissor da África portuguesa em fins do século XVIII, levando o barão de Mossâmedes a afirmar que

> é sem dúvida a capitania de Benguela o ponto certo de toda a navegação africana e o mais rico lugar de toda a costa, não só porque dos fundos exportados se pagam de direitos de saída anualmente mais de cem contos, mas porque a experiência tem feito ver a todos os muitos colonos, sem princípios e de costumes depravados, que entrando em crédito no tráfico do comércio, têm em poucos anos alcançado somas imensas, pela vantagem do negócio do sertão e permuta das fazendas da Europa, Ásia e geribitas da América.[19]

Tanta prosperidade fiscal e comercial não impedia que os brancos e mestiços da cidade convivessem com moléstias às quais não estavam acostumados até a primeira metade do século XIX. Entre 1837 e 1850, algumas melhorias urbanas foram realizadas, como a drenagem dos pântanos das cercanias e a construção de um cais que, avançando pela praia, permitia o embarque e desembarque de passageiros e mercadorias, antes dificultados pela força das marés. Todavia, em 1850 ainda não se sentia o efeito desses melhoramentos na economia da cidade,[20] e os manuais de higiene da primeira metade do século XIX continuavam a mencionar as condições geográficas semelhantes às de Benguela como insalubres e impróprias para a habitação europeia.[21]

Criada em 1575 e nomeada São Paulo de Assunção de Luanda, a capital portuguesa em Angola também não oferecia melhores condições sanitárias aos colonos no século XVIII. Na correspondência dirigida a Lisboa, podemos ler as reiteradas solicitações de médicos para atenderem os doentes — certamente colonos e funcionários de Sua Majestade portuguesa. A constância e o teor das queixas deixam isso claro: em 1780, o único médico que ali se achava estava nos "paroxismos da vida", com a avançada idade de oitenta anos e 52 de serviços prestados. A população local, consternada por não encontrar socorro médico em um lugar onde as doenças eram "continuadas [...] [e] quase todas mortais", demandava, sem resultado, o envio de outros profissionais para substituí-lo.[22] Dois anos depois, o mesmo médico continuava sozinho na ativa e sua atuação era dificultada pela falta de remédios que "quando chegam a esta terra vem já com a maior corrupção", sendo praticamente inúteis.[23]

Os 150 brancos, aproximadamente, que ali viviam sofreram em 1730 com chuvas e inundações que se prolongaram por quarenta dias, findos os quais quase todos os marítimos tinham morrido ou estavam doentes, vítimas do escorbuto, da varíola e de outras moléstias que tinham afetado também a parte alta da cidade — onde, apesar das condições sensivelmente melhores, a mortalidade também foi elevada.[24]

A Luanda portuguesa de meados do século XVIII em diante era o maior povoamento de brancos no principal centro do comércio escravista africano. A cidade alcançara essa posição depois de desbancar São Tomé do posto de primeiro enclave negreiro a partir do momento em que os escravos passaram a ser embarcados para as colônias americanas diretamente das bases continentais.[25] Traduzida em números, a condição de maior povoamento branco na África significava que a cidade tinha 998 homens e mulheres brancos em meio a uma população de 7747 habitantes em 1799, residindo em 434 casas de telha e 736 casas de palha, além das moradias dos escravos.[26] Em 1845, ali viviam cerca de 5,6 mil habitantes, dos quais 1601 brancos — número que Pélissier considerou "extraordinariamente elevado para a África tropical daquele tempo" — e pouco mais da metade constituída por escravos.[27] A precariedade das condições sanitárias assolava de modo predominante a parte baixa da cidade — especialmente a freguesia da Praia, onde, desde pelo menos a década de 1730, se concentravam os quintais dos escravos e as cubatas. Com o adensamento dos negócios do tráfico, essas instalações expandiram-se para outras freguesias, alcançando em 1770 as regiões de Coqueiros, Nazaré e Carmo.[28]

Os colonos de Angola — e de modo particular os da capital — sofriam também com outras condições ditadas pela natureza. Esterilidade dos solos, pragas de gafanhotos e estiagens prolongadas eram queixas costumeiras na correspondência enviada a Lisboa pelos funcionários reais. Os governadores descreviam um quadro eloquente e quase inacreditável para homens vindos da Europa, quando mencionavam a falta de chuvas por períodos de quatro anos, acompanhada de "uma praga de gafanhotos, de que eu não acreditava a quantidade nem os efeitos enquanto por mim mesmo os não observei, chegando a acometer a cidade [de Luanda] e dando um grande trabalho para livrar as casas; destruiu todas as plantas, extinguindo-lhes até as mesmas raízes".

Tal descrição, feita por Manoel de Almeida Vasconcelos em 1793, torna-se mais reveladora quando somada ao fato de que esses momentos de crise ambiental eram percebidos pelos africanos que se opunham à presença dos portugueses e se rebelavam no sertão.[29] De diversas maneiras, as dificuldades em lidar com o mundo natural interferiam na comercialização do principal gênero exportado pelos portos angolanos — os escravos. Esse mesmo governador, no início do ano seguinte, ainda se queixava da estiagem e acrescentou ratos, onças e leões à lista das pragas animais que atingiam a região, impedindo que se colhessem os frutos das medidas que visavam estimular a agricultura local para o abastecimento do tráfico negreiro. Como os navios da América nem sempre vinham carregados de todos os gêneros de que necessitavam para a viagem de retorno, o tráfico foi duramente atingido: nas contas do governador, apenas 10 252 cabeças tinham sido exportadas de Luanda em 1793, número que ele considerava insuficiente em relação às potencialidades locais.[30]

A fome era endêmica em Angola. Ao estudar o impacto da exportação de escravos na drenagem de habitantes da África até meados do século XIX, diversos autores salientaram que esse impacto foi provocado pelo tráfico negreiro conjugado com a seca e a falta de alimentos que periodicamente atingiam as regiões exportadoras de cativos. Patrick Manning sintetizou diversos estudos nesse sentido e demonstrou que, no século XIX, "esses fatores serviram ao mesmo tempo para aumentar e diminuir a exportação [de escravos]".[31] O número de cativos exportados podia ser reduzido em algumas regiões dizimadas pela fome, seca e epidemias, mas, paradoxalmente, podia também passar por ampliações significativas em outras áreas atingidas pelos mesmos fenômenos, visto que populações inteiras de homens e mulheres nascidos livres podiam ser reduzidas à escravidão por fome, insolvência e crimes. Durante períodos de fome prolongada, segundo Sheridan, era comum que pessoas livres se oferecessem voluntariamente à escravidão.[32]

Alden e Miller demonstraram que a disseminação da varíola epidêmica, por exemplo, devia-se à seca, fome e outras doenças debilitantes que atingiam africanos e europeus na África Ocidental e em Angola a partir de meados do século XVIII. Justamente entre 1787 e 1794, quando a seca e as doenças se intensificaram em Angola, o Brasil foi flagelado pela varíola, que atingiu principalmente o Norte e o Nordeste — regiões nessa época abastecidas em grande parte pelas companhias pombalinas.[33]

As mesmas condições ambientais que levavam ao declínio populacional tinham consequências na própria forma de organização do tráfico. Entre elas, a falta ou a abundância de escravos condicionada por fatores como as guerras interétnicas agravadas durante períodos de dificuldade em saciar a fome das populações do interior e do litoral. Outra consequência importante era a necessidade de abastecer os navios negreiros em outros lugares quando não se podia fazê-lo na costa angolana. Muitas embarcações eram obrigadas, por exemplo, a conseguir farinha de mandioca nas ilhas de São Tomé e Príncipe — como fez a *N. S. do Carmo e Luanda* ao partir da capital angolana com destino ao Recife em outubro de 1798, em meio a uma prolongada carestia naquele porto continental. Como dizia um funcionário em Angola, "neste país quando acontece haver chuvas morrem os homens de doenças e, quando elas faltam, de fome".[34]

Em diversas situações, as autoridades coloniais de Angola se corresponderam com suas correlatas do Brasil, reafirmando a necessidade de prover os navios com todo o mantimento necessário à viagem de volta. Essa impossibilidade podia ser causada pelas condições naturais, como na situação descrita por Manuel de Almeida e Vasconcelos ao conde de Resende em 1791: às guerras constantes na África somava-se a esterilidade do solo, que inviabilizava o "sustento de primeira necessidade aos seus habitantes" e tornava ainda mais oneroso "o socorro dos víveres precisos para os navios de escravatura seguirem os seus destinos para os portos da América". A solução, então, era recorrer aos portos brasileiros para "socorrer este continente particularmente de farinhas, de que a grande falta se faz muito mais sensível e chega a fazer impraticáveis as precisas e interessantes expedições".[35]

Em fins do século XVIII, em Luanda, uma fonte fornece dados importantes sobre as doenças que, agravadas pela fome, mais atingiam e matavam a população de origem europeia. Após uma prolongada estiagem, Luanda finalmente conheceu uma estação chuvosa em 1799, mas os resultados foram igualmente desastrosos: 161 pessoas morreram e, de acordo com o inspetor do hospital, "por causa das chuvas quase tudo foi escorbuto". Ou seja, com as chuvas, os alimentos frescos também se perdiam, causando surtos da moléstia. Mas não foi só: as febres intermitentes também assolaram a população, os militares e os marinheiros portugueses na capital angolana naquele final de século. No total, 2279 pessoas foram hospitalizadas e, destas, 57 morreram — especialmente de diarreia e escorbuto, nos meses de abril, maio e junho. Os dados desses meses mostram uma curva ascendente nos índices de internações, a maior parte delas para tratar as vítimas do escorbuto.[36]

O conhecimento médico acadêmico da época fazia crer que os miasmas eram os responsáveis pela transmissão de doenças — o que, aliado às condições do terreno onde Luanda fora erguida, levaram o governador Nicolau Castelo Branco a observar, em 1826, o quanto aquele local era desvantajoso para os europeus: os ventos desfavoráveis, o odor exalado das "casas da escravatura" e das palhas com que se cobriam as cubatas, além da falta de limpeza nas praias, tornavam Luanda uma cidade "temível", sobretudo no outono — sempre acompanhado de pesadas chuvas.[37] Até meados do século XIX ainda não havia solução para problemas urbanos elementares, como o abastecimento de água potável. Luanda padecia com a falta d'água, havendo na cidade apenas dois poços públicos (*maiangas*) — o da fortaleza de São Miguel e o do Terreiro Público. A maior parte da água para consumo vinha do rio Bengo, carregada em tanques transportados em barcos.[38]

Com todos esses problemas, a população luandense passava por aumentos e quedas. Um autor português considerou que o pequeno número de habitantes brancos na capital angolana se devia à fama da cidade apenas como lugar onde se passava a primeira fase na busca de enriquecimento, procurando-se em seguida lugares mais promissores.[39] Embora ele não explicite os motivos pelos quais em Luanda não se podiam alcançar maiores voos em direção à fortuna, vale a pena seguir a pista. A oscilação demográfica decorria não apenas da instabilidade financeira ou das dificuldades ambientais que a cidade apresentava aos brancos e mestiços, mas também da situação do tráfico de escravizados — legalidade ou ilegalidade, transferência do negócio para outros portos, períodos de desabastecimento agudo e guerras contra os africanos. Na tabela 1 observam-se as oscilações demográficas na cidade na primeira metade do século XIX.

TABELA 1 — POPULAÇÃO DE LUANDA ENTRE 1814 E 1845

ANO	COR/CONDIÇÃO	TOTAL POR COR/CONDIÇÃO	POPULAÇÃO TOTAL
1814*	brancos	282	3747
	pardos	474	
	pretos	2991	
1817-1818*	brancos	355	3199
	pardos livres	420	
	pardos escravos	52	
	pretos livres	813	
	pretos escravos	1559	
1827**	brancos	1447	6813
	pardos livres	432	
	pardos escravos	13	
	pretos livres	708	
	pretos escravos	4213	
1845**	brancos	1601	5605
	pardos livres	475	
	pardos escravos	16	
	pretos livres	780	
	pretos escravos	2733	

Fontes: * AHI, lata 187, maço 2, pasta 4 — Informações sobre Angola. Esta fonte contém um erro na soma; de acordo com ela, entre brancos e negros, 985 eram livres e 2862 eram escravos. O total é de 3847 — o que significa haver uma diferença de cem pessoas na contagem. ** Ilídio do Amaral, "Luanda: estudo de geografia urbana". *Memórias da Junta de Investigação do Ultramar*, v. 53, pp. 50 e 54.

Pelos dados da tabela, observa-se o declínio da população luandense entre 1827 e 1845. Tal declínio, certamente, ocorreu devido às mudanças no tráfico. Se na década de 1820 houve uma intensificada demanda brasileira por trabalhadores escravizados africanos, esse movimento teria se modificado em 1831, ano da primeira proibição do tráfico para o Brasil. A consequência mais visível, de acordo com o estudo de Roquinaldo Ferreira, foi o desaparecimento dos navios negreiros do porto de Luanda e a dispersão do tráfico pelos portos ao norte (Cabinda, Ambriz e foz do Zaire) ou ao sul da capital angolana (Benguela Velha e Ponta dos Tigres), a fim de fugir à perseguição e aos altos impostos ali cobrados.[40] Não por acaso, o declínio da população luandense no período apontado foi decorrência exclusivamente da diminuição no número de "pretos escravos" — que passaram a ser levados para venda em outros lugares. Ainda na década de 1830, Portugal proibiu o trânsito de escravos entre suas colônias africanas e o exterior, através do decreto de 10 de dezembro de 1836, do ministro Sá da Bandeira. Marco legal do abolicionismo luso, o decreto de 1836 teve pouca influência sobre o fluxo e os volumes do tráfico de africanos e é um assunto controverso na historiografia portuguesa.[41] Na prática, o que se viu foi a continuidade do tráfico sob a forma de contrabando, a fuga de capitais e o retorno de centenas de moradores para a metrópole[42] — tudo isso apesar da resistência em cumprir a lei e da dificuldade das autoridades portuguesas em impô-la mesmo entre os membros da administração colonial na África.[43]

Apesar de o contingente de brancos ser ascendente em todo o período, também fica claro que o ritmo de crescimento foi afetado pelas medidas restritivas ao tráfico. Em nove anos (entre 1818 e 1827), a população branca de Luanda aumentou em mais de 400% (cerca de 44,44% a.a.) — aumento que seguramente se deveu à atração exercida pelo negócio negreiro ou outras atividades ligadas a ele nesse período. No intervalo de dezoito anos entre 1827 e 1845, apesar da queda no número absoluto de habitantes, a cidade teve um crescimento da população branca da ordem de pouco mais de 10% (0,55% a.a. em média). Essa desaceleração pode ser explicada tanto pela falta de interesse dos comerciantes de ascendência europeia em se estabelecer na capital angolana quanto pela dispersão do tráfico em direção aos portos menores.

Se o meio ambiente dificultava a fixação de moradores brancos em Angola, os confrontos com os nativos e os estrangeiros também tinham consequências na colonização daquela região. As forças militares portuguesas quase sempre se mostravam insuficientes para enfrentar essas duas frentes hostis.

Benguela, por exemplo, foi fundada no início do século XVII somente depois de cinco tentativas frustradas e da derrota dos africanos que se opunham à invasão do território. Mas a criação da cidade não resolveu o problema em definitivo: em 1786, o barão de Mossâmedes apontava a necessidade de lutar constantemente contra os nativos que, no caso daquela cidade e de Luanda, furtavam as fazendas e "cabeças de negócio" (escravos) que a elas se dirigiam.[44] De certo modo, a existência de Benguela e a segurança do comércio e da própria cidade eram garantidas, ainda que precariamente, pela fortaleza local. Em fins do século XVIII, havia ali onze pequenas casas (três das quais abandonadas) e algumas pequenas senzalas "onde moram pretos, que também são em pequeno número". A tropa compunha-se de 21 soldados de infantaria e quinze artilheiros, alojados num quartel feito de adobe — que se esfacelava na estação das chuvas — com capacidade para quarenta homens. O fato era que dificilmente se conseguia lotar a guarnição, pois assim que ali desembarcavam os degredados que a vinham compor, era comum adoecerem ou fugirem sertão adentro, "sem por modo algum se lhe poder dar providência". A fortaleza parecia ter se tornado, àquela altura, um peso maior do que uma comodidade: o governador de Angola afirmava que ali não existia "forma nem ordem alguma", tendo a guarnição e os funcionários da Coroa o procedimento que bem entendiam: "não indo visita alguma a bordo dos navios que se acham com escravatura, de que sucedia quando despachavam duzentos embarcavam depois os que queriam, a Alfândega era casa que de nada servia, porque cada um mandava vir em direitura para a sua, sem que nisto houvesse cuidado algum, e também me constou que havia grande extravio de marfim".[45]

A visita do governador se devia ao relatório do engenheiro militar Luís Cândido Cordeiro Pinheiro Furtado, datado de 29 de dezembro de 1779, propondo a demolição da fortaleza de Benguela — alegando que sua existência e fraqueza prejudicavam qualquer outra fortificação que se quisesse erguer no local.[46]

A prática mais costumeira dos governadores era relatar a decadência do comércio e da infraestrutura que o possibilitava, o que no caso de Benguela se traduzia no desrespeito às autoridades coloniais e na ruína de sua fortaleza. Em 1788, o novo governador daquela capitania prestou contas assim que chegou à sede de sua jurisdição, afirmando que a fortaleza estava arruinada e sem artilharia. Quanto à população branca, era diminuta e consistia de "meia dúzia de negociantes cheios de orgulho e sem subordinação alguma aos seus superiores".[47]

As alegações dos membros da administração colonial em Angola, por mais que relatassem dificuldades que eles presenciavam e com as quais tinham que lidar, também serviam como desculpas para o mau funcionamento do tráfico no que tangia aos interesses da Coroa, particularmente os direitos arrecadados nas alfândegas.

As fortalezas e os presídios de Angola não tinham apenas funções militares, mas também cumpriam o papel de depósitos de escravos em trânsito para o litoral. O presídio de Encoge — também chamado de Pedras de Encoge ou São José de Encoge — tinha esse caráter para os escravos vindos do interior e destinados a Luanda. Criado em 1759, era defendido por uma fortaleza de pedra e cal e nove peças de artilharia, abrigando militares e religiosos capuchinhos. Com sua construção, os portugueses esperavam poder bloquear a introdução de mercadorias estrangeiras contrabandeadas nos portos ao norte de Angola. Sua história foi marcada por ataques de povos do interior, como o dos dembos Ambuila e Namboangongo[48] e dos mussui ou mussões; esses povos, que a Coroa acreditava ter reduzido à obediência em 1794, jamais asseguraram fidelidade absoluta à monarquia lusa e frequentemente se opunham à passagem de portugueses no trajeto entre Luanda e Encoge até meados do século XIX.[49]

Vimos, no início deste capítulo, que o governador Miguel Antonio de Melo considerava os presídios algo de pouca serventia. Na opinião dele, a fraqueza dos efetivos militares portugueses e das construções não impedia o contrabando feito pelos estrangeiros e tampouco quebrava a resistência dos africanos à interiorização lusa. Outros governadores compartilhavam essa visão pouco favorável à política de instalação dos presídios, ressaltando aspectos como a corrupção dos comandantes que se envolviam no tráfico, desviando soldados do serviço militar para isso.[50] Na opinião de Melo, a construção do presídio de Encoge trouxera, como efeito colateral, a inimizade dos povos que habitavam as margens do rio Camarões e a hostilidade dos ingleses:

> por muitos que sejam em número os ditos presídios, muitas mais serão as estradas por meio das quais frustrarão os pretos nossas cautelas e, portanto, sendo certa a despesa do entretenimento dos presídios, mui incerto será o proveito que dela podemos retirar. Por outra parte, logo que os ingleses souberem ou desconfiarem que o seu comércio diminui pelos obstáculos sobreditos, é muito provável que os removam, ou incitando os negros para que nos movam guerra e auxiliando-a, fornecendo-lhes munições e apetrechos e sobretudo artilharia e sujeitos que desta arma saibam usar, com o que perderemos toda a vantagem que ao presente temos sobre os mesmos negros e com que contrapesamos o seu imenso número, as frequentes e multiplicadas ciladas que dos seus matos nos armam.[51]

Para ele, todo o risco de guerra com os ingleses deveria ser evitado, caso contrário eles teriam um "pretexto honesto" para tomar algum estabelecimento português na costa africana ou no Brasil. Qualquer tentativa de impedir o contrabando inglês que não fosse acordada com Londres seria inútil, mas o uso da força também não era eficaz contra os nativos.

A solução era recorrer ao Brasil, como fez o barão de Mossâmedes durante um dos inúmeros embates contra os dembos no entorno de Encoge, em 1790, alertando os navios vindos das costas brasileiras para que trouxessem seus próprios mantimentos de torna-viagem, já que em Luanda não havia como consegui-los.[52] Mas esses embates não eram o único motivo que obrigava os negreiros brasileiros a zarparem abastecidos para a volta; desde o final do século XVII, inúmeras posturas municipais de uma grande praça importadora de escravos como Salvador reiteravam as determinações para que se reservassem espaços e escravos destinados ao plantio de alimentos que abastecessem as embarcações do tráfico. A constante reedição das posturas no século seguinte (até 1785, pelo menos) evidencia também que a regra era frequentemente desrespeitada e que a necessidade não se limitava aos períodos de fome aguda.[53]

Se a compra e venda de escravos sustentava os colonos das cidades, ao mesmo tempo estes se sentiam privados de muitas condições básicas de sobrevivência e eram atingidos pela fome, pelas epidemias e pela insegurança. O aporte espiritual também não era encontrado com facilidade mesmo em Luanda, o maior povoamento branco na África. Esse abandono era mais do que uma sensação revelada na correspondência oficial. Templos católicos não faltavam na cidade — só na parte baixa havia seis —, mas a maioria deles estava abandonada no final do século XVIII e mesmo a igreja principal (a Sé) encontrava-se em ruínas.[54] Em 1780, a Mesa da Consciência e Ordens reconheceu o "miserável estado em que se acha a religião naquele reino", devido ao abandono das missões, às igrejas sem párocos e à Sé sem ministros — enfim, "o estado da religião naqueles domínios distava pouco da infidelidade".[55] Poucos anos depois nada mudara, a julgar pelas lamúrias do bispo de Angola: em 1783, ele dava conta do lastimável estado da religião em sua diocese. Após referir-se à ruína das igrejas, pediu licença para voltar a Portugal e mencionou o "pequeno número do clero que havia, já tem falecido alguns e dos que existem a maior parte está estropiada e quase inúteis [sic] para o serviço da Igreja, e o bispo tão cheio de moléstias que para nada presta, padecendo com especialidade o desgosto de não serem atendidas por S. M. as suas humildes súplicas".[56]

Até as primeiras décadas do século XIX, a situação pouco se transformara, a julgar pelas palavras de um memorialista do período — o deputado às Cortes de 1821, Manuel Patrício de Castro. Ao apontar os problemas vividos por Angola, ele mencionava o estado da religião, "que com tanto custo plantaram os portugueses nos áridos climas d'África, [e] pode-se dizer que é hoje ali um simulacro", posto que ali reinava "a idolatria e o gentilismo".[57]

Se o catolicismo funcionava precariamente no atendimento dos fiéis que habitavam a capital angolana, um de seus sacramentos transformou-se em pomo da discórdia entre a administração colonial e os traficantes — o batismo. Por lei, a obrigatoriedade de batizar os cativos africanos era bastante antiga, vindo das ordenações manuelinas e filipinas e confirmada por determinações posteriores. A legislação determinava que os negros deveriam ser catequizados e batizados por sua própria vontade e que o senhor negligente seria punido com multa ou perda do escravo.[58]

O batismo dos cativos a serem exportados era pago por cabeça e realizado nos barracões, e tornou-se a principal fonte de rendimentos para o clero de Angola.[59] Essa questão dividiu os traficantes brasileiros, os comerciantes luso-africanos e o clero local, pois, até o embarque, muitos dos escravos batizados morriam, revertendo o prejuízo para os traficantes.[60] Nos barracões de Luanda, os africanos recebiam o sacramento de forma coletiva. A cena foi descrita por Boxer, referindo-se a meados do século XVII:

> Não era cerimônia muito demorada. A cada escravo, quando chegada a sua vez, dizia o padre: seu nome é Pedro, o seu é João, o seu é Francisco, e assim por diante, dando a cada qual um pedaço de papel com o nome por escrito, e pondo-lhes na língua uma pitada de sal, antes de aspergir com um hissope água benta em toda a multidão. Então, um intérprete negro a eles se dirigia, com essas palavras: "Olhai, sois já filhos de Deus; Estais a caminho de terras espanholas (ou portuguesas), onde ireis aprender as coisas da fé. Esquecei tudo o que se relacione com o lugar de onde viestes, deixai de comer cães, ratos ou cavalos. Agora podeis ir, e sede felizes".[61]

Pela notícia dada por um viajante do início do século XIX, a prática não havia se modificado substancialmente até aquele período. O batismo continuava a ocorrer coletivamente, sem instrução prévia, nos lugares onde havia agentes coloniais portugueses na África — como em Angola e Moçambique. Os demais escravos recebiam o sacramento quando aportavam no Brasil[62] ou, eventualmente, nos navios negreiros que levavam sacerdotes a bordo.[63]

A diminuta minoria portuguesa nas colônias africanas dificultava a posse do território. Não só a ocupação, mas a própria manutenção da faixa litorânea perante as incursões de estrangeiros e nativos eram problemas cotidianos. Além de serem minoria em um ambiente hostil, os colonos portugueses não contavam com a inteira confiança da administração local ou da Coroa. Em 1791, o governador de Angola — Manuel de Almeida e Vasconcelos — expunha ao Conselho Ultramarino sua opinião sobre o caráter dos habitantes locais: "a experiência tem sempre feito com justiça reputar mal este clima, porém as *suas enfermidades morais e políticas*, ainda a meu ver, *excedem a todas as que influem no corpo físico*".[64] Certamente, esse tipo de afirmação tinha origem no conflito de interesses, que colocava de um lado a Coroa e o que ela esperava retirar dessas colônias e, de outro, os reinóis, brancos nascidos em Angola e mestiços que mediavam o comércio de escravos.

A administração colonial dispunha de poucos meios para contornar os conflitos. Não bastassem as lutas contra estrangeiros e nativos e a tensão entre colonos e representantes da Coroa, os governadores debatiam-se com a falta de comunicação entre Angola e Portugal para poderem impedir o contrabando que desviava recursos alfandegários. No início da década de 1770, o governador Francisco Inocêncio Coutinho queixava-se de que em Luanda havia meses não aportava um único navio vindo da Corte e, sem isso, ele não tinha instruções mais atualizadas sobre como lidar com embarcações que ali tentavam fazer comércio. Além do mais, a carestia era endêmica em Angola, a julgar por sua avaliação enfática sobre as difíceis condições de vida naquela colônia: "*este reino é uma grande loba que devora tudo*, é muito maior o espaço de tempo que aqui se passa em necessidade de fazendas e víveres, que o que se vive em fartura".[65] Navios e seus produtos tinham uma única origem: os portos brasileiros, únicos de onde partiam regular e legalmente embarcações para a costa angolana. O reconhecimento de que o Brasil era a fonte do socorro para todas as necessidades angolanas foi reforçado no decurso dos séculos XVIII e XIX, na mesma proporção em que aumentava a exportação de escravos para a parte mais importante do império ultramarino português.[66] Tudo isso, porém, só acentuava o efetivo abandono dos colonos e administradores de Angola.

O domínio português na África, tanto na costa atlântica como na índica, tinha de ser constantemente reiterado. Em Moçambique, além do desconhecimento do interior,[67] havia o grave problema do não reconhecimento desse domínio em diversos pontos do litoral onde a colonização fora tardia.[68] No caso angolano, eram a Inglaterra e a França os principais contendores dos lusos. Com os ingleses, as questões se prolongaram ao longo da primeira metade do século XIX, levando a Coroa de Portugal a diminuir a área sobre a qual reivindicava soberania no final do século anterior. Além disso, em 1807 a Inglaterra aboliu seu tráfico negreiro e, "nestas circunstâncias", nas palavras do então governador de Angola, "e enquanto a França não tem meios de poder com franqueza aproveitar-se das vantagens que de alguns portos desta costa estas duas nações costumavam tirar, me parece que seria de suma utilidade apossarmo-nos de alguns pontos desta costa, que de direito nos pertencem, e onde já tivemos estabelecimentos, mas que por intrigas da Corte se tem demolido".[69]

O governador referia-se à foz do rio Loge, onde fora construído um estabelecimento na época de Manuel de Almeida e Vasconcelos, após a sacrificada vitória contra o soberano de Mossul em 1790,[70] e que fora demolido devido a negociações posteriores com a Inglaterra. Mas sua queixa mais ousada não era quanto à perda do território em si, mas sim quanto à razão dessa perda — as intrigas de uma Corte que, além de abandonar Angola, muitas vezes agia como empecilho à ampliação da colônia, tarefa para a qual a administração local e os homens ligados ao comércio eventualmente se julgavam capazes.

Além da pressão, a partir de 1807, pelo fim do tráfico negreiro português, a Coroa britânica muitas vezes tentou apossar-se de áreas cobiçadas pelos portugueses no litoral da África Central atlântica. Foi o caso de Molembo, situado ao norte de Cabinda, cuja posse vinha sendo disputada por estrangeiros desde o final do século XVIII e que motivou, em 1783, uma discussão sobre a possibilidade de expulsar os contrabandistas por meios militares. Essa possibilidade logo cairia no esquecimento.[71] Britânicos e portugueses continuaram a se enfrentar em Molembo até 1853, quando a questão foi arbitrada em favor de Portugal.

Já em Cabinda, as pretensões francesas de posse levaram d. Maria I a mandar construir um forte em 1783 — intenção manifestada desde o governo de Antonio de Lencastre em Angola —, ordenando para isso o reforço de homens, armas e matérias-primas oriundas do Brasil.[72] Apesar de impor alguma restrição às invasões estrangeiras, os administradores que viviam na colônia tinham ciência da fragilidade de suas forças e sabiam que uma fortaleza tinha mais efeito contra os ataques dos africanos: "as fortalezas na costa de África têm por únicos objetos estabelecer o domínio, preservar dos insultos dos negros, conter em respeito os navios mercantes das nações estrangeiras e nada mais, sem entrar na ideia de se construir uma fortaleza para resistir aos ataques das tropas ou forças regulares que se mandem expressamente contra ela, porque isto não o há nem o pode subsistir em África".[73]

A previsão de que os fortes não eram obstáculos intransponíveis para os estrangeiros estava calcada na experiência de séculos de permanência na África. Assim, algumas vezes a solução era negociar com os invasores, mesmo que nada garantisse o êxito. O caso de Cabinda é exemplar: o forte português ali construído foi posto abaixo por uma esquadra vinda da França onze meses depois de erguido,[74] e Portugal teve que negociar a posse da região na Corte francesa. O representante luso desconhecia detalhes sobre a geografia de Cabinda e, de Lisboa, o marquês de Louriçal enviou-lhe uma carta da região, procurando superar a desvantagem — que, aliás, também pesava contra os franceses: "pondo V. Excia. de parte as descrições dos geógrafos, que mal instruídos em geral e pior ainda no particular das revoluções que têm havido nos impérios, reinos e províncias desta parte da África, tudo confundem com denominações impróprias e indefinidas de Guiné, Congo, Angola, Benguela, confusão que é necessário tirar para não confundir as convenções que sobre esta região se oferecem".[75]

A falta de informações e a dificuldade em acompanhar os acontecimentos em Angola eram os sinais mais eloquentes do abandono da colônia pela Coroa de Portugal. Neste caso, o desconhecimento (ou negligência) cartográfico(a) sobre uma região frequentada havia séculos pelos navegadores e comerciantes portugueses era indesculpável e poderia significar a perda do território. Apesar disso, os diplomatas não conseguiram estabelecer a soberania de nenhuma das duas nações e, dali até 1850, a posse de Cabinda pelos portugueses era apenas nominal, embora os franceses também não tivessem se animado a ocupá-la.[76] Portugal voltou a insistir na construção de uma fortaleza, enviando materiais para o local em 1789.[77]

Se em Cabinda a luta contra os franceses foi mais séria e duradoura, os confrontos continuaram na conturbada e revolucionária década de 1790, em função da aliança luso-britânica. A presença de contrabandistas que utilizavam a bandeira francesa se estendeu a outros locais. Os conflitos ocorriam em lugares como Serra Leoa, em 1795, e repercutiram em Luanda, pois os navios estrangeiros que vinham ter à cidade davam conta da destruição que a Marinha francesa fazia na África Ocidental contra as feitorias inglesas.[78] Em função das mesmas guerras, havia cinco navios de guerra franceses estacionados na Costa da Mina, que passaram a saquear outras embarcações no Atlântico, como fizeram com dois americanos nas Canárias e dois portugueses em Cabo Verde, ao mesmo tempo que combatiam os ingleses que encontravam nas imediações.[79]

Em Angola, a presença francesa foi além da repercussão de conflitos ocorridos em costas distantes. Após o rumoroso caso da disputa por Cabinda, em 1799 o governador de Angola mandou armar um navio para proteger o litoral entre Luanda, Novo Redondo e Benguela do corsário francês *Relâmpago*, vindo das ilhas Maurício,[80] mas o fato é que as ordens emanadas das autoridades eram mais amplas do que as possibilidades de cumpri-las na colônia.

Alguns anos depois, o mesmo governador fez uma lista das providências que havia tomado para coibir a entrada de navios estrangeiros no porto de Benguela. Entre elas: mandar a bordo um oficial com soldados armados; pedir ao capitão os nomes dos tripulantes do navio; interrogar testemunhas sobre os motivos da arribada; impedir por todos os meios que os tripulantes desembarcassem ou que as pessoas da terra tivessem contato com eles; havendo bom motivo para a arribada, fornecer os gêneros necessários na medida exata; impedir qualquer pessoa de aceitar presentes dos estrangeiros; aceitar pólvora, fazendas ou outros gêneros como pagamento pelos gêneros consumidos, na impossibilidade de pagar com dinheiro ou letra de câmbio.[81] Em toda a documentação relativa a Angola que consultei, não encontrei nenhum vestígio da aplicação dessas instruções.

Em Cabinda, a ausência de representantes do governo português depois da destruição da fortaleza pelos franceses foi citada por tripulantes de navios negreiros aprisionados em diferentes datas na primeira metade do século XIX. Um deles — Tomás Luís, mestre da escuna *Dona Bárbara* na viagem que se iniciara em Salvador em dezembro de 1828 — afirmou não trazer manifesto de carga ou quaisquer outros documentos de alfândega, pois aquele local era "governado por pretos",[82] não havendo, assim, quem assinasse despachos ou cobrasse impostos. Outro tripulante — Manuel Antônio Teixeira Barbosa, capitão e proprietário do *Flor de Luanda*, apreendido em abril de 1838 no litoral fluminense —, ao ser indagado sobre quem tratara com ele o embarque dos escravos, "respondeu que com os reis e príncipes de Cabinda e com alguns dos africanos com intervenção dos mesmos príncipes".[83] Nenhuma menção a funcionários del-rei.

Da mesma forma, em Ambriz, porto situado ao norte de Luanda, a ocupação lusa iniciada em 1840 foi reconhecida apenas em 1855. Ali, os problemas envolvendo a apreensão de embarcações negreiras estavam intimamente ligados à ocupação do território. Seu porto era de difícil abordagem, em função da existência de um banco de areia — conforme relatou um oficial que percorreu o litoral angolano em 1780. Nessa época, e ainda de acordo com ele,[84] ali se fazia bastante comércio, embora o porto fosse pouco frequentado por estrangeiros.

O uso daquele porto pelos estrangeiros, todavia, não demorou a acontecer: no início da década seguinte, o contrabando já fincara raízes em Ambriz, mesmo tendo os portugueses dominado a estratégica região de Mossul, nas proximidades. Com essa conquista, as transações de estrangeiros no vizinho porto de Ambriz foram momentaneamente impedidas, "pois os negros habitantes daquele continente, fugindo, se têm situado mais para o norte no lugar chamado Mugito, na margem meridional do rio [Am]briz, que divide a possessão do príncipe do Sonho".[85] Na mesma época, o governador de Angola queixava-se à Corte de que os navios estrangeiros não tocavam o porto de Luanda — certamente visando evitar o pagamento dos impostos ali cobrados — e "seguem a costa, sustendo-se no rio Loge ou Ambriz, aonde se têm juntado onze [navios] de ingleses",[86] sinal de que a conquista de Mossul não bloqueara o litoral norte por muito tempo aos contrabandistas estrangeiros. No século XIX, Ambriz continuava a sediar um ativo contrabando e, para escapar à repressão naval britânica, os traficantes estabeleciam seus depósitos no interior, a duas ou três léguas da costa.[87]

O cordão umbilical que ligava o domínio luso-brasileiro ao tráfico de escravos certamente era constatado pelos próprios africanos que dependiam desse comércio. Afinal, como observou Roquinaldo Ferreira, as autoridades militares de Benguela tentaram impedir que a notícia da proibição do tráfico brasileiro em 1831 se espalhasse pelo sertão, temendo provocar um levante geral e a chacina dos feirantes luso-brasileiros:

> as chefias tradicionais dos sertões da cidade Benguela, quando faltavam apenas setenta dias para a proibição, ameaçaram invadir e destruir a cidade, prenderam e obrigaram a arriscadas fugas noturnas de volta para a costa de comerciantes que lá estavam e chegaram ao ponto de questionar a soberania portuguesa sobre as possessões da costa ocidental da África. Para os sobas, se Portugal não tinha mais interesse no tráfico, deveria abdicar de suas possessões em prol de algum país favorável à manutenção do comércio de africanos pelo Atlântico.[88]

Com o fim do tráfico, a perda do que restara de seu império colonial era uma possibilidade concreta para Portugal. Os povos de Angola sempre resistiram ao domínio luso, mas nunca de forma articulada — e ainda assim as forças portuguesas quase sempre eram insuficientes para vencer a resistência. Em algumas regiões, o domínio foi aceito, devido às vantagens que as exportações de cativos traziam às chefias tradicionais; uma vez fechados os mercados de escravos, criava-se uma ameaça efetiva de levante generalizado dos povos angolanos. Ainda que a ameaça não tenha se concretizado e a perda das colônias africanas só ocorresse em um contexto muito diferente, todas essas possibilidades tiveram que ser consideradas por Portugal — e todas são históricas no melhor sentido da palavra.

Além dos estabelecimentos oficiais da Coroa portuguesa, representados pelas cidades, fortalezas e presídios, havia outros lugares onde os traficantes se instalavam e nos quais, via de regra, negociavam os carregamentos diretamente com os soberanos africanos na época do tráfico legal ou que serviam como esconderijo camuflado na era da ilegalidade. Era nesses lugares — os barracões ou feitorias privados — que muitos africanos escravizados vindos do interior tinham seus primeiros contatos com os europeus ou americanos que os levariam através do Atlântico.

Diferentemente dos navios, os perigos a que os barracões estavam expostos no período da repressão britânica ao tráfico eram menores, mas nem por isso inexistentes. Dependendo de sua localização mais ou menos interiorizada, eles não podiam ser atacados pelos navios de guerra. Na impossibilidade de adentrar o território com tropas sem autorização dos chefes africanos, uma das saídas tentadas pelos ingleses foi buscar acordos que permitissem esse tipo de ação, também sem lograr êxito.

Num discurso de 26 de julho de 1844, Lord Palmerston mencionou tratados desse tipo firmados com os soberanos de Camarões e Velha Calabar e, embora as tentativas nesse sentido já tivessem mais de dez anos, os resultados eram pífios. Talvez por não ter a experiência de manter seus próprios colonos em contato com os povos africanos ao longo de séculos, o governo britânico insistia nessa solução — ignorando que o significado de assinar um papel repleto de cláusulas talvez fosse bastante diferente para um soberano europeu e para um africano. Além disso, um tratado como o que foi firmado entre a Grã-Bretanha e o rei Bell do rio Camarões em 7 de março de 1841 inquietou os outros soberanos da costa, pelo desequilíbrio que poderia causar entre as forças locais: anualmente, ao longo de cinco anos, Bell receberia dos ingleses sessenta fuzis, tecidos, rum, uma roupa escarlate e uma espada. Mais do que os presentes rituais, os fuzis provocariam um desnível no poderio bélico regional. O tratado obrigava o soberano de Camarões a editar uma lei impedindo seus dependentes de venderem escravos para fora do território, além de comprometê-lo a prevenir os cruzadores ingleses da chegada de navios negreiros que pudessem adentrar o rio.[89]

Na descrição do francês Louis Lacroix, a construção de um barracão era dispendiosa: primeiro era necessário aplainar o terreno, para depois recobri-lo com uma camada de argila batida a fim de evitar os estragos causados pelas chuvas. A quibanda, construção fortificada ou provisória,[90] ficava no ponto mais alto e servia como alojamento ao "gerente" do barracão e seus principais auxiliares — que, no caso dos grandes traficantes, eram um contador-caixa, um distribuidor de carne, um tanoeiro que também abastecia o lugar de água e madeira, dois ou três cozinheiros e seus ajudantes, um barbeiro ou cirurgião, um intérprete, um "gritador" que funcionava como elo entre os povoados próximos e os negreiros, dois encarregados dos negócios, um guardião com cinco ou seis homens robustos responsáveis por policiar o barracão dia e noite, uma espécie de jardineiro encarregado dos cuidados com as cercas de arbustos e da fabricação de conservas e salga de alimentos.

Havia ainda os escravos "domésticos" do barracão, que cuidavam da criação de animais e da limpeza e, conforme Lacroix, tinham ainda a incrível função de consertar e cuidar das armas. A faina diária era intensa quando os barracões estavam cheios, mas, mesmo nos intervalos entre a saída de um lote e a chegada de outro, havia muito trabalho: era preciso reparar os estragos provocados pelos cativos ou pelo tempo, classificar as mercadorias recebidas em troca dos escravos, desinfetar o solo dos hangares — geralmente infestados de vermes —, consertar as gamelas e os ferros que mantinham os cativos presos e reforçar as paliçadas.

Ainda de acordo com esse autor, os barracões mais importantes eram construídos em pedra, enquanto os dos traficantes menores eram erguidos com estacas de madeiras duras e difíceis de se incendiar, unidas por meio de lâminas de ferro. No centro da quibanda ficavam as reservas de água e alimentos, munições e lenha para uma semana — tempo considerado suficiente para fazer malograr eventuais ataques externos.

Em torno da quibanda ficavam os cômodos de uso cotidiano: a cozinha dos escravos, as oficinas para conserto ou fabricação de esteiras e outros objetos destinados aos africanos aprisionados e, por fim, os hangares que abrigavam os negros, recobertos de areia usada no combate a incêndios. O conjunto formava um corredor cercado por uma paliçada de cerca de três metros de altura.

O autor refere-se, nessa descrição, aos grandes barracões da África Ocidental, que podiam abrigar de 4 a 6 mil escravos. Mas ele menciona também a existência de numerosos barracões na mesma costa, distantes do mar de três a sessenta quilômetros.[91] O número de escravos alojados nos barracões era variável, a julgar pelos poucos relatos disponíveis. Quando os deputados britânicos perguntaram a Jose Cliffe[92] se era difícil manter 2 ou 3 mil escravos nos barracões, ele considerou o número grande e disse que o mais comum eram quinhentos ou seiscentos, referindo-se aos estabelecimentos portugueses que conhecia. Mesmo em uma quantidade menor do que a estimada pelos ingleses, era difícil mantê-los por vinte dias nesses lugares. Cliffe criou uma situação hipotética, na qual houvesse quinhentos escravos esperando pelo embarque e um cruzeiro da repressão ao largo. Se o negreiro não podia entrar, os comerciantes do barracão tinham de continuar a sustentar os cativos, mas diminuíam a comida e a água ao mínimo, esperando a oportunidade de colocá-los no navio.[93]

Grandes ou pequenos, próximos ou distantes da costa, os barracões destinados ao confinamento de cativos eram campos férteis para a disseminação de doenças e epidemias. Se os barracões cumpriam o papel de armazéns de escravos e muitos se perdiam devido às moléstias provocadas pela superlotação e pelos maus-tratos, não se deve desconsiderar que a existência deles reduzia o tempo de volta dos navios negreiros, na medida em que os capitães já encontravam os escravos reunidos — o que teve um peso incalculável em números relativos ou absolutos na diminuição da mortalidade durante a viagem transatlântica.[94]

De acordo com alguns historiadores, os negócios nos barracões começavam após a soada do gongom, "uma espécie de sino de ferro munido de cabo, avisando a vizinhança que estavam abertas as transações".[95] Mas em boa parte dos estudos, o que lemos é um quadro genérico que não atenta para as especificidades regionais ou temporais. A descrição de um barracão em Cabinda em meados do século XIX permite afirmar que as transações não foram sempre iguais.

A barca *John Bob*, consignada ao traficante Manuel Pinto da Fonseca, foi aprisionada pelos ingleses em Cabinda em fevereiro de 1842, quando vinha do Rio de Janeiro. Ela foi liberada, já que carregava apenas gêneros lícitos de comércio, mas o barracão de propriedade de Fonseca foi destruído pelos ingleses quase dois meses depois, afirmando que Fonseca fazia tráfico de escravos, guardando-os por meio da força em sua propriedade em Cabinda. Uma testemunha favorável aos réus, embora acuse os britânicos pela destruição, contou alguns detalhes sobre o funcionamento do barracão:

> Recordo-me ter ido à terra em Cabinda com o capitão Foote [...]. Eu vi em alguns destes [barracões] [...] uma quantidade de pretos de ambos os sexos e de todas as idades acorrentados uns aos outros por meio de grilhões [...]. O barracão do autor era o segundo mais próximo da praia [...] [e nele] eu vi pretos acorrentados e agri-

lhoados. [...] Eu vi o modo como eles eram tratados e sustentados, açoitados pelos contramestres e conduzidos fora dos telheiros como gado.[96]

Embora durante o tráfico legal houvesse funcionários designados especialmente para prover os navios do que fosse necessário à viagem de volta ao Brasil — como o patrão-mor e vedor das águas e dos mantimentos[97] —, o abastecimento das embarcações que zarpariam em direção à América muitas vezes era feito nos próprios barracões, o que indica que eles deveriam armazenar mantimentos e água além do necessário para o sustento dos cativos à espera de embarque. Assim ocorreu no caso da escuna *Emília*, que fazia a rota Molembo-Salvador com escala em Cabinda e foi apreendida poucos graus ao norte do equador em fevereiro de 1821. Nela encontraram-se inúmeras cartas de remessa de mantimentos da feitoria para bordo.[98] Aparentemente, essa descrição contradiz a fala do já mencionado Jose Cliffe. No entanto, embora também tenha se referido aos barracões portugueses, seu depoimento foi tomado em época posterior e não especificava nenhuma região. O fato de alguns donos de barracões armazenarem mantimentos para serem vendidos aos navios negreiros, enquanto outros forneciam uma dieta reduzida aos cativos, é uma contradição apenas aparente: afinal, tratava-se de negócios diferentes (manutenção dos cativos e venda de mercadorias a terceiros) e, além disso, as condições de sobrevivência ao longo do litoral variavam de acordo com causas previsíveis (como as estações do ano) e imponderáveis (como secas e pragas, por exemplo). De qualquer forma, o abastecimento de mercadorias aos barracões, tanto para o consumo dos escravos confinados como para a revenda aos navios negreiros, era negócio subsidiário importante e seguramente envolveu pessoas e criou interesses em torno dele.

Até meados do século XIX, a dominação portuguesa sobre pontos da África limitava-se à costa e suas vizinhanças, pontos finais das caravanas que transportavam cativos do interior cada vez mais longínquo, à medida que as populações do litoral eram dizimadas. Manter postos avançados onde os navios pudessem atracar, abastecer-se de água e mantimentos e carregar escravos era uma maneira de legitimar o domínio.

Ao se lançarem na organização desse comércio, os colonos luso-africanos distinguiam-se dos demais colonos europeus em outras partes da África, pelo seu envolvimento simultâneo nos sistemas econômicos e políticos das sociedades locais e no funcionamento da administração colonial. Como disse Miller, a história do tráfico a partir do século XVII tinha inevitavelmente sua marca.[99]

Mas o tráfico também intervinha de forma marcante na vida econômica das colônias portuguesas na África, fazendo tudo o mais girar em torno dele e preterindo outras atividades — o que era percebido com clareza no início do século XIX. Sem atentar para a lógica do lucro que envolvia o tráfico, John Luccock creditou à ignorância e ao desleixo a falta de produção agrícola na África, em 1820:

> embora esteja a África diariamente a mandar para fora um grande número de habitantes seus, ainda assim essa região não consegue abastecer de mantimentos aqueles que ficam nela. Não, na realidade, que os solos de Angola, Benguela e Congo sejam estéreis; mas sim que o povo é descuidado, ignorante e sem iniciativa. O valor dessas colônias provém principalmente do tráfico de escravos que com elas se mantêm e por meio do qual o Brasil se provê de lavradores.[100]

A prática da agricultura entre os africanos certamente não se devia ao descuido ou qualquer outra razão mencionada pelo viajante. Também é certo que a produção de alimentos na própria África não era suficiente para suprir a população estabelecida nas aldeias ou nas cidades coloniais, a julgar pelas reiteradas notícias de fome endêmica em Angola. Todavia, é difícil imaginar que as caravanas de escravos não tivessem meios de aprovisionamento mínimos que garantissem o trânsito de centenas ou milhares de homens, mulheres e crianças ao longo de dias ou meses. Embora seja quase impossível documentar a existência de roças ao longo dos trajetos, é certo que desde o século XVI os portugueses tinham introduzido produtos agrícolas americanos em Angola, como a mandioca, o tomate, o milho e alguns tubérculos, entre outros. Apesar de sabermos pouco sobre a introdução desses produtos, pode-se afirmar que eles criaram hábitos alimentares novos e vantajosos em termos nutricionais, além de serem mais resistentes às secas e pragas locais e diminuírem a dependência em relação à monocultura. Com isso, esses produtos agrícolas contribuíram para uma diminuição nas taxas de mortalidade, estimulando o aumento do número de cativos em potencial para o tráfico,[101] além de ter mantido vivos os africanos em trânsito entre o local da captura e a costa.

Isso não leva a deduzir que a política colonial estimulasse o desenvolvimento africano. Qualquer intento produtivo que concorresse com as economias americanas era desencorajado pelas metrópoles — muito embora a diversificação das atividades fosse sugerida por diversos homens envolvidos com a colonização portuguesa na África. Opiniões como as de Manuel Patrício de Castro ou do ouvidor de Moçambique Joaquim Xavier Costa,[102] ao mesmo tempo que mencionavam a necessidade de implantar-se nas colônias africanas a agricultura, a mineração e o comércio de mercadorias que não fossem semoventes, procuravam fazê-lo de modo a não se indispor com os interesses insondáveis da Coroa da qual eram súditos.

Abordada em termos gerais, a história da presença portuguesa em Angola a partir do final do século XVIII permite fazer algumas considerações. Em primeiro lugar, é possível perceber uma diferença considerável entre a inserção colonial de Portugal e a das outras nações europeias no continente. Iniciei este capítulo recuperando um texto em que o governador Miguel Antonio de Melo contou sua versão da história da ocupação de Angola, e no qual ele mencionou as linhas gerais desse processo: as guerras de conquista, os sacrificados estabelecimentos físicos, a luta contra os estrangeiros, a penetração no interior e até mesmo a sorte. No lidar com a administração angolana, Melo chegou a afirmar que a força militar não era um bom mecanismo a ser aplicado contra "os povos deste continente [...], porquanto com muito custo e mais por *indústria* do que por *poder* conservamos e defendemos o que entre eles possuímos".[103] As palavras de Melo deixam clara a dificuldade que a Coroa enfrentava na manutenção de seus interesses coloniais na África e, ao mesmo tempo, descortinam quais eram esses interesses na época: o domínio de territórios e o comércio com os nativos — sobretudo o de escravos. Mas elas também nos dizem quais eram a fraqueza e a força de Portugal. Sua fraqueza residia na impossibilidade de vencer, pelas armas, inimigos do porte dos ingleses e dos nativos africanos. Melo sugeria que se abrisse mão do "poder" (entendido como força militar) e se concentrasse na "indústria" (entendida como negociação), apelando para a longa experiência portuguesa de contato com os povos de Angola e de fixação no território, que representava a sua força. As orientações vindas de Lisboa e a conjuntura angolana a partir do final do século XVIII permitiram que se explorasse a força da experiência e eventualmente o poder militar, garantindo a ampliação dos territórios sob a posse portuguesa na África Central atlântica ao longo do século XIX.

Enquanto os interesses do tráfico moviam Portugal e o país fincava sua presença no território angolano, nele estabelecendo colonos e relações sociais complexas e duradouras com os bantos que habitavam a região, a Inglaterra (por exemplo) atuou de maneira diversa. Mesmo tendo participado ativamente do comércio de escravos, os ingleses não criaram relações com o mesmo grau de complexidade com os povos da África Central, nem instalaram ali seus próprios mecanismos de dominação ou colonos. Isso durou até o governo inglês extinguir o comércio de escravos e passar a combater o tráfico feito por outros países (Portugal, Espanha e, mais tarde, Brasil). Foi justamente a política de repressão que deu aos ingleses os meios de penetração e fixação em outras partes do continente africano, o que ocorreu de modo mais intenso na segunda metade do século XIX, muito mais pela força militar do que pela negociação com os soberanos africanos — dos quais eles nem sequer conseguiam arrancar autorizações para destruir os barracões de traficantes nas proximidades do litoral, como vimos aqui.

Outro aspecto relevante consiste em perceber a gama de interesses e de indivíduos envolvidos no tráfico português. Chefes africanos, colonos, administradores coloniais, comerciantes locais e pombeiros eram alguns dos sujeitos que participavam das transações. Embora a ação de todos esses indivíduos e grupos convergisse para o funcionamento do negócio, muitas vezes eles tinham pouca ou nenhuma relação com os grandes traficantes, com a Coroa ou com os ingleses que reprimiam o tráfico, e tampouco essa ação era impulsionada por esses interesses. A abordagem feita aqui compõe a cena para a análise desses interesses diferenciados e muitas vezes conflitantes, que serão temas dos próximos capítulos.

2. Interesses em confronto[1]

A história do tráfico negreiro tem suas raízes fincadas numa relação social que envolvia, a princípio, europeus e africanos. Essa visão global, porém, não vai muito além dela mesma: europeus e africanos não são categorias analíticas capazes de definir seus membros, pelo grau de generalização que comportam. Além do que, "europeus" e "africanos" são plurais permeados por divisões que os colocavam em campos diferentes no jogo de interesses do tráfico, gerando outras relações sociais intercruzadas e complexas. Havia a Coroa portuguesa interessada na conquista de territórios e na arrecadação de impostos, estrangeiros que faziam o contrabando, grandes traficantes que disputavam a primazia nos embarques, pequenos traficantes que lutavam com mais dificuldades para manter-se no negócio, brancos residentes em Angola que viviam de intermediar o comércio de escravos, soberanos africanos em luta constante (contra seus vizinhos e contra os invasores europeus) pelo controle de terras e cativos, comerciantes ligados ao abastecimento dos navios e das concentrações de escravos para venda em feiras, barracões ou presídios do interior e do litoral, além de uma miríade de homens de etnias e inserções sociais variadas, de uma maneira ou de outra ligados ao tráfico negreiro. Por fim, o mais importante: havia os homens, mulheres e crianças escravizados.

Fazer transportar milhões de homens, mulheres e crianças através do Atlântico pressupunha reunir condições favoráveis antecedentes à travessia. A primeira delas refere-se às maneiras pelas quais os africanos eram feitos escravos, objeto de estudiosos como Claude Meillassoux[2] — que identificou a emergência de uma economia continental africana baseada no tráfico de escravos, apontando a existência da escravidão comercial em toda parte onde havia cativos para serem trocados por mercadorias. Alguns, como João José Reis, sistematizaram os estudos sobre a escravidão por dívidas ou doméstica da África pré-colonial,[3] enquanto outros se concentraram nas transformações posteriores à chegada dos europeus, suas armas e mercadorias — John Thornton, por exemplo.[4] Essas transformações continuaram a ocorrer até os séculos XVIII e XIX, quando os viajantes ainda mencionavam os brutais procedimentos empregados na captura dos africanos no interior e os meios utilizados para o transporte deles até o litoral. Bem-sucedida do ponto de vista da economia europeia moderna, a atividade negreira teve um impacto profundo na África e tornou-se tema de interesse de diversos autores nas últimas décadas: demografia, política e relações sociais foram os aspectos mais salientados.[5]

Apreciações sobre o impacto do tráfico na África não constituem o objeto privilegiado deste trabalho. O olhar, aqui, está voltado para a experiência do tráfico na vida dos que foram escravizados e para o modo pelo qual a escravização envolveu interesses os mais diversos, da África ao Brasil (ou, mais especificamente, de Angola ao Rio de Janeiro).

Essa diferença de olhar não impede que as transformações ocorridas nas sociedades africanas em função do comércio de homens e mulheres sejam incorporadas em alguns pontos da análise. Afinal, o contato entre africanos e europeus em diferentes lugares do continente africano criou uma nova dinâmica social que permitiu a consolidação do tráfico como negócio legítimo e socialmente aceito, embora nunca isento de contestações e conflitos. Sem essa dinâmica, todos os procedimentos empregados na captura de pessoas para serem escravizadas não seriam viabilizados. Assim, este capítulo concentra-se nesses procedimentos — fazendo referência, sempre que for conveniente, às mudanças entre os povos africanos do período.

Em fins do século XVIII, em função das numerosas petições contra o tráfico que lhe eram apresentadas, a Câmara dos Comuns inglesa patrocinou uma coleta de dados sobre o funcionamento da atividade, recorrendo a pessoas que viveram na América e aos viajantes que haviam tido contato com partes da África, entre o rio Senegal e Angola, de 1754 a 1789. O resultado dessa reunião de evidências foi a publicação, em 1791, de um volume de narrativas que viria a servir de base para os esforços em extinguir o tráfico negreiro inglês,[6] dando sequência a uma série de coletâneas publicadas pelo Legislativo britânico.[7]

É de se notar que as experiências privilegiadas nessas obras foram as dos homens brancos de alguma forma ligados ao tráfico. Esse critério na reunião dos depoimentos pode ter influenciado a estrutura formal das narrativas posteriores. Afinal, mesmo quando havia a possibilidade de se conhecer, da boca dos próprios africanos, os pormenores dessas experiências, eles sempre foram ouvidos rapidamente — como fez Robert Walsh, inglês que viveu alguns meses no Rio de Janeiro entre 1828 e 1829. Certa feita, ele participou do salvamento de uma escrava que, para fugir da polícia, atirou-se ao mar. Salva do afogamento, "ela contou então a sua história", assim resumida pelo viajante nos aspectos referentes à viagem para o Brasil: "Era nativa de Mina, na costa da Guiné, tendo sido agarrada certa noite em sua choupana e arrastada para um navio negreiro; trazida para o Rio, foi vendida no mercado de Valongo".[8]

A prisão e o transporte da mulher certamente eram mais detalhados e impactantes e se revestiam de outros significados para ela. Ao descrever esse processo de forma tão sumária, esse narrador e outros viajantes deram pouca importância à forma como os escravizados viam sua própria condição. Os narradores de viagens provavelmente eram influenciados também pelos escritos publicados anteriormente e divulgados como propaganda contra o tráfico através das coletâneas do Parlamento inglês. Um indício disso é a menção a aspectos que já estavam presentes no volume editado em Londres décadas antes, como o roubo e a razia para captura de escravos.

Nos relatos da coletânea de 1791, guerra, roubo, adultério e pilhagem eram citados como formas corriqueiras de conseguir escravos. Quase todos esses modos de captura eram comuns em lugares como a foz dos rios Senegal e Gâmbia. Era para lá que os mouros (*moors*) que dominavam o tráfico com o interior levavam as caravanas de escravos — compostas de prisioneiros de guerra, condenados por crimes ou produtos de pilhagens e roubos, de acordo com Dalrymple.[9] Os soldados negros muçulmanos atacavam uma vila e prendiam quantos podiam — um número variável entre trezentos e 3 mil de cada vez.[10] Tais informações sobre os mecanismos para se conseguir escravos seriam úteis na definição de uma estratégia inglesa de combate às bases do tráfico negreiro no litoral africano, tanto em termos militares como diplomáticos. Fosse para atacar os barracões, fosse para propor um acordo aos soberanos locais, era preciso conhecer em detalhes o funcionamento da captura.

A leitura do relato dos viajantes é uma porta de entrada para o universo dos conflitos que o tráfico detonava na África. As narrativas chamam a atenção para a disputa existente entre sociedades inimigas, com o objetivo de reduzir populações à escravidão e vendê-las aos europeus. As guerras nem sempre resultavam no controle duradouro de uma área habitada por inimigos, podendo se traduzir numa rapina repetida com frequência variável. Dalrymple, embora não estivesse preocupado com o impacto disso na vida cotidiana dos povos africanos, deixou claro que as pessoas que corriam perigo criaram estratégias de sobrevivência. Quando o ataque de um grupo ao outro não era massivo, mas sim feito em menor escala — como no caso dos sequestros —, havia alguma chance de escapar, desde que se tivesse sempre em mente um princípio básico de autopreservação: nunca ficar desarmado enquanto houvesse um navio negreiro na costa.[11]

Os viajantes brancos que conheceram a África não foram os únicos a produzir relatos sobre os confrontos que resultavam em prisões de africanos que foram obrigados à escravidão. Muitos escravizados também escreveram suas memórias e nelas narraram episódios desse tipo. Da mesma forma que os viajantes brancos, eles também influenciaram e foram influenciados pela propaganda cristã e abolicionista dos séculos XVIII e XIX, especialmente na Inglaterra e nos Estados Unidos. As memórias de cativos se transformaram em um gênero literário de largo consumo nos países de língua inglesa — as *slaves narratives* —, sendo *The interesting narrative of the life of Oloudah Equiano, or Gustavus Vassa, the African* a mais famosa delas, publicada nos Estados Unidos em 1791 e reimpressa diversas vezes, além de ter sido traduzida para o holandês, o alemão e o russo ainda no século XVIII. A narrativa de Equiano somente foi impressa em Londres na década de 1820, numa edição que reduzia seus dois volumes originais a doze páginas num volume da série *The Negro's Friend*. Essa drástica redução devia-se à sua transformação em objeto de propaganda pelos filantropos abolicionistas que subsidiavam a publicação da série.[12]

Equiano nasceu no Benin, mas as reminiscências sobre sua terra natal eram confusas e excluíam as guerras e os deslocamentos populacionais das tradições de seu povo — os *ibo*. Enquanto viveu entre eles, Equiano não viajou para muito longe, já que suas descrições da vegetação, dos hábitos alimentares e dos métodos agrícolas não eram tão diferentes do que ele conhecia na terra onde nasceu. Capturado, ele foi embarcado para a Virgínia, onde viveu como cativo por algumas semanas e logo depois se tornou marinheiro na Nova Inglaterra. Escravo dos dez aos 21 anos, Equiano passou a maior parte de seu cativeiro na Inglaterra, nas colônias inglesas do Caribe ou no mar. Convertido ao cristianismo, conseguiu comprar sua liberdade em 1766 e passou o resto de sua vida na Inglaterra ou viajando pelo mundo. Em 1788, quando escreveu suas memórias, estava associado ao movimento antiescravista britânico e assinou petições à rainha pedindo a abolição do tráfico negreiro.[13]

As descrições da África como um lugar idílico repetiam-se como parte da estrutura formal das narrativas de escravos: "não poderia existir na Terra uma sociedade mais feliz do que a nossa. Todos viviam harmoniosamente juntos, não havendo disputas", escreveu o africano Zangara, secundado por Maquama, que afirmava ter nascido em um país muito bonito, o mais bonito que ele já viu.[14] Depois da narrativa sobre a terra natal, normalmente seguia-se a descrição da captura. Na terra de Zangara, a existência de homens brancos com supostos poderes sobre-humanos era lendária, até que ele pôde ver alguns deles em uma de suas viagens. A experiência confirmou a lenda: manejadas pelos brancos, ele observou pela primeira vez em sua vida as armas de fogo, portadas por homens que falavam uma língua incompreensível e que barganhavam entre si negros de aparência deplorável. Como seu pai lhe explicou, tratava-se de escravos comprados pelos homens brancos e levados para trabalhar no país deles. Depois desse encontro marcante, todos na aldeia passaram a andar armados com facas, o que não impediu o ataque dos brancos e a pilhagem da vila.[15]

A pilhagem, como aconteceu na aldeia de Zangara, era uma ameaça constante para a qual muitos nativos tinham de estar sempre preparados, ativando sua percepção sensorial para detectar indícios na natureza ou mantendo espiões nas proximidades. Descoberta a presença de "assaltantes", havia os que abandonavam suas choças, incendiavam as matas, envenenavam as fontes de água e os animais das redondezas ou atacavam de surpresa o acampamento dos inimigos em potencial. Certamente, essa vigilância não funcionava sempre, pois do mesmo modo que as aldeias montavam sistemas defensivos, os pilhadores também desenvolviam suas estratégias — baseadas geralmente no elemento surpresa.[16]

Em geral, os viajantes trazem poucos detalhes da resistência à captura, já que seu contato com a África na maior parte das vezes limitava-se ao litoral. Ainda assim, o que eles contaram se traduz em pistas de que essa resistência ocorria e que os captores se preparavam para lidar com ela. Vejamos o que diz Alexander Falconbridge:[17] de acordo com ele, no rio Ambriz o maior número de escravos vinha do interior, em grandes canoas que adentravam o sertão e do qual retornavam em oito ou dez dias. Em certa ocasião, ele viu chegar 1200 cativos de uma só vez nessas canoas, nas quais os captores portavam cutelos e mosquetes[18] — que o autor não pôde dizer para que serviam, mas que obviamente também eram empregados na prevenção ou repressão às revoltas dos prisioneiros.

A captura e o transporte em canoas até o litoral eram procedimentos comuns nos lugares da África onde as condições hidrográficas o permitiam. Um certo capitão Halls declarou que, quando um navio aportava em Velha Calabar ou no rio Del-Rey, na África Ocidental, os comerciantes buscavam escravos em suas canoas de guerra, conseguidas previamente nos navios. As frotas eram compostas de três a dez canoas, cada uma com quarenta ou cinquenta remadores, vinte ou trinta comerciantes, além de soldados com mosquetes. Subindo os cursos dos rios, essas frotas demoravam no interior entre dez dias e três meses, quando então retornavam com escravos aprisionados.[19]

Falconbridge era um homem cético quanto à possibilidade de tantos homens e mulheres serem prisioneiros de guerra — pelo menos até saber que seu conceito de guerra não era o mesmo usado pelos traficantes. Um deles esclareceu o termo numa conversa com o viajante, definindo o que a palavra guerra significava: esperar a noite cair, atear fogo às aldeias e prender tantas pessoas quanto fosse possível.[20] Tal tipo de *guerra*, ou seja, queimar aldeias e capturar os que tentavam se salvar, também era um procedimento comum em Velha Calabar, lugar em que o capitão negreiro Morley afirmava serem vendidas muitas pessoas condenadas por adultério ou roubo. No caso das mulheres, a simples suspeita de adultério podia resultar em venda aos mercadores do interior.

Um cativo africano embarcado no navio de Morley relatou o sequestro do qual ele e quase todos os outros moradores de sua aldeia foram vítimas; sua mulher e filhos também haviam sido sequestrados, embora não estivessem todos no mesmo navio.[21] Sabemos que era prática comum a escolha dos negros nos barracões pelos oficiais dos navios. Assim, se a fala de Morley puder ser estendida a outros capitães negreiros, ela indica um aspecto importante da experiência dos escravos no tráfico: a divisão das famílias, que podia ocorrer já no litoral africano, durante a escolha das "peças" a serem embarcadas.[22] As consequências disso eram marcantes para o resto da vida dos cativos, embora a demografia histórica e os estudos sobre a família escrava tenham mais elementos para analisar esse aspecto a partir da venda dos africanos nos mercados americanos.

A julgar por relatos extemporâneos, como o do inglês Lovett Cameron na segunda metade do século XIX, a captura de homens, mulheres e crianças no interior da África nessa época não se diferenciava muito daqueles que foram embarcados no tráfico transatlântico. O roubo e a violência praticados na África Oriental dominada pelos portugueses eram comuns; dali, os negros eram trocados por marfim e vendidos por negociantes da costa para trabalharem nas colônias diamantíferas inglesas da África meridional.[23]

Os relatos dos viajantes que passaram pela África entre o final do século XVIII e meados do XIX e as narrativas de escravos abrem algumas brechas para entendermos a escravização e os conflitos dela resultantes. Mas essas obras também nos dizem algo sobre a sociedade da qual os narradores provinham, se pudermos sondar qual foi o impacto das informações sobre a captura de escravos africanos no imaginário europeu, pois as *slaves narratives* dirigiam-se ao público europeu ou estadunidense e destinavam-se a impressioná-lo. Por meio de imagens e relatos compilados e editados, mesmo aqueles que nunca haviam presenciado as cenas de violência do tráfico negreiro podiam conhecer os horrores vividos pelos africanos e creditar boa parte da violência à ausência da civilização entre eles.

Um bom exemplo disso é o reverendo Isaac Taylor, que embora não fosse um viajante clássico, aventureiro ou cientista, especializou-se em compilar relatos de viagens que contavam ainda com o recurso das imagens. Ele publicou livros como *Scenes in Europe, Scenes in America* e *Scenes in Asia*, mas a obra que nos interessa aqui é *Scenes in Africa*, na qual os leitores puderam ver algumas ilustrações impressionantes sobre a vida naquele continente. Certamente, as cenas do tráfico chocaram seus leitores, como a gravura na qual um rapaz leva o pai e a mãe acorrentados pelas mãos a um barracão situado em uma praia e, no mar, um navio esperando seu carregamento. Páginas depois, surge a cena do sequestro dos negros, na qual brancos armados com pistolas e espadas perseguem negros em fuga, num espaço com moradias cobertas de palha. Não falta também a clássica figura do corte longitudinal de um navio negreiro e a cena da venda dos escravos em leilão (suponho que ainda na África, já que há um navio esperando ao largo).[24]

Essa leitura da obra de Taylor reforça a ideia de que, a partir do final do século XVIII, as narrativas de viajantes que foram à África ultrapassaram a condição de simples descrições de lugares exóticos e atividades pouco civilizadas. De relatos pessoais transformaram-se em provas condenatórias que subsidiavam a política britânica de repressão à atividade. As impressões dos viajantes parecem ter se tornado verdades coletivas e argumentos políticos, ao mesmo tempo que foram apropriadas como fontes de inspiração na criação de outros relatos e na formação de uma memória social que se enraizou pouco a pouco. Por fim, essas mesmas impressões estiveram presentes na criação de uma base de apoio ao governo inglês junto a uma parcela significativa da população daquele país para acabar com o tráfico, em meio às diferentes perspectivas sobre a questão — envolvendo abolicionistas e fazendeiros coloniais, entre outros.[25]

Nesse sentido, a fala de Lord Palmerston à Câmara dos Lordes em 26 de julho de 1844 é reveladora. Mesmo sem nunca ter pisado o solo da África e, portanto, sem jamais ter presenciado as violências cometidas no tráfico, ele pôde relatar as agruras vividas pelos africanos como se as tivesse visto com seus próprios olhos:

> Quando aproxima-se a época da partida das caravanas da costa, homens armados cercam no meio da noite uma vila sossegada, a incendeiam e apoderam-se de seus habitantes, matando os que resistem. Se a vila atacada é localizada sobre uma montanha que oferece mais facilidades para a fuga, os habitantes se refugiam às vezes nas cavernas. Os caçadores acendem grandes fogueiras nas entra-

das, e os que estão lá dentro ficam entre a morte por sufocação e a captura, são forçados a se render; quando os fugitivos se refugiam nas alturas, os assaltantes os obrigam a entregar as fontes e, infelizmente, devorados pela sede, trocam sua liberdade pela vida.[26]

Mais de meio século depois de iniciadas as publicações das coletâneas pelo Parlamento inglês, Palmerston pôde utilizar-se das evidências como se fossem uma verdade única. Seu objetivo era conseguir o apoio dos parlamentares, num momento em que se acirrava a pressão para que o Brasil assinasse um novo tratado com a Grã-Bretanha, extinguindo o tráfico de escravos. Para alcançar seu objetivo — e não importa que ele não tenha sido plenamente atingido —, o primeiro-ministro inglês utilizou argumentos baseados na tradição e enraizados no imaginário da sociedade britânica e, particularmente, no que os parlamentares acreditavam ser a verdade mais crua.

Essas reflexões não negam a violência direta existente no tráfico, entendida como a intimidação dos mais fortes ou mais numerosos sobre prisioneiros de guerra ou vítimas de rapina, através do uso de armamentos de vários tipos, resultando disso a escravização, o transporte, o mau tratamento e a venda de africanos como mercadorias.[27] De resto, houve perdas humanas em toda a África, não só porque milhões de homens, mulheres e crianças foram transferidos compulsoriamente para o outro lado do Atlântico, mas também porque muitos se perderam na captura, espera nos barracões, guerras e outras operações destinadas a obter cativos durante a existência do tráfico.[28] Assim, se os relatos de viajantes, as narrativas de escravos e a propaganda abolicionista não podem ser encarados como espelhos da verdade, também não são falsificações grosseiras de uma situação inventada; havia um referente que era o sofrimento experimentado pelos africanos em todas as fases do tráfico.

Um meio eficaz de os traficantes conseguirem cativos em grande quantidade era promover conflitos entre os africanos, nos quais os derrotados seriam transformados em escravos. Esses conflitos — nos quais as armas de fogo introduzidas pelos europeus eram fundamentais — representavam um elo importante de um circuito que envolvia ainda trocas comerciais e acordos entre europeus e africanos de diversas etnias e hierarquias sociais, e que resultava na reunião de um contingente de cativos para exportação.

Uma carta escrita em meados do século XVIII pelo traficante inglês George Hamilton, atuante na África Ocidental, reconhecia que o tráfico institucionalizava o sistema de guerras entre os africanos como fonte de abastecimento de escravos. Enviada ao seu sócio na Inglaterra em agosto de 1740, a carta continha uma versão sobre o resultado (nem sempre favorável a todos os traficantes) dos conflitos étnicos e sua importância para o tráfico:

> Sofremos um grave revés no nosso negócio. A partir do momento em que os *fantis* entraram em guerra contra os *elmines*, nenhum homem sensato, conhecedor da costa, poderia esperar outra coisa. Todos os circuitos comerciais estavam bloqueados; só havia raptos e rapinas. Se os *fantis* tivessem vencido, teríamos certamente obtido, à nossa conta, oitocentos ou mil escravos em condições muito vantajosas; mas, como foram derrotados e mesmo obrigados a fugir, tivemos prejuízos realmente consideráveis, pois eu tinha sido extremamente generoso com os chefes a fim de obter deles a garantia de, no seu regresso, me concederem a prioridade na escolha dos escravos que trouxessem da guerra.[29]

No século XIX, as guerras ainda tinham esse papel, embora a qualidade informativa das fontes para o período seja sensivelmente menor. Todavia, os momentos de conflito generalizado entre os povos africanos impediam o bom funcionamento dos negócios negreiros. É o que demonstra a carta de Caetano Alberto de França, enviada de Molembo para sua irmã na Bahia pela escuna *Emília* em princípios de 1821, explicando as razões que retardavam sua volta para casa — "motivada pelas guerras que há no sertão entre os gentios, o que fez não aparecer cativos em abundância". Os conflitos, além de diminuírem o número de escravos para embarque, podiam ocasionar, algumas vezes, a morte dos próprios comerciantes instalados na África, conforme o boato que o mesmo França passou adiante ao escrever a Antônio Francisco Ribeiro: "Cá correu a notícia de que os negros, em Badagri, mataram a José de Souza Marques, e outro que julgo ser Francisco Bento, porém não há maior certeza".[30]

Embora os conflitos interétnicos e a própria escravidão fossem anteriores à presença europeia iniciada no século XV, o significado de ambos foi transformado com o tráfico transatlântico, a ponto de a própria escravidão ter sido reinventada em outros moldes nas diversas partes da África. Sistematizando a produção historiográfica a respeito, João Reis afirma que havia dois tipos de cativeiro: o doméstico ou de linhagem, no qual "os escravos funcionavam principalmente como unidades reprodutivas, ou como fator multiplicador de dependentes para determinada linhagem ou grupo de parentesco", e o escravismo, que conheceu várias formas — basicamente voltadas para a produção comercial e "em condições semelhantes aos cativos brasileiros, jamaicanos ou americanos".[31]

A introdução de armas de fogo incrementou o sistema de guerras, envolvendo vários circuitos. De um lado, elas eram iniciadas por povos que participavam ativamente do tráfico, combatendo e aprisionando escravos entre outros povos. De outro, esses povos defendiam-se dos vizinhos belicosos que adotavam tal política, utilizando-se também das armas de fogo. Além disso, não se pode esquecer que os portugueses, primeiros introdutores dos armamentos de fogo na África, acabaram vendo o feitiço voltar-se contra o feiticeiro, a julgar pelas constantes reclamações dos funcionários de Sua Majestade em Angola sobre o abuso com que o produto era vendido aos africanos.

Reclamar foi o que fez o governador de Angola, José Gonçalo da Câmara, em 1780, afirmando que nem a falta de navios vindos de Portugal impedia os comerciantes de conseguirem a pólvora em outros lugares. Uma das consequências desastrosas da falta de controle na introdução desse produto eram os contínuos levantes dos negros contra os portugueses, devido à "muita pólvora que têm, estando nós mesmos dando-lhes gêneros para empregarem em nossa ruína"[32] e prejudicando a construção da fortaleza de Cabinda — interesse mais imediato da Coroa portuguesa naquele momento, contra o que os nativos resistiam bravamente.

O número e a frequência de navios envolvidos no tráfico negreiro deixam claro que o Rio de Janeiro era o principal elo comercial de Angola. Nesse caso, a pólvora vinha a bordo dos navios que largavam o porto carioca para carregar escravos em Luanda. Uma boa quantidade dela (trinta barris) foi apreendida em 1781 nas corvetas *N. S. das Brotas* e *S. João Nepomuceno*, deixando os comerciantes luandenses indignados, pois afirmavam que o produto fora expedido cumprindo-se todas as exigências legais. Além disso, a pólvora era "gênero franco" no sertão, necessária para o abate dos elefantes cujo marfins tanto rendiam para a Alfândega portuguesa "e para matarem outros animais cuja carne serve de sustentação às armações de escravos resgatados enquanto os têm em seu poder".[33]

Nessa ocasião, os comerciantes de Luanda nem sequer mencionaram o uso da pólvora pelos africanos para resistirem à presença portuguesa. Mas, em outras oportunidades, o perigo da transformação da pólvora e das armas de fogo em "primeiros gêneros de permutação geral" com os africanos foi percebido, assim como o uso delas contra os portugueses nos momentos mais convenientes aos nativos. Em 1786, expondo seu pensamento sobre as necessidades dos nativos, Rafael José de Melo deixou claras as diferenças civilizatórias entre europeus e africanos, embora elas não garantissem o domínio português sobre Angola de forma pacífica:

> Os negros, a quem sua feliz estupidez dispensa de muitas precisões miseráveis que o luxo e a sensualidade fazem necessárias nos sábios países da filosofia; os negros, que a favor duma frugalidade original e das estações favoráveis dos trópicos, nem pretendem a gala, nem o abrigo, nem a honestidade dos vestidos, têm conhecido a utilidade real da nossa pólvora e das nossas armas de fogo, e a inteira preferência que estes gêneros devem ter nas suas trocas com os brancos.[34]

Já os traficantes eram mais explícitos e menos dados a reflexões filosóficas e morais. Afinal, quando se tratava de satisfazer às necessidades dos comerciantes africanos com os quais lidavam, não era o caso de entrar em considerações tão subjetivas. Joaquim Pinto de Sousa, capitão do brigue negreiro *Venturoso*, apreendido pelos ingleses em Badagri, em seu depoimento disse ter sido carregado para lá pelos temporais, mas como seu objetivo era comprar escravos ao sul do equador, aproveitou a escala imprevista e trocou parte de seus gêneros por barris de pólvora, "por ser gênero de grande valia e consumo no dito porto de Molembo". Seu navio levava aguardente, sal, coral grosso, fazendas, chapéus de Braga e rolos de tabaco.[35]

A pólvora e as armas de fogo provocaram muitas transformações entre os povos da África. Elas tiveram uma ligação direta com a organização do tráfico negreiro e favoreceram a expansão territorial em muitas áreas. Sociedades africanas que se envolveram com o tráfico transformaram-se em mercadoras ou, nas palavras de Reis, "sociedades [...] especializadas na captura de cativos com a finalidade principal de negociá-los". Para alcançar essa posição, foi preciso somar algumas condições, como a centralização do poder nas mãos de uma classe dominante; a criação de uma burocracia e de uma legislação que legitimassem e irradiassem a "hegemonia dos privilegiados"; a formação de um eficiente corpo militar estatal, utilizado tanto para controle social interno quanto para as guerras de conquista; e o desenvolvimento de uma rede comercial dinâmica que suprisse os mercados consumidores da mercadoria humana.[36]

Um exemplo de sociedade produtora de escravos pode ser encontrado entre os bantos da África Central: os *bawoyo*, que ocuparam a foz do rio Zaire a partir de migrações vindas do Congo.[37] Os *bawoyo* criaram o reino Ngoyo na região que hoje corresponde a Cabinda — importante centro produtor de sal antes do tráfico transatlântico de escravizados. No século XVI, os reis de Ngoyo assinaram acordos com os portugueses, que passaram a aproveitar a estrutura administrativa desse reino para o funcionamento do tráfico. Os *mambucos*, administradores do litoral, eram vistos pelos traficantes como vice-reis; os *manfucas*, responsáveis pelo comércio e pela cobrança de impostos, adquiriram também grande importância no tráfico.[38]

A terminologia que designava os funcionários de Ngoyo era utilizada desde pelo menos o final do século XVIII, como informa o relatório de uma expedição militar portuguesa realizada em 1780. Chegando a Cabinda, o capitão informou que o soba do lugar, "a quem os naturais chamam *mambuco*", já o esperava e o recebeu bem. O mesmo capitão deu conta de que em Molembo — distante cerca de 25 léguas e situado em Cacongo — o soba era chamado de *mafuca*, e tinha como função "a inspeção da marinha e está encarregado de publicar pelas povoações circunvizinhas a chegada de alguma embarcação dirigida para o comércio".[39]

Essa burocracia regional do tráfico ainda estava em funcionamento em meados do século XIX, como revela o processo de apreensão da barca *John Bob* por dois navios de guerra britânicos, ao carregar escravos na feitoria do conhecido traficante Manuel Pinto da Fonseca, em Cabinda, em 23 de maio de 1842.[40] Nesse processo, os réus apresentaram a testemunha Edmundo Gabriel, que relatou o que teria acontecido depois da apreensão do navio: ele teria ido à terra com o capitão John Foote, comandante do *Madagascar* (um dos navios apreensores), e cerca de cem marinheiros e soldados ingleses. Dirigiram-se a um barracão, onde tiveram contato com o Príncipe Jack e seus subordinados: "Francisco Franque, Príncipe Sam, Manfeuca Franque, Manfeuca de Pinta de Cabinda e o 'Comedor de Pinta'". Esses nomes, que combinam palavras das línguas portuguesa, inglesa e banto faladas em Ngoyo, são sinais claros da existência de uma língua franca, marcada pela influência dos principais envolvidos no comércio negreiro naquela região. Uma tradução livre dos significados, estranhos para o escrivão, foi anotada em um glossário à margem da folha: Príncipe Jack: "espécie de soberano"; Francisco Franque: "chefe do porto"; Príncipe Sam: "chefe da cidade".[41]

O termo *manfeuca* é, certamente, uma corruptela de manfuca — o responsável pelo comércio e pela cobrança de impostos na região de Cabinda. O Príncipe Jack seguramente era um mambuco, e a distinção social desses homens proeminentes da região era visível na indumentária — traço distintivo que originou a própria palavra *Ngoyo*, nome com que os *bawoyo* designavam a Cabinda portuguesa:[42] "O Príncipe Jack estava vestido com traje europeu, com uma capa de manto vermelha, com uma gorra de pano verde na cabeça, a qual só usam os *mambeucas* [mambucos] ou chefes, sobre a qual trazia um chapéu armado com algumas plumas e na mão uma bengala com castão de prata. Calçava também sapatos e meias, o que nenhum dos outros indígenas usava".[43]

Os outros chefes também se vestiam "com roupa de pano superior" e "gorras verdes" na cabeça, embora diferente das do Príncipe Jack. "Os indígenas, ao falarem com o Príncipe, ajoelhavam aos seus pés", e este, além de receber as reverências, era também a fonte das leis, de acordo com a testemunha: em Cabinda, elas eram feitas pelo Príncipe Jack e respeitadas por todos os "indígenas", como ocorre em qualquer "país selvagem". Essas leis estavam sujeitas à pressão externa e à experiência anterior: afinal, o *John Bob* já estava no porto desde o início de abril, descarregando mercadorias para trocá-las por escravos quando os navios ingleses chegaram a Cabinda em 23 de maio de 1842. Após essa data, os "indígenas" impediram a continuação do desembarque, sob a alegação de que isso era contrário às leis do Príncipe Jack — que falava um "mau inglês", mas certamente tinha conhecimento suficiente da língua franca para entender que os dois navios da armada britânica estavam naquelas águas com o objetivo de combater o tráfico e todos os que nele estivessem envolvidos.[44]

Ao estudar o papel das experiências africanas em uma rebelião de escravos ocorrida na Carolina do Sul — região abastecida principalmente pelo porto de Cabinda —, John Thornton levantou a possibilidade de que pessoas de outras partes da África Central estivessem envolvidas na rebelião, já que Cabinda também servia aos negócios dos traficantes *vili*, que revendiam escravos provenientes de outras regiões.[45] Um dos aspectos dessa experiência era o conhecimento que muitos dos revoltosos já possuíam na manipulação de armas de fogo, graças à introdução desses artefatos nas guerras africanas pelos traficantes portugueses.[46] Assim, os negócios do tráfico eram favorecidos pelas guerras entre reinos rivais e por relações comerciais, nas quais nem todas as partes tinham envolvimento direto nos conflitos.

O contato com os europeus alterou as relações sociais no interior dos Estados africanos e também as relações econômicas entre eles. Antes dos descobrimentos portugueses, reinos como Ngoyo tinham economias complementares às de outros reinos. Com o tráfico, essas sociedades do litoral transformaram suas organizações tradicionais e voltaram-se para o comércio com os europeus.

Ao longo do processo de conquista e colonização da África, a exploração das divergências entre os povos africanos foi uma prática reiterada dos portugueses, com o objetivo de tirar disso algum proveito comercial. Além do estímulo à guerra, os tratados de comércio também podem ser incluídos no rol das estratégias utilizadas para esse fim.

De fato, houve uma experiência acumulada no trato de negócios com as embaixadas de soberanos africanos. Essas negociações, envolvendo diversos soberanos da África Ocidental e o vice-rei português na Bahia, ocorreram pelo menos desde 1750 — fato conhecido dos vice-reis posteriores, que sempre se remetiam ao tratamento dispensado à embaixada anterior, dando a cada novo embaixador uma importância menor. A primeira embaixada da qual temos registro, enviada à Bahia pelo rei Tegbessu do Daomé em 1750, foi considerada uma "grande novidade nunca vista no Brasil", repleta de pompas e cerimônias e incluindo caros presentes. Já as demais receberam um tratamento menos obsequioso, muito embora a Coroa portuguesa tenha feito algumas concessões — como a de manter no cargo o diretor da fortaleza de Ajudá, a pedido do rei Agonglô, do Daomé, em 1796.[47] Quando, em 1810, os soberanos de Ardra (Porto Novo) e Daomé enviaram suas embaixadas para tratar de questões do tráfico, a "grande novidade" já adquirira outro sentido: os embaixadores ficaram retidos em Salvador "tanto para não fazer despesas inúteis quanto para evitar de dar à população da capital [o Rio de Janeiro] um espetáculo de novidade que teria provocado confusões". A negociação ficou a cargo do conde dos Arcos, então governador da Bahia, instruído pela capital a dispensar aos embaixadores "toda a atenção que pode merecer seu caráter, se a conduta deles for normal".[48]

Os embaixadores esperaram suas respostas por exatos dois anos: chegados em 7 de setembro de 1810, foram dispensados em 10 de setembro de 1812, por orientação vinda da Corte carioca, que ordenou o transporte em condições decentes e confortáveis para seus países de origem.[49] Nesse meio-tempo, no Rio de Janeiro, o conde de Galveas compreendeu que as pretensões de um opunham-se às do outro. O rei do Daomé oferecia exclusividade de comércio a Portugal (vale dizer, ao Brasil), enquanto o de Ardra propunha facilidades e "toda a qualidade de cooperação da sua parte", mas não exclusividade.[50]

O oferecimento do Daomé não era novidade. Afinal, era essa a quarta embaixada que os soberanos daquele reino enviavam ao Brasil e, já na segunda, em 1795, ofereciam essa mesma exclusividade de comércio, recusada por razões como a concentração excessiva de navios e a necessidade de abastecê-los num mesmo lugar, a diminuição da liberdade dos mestres em escolherem os escravos para compra e a elevação dos preços que um monopólio nas mãos do rei do Daomé acarretaria.[51] Porém, não é de todo impossível que essa recusa reiterada mascarasse um conflito entre os interesses da Coroa portuguesa (que preferia ter múltiplas fontes de abastecimento sem se comprometer formalmente com nenhum soberano do litoral africano) e os traficantes baianos (que tinham uma clara preferência pelos escravos vindos da África Ocidental, e mesmo na época do tráfico ilegal continuaram a abastecer a Bahia com cativos daquela região).

As queixas do rei de Ardra contra o do Daomé, e vice-versa, bem como as vantagens que ambos ofereciam, certamente visavam o que poderiam obter no comércio de escravos, a partir das transformações pelas quais ele certamente passaria depois da assinatura do tratado com a Inglaterra em 1810. Galveas, após consultar o ministro dos Negócios Estrangeiros, garantia que "o nosso tráfico da escravatura deveria continuar não só naqueles portos pertencentes ao domínio de S. A. R. e naqueles que se julgasse com direito a sua coroa, mas ainda em todos os mais em que os seus vassalos se achassem em posse de fazer aquele comércio". O argumento era que o Brasil precisava aumentar seus braços, como frequentemente se afirmava nessa época para justificar o tráfico.[52] O regente português se limitou a expor as queixas em relação a alguns procedimentos do rei de Agomé, contrários aos comerciantes portugueses que traficavam ali,[53] mas não se comprometeu com nenhum dos embaixadores.

Os soberanos africanos ao norte da linha do equador deram outras provas de que conheciam os termos do tratado assinado entre Portugal e Inglaterra e tomaram providências para garantir a continuidade do tráfico, negociando diretamente com a Corte portuguesa no Rio de Janeiro. Adoxa, rei de Onim (Lagos), tentou fazer isso ao recorrer à antiguidade dos negócios realizados entre seus súditos e os europeus. A tradição multicentenária de trocas comerciais embasava seu argumento, pois elas já se faziam "no tempo dos meus antepassados, e do falecido meu pai o rei Logu; e também já no meu tempo antes dos ingleses impedirem às nações o comércio de escravos".[54]

O que irritava Adoxa era o andamento das negociações entre ingleses e portugueses na questão do comércio africano, sem que ele (ou qualquer outro soberano africano) jamais fosse chamado à mesa do acordo — e vale dizer que esta é uma questão ignorada nos estudos sobre o tema. Nas considerações feitas neste capítulo sobre os relatos dos viajantes estrangeiros no litoral da África, afirmei que eles são portas de entrada para o universo dos conflitos presentes no tráfico, mas que normalmente ignoram a experiência africana. A retomada desses depoimentos na criação de uma estratégia de combate ao tráfico por parte dos ingleses talvez esteja na raiz do solene "esquecimento" dos africanos envolvidos no tráfico, deixados de lado quando se tratava de assinar acordos formais sobre a questão. Mais uma vez, a África era reduzida à visão de unidade desprovida de forma e especificidade, relegada a uma posição secundária no binômio civilização × barbárie. Sendo bárbaros, não havia por que convocar reis de qualquer território africano para uma decisão que envolvia princípios da civilização europeia, empenhada naquele momento em acabar com o tráfico.

Mas Adoxa acreditava ter bons argumentos para debater, e o fato de estar sendo deliberadamente ignorado não escapou à sua percepção. Ele reagiu à possibilidade de ver desaparecer de seus portos os navios negreiros dos quais seu reino tanto dependia:

Não me consta que nos portos declarados [Appé, Porto Novo e Badagri] [...] nenhuma destas nações fizesse tratado algum com os ingleses ou que lhe franqueassem o mais pequeno palmo de terra para sua habitação, sem que estivessem empregados no seu negócio, quanto mais para fazer um pequeno reduto em que pudessem cavalgar uma só peça e que por esta posse e título pudessem chamar os portos declarados acima seus domínios, e virem sem atenção tomar os navios de nação amiga e aliada, bem como aconteceu no meu porto que fizeram prisioneiros a três navios portugueses que se achavam a largar no dia seguinte e todos muito felizes.[55]

A irritação de Adoxa se traduziu em um oferecimento concreto de franquear o litoral de seu reino, "em meu nome e dos meus sucessores", para que o monarca de Portugal mandasse "edificar quantos fortes quiser e terem o título de praias portuguesas, sem que para isso eu queira tributo ou débito algum, só sim desejo à boa amizade e opulência do comércio".[56] O que talvez o rei de Onim não tivesse como saber ou não podia considerar era que, naquele momento, seu congênere português não tinha disposição, força ou condição de aceitar uma oferta tão generosa, indispondo-se com seu único aliado europeu fora do alcance das garras do império napoleônico, ao qual seu próprio reino sucumbira. Manter os termos do tratado de 1810 com a Inglaterra era a ordem do dia na agenda diplomática lusitana.

Os acordos comerciais não se davam apenas entre os soberanos e seus prepostos — como nas embaixadas para a Bahia desde 1750 —, mas também entre particulares e representantes dos reis africanos — como ocorreu desde que os portugueses fizeram os primeiros carregamentos de escravos no século XV e continuou a acontecer posteriormente com comerciantes europeus de outras nacionalidades, em negociações de maior ou menor êxito.[57]

Os portugueses acumularam experiência em acordos desse tipo. Um deles, da qual restaram algumas evidências, deu-se em torno da concessão de uma área para o estabelecimento de uma feitoria em Cabinda em 1783, antes do início da construção da fortaleza local. De um lado estavam Antonio Januário do Vale, capitão da fragata *N. S. da Graça*, onde o acordo foi assinado, e o engenheiro militar Luís Cândido Furtado. De outro, o "Mambuco Muinspucula, príncipe e senhor das terras adjacentes à enseada e porto de Cabinda, e o governador príncipe Cafi do mesmo porto, e o seu manfuca Luifunga e camador Samba e mais oficiais da sua corte".[58] O acordo previa, além da instalação de uma feitoria de comércio na baía de Cabinda, a vassalagem das autoridades nativas à rainha de Portugal, em troca da promessa de que os portugueses que "os insultarem ou por qualquer modo os maltratarem" ficariam sujeitos a penalidades.[59]

No entanto, cerca de um mês depois, o governo português em Luanda reprovou os termos do acordo, pois eles eram a prova e a confissão de que os príncipes locais eram os verdadeiros senhores de Cabinda — "palavras expressas no dito tratado" —, ao passo que a Coroa portuguesa julgava-se soberana daquela área. Portugal não queria obter ali apenas a concessão de um estabelecimento comercial, pois isso não limitava o direito de os estrangeiros também fazerem o comércio de escravos naquele porto; o objetivo da Coroa era ver seu título de domínio sobre aquelas terras reconhecido.

Pouco depois da reprovação desse tratado, os portugueses voltaram a negociar com as autoridades de Cabinda. Os termos foram expostos ao embaixador do mambuco em tom mais áspero, na tarde de 11 de novembro de 1783: ele deveria converter-se ao catolicismo, render vassalagem a d. Maria I e fazer o comércio exclusivamente com os portugueses "somente agora no princípio", para no futuro admitir negócios com estrangeiros (obviamente, uma estratégia para ganhar tempo e estabelecer um domínio efetivo sobre o lugar). Outros termos do tratado previam que os africanos de Cabinda se desdobrariam para evitar a concorrência comercial de Molembo, além de firmarem uma aliança militar entre o mambuco e os portugueses no combate ao soberano daquela localidade. Se não aceitasse as proposições do tratado, "tão úteis para a sua felicidade temporal e espiritual", o mambuco ficaria exposto "às hostilidades da guerra que lhes havemos de fazer, sujeitando à força das armas, e apesar de uma grande mortandade dos seus vassalos e ruína das suas povoações, tanto do mambuco como do rei de Cabinda, tendo a desgraça de perecerem às nossas mãos, arruinarem todo o seu comércio e interesse e ver reduzir a cinzas as suas moradas".[60]

Apesar da demonstração de força, a presença portuguesa em Cabinda foi efêmera. A fortaleza local, construída em 1783, foi destruída logo depois; o lugar ficou abandonado, sendo regularmente visitado como porto livre por embarcações negreiras de outras nacionalidades.

Os acordos e as guerras envolvendo a posse de Cabinda no fim do século XVIII lançam uma luz sobre os interesses que se cruzavam quando se tratava de definir os poderes em uma área na qual o tráfico era tão ostensivo. A Coroa lusa, os senhores da terra, os franceses que faziam trocas ali e mesmo os traficantes aparecem como partes interessadas em definir a quem pertencia, afinal, aquele território.

Luanda reprovou os termos do acordo inicial com as autoridades de Ngoyo por enxergar nele uma vantagem apenas, e que seria usufruída exclusivamente pelos traficantes — a pretendida feitoria. Nenhuma palavra era dita ali sobre o domínio português efetivo ou a instalação de uma alfândega que arrecadasse tributos à Coroa, nem mesmo sobre o papel de Luanda e sua primazia no controle das demais áreas do litoral angolano. Os traficantes, por sua vez, diante da opção entre uma vassalagem fiel a Sua Majestade e um comércio vantajoso em Angola, ficaram com a segunda alternativa. Nessa e em outras oportunidades, eles deixaram claro que eram comerciantes, cuja razão de ser era o abastecimento de navios negreiros para o Brasil, e resistiram sempre que eram pressionados a se submeter a novas taxas. Fixar o domínio português em Angola era tarefa na qual eles não pretendiam desempenhar um papel relevante, especialmente se tivessem que pagar por isso e encarecer o preço dos escravos que transportavam. Afinal, as possibilidades comerciais de Cabinda tinham sido "descobertas" pelos traficantes, presentes naquele porto antes de qualquer fortaleza ou outro estabelecimento da Coroa portuguesa.

Para os governantes de Ngoyo, discutir com os traficantes ou com as autoridades de Luanda parecia fazer pouca diferença. Seu objetivo era garantir o fluxo de escravos e as trocas comerciais, e eles estavam dispostos a negociar com quem lhes oferecesse atrativos maiores, desde que não tivessem que abrir mão da soberania sobre o litoral. Por acreditarem que a insistência portuguesa os levaria a perder o controle da região litorânea, não tiveram problemas em unir-se aos franceses no ataque à recém-construída fortaleza de Cabinda.

A negociação de tratados com os soberanos africanos pode dar a impressão de que essa prática garantia a paz na região. Mas essa impressão se desfaz facilmente quando se consideram não só os termos duros dos acordos, nos quais Portugal sempre procurou impor seu domínio, mas também as repetidas vezes em que esses mesmos acordos eram simplesmente descumpridos pelos africanos que algum tempo antes haviam aceitado seus termos. Também é preciso levar em conta que os tratados criavam desconfianças entre os soberanos africanos que os assinavam e seus vizinhos, muitas vezes motivando guerras entre eles.

Quando os confrontos com os africanos estouravam, as consequências para o comércio eram imprevisíveis; é isto o que aparece no ofício enviado por Antonio Saldanha da Gama ao visconde de Anadia em janeiro de 1808, no qual ele afirmava manter a "quietação" tão necessária ao comércio no sertão de Angola à custa de um destacamento e algumas peças de artilharia. Esse mesmo aparato militar garantia a chegada a salvo dos "embaixadores do grande potentado muata Yanvo, que há tanto ambicionava o nosso comércio e que tinha sido embaraçado pelas nações limítrofes, cujos interesses ficavam sumamente lesados com esta comunicação".[61] O embaraço dos povos vizinhos (especialmente os de Cassange) à negociação do soberano lunda com os portugueses devia-se ao receio de perderem espaço no comércio de escravos, além do temor de verem o muata, fortalecido militarmente, voltar-se contra eles nas razias em busca de cativos para exportação.

Abordei até aqui a conexão africana do tráfico pela via dos conflitos desencadeados a partir de processos institucionalizados e que visavam "produzir" cativos para exportação. A interpretação desses conflitos partiu de relatos dos viajantes estrangeiros, das narrativas de ex-escravos, de correspondências e de termos de negociações comerciais, a fim de vislumbrar algumas das sociedades mais diretamente envolvidas no comércio de escravos, através dos confrontos generalizados ou dos acordos formais com os europeus que fincaram suas bases no litoral. Nessa análise, privilegiei os confrontos envolvendo grupos que disputavam interesses comerciais vultosos: a Coroa e a administração colonial portuguesas, os soberanos bantos de Angola e os grandes traficantes. Para esses grupos sociais, a sobrevivência e a longevidade dependiam, em larga medida, do seu desempenho em meio a esses conflitos, e seus movimentos baseavam-se na extração dos benefícios do tráfico negreiro.

Entretanto, essa visão ainda é limitada e não nos permite uma compreensão mais minuciosa do funcionamento do tráfico e da experiência dos grupos sociais que lidavam com ele na África. O passo seguinte adentra o terreno de atuação de outras personagens, cujos interesses eram menos volumosos mas igualmente fundamentais na articulação eficiente do comércio de cativos em Angola.

3. A rede miúda do tráfico[1]

Na historiografia brasileira sobre a escravidão — e particularmente aquela relativa ao tráfico negreiro —, muitos questionamentos já foram feitos e novas abordagens têm sido incorporadas. A análise dos escravos como sujeitos de sua própria história, o papel desempenhado pelos traficantes brasileiros como empresários com interesses decisivos no abastecimento de mão de obra, e a revisão do rígido esquema de comércio triangular ao longo de todo o tempo e em todos os lugares onde o tráfico existiu são algumas das perspectivas abertas nos últimos anos. Há décadas, os historiadores do tema vêm se debruçando sobre fontes variadas, e o resultado disso se mostra numa produção vasta.

Uma tendência, no entanto, pode ser percebida: o comércio negreiro entre as costas atlânticas da África e da América, via de regra, é visto como um negócio de traficantes, de senhores de escravos e da Coroa (portuguesa e, mais tarde, brasileira). Poucas vezes os estudiosos brasileiros puderam refazer as rotas dos escravos desde o momento em que eles eram capturados em seu continente.[2] Angola, ponto inicial de milhares de expedições negreiras, é encarada como uma fonte abastecedora de escravos para a grande colônia portuguesa da América, quando era bem mais do que isso. Neste capítulo, procuro compreender as malhas do tráfico no lado africano do Atlântico, a "rede miúda" do comércio — miúda se comparada à enorme quantidade de seres humanos transportada nas embarcações negreiras e aos grandes volumes de capitais envolvidos no negócio. A compreensão da magnitude do tráfico negreiro que, partindo de Angola, destinava-se ao Brasil, pode ganhar uma dimensão ainda mais abrangente se inserirmos na história desse comércio a ampla e complexa gama de interesses de agentes sociais diversos (portugueses, "brasílicos" e das diversas etnias bantos da África Central) que se movimentavam ainda antes dos embarques nos portos angolanos.

Em Angola, conquista cuja economia era movimentada sobretudo pelo tráfico de escravizados, os portugueses encontraram populações organizadas que se opuseram decisivamente à sua expansão rumo ao interior. Os povos litorâneos formaram uma sólida barreira e muitas vezes atuaram como intermediários na compra e venda dos prisioneiros escravizados que vinham do interior — como foi o caso dos mubire da costa de Loango que, antes de 1800,

> já desempenhavam o papel de intermediários no tráfico ultramarino de escravos entre os reinos mbundu de Matamba e Kasange (a leste) e a costa do Atlântico, até ao norte de Luanda, estabelecendo-se em aglomerados agrícolas permanentes entre os rios Bengo e Dande. Por volta do século XIX, ferreiros e comerciantes itinerantes mubire eram uma presença constante em toda a Angola portuguesa.[3]

Mas é preciso salientar que esse processo não foi unívoco em todo o continente nem ao longo dos séculos. Em lugares como Fernando Pó, por exemplo, os espanhóis se defrontaram com o desinteresse dos bubi — grupo banto que habitava a ilha — em envolver-se com europeus: eles simplesmente se recusaram a participar do comércio de escravos projetado em fins do século XVIII. Apesar das tentativas espanholas, nessa colônia não se conseguiu implantar o esquema clássico do tráfico de escravos — que dependia de um comércio regular e uma organização preexistentes entre os africanos.[4]

Mesmo em tempos de paz, a penetração portuguesa no continente era dificultada pelos povos bantos de Angola. Para driblar essa dificuldade que poderia fazer minguar as alfândegas e limitar o número de cativos exportáveis, uma das alternativas para a administração colonial e os traficantes era utilizar os serviços dos *pumbeiros* ou *pombeiros* — agenciadores mestiços ou negros que percorriam o interior do continente comprando escravos dos chefes locais e, depois de uma viagem marcada pelos maus-tratos e pela sujeição às intempéries, levando-os para os portos litorâneos, de onde eram vendidos para a América. A genealogia da palavra indica que sua origem deve-se ao termo quimbundo *mpumbu* — ponto de confluência de rotas de comércio, nos quais eram montados mercados de escravos e produtos do interior.[5] No século XVI o termo *pombeiro* passou a ser usado para designar tanto os mercadores portugueses que frequentavam essas feiras quanto os emissários dos comerciantes europeus estabelecidos no litoral. No caso destes últimos, tratava-se de

> mulatos ou negros, eles mesmos escravos ou antigos escravos libertos que testemunhavam de algumas qualidades como a sutileza, a astúcia e a habilidade retórica, pareciam dignos de confiança, tinham recebido rudimentos de instrução e frequentemente tinham sido criados, desde sua infância, na casa de seu senhor. [...] a palavra *pombeiro* não ficou circunscrita à sua área de origem; ela se generalizou na África portuguesa e ganhou o Brasil, onde o comércio se praticava em condições análogas.[6]

Figura similar existia também na Guiné — onde eram designados por *tangomaos* ou *tangomaus*. Mas a similaridade não impede que algumas diferenças entre eles possam ser apontadas, sendo a principal delas a autonomia em relação a um patrão. Carlos Alberto Zeron afirma que os tangomaus, ao contrário dos pombeiros, "eram frequentemente donos de seus bens": possuíam suas embarcações e faziam o comércio trocando mercadorias próprias, guardadas em suas casas. Embora seu principal objeto comercial fossem os escravos, eles também lidavam com outras mercadorias na África Ocidental.[7] Uma referência aos tangomaus na legislação portuguesa do século XVI indica que, desde essa época, sua atividade poderia resultar na acumulação de bens de valor expressivo.[8]

Além de Luanda, Benguela era outro importante local de partida dos pombeiros, que se dirigiam às regiões ao norte de Angola e ao Congo, trazendo na volta para o litoral escravos e produtos como marfim, cera, goma copal, urzela, gado e mantimentos. Os pombeiros levavam consigo carregadores de tecidos e bebidas — mercadorias usadas nas trocas —, além dos búzios utilizados como moeda. A maneira de proceder nesse comércio durante o século XVII foi descrita por Boxer e, em linhas gerais, manteve-se nos séculos seguintes:

> [Os pombeiros] demoravam-se no interior um ou dois anos, antes de mandarem para a costa, ou trazerem consigo, filas de quinhentos ou seiscentos escravos. Embora fossem geralmente leais aos seus patrões europeus, casos havia em que ficavam em falta com os seus empregadores, fugindo com escravos e mercadorias. Entre os pombeiros de maior confiança, alguns havia que só voltavam a Luanda ao cabo de anos, permanecendo todo esse tempo no interior, e aí recebendo periodicamente mercadorias da costa, em troca de escravos.[9]

Nesta e em outras descrições, fica claro que a relação entre os pombeiros e os comerciantes da costa era marcada pela confiança e, ao mesmo tempo, pela tensão intermitente. Uma vez abastecido o pombeiro, nada garantia que ele voltasse trazendo os escravos e as mercadorias ansiados pelo comércio, pois, além de sua vontade e astúcia, poderia haver ainda impedimentos de outra ordem: as caravanas que iam ao interior também estavam sujeitas a perecer em meio aos combates que assolavam as áreas por onde passavam ou às condições do meio físico.

Em que pesem os riscos, ainda no século XVIII a possibilidade de enriquecimento pela *pumbagem* atraía marinheiros, exilados e criminosos de Portugal e do Brasil para esse comércio.[10] Ao chegarem a Luanda, nas palavras de Selma Pantoja, muitos deles vendiam "produtos de baixa qualidade a crédito para a população africana; esses mesmos agentes impediam o pagamento do crédito, submetendo, assim, esses africanos ao cativeiro por dívida".[11] Se era através da empresa de captura e da promoção de conflitos interétnicos que os grandes comerciantes conseguiam se abastecer de cativos, havia outros meios complementares de sobrevivência no negócio, como os raptos esporádicos e as dívidas para dispor de escravos para exportação.

A crescente demanda por cativos a partir de meados do século XVIII encontrou os pombeiros em posição privilegiada, já que eles controlavam o abastecimento de provisões para os escravos, manipulando os preços dos produtos nas épocas de estiagem e provocando a morte de muitos africanos que aguardavam pelo embarque. De acordo com Pantoja, essa situação só teria sido alterada no governo de Francisco Inocêncio de Sousa Coutinho, que "colocou em prática as diretrizes pombalinas de deixar o grande comércio aos grupos metropolitanos e o comércio secundário aos grupos locais, terminar com o contrabando de franceses e ingleses e dirigir os benefícios do tráfico para o erário público".[12] Todavia, é importante ressaltar que o sucesso das medidas pombalinas foi limitado, já que as atividades dos pombeiros continuaram a ser relatadas em fontes oficiais e memorialísticas de períodos posteriores,[13] bem como o contrabando prosseguiu firmemente.

Um exemplo disso pode ser visto nas primeiras décadas do século XIX, quando nem mesmo a perspectiva de extinção do tráfico transatlântico fez com que as atividades dos pombeiros diminuíssem. Num relato datado de 1823 e encaminhado ao então ministro da Justiça de Portugal, um deputado às Cortes nascido em Angola — Manuel Patrício de Castro — apontava os problemas que via naquela colônia. O tráfico, na visão dele, aprisionava Angola num impasse: aboli-lo de imediato seria o mesmo que "abandonar aquelas terras e entregá-las à depredação de seus primitivos íncolas". Mas, para mantê-lo, era preciso evitar a desumanidade dos brancos "que vão aos sertões a este mesmo tráfico [uma clara alusão aos pombeiros], mais ainda o modo de os conservar, de os tratar e embarcar, que faz horror às almas mais insensíveis".[14]

Ao definir a atuação dos pombeiros, Boxer afirmou que eram agenciadores que, "em tempo de paz", percorriam o sertão comprando escravos dos soberanos locais. Mas é preciso pensar um pouco sobre isso; afinal, a paz em Angola era algo sempre instável e, em geral, sobrevivia por curtos intervalos — além de ser impossível prever quando um "tempo de paz" cederia lugar a uma guerra. Certamente, os pombeiros desenvolveram estratégias para negociar mesmo em tempo de guerra, muito embora elas invariavelmente causassem problemas para todos os envolvidos no tráfico.

Essas considerações ficam mais claras quanto expostas em uma situação concreta. A expedição realizada por Manuel Correia Leitão, saída de Luanda em 31 de agosto de 1755, evidencia o desconhecimento que os europeus do litoral tinham em relação às sociedades do interior com as quais travavam comércio. Os objetivos da viagem eram estabelecer contato com os africanos de Cassange e Olos, chegar até a África Oriental e, no caminho, descobrir se os habitantes daquelas regiões eram guerreiros e se tinham "a mesma língua, costumes e forma de viver que os da parte de cá [do litoral atlântico]". Em caso positivo, a expedição tinha ordens de avaliar a magnitude de suas forças — informação fundamental para a manutenção da presença colonial europeia na África. No que se refere aos costumes, a preocupação era decididamente comercial: saber como eles se vestiam — se com as fazendas levadas dos mercados de escravos da costa atlântica ou se com tecidos da Índia trazidos pela contracosta.[15]

A princípio, o soberano de Cassange impediu a passagem da expedição e enviou uma embaixada a Leitão, à qual este indagou a respeito do "mau trato que dava aos nossos pombeiros, roubando-os e ao seu escrivão quando queria, com o ameaço de os comer cozinhados, fazendo trazer diante deles panelas, lenha e água para mais depressa os intimidar e lhe darem bebidas e fazendas".[16] Aparentemente intimidado, o soberano afirmava, usando seus subordinados, "que ele era vassalo de Sua Majestade Fidelíssima e que tudo eram falsos testemunhos que lhe levantavam". Entretanto, a intimidação também estava presente entre os membros da expedição portuguesa, já que foi registrada no diário a existência de 120 mil negros "capazes de tomar armas".[17]

A ação dos pombeiros tinha ainda efeitos cujas dimensões eram difíceis de controlar: ela motivava tensões constantes entre os portugueses e os africanos do interior, e a forma de gerir os negócios desses homens também provocava conflitos entre os administradores coloniais e os colonos brancos e mestiços de Angola ligados ao comércio negreiro. Cientes da sua importância como controladores das rotas que abasteciam a costa de escravos, os luso-africanos que formavam o contingente de pombeiros ascendiam a postos administrativos e militares a partir da Câmara Municipal de Luanda, criando para si "um conjunto de benefícios que os colocavam em prioridade no tráfico dos cativos".[18] Mesmo quando não ascendiam diretamente a esses postos, os pombeiros sabiam negociar vantagens com seus ocupantes, formando uma "aristocracia" negra e mestiça que vivia nas regiões dominadas pelos portugueses e que enriquecera através do envolvimento no tráfico e da exploração do trabalho escravo em terras de sua propriedade.[19]

Sua ação comercial nas rotas do interior escapava a qualquer controle legal, mas em lugares onde a presença portuguesa se fazia sentir houve algumas tentativas regulamentadoras — como indiretamente fez o barão de Mossâmedes em 1790, ao definir as funções do diretor da feira de Cassange —, entre elas formar processo contra pombeiros que cometessem delitos de "mortes, ferimentos, roubos, violências, cárceres privados e outros quaisquer castigos em pessoas livres".[20] Se tais práticas não ocorressem com frequência no modus operandi dos pombeiros, não haveria por que uma medida dessa natureza vir mencionada entre as atribuições do diretor da feira.

Outra prática que Mossâmedes desejava coibir era a demora dos pombeiros em deixar a feira, esperando negociar um número maior de escravos para tomar o rumo do litoral e obter lucros mais polpudos. O ideal seria não exceder o prazo de trinta dias para partir de Cassange com a leva de escravos conseguidos, pois uma demora maior trazia "grave prejuízo, não só pelo risco das mortes e fugas, mas pela despesa dos mantimentos".[21]

As regras (ou a falta delas) relativas à saída dos pombeiros para o interior também geravam conflitos. É o que podemos entrever nas críticas do juiz de fora Félix Correa de Araújo contra o polêmico governador Miguel Antonio de Melo.[22] No princípio de 1801, com a paciência esgotada "depois de ter sido um triste espectador de tantos excessos", Araújo denunciou à Corte os "males de peso" que o governador causava à terra, entre eles, e principalmente, as restrições ao acesso dos feirantes ao sertão para aprisionar escravos.[23] Ao falar desses homens como "feirantes", ele provavelmente referia-se aos brancos que iam ao sertão em busca de cativos, evitando usar o termo *pombeiro* pela carga pejorativa que carregava. Embora *pombeiro* fosse um termo geralmente reservado aos agenciadores negros e mestiços, temos evidências de que brancos também praticavam a pumbagem.

No entender do juiz, Melo protegia os "aviados dos seus apaniguados", apenas liberando estes para irem ao sertão em busca de escravos. Se no tempo dos governadores anteriores era comum a exportação de 10 a 12 mil cabeças anualmente por Luanda, Melo teria provocado a derrocada do comércio por uma interpretação distorcida da legislação metropolitana, impedindo que

> este ou aquele feirante não fosse livremente para o sertão, sendo franco e livre o comércio desta conquista e seus sertões, na forma do Alvará de 11 de janeiro de 1758, que ele tem pretendido limitar, dando bastarda interpretação ao Real Aviso de 13 de novembro de 1761, dirigido ao então governador Antonio de Vasconcelos, sobre não consentir que vão ao sertão ciganos e homens corrompidos, como se esta Real disposição não supusesse conhecimento das pessoas, o que sendo fato, necessariamente havia de provar, o que ele reservou ao seu capricho,

chamando a uns ciganos e a outros corrompidos. E desta forma veio a fechar o sertão, e só a abri-lo aos que ele queria; quando em obséquio da verdade, devo dizer a V. Excia. que o sertão deve ser livremente franco, [...] sem restrição, nem necessidade de habilitações de polícias.[24]

Na avaliação das atividades dos pombeiros, revelam-se múltiplos aspectos da presença portuguesa em Angola. As conquistas estabelecidas mais ou menos firmemente no litoral sobreviviam como pontos de trocas comerciais abastecidos a partir do interior pela ação desses homens. Muitas vezes, eles também se tornaram pivôs de rivalidades entre os poderes coloniais, já que o controle de suas atividades fazia subordinados denunciarem governadores, como vimos acima, e motivava a instauração de devassas sobre as administrações autônomas de Luanda e Benguela. Essas devassas se faziam por ordem de uma Corte distante e desconfiada de que suas rendas só não eram maiores por falta de empenho das autoridades que ela mesma designava e que, eventualmente, beneficiavam homens que exerciam um poder local considerável e difícil de limitar.

Por fim, a ação ou a inoperância dos pombeiros também interferia na disputa por territórios e pelo controle do comércio angolano, envolvendo portugueses e outros europeus. Com a falta de feirantes no sertão, conforme a denúncia do mesmo juiz em 1801, passaram a faltar também as fazendas e outros produtos consumidos pelos povos do interior que, sem rebuços, passaram a frequentar as praias do Norte de Angola — Ambriz em particular — para tratar a venda dos escravos com os estrangeiros, considerados contrabandistas pelos portugueses.[25]

Quando, por qualquer motivo, declinavam as caravanas de pumbagem e desapareciam os produtos de troca providos pelos portugueses, os povos do interior procuravam vias alternativas de comércio e continuavam a exportar cativos. O reconhecimento dessa ação por parte dos administradores lusos em Luanda permite afirmar que a figura do pombeiro, apesar de estar quase sempre no centro dos problemas, era um elo fundamental na dominação exercida sobre Angola, o que ajuda a explicar o interesse em instituir mecanismos pelos quais fosse possível controlá-los.

Em primeiro lugar, o poder desses homens vinha do conhecimento que detinham sobre o "sertão", seus povos e costumes, rotas e caminhos — aos quais os funcionários da Coroa estabelecidos no litoral na maior parte das vezes tinham acesso interditado. Além disso, as mercadorias levadas por eles nas longas expedições destinadas à compra de escravos criavam um hábito de comércio regular. Uma vez rompida a regularidade — e na medida em que esses povos passavam a conhecer outros produtos e práticas comerciais mais vantajosas —, dificilmente voltariam ao comércio com os portugueses nos moldes feitos anteriormente. Para os comerciantes do litoral e a Coroa portuguesa, essas alterações poderiam arruinar os negócios, pois ambos não tinham como vencer a concorrência dos produtos estrangeiros, nem como impedir militarmente o "contrabando" em portos fora do controle lusitano. Nessas circunstâncias, os pombeiros cumpriam diversas funções primordiais, como o agenciamento da compra de escravos no interior e o estímulo do movimento comercial no litoral.

Mas eles faziam mais do que isso. Pela fala de Joaquim José da Silva Guimarães, um "experimentado português conhecedor dos sertões" que se encontrava em Benguela em 1798, pode-se exemplificar a função adicional de informantes que os pombeiros desempenhavam em Angola. Guimarães conhecia pormenores a respeito do interior que somente homens do seu ofício podiam dispor. Em primeiro lugar, chama a atenção o fato de ele ser designado pelo gentílico, reforçando a hipótese de que havia uma gama de homens diferentes percorrendo o sertão: portugueses, como nesse caso, mas também mestiços luso-africanos, brasileiros e africanos engajavam-se na pumbagem.

O "experimentado português" disse ter estado nas terras dos sobas Catoco, Banze e Horibamba, "que são as últimas aonde para aquelas partes costumam ir os negociantes portugueses", distantes cerca de setenta léguas[26] do presídio português de Caconda.[27] Dali para diante, alguns negociantes ainda viajavam uns três dias nas terras de um parente do Horibamba, e

> desse sítio para o interior do sertão já não podiam passar senão alguns pretos disfarçados nos trajes da terra, até o sobado do potentado Guiseta, um mês de viagem do dito sítio de Banze, e que alguns ainda passavam a outras terras, a que dão o nome de Zambuelas Grandes, que distam do referido sítio dois meses de viagem, aonde os escravos eram muito baratos, mas que as terras eram estéreis, porque apenas produziam algum pouco milho, massango e umas frutas chamadas mabocas, de que se mantinham os pretos, e de alguma caça.[28]

Pombeiros como Guimarães possuíam informações importantes acerca das possibilidades de movimentação no território angolano e de domínio dele, no sempre acalentado projeto de união das costas atlântica e índica da África Central sob a tutela portuguesa. Afinal, ele conhecia as distâncias, as denominações dos lugares, os nomes dos soberanos, rudimentos sobre as populações, línguas, costumes e produções locais, lançando mão desses conhecimentos nas transações comerciais. Além disso, detinha um tipo de informação preciosa para a sobrevivência naqueles territórios: sabia onde a presença de brancos era indesejada, demonstrando a importância de homens com seu conhecimento para marcar a presença portuguesa nos lugares mais afastados do interior.

Há também outra afirmação importante contida nesse depoimento que não se pode ignorar. Guimarães frisou por duas vezes que havia lugares vedados a africanos de outras terras, lugares por onde só passavam "pretos disfarçados nos trajes da terra". Uma leitura mais atenta desse documento permite afirmar que os africanos não podem ser plasmados numa unidade, pois obviamente os habitantes de um lugar reconheciam traços diferentes em pessoas vindas de outros lugares. Em sua obviedade, essa constatação nos diz que a África e os africanos não eram uma grande massa única e sem grandes distinções. Ainda que não possa ter uma prática etnográfica direta, por vezes o historiador pode utilizar-se das fontes disponíveis e encontrar diferenças, mesmo que não possa defini-las precisamente. Neste caso, pela fala de um pombeiro de fins do século XVIII, podemos salientar a diversidade e afirmar que ela era um dado presente aos povos da África Central desse período — e não há motivos para negar que os africanos de outras partes e de outros períodos sempre tenham sabido desse "detalhe" fundamental e ao mesmo tempo óbvio, mas que nunca é demais ressaltar em estudos sobre temas como a escravidão e o tráfico negreiro.

Esse saber dos pombeiros demonstra a agudeza de sua percepção sobre as relações entre as sociedades africanas, reafirmando que a identidade era fruto de outros elementos para além da cor da pele. "Pretos", ainda que disfarçados, corriam perigo ao circularem por territórios desconhecidos e/ou inimigos, pois a cor da pele não os unificava e o disfarce nem sempre ocultava o fato de que eram membros de outra etnia, o que os tornava desprotegidos em terras estrangeiras.

Guimarães ainda nos diz alguma coisa sobre o tempo das viagens no interior do continente e as distâncias vencidas pelos pombeiros. Ambos eram variáveis: o percurso de "dois meses" até a chegada a um determinado ponto como Zambuelas Grandes pode não ter sido a regra, mas o fato é que, com a dizimação dos povos litorâneos — os que primeiro foram traficados —, o interior mais longínquo passou a ser rapinado em busca de cativos. Mas, de acordo com Miller, mesmo quando o tráfico já se interiorizara bastante na África Central, o litoral ainda era uma fonte importante de escravos, numa proporção de dois cativos do interior para um da costa.[29]

Os (poucos) depoimentos tomados dos africanos escravizados a respeito do tempo que levavam, caminhando, de seus territórios de origem até o ponto do embarque também indicam que as distâncias percorridas por eles eram variáveis. Ainda quando compunham o carregamento do mesmo navio, isso não significa que vinham da mesma região; Ochar, Dadah e Ogobee, embarcados na escuna *Dona Bárbara* em Cabinda no ano de 1829, são exemplos disso.[30] O primeiro era natural de *Iaboo* [?], e declarou que seu país ficava a oito dias da costa; a segunda, vinda de *Oioo*, afirmou ter levado três meses para vir a pé de sua terra até a costa, enquanto Ogobee, de origem "oussá", caminhou ao longo de "três luas" para chegar ao litoral.[31]

Dadah afirmou ter vindo de "Oioo", e Ogobee era "oussá". Certamente, o escrivão de um processo judicial no Brasil do início do século XIX tinha poucas condições de diferenciar com precisão os lugares de origem dos africanos apreendidos. Até porque, nessa época, a julgar pelo instigante estudo de Robert Slenes, a África já fora "descoberta" no Brasil pelos africanos escravizados, e o olhar da sociedade escravista brasileira sobre a África pode tê-la transformado em uma unidade que os escravizados acabaram assumindo, recriando sua identidade não mais como membros de uma etnia banto, mas sim como "africanos" — identidade tecida em meio a uma rede de solidariedade que envolvia homens com experiências partilhadas, como a viagem transatlântica e a escravização.[32]

Houve processos judiciais em que se buscaram intérpretes para traduzir os depoimentos dos africanos apreendidos — a Casa de Correção da Corte era um manancial de africanos falantes de diferentes línguas que podiam servir como intérpretes; no caso do *Dona Bárbara*, nada indica que isso tenha acontecido.[33] O fato é que o escrivão anotou "Oioo" e "oussá" como lugares de origem desses dois africanos, e é preciso tentar entender o que essas palavras significam para se ter uma ideia da origem deles e do tempo que caminharam até chegarem a Cabinda.

Dadah seria de *Oyo*, na África Ocidental? Se ela estava certa de ter andado três meses entre sua terra e o porto de embarque, é possível que sim. No entanto, não disponho de dados para afirmar que esse era o tempo necessário para vencer a distância que separa o amplo golfo da Guiné e a costa do Gabão da foz do Zaire, perto de onde Cabinda estava situada. Mas a palavra que o escrivão grafou ("Oioo") também pode ser a tradução do que Dadah disse ser *Ngoyo*, ou seja, o reino em cujo litoral Cabinda foi erguida. Se for assim, três meses parece um tempo longo demais para que uma africana apreendida num reino tão pequeno chegasse ao litoral, mas em todo caso não sabemos que tipo de dificuldades ela e seus companheiros de viagem teriam enfrentado no percurso.

Já Ogobee disse ser "oussá" e ter caminhado "três luas" para chegar a Cabinda. Se o escrivão reproduziu literalmente o que ouviu, Ogobee provavelmente era um africano haussá e, portanto, veio da África Ocidental. Se levou apenas cerca de três semanas até Cabinda, então os três meses de caminhada de Dadah parecem exagerados, considerando a hipótese de que Oyo fosse a terra natal dela. Porém, se Ogobee levou cerca de três semanas vindo de um ponto tão longínquo, a viagem de Dadah dificilmente teria demorado três meses caso ela fosse oriunda de Ngoyo. Se algumas vezes a tentativa de interpretar a opacidade das fontes nos leva longe, há casos em que elas são intransponíveis.

Talvez seja melhor retomar a trilha dos conflitos envolvendo os diversos participantes do comércio de escravos na conexão africana, da qual me desviei um pouco na tentativa de compreender um caso concreto em que pessoas de culturas tão diferentes procuram se entender (ou pensam estar fazendo isso). A conclusão, nesse caso, é dificultada pela quantidade de dados que temos que supor.

Em 1835, o português Sebastião Xavier Botelho publicou um alentado volume, compilando dados sobre Moçambique. Ao descrever a cidade portuária do mesmo nome, ele salientou a importância dos navios vindos do Rio de

Janeiro que, desde 1810, eram os únicos a promover a comunicação entre aquela área e o restante do mundo. Botelho comentou ainda o papel das trocas comerciais na vida da região, dizendo que esses navios carregavam escravos "em retorno do açúcar, vinho, cachaça, licores, manteiga, azeite, presuntos, carnes, fazendas de lã e de seda, alfaias de prata e ouro, lonas, cabos, alcatrão, breu, obras de ferro e aço, relógios, medicamentos, quinquilharias de várias castas, em suma, tudo que serve para resgate dos negros e para passar a vida com delícias".[34]

Botelho publicou seus comentários num período em que o tráfico negreiro era uma atividade ilegal no Brasil e estava prestes a ficar na mesma condição nas colônias portuguesas da África — ilegalidade que teve influência reduzida na condução dos negócios em solo africano e ocorreria em 1836, com o decreto de Sá da Bandeira. O diplomata francês Jules Itier teve informações sobre isso ao dialogar com um traficante no Brasil, que lhe explicou a necessidade de conciliar os interesses dos mercadores africanos e os dos armadores negreiros durante as negociações. Na década de 1840, os mercadores africanos compravam cativos das mãos de diversos soberanos locais a preços variáveis em troca dos chamados "artigos do tráfico": pólvora e armas de fogo, espadas e machados, fumo e miçangas.[35]

As delícias da vida colonial na África gozadas por Botelho eram proporcionadas pelas trocas de escravos por mercadorias trazidas nos navios. Desse modo, se a guerra, a rapina, o sequestro e os tratados comerciais, conectados à atuação dos pombeiros, abasteciam de escravos os mercadores do litoral, havia outra questão a ser considerada na ida de uma embarcação para a África: tratava-se da necessidade de carregá-la com mercadorias que fossem aceitas como objetos de troca por cativos. Entretanto, o comércio descrito dessa forma não deve ser visto como algo pacífico: a simples posse de bens para troca não garantia o carregamento de uma embarcação. Por vezes, a transação ocorria num emaranhado de conflitos.

Esses conflitos poderiam ter naturezas diversas, e um deles aparece na história do mestre José Malaquias Ferreira, náufrago do bergantim *Santo Antonio Diligente*, preso em Salvador em 1810 por suspeita de má conduta na compra de oitenta escravos do rei de Oére, na costa ocidental. O pagamento era o pomo da discórdia, pois ele alegava que os escravos lhe haviam sido entregues em consignação e, em caso de naufrágio, o ônus recairia sobre o vendedor. Quanto aos escravos que se salvaram, alguns foram vendidos em hasta pública na ilha do Príncipe, enquanto outros se aproveitaram do incidente e escaparam.

Mas o dono do bergantim, Francisco José Lisboa, dizia não haver consignação, mas sim um contrato determinando que os escravos lhe seriam entregues em Salvador; se o mestre os vendera, isso apenas confirmava sua má-fé. Sem arrolar nenhuma testemunha em sua defesa, Ferreira contou uma história na qual o rei de Oére o teria feito prisioneiro e obrigado a comprar os escravos por um preço abusivo.

Lisboa apresentou como prova da desonestidade de Malaquias uma carta assinada por ele, "na qual rogou a Manuel Marques Camacho, mestre da embarcação que o trouxe da ilha do Príncipe [o *Ligeiro*], que ocultasse dez escravos que vieram na conta do mesmo réu na mesma embarcação, e por isso sendo pago pelo proprietário quando se deve ao rei de Oére o preço convencionado, descontando-se o produto dos dez escravos".[36]

Enquanto o mestre e o proprietário da embarcação discutiam, o rei de Oére esperava o pagamento dos oitenta escravos embarcados. Talvez por considerar o bom andamento de futuras transações naquela região, a justiça baiana decidiu que ambos eram responsáveis, determinando que pagassem setenta escravos ao preço de 160 panos ("moeda daquele país") e dez por 120 panos.

Divergências poderiam surgir na relação entre os donos do negócio, seus prepostos e os soberanos africanos, como no caso acima. Mas também poderiam ocorrer problemas entre os próprios mercadores que, encarregados de proceder às transações, aproveitavam-se da ausência de autoridades coloniais para assumir o papel de soberanos locais, mesmo que de modo circunstancial. Em 1821, um certo Vicente Ferreira Milles escrevia ao capitão José Antônio Rodrigues Vianna, da escuna *Emília*, estranhando o que vinha ocorrendo em Molembo. Na carta, ele recomendava que o negócio se realizasse em outro lugar devido ao comportamento do "maioral" do porto — que se embriagava todos os dias e proibia os outros mercadores de fazer o negócio. Ele vendia os escravos pelo preço que lhe viesse à cabeça, motivando pensamentos nada lisonjeiros — Milles chegou a cogitar que a situação só mudaria no dia em que esse "diabo" morresse. O tal "diabo", como ele esclareceu dias depois, chamava-se Domingos de Almeida Lima, e queria vinte mil-réis para cada escravo vendido — enquanto um magote de tabaco (mercadoria usada na troca por cativos nesse local) não excedia três mil-réis. Em função disso, Milles recomendava que, no ano seguinte, a feitoria fosse transferida para outro lugar.[37]

Conseguir as mercadorias para troca envolvia operações de certa complexidade. Afinal, havia demandas por produtos diferentes nos diversos pontos da costa onde se traficavam escravos, e nem sempre os navios saíam de seu porto de origem com tudo o que era necessário — especialmente se quisessem ocultar a negociação, por estarem envolvidos em contrabando ou tráfico ilegal. Mesmo que o arranjo das mercadorias parecesse correto, era impossível evitar surpresas desagradáveis para os traficantes — como o excesso de gêneros supridos por outras fontes ou o comércio feito pelos ingleses na costa. Dificuldades deste último tipo foram relatadas a Manoel Gonçalves de Carvalho por seu representante em Luanda, que lamentava ter vendido poucas coisas "pela abundância que há de tudo e eu, para maior infelicidade, não trouxe senão fazendas de Malabar que nada valem presentemente pela abundância que há da inglesa, que não querem outra e o mesmo já acontece pelo sertão".[38] Trabalhando para vários patrões, esse homem reiterava a dificuldade em trocar mercadorias por escravos: "é a época mais triste que eu podia encontrar, pois nada se pode vender pela muita abundância que há de tudo e só falta de dinheiro".[39]

Muitas vezes era preciso percorrer outros portos, trocando ou adquirindo mercadorias, antes de chegar ao destino onde os cativos seriam embarcados, como esclarecia o proprietário do patacho *Esperança* aos oficiais de sua embarcação, empregada na rota Salvador-Cabinda: "Como pode acontecer não haver ainda extração de gêneros da carregação, em tal caso Vossa Mercê vá a alguns outros portos da costa d'África, em que com facilidade e vantagem para obter a permuta dos gêneros que sejam próprios para o tráfico, e com eles siga o destino de Cabinda, e neste porto, e só neste, efetuará a negociação de muitos bons escravos".[40]

Mesmo com toda a experiência dos oficiais negreiros, havia um empecilho que poderia barrar a negociação: a falta de escravos para serem carregados. O mesmo homem que se queixava da abundância de tecidos ingleses registrou em sua correspondência comercial o "estado em que se acha Angola, que não pode estar pior em razão de não haver escravos".[41]

Certamente a falta de escravos ou, de modo oposto, a ausência de navios fundeados no porto prontos para o carregamento, eram situações excepcionais e motivadas por causas temporárias, mas não eram inexistentes. A falta de navios negreiros chegou a preocupar Manuel de Almeida e Vasconcelos, que manifestava sua alegria pela chegada de um tumbeiro a Luanda em fevereiro de 1796. Com isso, ele tinha a "gostosa ocasião de oferecer a V. Excia. [o conde de Resende] dois moleques, sendo a única produção deste país", mas a falta de comunicação marítima deixava a colônia privada de notícias sobre a Europa, de fazendas e "mesmo de embarcações para a exportação da escravatura, de que presentemente há bastante abundância".[42]

Pela leitura dos processos de apreensão de navios negreiros no século XIX, pode-se ter uma ideia do tipo de mercadoria embarcada para troca por escravos no litoral africano, bem como das moedas e padrões utilizados nesse comércio. Evidentemente, tudo isso era condicionado por fatores regionais, sazonais e variáveis ao longo dos anos, em função da concorrência ou da repressão inglesa, que provocavam flutuações no mercado de compra e venda de cativos, especialmente nos preços.

O bergantim *Lindeza*, apreendido em Onim em 10 de janeiro de 1812, serve de exemplo para demonstrar a maneira como os traficantes calculavam os preços e os riscos de seu negócio. O navio foi julgado boa presa em Serra Leoa, para onde foi levado após a apreensão, mas seu proprietário entrou na Justiça baiana com um pedido de indenização da ordem de 53:718$000, no qual incluía o valor dos cativos (13:890$474). Para chegar a esse valor, o justificante esclareceu como se calculava o padrão de troca de mercadorias por escravos na África Ocidental — embora seja arriscado tomar ao pé da letra a avaliação do proprietário de um navio apreendido, pois nesses casos não era incomum que os cálculos fossem superestimados.

Dono de um bergantim de 207,5 toneladas no qual caberiam 518 escravos, José Cardoso Marques levava 3854 onças de fazenda para troca, "padrão este de valor ou de termo de comparação a que todos os gêneros e fazenda se reduzem naquela costa, o que serve para determinar e fixar o preço da permuta de cada escravo, segundo o antigo costume e modo de traficar introduzido pelos negros potentados, que são os tratantes dos cativos".[43]

Naquele momento, o preço estava fixado em onze onças por cabeça. Quando o navio foi capturado, dele já haviam sido descarregadas 88,5 onças, e o restante ficou a bordo e foi levado pelos ingleses. Assim, 342 cativos deixaram de ser permutados — correspondentes às onças de fazenda apreendidas. Entretanto, Marques pedia indenização por 305 escravos, pois conseguira salvar 37 que se achavam em terra no momento em que o bergantim foi tomado pelos ingleses.[44]

Além das fazendas empregadas no comércio com a África Ocidental, havia outras mercadorias de troca. No início do século XIX, John Luccock creditava a miséria da África ao fato de que o continente recebia do Brasil "não somente gêneros secos [...], como uma grande quantidade de produtos tais como açúcar, aguardente, fumo e até mesmo coisas tão simples como arroz e farinha".[45] Estes eram, efetivamente, os produtos mais empregados no tráfico negreiro, mas outros ainda podem ser mencionados.

Em Molembo e outras partes do litoral do Congo e Angola, os búzios eram a moeda e podiam ser conseguidos em lugares distantes como Ajudá.[46] Para a troca por escravos, os navios levavam armas e pólvora a todos os portos africanos; fazendas sortidas a Molembo e Cabinda;[47] aguardente, charutos e chapéus a Benguela;[48] tabaco, aguardente e fazendas à Costa da Mina;[49] panos de algodão, aguardente, miçangas, vinhos e corais à costa oriental;[50] azeite, aguardente, chapéus, miudezas e vidro ao rio Camarões,[51] apenas para ficar com alguns exemplos que ilustram a diversidade de bens preferidos nas diferentes regiões. As mercadorias usadas nesse comércio não podem ser encaradas de forma aleatória. Cada uma delas se revestia de um significado que, de certa forma, explica sua longa presença e o aprendizado dos códigos mútuos no comércio entre europeus e africanos.

No caso das armas de fogo e da pólvora, algumas palavras já foram ditas no capítulo anterior; sua presença no tráfico explicava-se pela própria organização do comércio no interior do continente e pelos métodos de captura de escravos. Já a aguardente ou cachaça era exportada do Brasil para Angola desde os primórdios do tráfico; Luanda, que em 1773 tinha cerca de 2 mil habitantes, importava do Brasil em meados da década de 1780 cerca de 1340 barris por ano, 76% deles vindos do Rio de Janeiro.[52] O produto não era consumido apenas pela diminuta população da cidade nem se destinava apenas às trocas por escravos no litoral. Em seu *Prelúdio da cachaça*, Câmara Cascudo anotou a oferta feita em julho de 1730 pelo governador Rodrigo César de Menezes a um chefe local — d. Sebastião Francisco Cheque Dembo Caculo Cacahende — de uma porção de gerebita, "que como o tempo está fresco servirá para vos esquentar".[53] Certamente, a gerebita (ou variações na grafia como *geribita*, *jeribita* e *jiribita*) era interiorizada para comercialização nos pontos mais afastados da costa ou como oferta diplomática na África portuguesa, graças à sua aceitação entre os bantos.

Assim, além de ser consumida durante as viagens por africanos e tripulantes, a aguardente do Brasil tinha funções de prenda para agradar aos soberanos africanos e facilitar as negociações de compra e venda dos escravos. Não é incomum a referência ao consumo da bebida durante os pregões e transações na costa por parte dos oficiais de navios negreiros, como ocorreu no caso da *Minerva*, galera que negociava escravos em Onim até ser apreendida em janeiro de 1824. George William Courtney, capitão inglês que apreendeu essa embarcação, afirmou que durante a negociação "a gente portuguesa e a do país [andavam] embriagados com aguardente".[54] O costume parecia generalizado e antigo: o brigue *Comerciante*, apreendido no rio Camarões no mesmo dia em que Pedro I gritava às margens do Ipiranga, negociara escravos em Molembo, e seu proprietário, ao reclamar indenização, foi claro ao afirmar que "todos sabem da prática de irem diariamente desde a manhã até a noite a bordo dos navios fundeados naquele porto grande quantidade de mercadores negros, uns a negociarem, outros a beberem aguardente, para o que costuma conservar-se no convés dos navios uma pipa dela".[55]

O costume foi apontado ainda por Falconbridge em sua obra de 1788, ao dizer que os capitães negreiros iam à terra todas as noites para negociar com os mercadores negros, ocasiões em que muitos deles voltavam embriagados e se esmeravam em espancar seus subordinados. Além de suportarem a violência dos oficiais, os marinheiros também consumiam aguardente ou outras "bebidas espirituosas", conseguidas com os africanos — como o brandy inglês que lhes chegava pelas trocas comerciais do tráfico.[56]

A aguardente consumida durante as transações não podia ser oriunda de qualquer parte. Os africanos tinham suas preferências, que recaíam sobre a bebida produzida no Brasil, colocando um impasse para a Alfândega portuguesa após a independência brasileira: como taxar a aguardente estrangeira que entrasse em Angola, "visto não haver ainda lei que, no atual estado das relações comerciais do Brasil como Império independente com Angola, possa marcar os direitos de tais transações"? A questão deveria ser analisada pelo procurador da Fazenda, que deu seu parecer afirmando que as aguardentes estrangeiras deveriam continuar a pagar 50$000 por pipa, de acordo com o alvará de 25 de abril de 1818. Dito isso, reconhecia ainda que "o Brasil, a favor de quem foi estabelecida aquela tarifa, continua a ficar em melhor condição do que qualquer outra potência estrangeira". Recomendava, assim, que os navios brasileiros continuassem a pagar os mesmos impostos de sempre, com o favor especial do tratado de comércio e reconhecimento da independência. Embora se tratasse de uma questão comercial e diplomática, era impossível deixar de reconhecer a preferência dos africanos, e o Conselho Ultramarino acabou por admitir "que a importação de aguardente cachaça [brasileira] no porto de Luanda não pode de modo algum ser substituída pela aguardente de Portugal, porque aquela e não esta é que é do gosto do país e de valor proporcionado às suas circunstâncias [o tráfico de escravos]".[57]

Assim como a aguardente, o tabaco brasileiro também era preferido pelos povos que trocavam mercadorias por escravos. Essa preferência explica, em parte, o envolvimento dos luso-brasileiros no tráfico para Cuba, que na década de 1820 era dominado por negociantes da Bahia. A África Ocidental era a principal fonte de abastecimento de trabalhadores para a ilha caribenha, mas os transportadores eram navios saídos de Salvador com cargas de tabaco e aguardente: "apesar de Cuba ser um grande produtor de tabaco, ele não tinha as mesmas características do tabaco baiano, que era muito mais popular na Costa dos Escravos".[58]

Para realizar negócios a contento, nem sempre bastava ter um navio bem provido das mercadorias que costumeiramente eram aceitas na troca por escravos no litoral. Os capitães negreiros tinham que possuir também informações sobre o estado do comércio no local onde iriam traficar e contar com a sorte para realizar a viagem com bom tempo e condições apropriadas no porto onde iriam traficar.[59]

A julgar pelas "cartas de ordens" escritas pelos donos das embarcações negreiras, eram os capitães, pilotos e contramestres os membros das equipagens responsáveis pelas transações comerciais no litoral. A eles se dirigiam as recomendações de trocar os gêneros por cativos, procurar barganhar o melhor preço, verificar a qualidade dos africanos embarcados (considerando critérios como idade, sexo, altura e existência de doenças, entre outros), tratá-los bem durante as viagens, entregá-los a salvo e procurar vários portos até completar o carregamento, além da vigilância quanto aos perigos da pirataria e da repressão ao tráfico ilegal.[60]

A própria legislação colonial reconhecia as atribuições dos oficiais negreiros, como numa determinação de 28 de fevereiro de 1810, que mandava fiscalizar os excessos de negros embarcados, para que os mestres dos navios não sacrificassem "à sua avidez as vidas de muitas criaturas que se tornariam vassalos úteis, industriosos e produtivos, se não abreviassem os dias da existência deles por um tratamento bárbaro e revoltante".[61] O documento menciona o costume de deixar nas mãos dos mestres a compra dos mantimentos, e que eles compravam produtos mais baratos e de qualidade mais baixa para obterem lucro. O resultado disso sentia-se nas viagens, quando os escravos eram obrigados a se contentar com meia ração e adoeciam. A decisão mandava fazer a "inspeção dos mantimentos destinados para a subsistência da escravatura e guarnição das embarcações, não se permitindo que estes sejam enviados para bordo senão depois de haverem sido aprovados por aqueles a quem se confiar a inspeção deles, assim na qualidade como na quantidade".[62]

Essa experiência na condução dos negócios no litoral africano era reconhecidamente um atributo dos portugueses. Muito se tem ressaltado a importância da bandeira portuguesa no abastecimento de regiões que não faziam parte do império ultramarino luso — como Cuba, especialmente. No caso cubano, mesmo quando eram navios de bandeira espanhola que iam carregar na África, o procedimento mais comum dos capitães negreiros no século XIX era mandar avisar o mercador local (*fator*), geralmente português, que entregava a carga de imediato ou combinava o dia para a entrega, enquanto o navio permanecia oculto em "algum rio ou paragem apropriada da costa".[63]

Joseph Miller avaliou o papel dos oficiais que carregavam suas embarcações em Angola em palavras eloquentes: "Se Luanda foi uma escola para ladrões, seu porto foi a sala de exame onde alunos coloniais ávidos exibiram as habilidades que tinham aprendido em Angola, escapando do controle legal e das bandeiras morais proclamadas pela metrópole".[64]

Apenas em Luanda as leis promulgadas no Reino foram aplicadas de forma mais rigorosa. Mas se elas eram feitas para proteger o bem-estar dos escravos embarcados, os proprietários, mercadores e donos de navios procuravam burlá-las para proteger suas fortunas pessoais. Os capitães brasileiros conduziam seus navios ao porto e aguardavam a carga de escravos. Algumas vezes, juntavam-se aos luso-africanos na apropriação de alguns cativos que transportavam, e outras vezes alinhavam-se aos fatores metropolitanos como importadores de mercadorias, mas sua atuação mais significativa se deu nos termos de sua própria especialização profissional no segmento do transporte marítimo representado pelo tráfico negreiro.

Referindo-se aos meados do século XVIII, quando dois decretos vindos da Corte em 1758 estabeleceram a primazia dos navios que carregavam mercadorias para seus proprietários ("efeitos próprios") sobre os fretados na ordem de carregamento, Miller afirma que toda a regulamentação protetora favorecia um grupo ou outro, e os competidores empenharam-se em explorá-la. Os decretos, promulgados para proteger os escravos, transformaram-se em caminhos para o enriquecimento pessoal de quem administrava sua aplicação. Os oficiais brasileiros e a tripulação dos navios defenderam-se utilizando os subornos, a ocultação do local de destino dos navios, os negócios com passageiros clandestinos, a falsificação do conteúdo das caixas e fardos que descarregavam e a ocultação de escravos da inspeção do governo.[65]

Nas cartas de ordens que recebiam dos donos dos navios, essas estratégias muitas vezes aparecem claramente. Através delas, pode-se verificar como deveriam agir os capitães e demais oficiais negreiros vindos do Brasil. É o que podemos ver na declaração do mestre Tomé Guedes de Vasconcelos, na qual afirmava ir a Cabinda e ao Zaire para comprar marfim e escravos, "conforme a carta de ordens que levo [...] e me obrigo ao melhor tratamento que for possível dar aos escravos que vou comprar, e também ser pronto a todas as obrigações do meu emprego, além da laboração da compra que vou fazer dos ditos escravos [...], pagando deles somente os direitos e mantimentos do costume".[66]

Exemplos similares poderiam ser dados em profusão, nos quais a maior preocupação dos capitães deveria ser com a qualidade dos escravos.[67] A carta de ordens mais detalhada entre as que pude consultar — a do bergantim *Prazeres*, datada de 1811 — dava minuciosas instruções ao oficial que estivesse no comando do navio. Entre elas, a decisão de escolher o porto onde carregar, recomendando o de "melhor utilidade e menos embarcações" e, ao mesmo tempo, advertindo que "Ajudá é um bom porto pela qualidade de sua gente, pois não ignora a aceitação que têm nesta cidade [Salvador]". Uma vez escolhido o porto da carregação, "saltará logo e abrirá feira" e, estando em Ajudá, deveria comprar "boas moleconas, pois que ali são mais baratas que os machos, e aqui dão mais dinheiro". No caso de estar mais ao sul daquele porto, "fugirá de negras quanto puder porque, à exceção de alguma boa molecona, não tem a pronta saída que tem os machos e, de toda sorte, em qualquer porto fugirá de negros e negras velhas".[68]

Jovens a serem escravizados eram, por razões óbvias, os mais procurados pelos compradores em qualquer porto. Nas palavras do proprietário da *Esperança Feliz* aos oficiais dessa sumaca, "chegado que seja aos portos de Molembo, tratará Vossa Mercê de fazer a negociação da sumaca reduzindo os gêneros que leva à troca de bons escravos, preferindo sempre moções e moleconas, e não velhos idosos, nem defeituosos".[69] Quanto ao proprietário da escuna *Esperança*, preferia "muitos bons escravos", o que se traduzia na recomendação de trazer os que "sejam apessoados e parecidos, preferindo sempre mui bonitos de doze a vinte anos e moleconas de dez a dezesseis, assim parelhas e iguais para cadeira, não trazendo jamais velhos e crianças".[70] Esses atributos também eram valorizados pelo proprietário do *Independência*, que instruiu o capitão dessa escuna a trazer "bons escravos" de Molembo, de preferência "molecões e moleconas" de dez a dezesseis anos, "bonitos, apessoados e parecidos".[71]

As ordens dos proprietários de navios aos seus capitães certamente provinham das demandas que recebiam dos compradores. Assim, a preferência por escravos jovens provinha das exigências de homens como José Lourenço, comprador que assinou uma carta encontrada entre os pertences do bergantim *Rio da Prata*, apreendido no litoral de Angola. Na carta, ele pedia ao capitão para comprar "dois colonos bonitos en cuerpo y semblante, y que sean ya molecotes y no muleques".[72]

Se é fácil compreender por que os senhores exigiam juventude e beleza dos escravos que adquiriam no Brasil, entender por que eles requeriam semelhança exige esforço um pouco maior. As palavras *parecido* e *parelha* surgem de forma alternada nos documentos como se tivessem o mesmo significado, mas com certeza essa sinonímia era aplicada particularmente aos escravos. Afinal, *parelha* é um par de animais, como bois e cavalos, aos quais os escravos eram comparados nos mercados brasileiros. Ao usar o termo *parelha*, os proprietários estavam instruindo seus capitães a buscar cativos com as mesmas características físicas, pois a vinda de um lote no qual as diferenças fossem muito grandes criaria um atrativo maior sobre os mais bonitos ou robustos e dificultaria a venda dos outros. Assim, sendo semelhantes, seriam também mais vendáveis tanto uns quanto outros, sem distinção. Essa exigência quanto à semelhança demonstra que os senhores talvez não fizessem tábua rasa dos africanos recém-chegados; acredito ser esse um indício de que eram reconhecidos como portadores de identidades definidas, entre outras coisas, pelos traços físicos — e que os senhores, os traficantes e os tripulantes sabiam disso.

Mas a compra de cativos pelos oficiais das embarcações negreiras não se limitava à escolha dos mais jovens e saudáveis. Antes, era necessário encontrá-los reunidos em grande quantidade e, quando isso não ocorria, muitas vezes ia-se a mais de um porto a fim de completar o carregamento, na impossibilidade de fazê-lo em um só — como ocorreu com o *Diana* em 1827 que, ao chegar à foz do rio Zaire, "aí só pode tomar cem escravos, por não os haver então naquela localidade, exigindo-se alto preço pelos poucos que havia à venda, o que fez resolver o mestre a dirigir-se a Molembo para aí completar o seu carregamento".[73]

As tripulações tinham ainda que administrar a longa espera para lotar um navio e tentar superar a dificuldade de vender os produtos que levavam a bordo. Problemas dessa natureza foram encontrados em uma das viagens da escuna *Emília*, ancorada em Molembo em fevereiro de 1821. A falta de escravos fez com que se previsse a partida durante a Páscoa. Provavelmente, essa carestia devia-se à guerra corrente entre os nativos naquele porto e à impossibilidade de vender "colarinas e pulseiras" de ouro, pois o "rei não quis comprar" e, naquelas paragens, o que o rei não comprasse ninguém mais o faria.[74]

Os oficiais também recebiam instruções de não permitir que os marinheiros levassem produtos para serem trocados na África, como era costume acontecer e muitas vezes era inevitável.[75] De modo semelhante, os cuidados no tratamento dos escravos eram recomendações constantes nas cartas de ordens. Com relação ao tempo que precedia a partida da África, poucas vezes se recomendava manter os cativos em terra, pois isso acarretava despesa maior; entretanto, em alguns casos essa medida se tornava uma precaução "para evitar o enfezar-se a bordo, o que sucede [...] quando metem alguns a bordo enquanto o navio ainda tem tabaco".

A inscrição das marcas no corpo dos escravos indicando seu novo proprietário também era de responsabilidade dos capitães ou outros oficiais graduados da equipagem negreira — o que podia ser feito em terra[76] ou a bordo, neste último caso devido a situações que apressavam a partida, como os levantes dos cativos ou surtos epidêmicos, por exemplo. Entretanto, o principal motivo de uma partida às pressas do porto de embarque na África era a presença de um navio do cruzeiro inglês, no período da ilegalidade do tráfico[77] — contra o que as tripulações desenvolveram inúmeras estratégias para negar seu envolvimento na atividade.[78]

Mesmo naqueles territórios — como partes do litoral de Angola — onde a soberania portuguesa era reconhecida pelas outras nações europeias, o contrabando nunca deixou de existir e de ser praticado pelos súditos portugueses e, mais tarde, por brasileiros e outros estrangeiros — e é sobre este último caso que me deterei aqui. Em função disso, nas últimas décadas do século XVIII, a Coroa portuguesa empenhou-se em explorar a costa angolana, enviando expedições para sondar as condições do comércio ilegal com os estrangeiros — embora antes disso o contrabando também existisse.

Uma dessas expedições foi comandada pelo capitão da companhia de artilharia de Luanda, Antonio de Sousa Magalhães, que explorou a costa de Loango em 1780. Nessa viagem exploratória, chegou ao lugar chamado Bingue e lá contatou um parente do marquês de Dembo, vassalo do rei do Congo, constatando que não havia bons portos nessa região, que as relações com os estrangeiros eram más e que "seu comércio consiste em mandar vender escravos a essa cidade [Luanda?] à troca de aguardente, espingardas, zimbo e fazendas".[79] Ao norte do Congo ficavam as terras do soba de Cembo, com oito léguas de costa e um bom porto, embora um pouco raso (Quitungo). Os povos que habitavam essa área foram qualificados pelo capitão português como "os maiores ladrões de toda a costa, vivem de pescaria pela comodidade que lhes oferece a sua enseada, e de extorquir os escravos de seus vizinhos para os venderem aos estrangeiros, que deles aí têm extraído grande número".[80] Mas a grande preferência dos estrangeiros recaía sobre o porto de Cabinda, situado poucos quilômetros ao norte: "A bondade do porto, a fertilidade do terreno e o grande concurso de cativos têm convidado as três nações francesa, inglesa e holandesa a fazerem de Cabinda o centro de importante comércio, com que tanto tem deteriorado o dos portugueses em Angola. Parece ser indispensável uma fortaleza neste porto".

Na impossibilidade de carregarem os navios em Cabinda, pelo excesso de embarcações ou por qualquer outro motivo, os estrangeiros tinham como opção o porto de Molembo, distante cerca de 25 léguas e situado no reino de Cacongo. A ancoragem final da expedição de 1780 se deu em Loango, porto dominado na época pelos holandeses — que deixaram claro aos expedicionários lusos que se eles não podiam fazer o comércio em portos portugueses, o inverso também era verdadeiro.[81]

Já em Benguela, eram os franceses a presença constante no contrabando em fins do século XVIII. Os navios franceses entravam na enseada alegando a necessidade de abastecer-se de água e aproveitavam para ajustar a compra de escravos. Mesmo quando seu estratagema era descoberto, a resposta costumava ser arrogante: "Algumas vezes tem este [fato] chegado a ser escandaloso, e declarando-se o governador com os estrangeiros, mandando-lhes ordem de saírem, alguns respondem que o farão quando lhes parecer e se não deixar vir as suas provisões, irão buscá-las à mesma cidade e se queixarão à Corte da sua grosseria".[82]

Situações desse tipo só aconteciam devido à débil força militar portuguesa. Seus poucos efetivos estavam sempre mais envolvidos nas tentativas de dobrar a permanente resistência dos africanos contra sua presença e ainda conter os estrangeiros que tentavam não só fixar-se no litoral africano, como fazer regularmente o contrabando de escravos e mercadorias da terra. O barão de Mossâmedes, na conjuntura de 1790, pedia um ou dois navios de guerra na costa para proteger o comércio — já que os franceses "nunca foram tantos como este ano" — e a remessa, pelo vice-rei do Brasil, de seiscentos homens armados.[83] Não pude descobrir se seus pedidos foram atendidos, mas a constância com que as autoridades baseadas na África reiteravam pedidos de aumento das forças em Angola indica que eles tinham que lidar com suas próprias e parcas forças e que o problema nunca foi resolvido satisfatoriamente — ou seja, a fragilidade da presença portuguesa naquele território foi uma marca, e a manutenção comercial e militar dependia muito mais dos navios e dos homens vindos do Brasil — como vimos ressaltando desde o primeiro capítulo.

Em Benguela, como em outros lugares, as estratégias dos contrabandistas eram bem-sucedidas graças às parcerias muitas vezes estabelecidas com as autoridades coloniais. Numa devassa tirada em Benguela em 1793, os principais suspeitos de cooperar com os franceses eram o governador e o juiz de fora locais — incriminados, junto com outros seis moradores, pelo juiz de fora de Angola. Os principais indícios de acusação eram depoimentos segundo os quais o governador teria dito "que se não fossem os navios franceses, não poderia encher o seu baú de doblas e bons trastes, e que ele não tinha ido a Benguela senão à busca de dinheiro com que se pudesse sustentar independente de maior despacho da soberana". Ao que tudo indicava, o juiz de Benguela também se deixava corromper e, pressionado por Luanda, passou a fazer algumas devassas pouco precisas sobre os navios estrangeiros surtos no porto sob sua jurisdição. Além disso, "no seu vestuário, em sua casa e no serviço de sua mesa, tudo quanto se via [...] era mão de obra francesa", indícios que ele não se preocupava em ocultar, "dizendo que S. M. lhe não proibia o aceitar dádivas, quando não torcesse a justiça".[84] Nesse caso, torcia.

Relatos como esse chamam a atenção para a analogia paradoxal que pode se estabelecer entre os potentados locais africanos e as autoridades locais portuguesas. Um dos maiores problemas da Coroa lusa em Angola no século XVIII era lidar com a diversidade de interesses existentes entre os soberanos do lugar: era difícil negociar com eles e fazê-los cumprir depois os acordos firmados, abastecê-los com o que desejavam em troca de escravos, convencê-los a negociar exclusivamente com navios de bandeira portuguesa e impor sobre eles uma "vassalagem" — para utilizar um termo ainda tão caro aos monarcas de Portugal nesse período. No entanto, outro grande problema desses monarcas era convencer seus funcionários da administração colonial de que as regras ditadas pela Corte deveriam ser cumpridas e que fazer aplicar essas regras era o papel deles por excelência. Ao contrário, muitos funcionários da Coroa agiam como os potentados angolanos a quem os portugueses acusavam de ser bárbaros, ao menos no que se refere ao cumprimento das normas estabelecidas. Longe das vistas de autoridade maior, infringiam as leis, cobravam propinas e tiravam proveito do contrabando estrangeiro. Com esse valioso auxílio das autoridades locais portuguesas, o contrabando prosseguia firmemente em Angola. Em 1793, os franceses realizavam um animado comércio com o sertão, entrando pela barra do Dande sob o pretexto de fazer aguada.[85]

A existência do contrabando fragilizava a presença portuguesa na região, não só pelo questionamento que representava ao domínio da Coroa, mas também porque os acordos firmados com os africanos a fim de organizar o tráfico acabavam caindo por terra com as incursões dos estrangeiros. Os africanos que, por um lado, presenciavam essas incursões e, por outro, não percebiam nenhuma resistência das forças portuguesas, podiam julgar que elas também nada fariam para impedir os estrangeiros de escravizar os povos que viviam em áreas sob a tutela lusa.

Com o objetivo de inibir o contrabando em ambos os lados do Atlântico e de cumprir as leis de arqueação e as que fixavam o número de escravos a serem distribuídos pelas capitanias brasileiras, em 1798 o conde de Resende sugeriu que a Corte ordenasse aos administradores das capitanias do Brasil e da costa da África

> a mais exata vigilância em que todas as embarcações que saírem dos seus respectivos portos com escravos, depois de terem a bordo os que puderem conduzir conforme as suas lotações ou a quantidade que houver, não possam seguir viagem sem se lhes passarem guias assinadas por deputados das respectivas juntas, para que na sua chegada aos portos do seu destino se possa saber quantos escravos devem desembarcar, ou averiguar a razão os que faltarem.[86]

Entretanto, o governador sabia que essa medida não era o bastante. Por ser frequente a impossibilidade de se chegar ao porto para o qual foram despachados, era comum que os navios fossem a outros portos. Nem sempre essa mudança de rumo era ditada apenas pelas condições naturais da navegação marítima; por vezes ela não passava de uma estratégia para carregar escravos em outro porto qualquer. Por isso, Resende acrescentava outros tipos de controle:

> parece conveniente, a fim de se evitar por aquele modo o extravio que os governadores de Angola e Moçambique e ainda os das capitanias do Brasil mandem fazer relações exatas de todas as embarcações que saírem com escravos dos seus portos para outro qualquer, em que se declare o dia da partida, os nomes dos mestres e das embarcações, o número dos escravos nelas embarcados e, igualmente, outras embarcações que entraram de outros portos também com escravos, vistando-se os dias da entrada, remetendo-as à Junta da Fazenda desta repartição nas ocasiões oportunas de dois ou três meses para que, estabelecendo-se na contadoria uma conta formal por estado mercantil e geral de todas as embar-

cações de escravos, porque como esta capitania [Rio de Janeiro] fica mais próxima pelo seu porto principal e também os governos subalternos de Santa Catarina e Rio Grande aos domínios espanhóis no rio da Prata, se poderá por este modo com facilidade averiguar se a eles se dirigiram algumas das referidas embarcações e participar aos sobreditos governadores e capitães-generais para que quando voltem para os portos donde saíram, mandem proceder contra os mestres que se acharem culpados na conformidade das ordens reais.[87]

Embora a intenção do vice-rei do Brasil pudesse ser louvada pela Corte lisboeta, ela não trazia novidades ao costume de registrar as entradas e saídas dos navios negreiros. O comércio legal de escravos já adotara essa prática, até porque a isso o obrigavam as alfândegas angolana e brasileira. O que Resende parecia não se dar conta era que a prática do contrabando implicava em esquivar-se de todo tipo de regulamentação, por razões óbvias, inclusive promovendo os carregamentos de escravos em locais distantes das autoridades portuguesas na África ou subornando os responsáveis pelo cumprimento da lei.

Algumas vezes, os contrabandistas levavam seus planos adiante sem sequer disporem de embarcações. Um caso exemplar, ocorrido no Rio de Janeiro no outono de 1784, está relatado na correspondência de Luís de Vasconcelos à Corte: a corveta *N. S. da Piedade*, vinda de Angola com mestre e tripulação portugueses, trazia a bordo 132 escravos. Estes eram os sobreviventes de um lote de 150, trocados por fazendas em uma negociação de contrabando entre o governador interino de Angola e Arnau Castanhet — capitão do navio francês *Arquiduquesa Maria Cristina de Bordéus*, naufragado na costa angolana. Os franceses Paulo Castanhet e João Payon, embora viessem em outro navio, eram os contrabandistas responsáveis pelo carregamento.[88] Depois do naufrágio, Arnau Castanhet e seu carregamento deixaram Angola a bordo da corveta *N. S. do Carmo e São Pedro*, que por sua vez também naufragara em Copacabana. Os dois naufrágios vitimaram a quase totalidade da tripulação francesa, com exceção dos três homens já mencionados, um cirurgião, um marinheiro e um cozinheiro.[89]

Negociações, trocas e naufrágios podem ser considerados eventos corriqueiros no comércio marítimo da época. Mas os episódios nem sempre bem-sucedidos envolvendo este navio francês deixam patente pelo menos duas irregularidades. Em primeiro lugar, depois de naufragarem em Angola, os franceses carregaram seus escravos com o auxílio de um navio português;[90] em segundo lugar, a vinda dos escravos para o Rio de Janeiro com o objetivo declarado de vendê-los nessa cidade em 1783 desrespeitava a legislação colonial que vedava aos estrangeiros o comércio em portos do Brasil — levando à apreensão dos escravos por ordem do vice-rei. Entretanto, isso não significa que a vigilância conseguisse sempre fazer valer as regras.

Os parcos registros sobre a repressão eficaz ao contrabando na época da legalidade do tráfico não devem levar à conclusão de que esses episódios eram excepcionais. Ao contrário, apontam justamente para a ineficiência da repressão, objeto de denúncias no interior mesmo da administração colonial. Em Angola, as disputas entre as autoridades de Benguela e Luanda levaram a constantes desconfianças e denúncias recíprocas de contrabando, das quais não escapavam nem mesmo os homens mais graduados da burocracia colonial. Foi assim que, em 1793, instalou-se uma devassa contra o governador (Francisco Paim da Câmara) e o juiz de fora (Antonio da Silva Lisboa) de Benguela. Os dois acusavam-se mutuamente de contrabandistas: o juiz dizia que os franceses Arnau Castanhet (o mesmo mencionado antes, que teve vida longa no contrabando em ambas as margens do Atlântico Sul), Assimbour, Breton e Joachim trocavam gentilezas, visitas e jantares com o governador, que deles recebia "dinheiro, trastes e todo gênero de subornos para consentir que se demorassem no porto e nas baías do sul e do norte pelo tempo que quisessem e que fizessem contrabando com os moradores".[91]

Quanto ao juiz, constava que ele "se deixava corromper no interesse da amizade e do ódio" e, só depois de sofrer pressões de Luanda, passou a devassar os navios estrangeiros surtos no porto de Benguela — embora de uma forma muito particular, facilitando a soltura dos acusados que o subornavam. A devassa envolvendo esses dois funcionários reais não é conclusiva quanto ao destino deles, mas outros seis moradores de Benguela foram presos pela mesma acusação de manterem laços com os franceses contrabandistas.[92]

Os estrangeiros envolvidos no comércio ilegal subornavam as autoridades portuguesas porque assim os escravos de boa qualidade lhes saíam por um bom preço. O pagamento do suborno lhes permitia fazer o comércio em condições confortáveis, dispondo do tempo necessário para escolher os escravos que preferissem, evitando o pagamento de impostos e as despesas com armamentos destinados à defesa contra as (reduzidas) forças portuguesas que eles algumas vezes encontravam.

Mas tratando-se de um processo histórico, não há regras duradouras e válidas para todos os lugares. No caso da relação entre lusos e estrangeiros no litoral africano em fins do século XVIII, a força também foi empregada, tanto de forma eventual quanto sistemática — neste último caso, desalojando os portugueses de vários pontos da costa, especialmente na África Ocidental, sob domínio holandês em fins do século XVIII,[93] ou impedindo o estabelecimento em lugares onde Portugal julgava ter direito à soberania (como no caso da destruição da fortaleza da Cabinda pelos franceses).

Nos lugares onde os estrangeiros se instalavam e faziam comércio com os nativos, os portugueses ficavam, no início, em desvantagem — mesmo que posteriormente confirmassem seu domínio sobre o território. O caso de Cabinda no reinado de Maria I é exemplar: impedidos de frequentar aquele porto, estrangeiros e africanos que viviam nas proximidades simplesmente continuaram a fazer o comércio em Molembo e Loango, "porquanto os estrangeiros estavam comprando nos dois portos em valor de fazenda os escravos por 120 até 150 réis, preço por que as nossas embarcações [portuguesas] os não podiam comprar".[94] A solução proposta por Antonio Alves do Rio era a força, talvez superestimando o poderio militar luso: ele recomendava a construção de outras fortalezas (em Molembo e em Loango) ou o envio de forças para Cabinda com o objetivo de destruir por terra as duas povoações, "sujeitando estes negros ao nosso domínio e leis".[95]

O contrabando feito nessa região atraía não só os estrangeiros, mas também os próprios portugueses de Luanda, Benguela ou Novo Redondo, que iam para a costa norte em busca de escravos "isentos" de impostos. A rápida destruição da fortaleza de Cabinda pelos franceses, como vimos, dispensou a Coroa de encontrar solução para o caso e, na prática, transformou a região em abrigo do comércio livre.

Outras fortalezas também não impediam o contrabando de forma eficaz. A de Benguela, com sua proverbial fragilidade e diminuta força militar, não conseguia inibir a ação de piratas, como o corsário francês que no primeiro semestre de 1799 assolou a região. Em janeiro, os piratas tinham tomado de assalto a sumaca *Inveja* e a galera *Flor de Lisboa*, fundeadas em Benguela enquanto se aprontavam para seguir viagem ao Rio de Janeiro com escravos e marfim nos porões. O governador de Benguela deu ordem de ataque à fortaleza, mas o corsário já estava além do alcance dos tiros. Como a guarnição não contava com uma fragata ou brigue de guerra, perderam-se 250 pontas de marfim e 25 escravos — bem como o carregamento de farinha que a sumaca trazia do Rio de Janeiro e que tanta falta fazia na costa benguelense naquele tempo de carestia.

A fortaleza de Benguela era um convite ao saque e à pirataria:

> é digno de lástima e ao mesmo tempo de admiração o estado de fraqueza e pouca defesa em que nos vimos, sem que tenham havido ou hajam providências algumas de precaução, para repelir qualquer ataque ou surpresa neste porto (como o que acabamos de experimentar, cheios da maior vergonha e raiva, vendo o inimigo à vista, que nos leva roubados os navios e nos deixa no maior desamparo e sem meios, ainda que com sobeja vontade para lhe tirar a presa das mãos). As muralhas nem de sentinela são guarnecidas, e elas sem parapeitos e arruinadas, nem um só cartucho aparelhado para qualquer novidade por pequena que seja [...] como se estivéssemos em tempo de uma longa paz, quando aliás temos um inimigo vigilante e ativo, que em toda parte e em todos os mares só procura roubar-nos e pilhar os nossos navios e os nossos bens.[96]

O corsário francês continuou ativo, assaltando a chalupa *N. S. dos Remédios* em abril de 1799, "vinda só com meia carga de sal [e o saco do correio], tendo-lhe o francês tirado tudo o mais, assim como tudo o que era negro e dois marinheiros brancos da sumaca *Inveja*". Dois marinheiros que escaparam da chalupa revelaram que o português Manuel de Sousa Guimarães, negociante conhecido em Angola e no Rio de Janeiro, era sócio do capitão pirata e do irmão deste nas ilhas Maurício, por intermédio de quem fazia o mesmo tipo de assalto em navios no litoral de Moçambique.

A presença do corsário à espreita em Lobito continuou a atemorizar Benguela por algum tempo, obrigando os navios que chegavam a se recolher ao porto, sob a proteção da artilharia da cidade — o que não impediu o apresamento da galera *Minerva*, além da suspeita de que outro navio português já estivesse em poder dos franceses. Em maio, os piratas seguiram para as salinas do Sul, onde apreenderam um bergantim português. Três navios ancorados em Benguela puderam, então, seguir para o Rio de Janeiro.[97]

* * *

Procurei aqui recuperar a ação dos homens que lidavam no "varejo" do comércio de escravos em Angola desde fins do século XVIII. As vias de acesso até eles são árduas, pois há poucos registros sobre sua atuação e, em conjunto, a importância de suas atividades não é tão evidente numa abordagem global sobre o tráfico negreiro. Todavia, esses homens eram indispensáveis à realização do tráfico e não devem ser relegados numa análise que privilegie a experiência dos sujeitos históricos.

Encarar o tráfico do ponto de vista das relações sociais e não apenas sob o aspecto comercial requer observar atentamente os que nele se envolveram. Pombeiros, funcionários dos traficantes em terra, administradores coloniais, tripulantes dos navios e contrabandistas eram os intermediários das trocas comerciais que, como ressaltei neste capítulo, não podem ser vistas como neutras e isentas de conflitos.

Os conflitos abrangendo diferentes sujeitos e as manobras utilizadas por eles foram perseguidos com o objetivo de trazer à tona as complexas relações sociais em torno do tráfico. Cada um deles desempenhou um papel que pode ser considerado menor, mas cuja importância era fundamental na composição das tramas que asseguravam a continuidade do tráfico em Angola. Não bastavam apenas o capital, os navios, as alfândegas e os estabelecimentos físicos do comércio; era preciso contar com homens que desfrutavam da experiência cotidiana em lidar com transações comerciais repletas de meandros e que, sobretudo, conseguissem se enfronhar nas sociedades com as quais negociavam. Sem esses homens e suas estratégias de todo tipo, a escravização moderna dos africanos não teria ocorrido da mesma maneira.

PARTE II

Navios e homens no mar

4. Navios negreiros: imagens e descrições

Peço ao leitor que imagine uma cena do tráfico negreiro. É possível que, tendo chegado até este ponto, depois de acompanhar o modo de captura dos escravos na África e a variedade de gente envolvida nesse processo, esses temas possam influenciá-lo, mas desconfio que ainda não seja essa a representação mais recorrente e comum do tráfico.

Sem receio de errar, aposto que a cena que lhe veio à mente foi a de um lugar de dimensões reduzidas onde há pessoas amontoadas — o porão de um navio negreiro. Para ser mais preciso, creio que a figura imaginada foi bastante semelhante à da gravura de Rugendas, ao menos no que se refere aos elementos formais: tamanho, disposição do espaço, número de pessoas, pouca luz, sofrimento humano. As imagens históricas que criamos ao longo do tempo e de nossa educação formal são povoadas de lugares-comuns. Desde cedo, aprendemos a associar as embarcações que traziam africanos traficados da África para o Brasil a algo semelhante à gravura *Negros no porão*, de Rugendas.

Nessa e em outras figuras bastante conhecidas — como as dos cortes longitudinais dos navios negreiros —, o porão é a representação do tráfico por excelência, independentemente do tempo e das mudanças que tenham ocorrido na arquitetura naval. Focalizando essencialmente os porões reduzidos, escuros e repletos de escravos negros, o uso de tais imagens cristalizadas do tráfico fazem do navio negreiro um objeto sem história, posto que a maneira de vê-lo é quase atemporal. Gravuras ou desenhos como os de Rugendas ou os que eram divulgados nos panfletos abolicionistas do século XIX são praticamente as únicas representações dos navios que transportaram africanos ao longo dos séculos precedentes e foram difundidas como verdadeiros retratos desse espaço físico. Meu argumento neste capítulo é que houve mudanças importantes que devem ser assinaladas — mudanças técnicas e espaciais que envolveram trabalho humano e influíram na maneira pela qual os africanos escravizados foram obrigados a fazer a travessia do Atlântico.

Johann Moritz Rugendas, pintor europeu que viveu alguns anos no Rio de Janeiro na primeira metade do século XIX, descreveu o navio negreiro com imagens e palavras contundentes, pondo em cena o porão e as atrocidades que nele ocorriam. De acordo com o artista, os escravos eram

> amontoados num compartimento cuja altura raramente ultrapassa cinco pés. Esse cárcere ocupa todo o comprimento e a largura do porão do navio: aí são eles reunidos em número de duzentos a trezentos, de modo que para cada homem adulto se reserva apenas um espaço de cinco pés cúbicos. *Certos relatórios oficiais apresentados ao Parlamento*, a respeito do tráfico no Brasil, *permitem afirmar* que no porão de muitos navios o espaço disponível para cada indivíduo se reduz a quatro pés cúbicos e a altura da ponte não ultrapassa tampouco quatro pés. Os escravos são aí amontoados de encontro às paredes do navio e em torno do mastro; onde quer que haja lugar para uma criatura humana, e qualquer que seja a posição que se lhe faça tomar, aproveita-se. As mais das vezes as paredes comportam, a meia altura, uma espécie de prateleira de madeira sobre a qual jaz uma segunda camada de corpos humanos. Todos, principalmente nos primeiros tempos da travessia, têm algemas nos pés e nas mãos e são presos uns aos outros por uma comprida corrente.[1]

No capítulo 2 assinalei a importância dos relatórios parlamentares britânicos que foram produzidos através da compilação de relatos de viajantes e influenciaram posteriormente outras gerações de narradores de viagens — em especial no que se refere à violência com que os africanos eram feitos escravos ainda em sua terra natal. Em textos como de Alexander Falconbridge é possível ler descrições dos porões carregados dos navios negreiros:

No porão, não há espaço para se ficar na postura ereta, especialmente onde há plataformas, como geralmente é o caso. Essas plataformas são um tipo de prateleira, com cerca de oito ou nove pés de largura, que se estendem dos lados para o centro do navio [...]. Há cinco ou seis portas-de-ar de cada lado do navio, com cerca de seis polegadas de comprimento e quatro de largura. Além disso, em alguns navios (um em vinte), há o que eles denominam "vela de vento" [*wind-sail*]. Mas se o mar está agitado e se chove pesado, é necessário fechá-la. Além do ar irrespirável, o porão também é intoleravelmente quente. Durante as viagens que fiz, fui frequentemente uma testemunha dos efeitos fatais dessa ausência de ar fresco.[2]

Viajando para o outro lado do Atlântico, Rugendas declarou estar entre os que, ao ler os relatórios do Parlamento britânico, considerou-se habilitado para descrever os navios negreiros, acreditando que os conhecia por ter se informado por meio desses textos, baseando-se neles para elaborar suas próprias descrições, seus desenhos e suas gravuras.[3]

Rugendas não foi o único viajante estrangeiro a produzir uma descrição do porão de um navio negreiro. A mesma intenção moveu o inglês Robert Walsh; ainda no litoral africano, o navio em que ele viajava encontrou-se com o negreiro brasileiro *Veloz* — uma embarcação grande (de três mastros), bem armada e com uma equipagem internacional: "161 sujeitos facinorosos de várias nacionalidades". Depois de uma longa perseguição, o negreiro apreendido foi descrito como "de convés amplo, com seu mastro principal de velas latinas; atrás do mastro de proa estava situado o enorme canhão". No porão, confinados pelas escotilhas gradeadas, vinham 562 escravos: "O teto era tão baixo e o lugar tão apertado que eles ficavam sentados entre as pernas uns dos outros, formando fileiras tão compactas que lhes era totalmente impossível deitar ou mudar de posição, noite e dia". Mais do que tudo, impressionou-lhe o fato de que tantos homens e mulheres pudessem vir num espaço tão compacto, "onde não entrava luz nem ventilação a não ser nos pontos situados imediatamente embaixo das escotilhas". Como era comum, havia uma divisão no porão, separando os escravos pelo sexo e pela idade (homens em um, mulheres e crianças em outro). Walsh mostrou-se indignado com a cena, embora seus companheiros afirmassem que aquele era um dos melhores navios negreiros que eles já tinham visto.[4]

Walsh foi um dos poucos viajantes a pisar em um navio carregado de negros. Outro caso raro foi o do inglês Pascoe Grenfell Hill, capelão do navio de guerra britânico *Cleopatra*, que subiu a bordo do *Progresso*, capturado pelos ingleses em Moçambique no ano de 1843. O navio apreendido tinha 140 toneladas e um convés de 37 pés de comprimento, e em seu porão a viagem revelaria suas dimensões trágicas. Após a apreensão do navio, a tempestade que se anunciava no horizonte confirmou a previsão de um marinheiro espanhol da tripulação negreira de que "*mañana habrá muchos muertos*"; de fato, foram encontrados 54 cadáveres no porão no dia seguinte, esmagados e mutilados no balanço provocado pelo temporal. Alguns dos que ainda viviam estavam enfraquecidos por doenças, outros machucados e ensanguentados. Nas palavras do reverendo, "o mundo não poderia apresentar espetáculo mais chocante do que o que ocorria a bordo deste navio". Na avaliação de Antônio, o espanhol, "se os negros estivessem bem acomodados não morreriam".[5]

Embora não seja rico em detalhes sobre a embarcação negreira, o relato de Hill abre uma brecha para se compreender uma situação sobre a qual pouco sabemos. Depois da captura de um navio pela armada inglesa, o porão continuava a ser o lugar destinado aos escravos, com eventuais subidas ao convés. Nesse caso, alguns foram levados para a fragata apreensora, mas ainda assim, e apesar do melhor tratamento a bordo do negreiro, a mortalidade foi imensa: dos 397 que permaneceram no *Progresso*, 175 morreram (44% do total)[6] — apesar de alguns comandantes britânicos terem como certo que a possibilidade de os escravos circularem pelo convés durante a travessia os ajudava a se manterem em boa saúde.[7]

Evidentemente, os relatos de viajantes ou outra fonte qualquer não contêm verdades absolutas, mas são pontos de partida importantes quando se trata de analisar o espaço físico dos navios do tráfico. Rugendas descreveu o interior de um porão negreiro sem que possamos dizer que ele agiu como retratista; Walsh fala do mesmo assunto em termos semelhantes e não é improvável que estivesse adequando o que presenciava aos textos que lera e às imagens que vira sobre o tema. Ambos os viajantes, sob o impacto dos relatos que descreviam esses lugares como apertados e superlotados, se apropriaram de elementos da propaganda abolicionista ao traçar suas imagens e letras, até porque nutriam simpatia pela causa. Entretanto, não se pode afirmar que essa propaganda tenha sido tão eficaz a ponto de criar uma unanimidade: outros viajantes, como o alemão Schlichthorst em 1829, diziam que "nos próprios navios negreiros, o espaço não é tão apertado como geralmente se imagina. Um barco que na Europa receberia trezentos passageiros, transporta da África quatrocentos negros".[8]

A imagem que retrata o porão do navio negreiro feita por Rugendas poderia ser interpretada como um importante documento antiescravista, menos pelo que ela possui de verdade descritiva e mais pelo seu valor de denúncia. Entretanto, essa gravura não é apenas um documento de sua época: como toda iconografia, ela foi objeto de novas leituras no decorrer do tempo, ultrapassando seu sentido original e transformando-se em retrato cristalizado e fiel das condições em que o tráfico negreiro para o Brasil era realizado. Não por acaso, essa gravura tornou-se um clássico na ilustração de livros sobre o tema.[9]

Nos textos dos viajantes, nas gravuras, nos poemas, em todas as descrições de navios negreiros, os negros são representados apenas no porão. Eles sempre estão encarcerados, quase nunca ocupam o convés trabalhando, tomando sol ou fazendo qualquer outra atividade. Uma exceção notável é a obra de Emeric Vidal, *Embarcação de escravos*, de 1834: num pequeno veleiro de dois mastros, tomado a grande distância de modo a confrontar a fragilidade do navio com a imensidão do oceano, os negros estão no convés, amontoados, formando uma massa humana indistinta.

Não precisamos escolher, dentre essas imagens, qual representa de forma mais fidedigna o espaço de um navio negreiro. O tráfico de escravizados para o Brasil se fazia em navios diferentes entre si e que se transformaram ao longo do tempo. As imagens, quaisquer que sejam seus autores e as épocas em que foram feitas, não remetem para essas diferenças e não tinham como objetivo fazê-lo. Mesmo que elas tenham como tema o interior das embarcações, creio que continuamos do lado de fora do navio negreiro.

Relatos e imagens como esses remetem aos porões negreiros, mas lançam mais perguntas que respostas. Qual seria, afinal, a aparência e a forma dos navios que traziam os africanos para o Brasil nos séculos XVIII e XIX? A questão não é simples e sua resposta não pode ser objetiva. Para tentar respondê-la, prossigo este capítulo buscando informações técnicas em fontes de natureza variada. Os navios negreiros não se limitavam aos porões e, procurando uma descrição mais abrangente, considerei aspectos como a qualidade dos materiais empregados na sua construção, os locais onde eram construídos e a mão de obra utilizada nesse processo, além de me deter nos diferentes tipos de embarcação empregados no tráfico.

As técnicas de construção foram estudadas na medida em que interferiram na organização do tráfico e no andamento das viagens transatlânticas — diminuindo a mortalidade de escravos e tripulantes, permitindo o aumento na lotação e na velocidade dos navios ou alterando o processo de trabalho dos marinheiros. Abordada dessa perspectiva, a questão técnica assume outra dimensão nos termos da História Social, estando presente em outros estudos sobre o comércio internacional de escravos.[10]

Antes de prosseguir, cabe algumas palavras sobre a literatura especializada. Em Portugal e no Brasil, a historiografia relativa a temas como a construção naval ou a vida no mar, por exemplo, concentra-se em temporalidades distintas, como o início dos tempos modernos ou a segunda metade do século XIX — períodos nos quais eventos como as Grandes Navegações ou os conflitos externos parecem ter justificado o interesse dos estudiosos pelas questões marítimas. Sobre o *interregnum* entre os períodos assinalados, pouco se tem produzido.

A bibliografia brasileira sobre a construção naval padece de alguns vícios de origem. Grande parte dela foi produzida por oficiais da Marinha que, de forma geral, atribuíram um sentido nacionalista à história, lidando com a ideia anacrônica de "nação" como se ela já estivesse posta nos séculos XVIII e XIX. O resultado mais visível disso é a recorrência de temas como o papel da armada nas guerras platinas, os grandes vultos militares e os primórdios da construção naval mercante e de guerra.[11]

Ainda assim, esses estudos serviram como pontos de partida na tentativa de estabelecer uma tipologia das embarcações do tráfico de africanos para o Brasil entre fins do século XVIII e meados do XIX, aliados à produção especializada sobre o comércio de escravizados que, por sua vez, também encontrou dificuldades para descrever mais precisamente as embarcações.

Desde o primeiro século da colonização portuguesa no Brasil, a Bahia mantinha um intenso comércio com Lisboa e com a África Ocidental, que escoava sua produção açucareira e de tabaco e importava um volumoso contingente de escravos para o trabalho nas lavouras. Não por acaso, ali estavam abrigadas a capital colonial até meados do século XVIII e as principais instalações para a construção e o reparo dos navios que faziam o comércio baiano e de outras partes do império ultramarino.[12] "Navios de guerra e mercantes construídos na Bahia constituíam, no final do século, a maior parte da frota sob bandeira portuguesa", quase toda utilizando como matéria-prima as madeiras obtidas em Pernambuco, Alagoas e no sul da Bahia.[13]

Na Bahia, o interesse pelos estaleiros estava profundamente ligado ao tráfico de africanos e das mercadorias nele envolvidas. Parte da produção baiana era escoada em direção à metrópole em navios construídos naquela capitania, de acordo com um relato de fins do século XVIII: às margens do Tejo chegavam todos os dias navios de quinhentas a 1100 toneladas construídos na Bahia com o emprego da abundante mão de obra especializada e das boas madeiras locais.[14] Certamente, os navios destinados ao comércio com a África tinham a mesma origem.

Até o final do século XVIII, as embarcações comerciais de alto-mar também partiam do Maranhão, de Pernambuco, do Pará e do Rio de Janeiro. Enquanto a praça comercial de Salvador sediava um comércio mais diversificado e dinâmico, o porto carioca mantinha relações mais estreitas com Lisboa. Em 1763, no bojo do incremento da produção mineral nas capitanias do Centro-Sul e das guerras pela ocupação das áreas platinas, a Coroa portuguesa transferiu a capital colonial para o Rio de Janeiro, o que levou à ampliação do movimento comercial e de navios nesse porto e alavancou sua condição de principal centro de importação de cativos africanos no Brasil a partir da segunda metade do século XVIII.

Com a transferência da capital, foi instalado no Rio de Janeiro um aparato institucional e militar que até então não existia e, entre os novos órgãos havia aqueles destinados a estimular a indústria naval — como o Arsenal da Marinha, criado em 1765,[15] e a Academia de Marinha, em 1769.[16] Além disso, havia na cidade armadores e poleeiros particulares que se dedicavam à construção de navios de pequeno porte e aos reparos de embarcações.[17] A embarcação mais importante a sair do Arsenal carioca foi a *São Sebastião*: construída em 1765 para servir à marinha de guerra portuguesa, pesava cerca de 140 toneladas, media 59 metros de comprimento e teria custado 126 contos de réis se não fosse a doação da madeira (pinho-do-paraná) pelo Mosteiro de São Bento — o que fez o custo total cair para cinquenta contos, valor do armamento e do equipamento.[18] A madeira se constituía, assim, na principal e mais cara das matérias-primas utilizadas na construção naval.

Mas as atividades do Arsenal carioca não eram intensas, a julgar pelo relato minimizador de Spix e Martius que, ao chegarem ao Brasil em 1817, destacaram o Arsenal da Marinha como uma das realizações do governo após a vinda da família real para o Rio de Janeiro — embora ele já contasse com mais de cinco décadas de funcionamento nessa época.[19] O aumento da produção naval no Rio fazia parte do esforço mais amplo em reforçar as atividades marítimas na nova sede da monarquia portuguesa: em 1808, foi criada ainda a Escola Naval, instalada no Mosteiro de São Bento.[20]

A relativa ausência de relatos sobre a construção de outras embarcações indica que, em todo o vice-reinado e mesmo durante a estada da Corte joanina, o *São Sebastião* foi o único navio importante construído no Arsenal carioca.[21] Isso se referia tanto para os navios mercantes em geral como para o tráfico africano em particular: como ressaltou Manolo Florentino, embora muitos tumbeiros fossem construídos em estaleiros brasileiros (os da Bahia em particular), "a capacidade local de produção naval [do Rio de Janeiro] era muito reduzida para o atendimento da demanda. Por isso, até 1808, a maior parte dos navios era originária sobretudo de Portugal, registrando-se ainda casos de naus de origem inglesa, norte-americana e de outros países europeus".[22]

A diversidade de materiais necessários à construção naval fazia com que nela se cruzassem importações das mais diferentes proveniências, além das tentativas de utilização de matérias-primas nativas do Brasil — especialmente a madeira, que vinha das matas próximas ao litoral ou do interior, transportada por indígenas. Spix e Martius dão-nos um panorama das redes comerciais que envolviam a fabricação e a manutenção de embarcações: "Na comprida fila de casas do porto [do Rio de Janeiro], destinadas ao fabrico de apetrechos navais, vemos retorcer amarras de cânhamo russo, forjar instrumentos de ferro sueco, cortar velas de tela do Norte. Os mais importantes materiais, fornecidos pelo próprio Brasil, são a excelente madeira de construção, a estopa e o breu".[23]

Mesmo afirmando que o estaleiro carioca usava muitos materiais importados, os viajantes reconheceram a importância e a qualidade dos sucedâneos produzidos na Colônia. A proveniência de matérias-primas de outros países europeus, além de Portugal, poderia ser uma consequência da abertura dos portos ao comércio exterior, mas essa afirmação deve ser feita com algum cuidado. De acordo com alguns historiadores, tudo quanto era necessário à construção de navios na Colônia provinha de Lisboa, com exceção da madeira de lei, de cuja falta o Reino se ressentia havia muito tempo.[24] Entretanto, antes mesmo da liberação do comércio aos estrangeiros em 1808, o abastecimento de materiais necessários às atividades do estaleiro já era feito também por outros fornecedores europeus. Exemplo disso ocorreu em 1799 no Rio de Janeiro, quando ferro, linho, cobre e lonas, entre outros gêneros, foram comprados de uma embarcação dinamarquesa que certamente não os traria a bordo em quantidade se não fosse por encomenda prévia.[25] Para comprovar a frequência ou a continuidade de trocas extraoficiais como estas, seria necessária uma pesquisa direcionada especificamente para esta temática, escapando ao âmbito deste livro.

Mesmo antes da instalação do Arsenal no Rio de Janeiro, as madeiras brasileiras eram exportadas para a Ribeira das Naus lisboeta, centro da produção naval portuguesa.[26] Considerando os relatórios dos governadores coloniais, das matas nordestinas retirou-se madeira extensivamente para a fabricação das mais diversas partes dos navios, como "mastros, aduelas, eixos, cubos, pinas e raios". Entre as mais comumente exportadas estavam o angelim — utilizado na construção das partes em contato com a água (como a quilha e o cadaste) e no revestimento do porão —, o amarelo, a piqua, a piqua-banana, o ingá-porco, a amberiba preta, o biroquim e a sucupira — usada na sobrequilha.[27]

A escolha das madeiras não era aleatória, mas sim o resultado da longa experiência dos trabalhadores dos estaleiros e da troca de informações entre estes e os tripulantes, que sabiam da durabilidade delas acumulando o conhecimento ao longo das viagens. Eram conhecidas, por exemplo, as propriedades do cedro, utilizado nas divisões internas dos navios de grande calado por sua resistência à ação destruidora dos cupins, além de ser usado na fabricação de embarcações pequenas devido à sua leveza. A jaqueira, por sua vez, era empregada sempre que possível nas partes que se juntavam com metais, pois sua madeira não se arruinava em contato direto com o ferro.[28]

A construção com "madeiras de Brasil" era um fator de valorização da embarcação, tanto em condições normais de compra e venda quanto em situações mais diretamente ligadas ao tráfico negreiro — como no momento de acionar o seguro ou pedir indenização por um apresamento considerado ilegal. Era o caso, por exemplo, do bergantim *Falcão*, tomado de assalto por um corsário francês próximo às Bahamas em setembro de 1811: seu proprietário chamava a atenção para o fato de que seu navio fora construído no estaleiro da Bahia "e de madeiras do Brasil", podendo carregar 560 cabeças.[29] O mesmo fez José Gomes Pereira — proprietário do brigue *Feliz Americano* que fora apresado pelos ingleses em 1812 em Porto Novo —, que requeria 97:332$000 de indenização pelo navio e pelos 562 cativos que trazia a bordo. Um valor tão elevado só se justificava pelos detalhes na fabricação do navio — praticamente novo, pois realizava sua terceira viagem e fora construído na Bahia "inteiramente de madeira do Brasil; que estava forrado de cobre e bem preparado de todos os aparelhos necessários para a sua velejação, como panos, amarras, aguadas, e dos demais utensílios".[30]

O casco era, certamente, a parte mais cara das embarcações, como podemos constatar pelo inventário dos bens que pertenceram a Elias Antônio Lopes, um traficante influente na Corte, falecido em 1815.

TABELA 2 — VALOR DOS NAVIOS PERTENCENTES A ELIAS ANTÔNIO LOPES, 1815

EMBARCAÇÃO	VALOR TOTAL	VALOR DO CASCO
navio *Europa*	12:811$995	8:000$000
paquete *Infante*	8:892$470	4:400$000
bergantim *Diligente*	7:029$950	4:000$000
bergantim *São João Americano*	5.811$620	3:200$000

Fonte: AN, códice 789 — Inventário dos bens da casa do finado Conselheiro Elias Antônio Lopes, fls. 32v, 33, 68v e 71.

Nesses quatro navios, os cascos representavam cerca da metade do valor total da embarcação (no caso do *Europa*, mais de 60%). Embora as outras partes fossem feitas de metal e o custo total incluísse itens como a artilharia e os escravos-marinheiros (também inventariados como parte integrante dos bens dos navios), só o volume de madeira empregado justificava a importância significativa do casco na composição do preço final de uma embarcação.

Se, durante o período colonial, a madeira usada nas construções navais era proveniente das matas brasileiras, vinham de Portugal os demais materiais (ferragens, panos para as velas, cabos para a aparelhagem e armamento). De acordo com Greenhalgh, e diferentemente do que escreveram Spix e Martius, em 1821 pouco desse material era importado, exceto as lonas e cabos, quando fibras indígenas — como a guaxima e tucum — não se mostraram bons substitutos, tentados como sucedâneos na época do marquês de Lavradio, que mandou criar uma fábrica de cordas em Mata-Porcos, "na qual se fizeram cordas de diferentes grossuras, quer para embarcações, quer para uso de obras particulares".[31] As madeiras vinham das redondezas do Rio de Janeiro e, com a progressiva devastação das matas, passaram a vir do Espírito Santo, da Bahia e do Pará,[32] contrariando uma opinião corrente ainda no início do século XIX, segundo a qual "no Brasil não pode haver falta de madeiras, por grande a quantidade que se venda aos estrangeiros, não só porque é imensa a quantidade de madeiras que existe, mas porque se pode estabelecer e favorecer a reprodução das mesmas".[33]

Entretanto, já em meados do mesmo século, as autoridades da Marinha queixavam-se da forma indiscriminada como se extraíam madeiras nas províncias do Pará e Alagoas, desrespeitando os interesses da construção naval. Em 1853, o ministro Zacarias de Góes e Vasconcelos pedia à Câmara que tomasse em consideração o projeto que tramitava na Casa desde a legislatura anterior referente à conservação das matas,[34] apesar da existência de leis que garantiam a reserva de matas públicas destinadas à construção naval.[35]

A construção dos navios mercantes também sentia os efeitos do desmatamento indiscriminado, o que levou à busca de alternativas. Na década de 1840, a carestia de madeira, aliada ao menor peso dos mastros de ferro, levou ao início da adoção destes, mas essa solução só parecia adequada aos navios de mais de mil toneladas.[36] Embora na maioria dos casos as fontes não mencionem o lugar onde as embarcações foram construídas, as que o foram no Brasil ou em Portugal certamente utilizaram madeiras retiradas das matas brasileiras. Em uma amostragem de noventa navios negreiros de bandeira brasileira apreendidos pelos ingleses no século XIX, apenas onze indicam onde foram construídos.[37]

Apesar de, nos séculos XVIII e XIX, o Brasil ser aparelhado em manufaturas navais e bem provido de matérias-primas para a construção de embarcações, não se pode afirmar com certeza que os navios que o abasteciam de escravos eram fabricados aqui. De todo modo, a infraestrutura da construção naval era um suporte importante para a manutenção da vasta frota negreira, considerando que no litoral angolano não se contava com as mesmas condições para executar eventuais reparos. Os navios, ao zarparem dos portos brasileiros, tinham que contar com a sorte e a boa manutenção que faziam aqui para realizar o torna-viagem.

Depois da revolução na maneira de se construírem embarcações na época das grandes navegações europeias, as transformações entre os meados do século XVIII e a primeira metade do XIX ocorreram principalmente nas peças relativas à direção e no tamanho das vigas e do velame, permitindo o carregamento de pesos maiores por metro cúbico e tornando possível viagens mais rápidas e seguras já no final do século XVIII. Ainda durante esse século, foram introduzidos novos instrumentos de medição, como o quadrante de Hadley (após 1731) e o sextante. Para muitos africanos embarcados nos navios negreiros, o uso desses instrumentos acentuava a impressão de que haviam entrado em um mundo mágico: durante a travessia, homens como Equiano viram pela primeira vez outros homens manipulando o quadrante e ficaram atônitos com as anotações que eles faziam.[38] Já a dificuldade secular em medir as longitudes, "um problema insolúvel para os navegadores da era das navegações", só foi resolvida com o quarto cronômetro marítimo inventado por John Harrison em 1759.[39]

No século XIX, diversas melhorias foram introduzidas no processo de fabricação das embarcações, o que certamente acarretou mudanças no tempo gasto nas viagens através do Atlântico. Entre as novidades, estava a melhoria no processo de fixação dos mastros ao casco, permitindo aumentar o número de velas e sua superfície — expediente que, se não se traduzia em maior velocidade, facilitava enormemente as manobras. Ainda naquele século, o breu era o material usado com mais frequência na calafetação e, de acordo com o inglês Lindley, em nenhum lugar do mundo ela era mais bem-feita do que no Brasil: "Em seus próprios navios, os brasileiros usam uma ótima casca fibrosa que resiste ao apodrecimento, dizem eles, sendo superior à estopa".[40] A qualidade da calafetação no século XIX parecia ser bastante superior à que se fazia dois séculos antes, quando o governador de São Tomé informava ao rei que, de quatro navios enviados para carregar escravos, dois haviam se perdido e os outros dois ficaram retidos por estarem "mal mantidos e calafetados por falta de mão de obra especializada europeia".[41]

Os traficantes foram pioneiros no uso de novas tecnologias navais. Entre as décadas de 1760 e 1770, alguns deles passaram a encomendar aos construtores navios com uma camada de cobre que protegesse o lado do casco em contato direto com a água — uma medida cara, mas que garantia maior velocidade e durabilidade às embarcações, limitando os efeitos dos animais marinhos (*Teredo navalis,* mais conhecidos como *cracas*) que ocorriam em abundância nas águas tropicais e viviam como parasitas, fixando-se na parte externa inferior dos cascos.[42] Ao que tudo indica, essa primazia coube aos negreiros ingleses, seguidos mais tarde por brasileiros e portugueses. Um indício dessa primazia inglesa aparece numa carta de 1799: ao conversar com um comandante negreiro inglês que fugia de corsários franceses na foz do rio Loge, o governador angolano Miguel Antonio de Melo matou sua curiosidade em saber o que tornava os navios britânicos tão rápidos, "por ter ouvido que empregavam muito menos dias vindo da Inglaterra e de Escócia que os nossos que vêm de Lisboa em direitura deste Reino [Angola]". Entre as causas da lentidão estava o fato de "não serem as nossas embarcações [portuguesas] pelo comum forradas de cobre", além da pouca instrução dos pilotos e seu apego em demasia às antigas teorias de navegação.[43]

Contudo, a maior novidade tecnológica ocorrida no século XIX foi a introdução das máquinas a vapor. Embora haja controvérsias sobre o início do uso do vapor na navegação brasileira,[44] é certo que desde 1830 algumas barcas com esse tipo de propulsão eram usadas em tarefas auxiliares em meio aos navios de guerra do país. Máquinas a vapor e uso de ferro e aço na fabricação dos cascos foram introduzidos nas operações navais contra os farroupilhas, entre 1835 e 1845, "adquirindo aí uma preciosa experiência".[45] Até 1847, a Marinha dispunha de cinco pequenos barcos mistos, "empregados no serviço de correio e no policiamento da costa contra o tráfico de escravos", e somente no ano seguinte foi lançada ao mar a fragata de propulsão mista *D. Afonso.* Construída na Inglaterra, essa foi a primeira embarcação de grande porte incorporada à esquadra brasileira.[46]

No entanto, esse pequeno número de embarcações de guerra mais sofisticadas não era suficiente para as tarefas da marinha de guerra. Dois desembarques de escravos ocorridos em abril de 1852 — em Tramandaí, no litoral gaúcho, e em Bracuí, no Rio de Janeiro — serviram como pretexto para argumentar a favor de novas estratégias de repressão aos traficantes:

> esses fatos, com as circunstâncias de que foram acompanhados, revelando uma prévia combinação e acordo entre importadores e compradores, e o nenhum interesse que aqueles têm na conservação dos navios, que fazem espontaneamente encalhar ou incendiar, mostra que não seria bastante cobrir a costa de vasos de guerra para reprimir o tráfico, se providências adequadas não forem adotadas e postas em prática, a fim de tirar a uns e outros toda esperança de bom êxito em suas criminosas especulações.[47]

Uma dessas "providências adequadas" era promover o reequipamento da armada brasileira, responsável pela vigilância da costa, incorporando embarcações a vapor destinadas à repressão do contrabando negreiro. O governo imperial concedeu o dinheiro necessário à compra de dois vapores na Inglaterra (oitocentos contos de réis), que ficariam prontos em fins de 1853, e dois outros seriam encomendados[48] — época em que, ironicamente, os traficantes faziam suas últimas incursões contrabandistas.

Se eram mais vantajosos no quesito velocidade, os primeiros navios a vapor não podiam competir com as embarcações a vela, que tinham uma capacidade de carga muito maior em seus porões. Isso porque os vapores utilizavam grande parte do espaço disponível para instalar suas máquinas e para carregar combustível (primeiro lenha, mais tarde carvão), "além de não se terem libertado de toda a tralha para a navegação a pano por força da pouca confiabilidade das primitivas instalações de máquinas. Eram os navios mistos, a vela e a vapor, comuns na fase de transição".[49]

Toda uma lenda foi criada em torno do navio a vapor, envolvendo principalmente os que se consideravam "verdadeiros marinheiros" — que desprezavam-no e temiam-no ao mesmo tempo, por ser uma invenção de homens da terra, diferentemente do navio a vela, desenvolvido por gente do mar.[50]

Além do julgamento que os marinheiros do início do Oitocentos faziam dos primeiros navios a vapor, esse tipo de embarcação não parece ter sido utilizada sistematicamente no tráfico negreiro, justamente em função de seu espaço mais limitado e de sua diminuta capacidade de carga. Tendo que conciliar o velame com as caldeiras e o combustível, nesses navios restava pouco espaço para grandes cargas de escravizados. Um indício disso reside no fato de que, dentre os mais de 150 navios julgados na Comissão Mista Anglo-Brasileira do Rio de Janeiro por suspeita de contrabando de escravos, apenas um era movido a vapor — e ainda assim apreendido tardia e injustamente.[51]

Quedas consideráveis nos índices de mortalidade dos escravos em trânsito também foram atribuídas pelos estudiosos às mudanças tecnológicas. Miller identificou diminuições significativas nessas taxas de mortalidade escrava no tráfico entre Luanda e Rio de Janeiro (de 25% a 30% no início do século XVIII para 10% no final do mesmo século e 5% nas primeiras décadas do século XIX), sobretudo em função das novas tecnologias marítimas que diminuíram o tempo das viagens. Os traficantes ingleses, que perdiam aproximadamente 250 escravos a cada mil embarcados no século XVII, viram esses índices declinarem para algo em torno da metade disso no final do século XVIII, com algumas variações na média. Às novidades na construção dos navios somaram-se também práticas higiênicas simples, como a lavagem dos porões com vinagre e a melhoria no sistema de ventilação.[52]

Mas as transformações técnicas não foram as únicas a determinar mudanças nas embarcações. Diferenças mais antigas e relativas à tipologia naval precisam ser detalhadas. A pequena dimensão das embarcações devia-se à pouca profundidade dos portos africanos, incapazes de permitir a ancoragem de navios de maior calado — o que, para alguns autores, era um fator de pressão sobre as taxas de mortalidade de africanos a bordo.[53] Mesmo nas embarcações de pequeno porte, os comandantes insistiam em desrespeitar as leis de arqueação e transportavam um número elevado de escravos, que faziam a travessia em péssimas acomodações e com pouca comida e água. Até o final do século XVIII, os tumbeiros eram, em geral, caravelas com menos de duzentas toneladas e cargas de seiscentas pessoas escravizadas, em média.

Herbert Klein computou 375 viagens de embarcações negreiras entre Angola e o Rio de Janeiro na virada do século XVIII para o XIX. Desse total, 91% eram de três tipos: corveta, bergantim ou galeão, nomenclaturas que, de acordo com o autor, obedeciam ao critério do velame, mas que tinham semelhanças na capacidade de carga — ou seja, em média de quatrocentas a quinhentas "peças da África". Em outro estudo, sobre o quinquênio 1825-30 e feito em parceria com Stanley Engerman, o bergantim foi o tipo de embarcação mais mencionado (usado em 50% das viagens), seguido das galeras (10%) e das escunas — as quais carregavam menos gente e em geral eram utilizadas no comércio com a África Ocidental. Em nenhum dos casos os autores puderam conseguir informações sobre a tonelagem.[54] Dados da mesma época relativos a Cuba indicam que as embarcações do tráfico destinado àquela colônia espanhola eram em sua maioria de duzentas toneladas, com capacidade para conduzir 250 escravos[55] — o que indica uma diferença em relação ao tipo de embarcação utilizada pelos espanhóis no tráfico feito nos séculos anteriores, quando costumeiramente se embarcavam escravizados em navios de 35 a quarenta toneladas.[56] Além da imprecisão dos dados, podemos notar claramente que há divergências nos critérios classificatórios das embarcações: para alguns estudiosos, a definição tipológica refere-se ao velame; para outros, à arqueação.

Os próprios apreensores de navios confundiam-se quando se tratava de classificar suas presas. Manuel Francisco da Costa Pereira, comandante do brigue de guerra *Dois de Março*, não tinha certeza de haver apreendido um brigue ou um bergantim ao capturar o *Aventura* na ilha de São Sebastião em junho de 1835. Os ingleses também se confundiam, como fizeram o comandante Robert Smart e o tenente William Russel Drumond ao apreenderem o *Paquete do Sul*: para o primeiro, tratava-se de um brigue; para o segundo era uma corveta, e para a Comissão Mista era um bergantim. Nenhum dos observadores referiu-se ao navio como paquete, designação que ele trazia no nome de batismo — e que os dicionaristas definem como navio a vapor para transporte de passageiros, correspondências ou bagagens, além de ser a denominação utilizada no Brasil para barcos fluviais.[57] De modo semelhante, o comandante da corveta britânica *Rover* afirmou ter apreendido o bergantim *Flor de Luanda*, enquanto a Comissão Mista o classificou como escuna.[58]

Brigues e bergantins, de acordo com os dicionários marítimos, eram de fato embarcações bastante semelhantes, ambas de dois mastros e aparelho similar, especialmente o velame. Já bergantins e escunas, embora fossem parecidos na mastreação, eram diferentes no velame e, consequentemente, na velocidade que desenvolviam (com vantagem para os primeiros).[59]

Entretanto, se a classificação pelo tamanho e aparelho era a mais utilizada e aparentemente mais exata — embora ainda desse margem a certa dose de confusão —, a medida pela tonelagem é ainda mais controversa. Manolo Florentino afirma que, de fins do século XVIII até 1830, não havia medida-padrão para os navios. Uma amostragem de 79 sumacas feita por ele demonstrou a "imensa disparidade na tonelagem (mínimo de 32 e máximo de 166 toneladas). Outra amostra, de 43 bergantins, revelou que o maior possuía 399 toneladas e o menor, 79 toneladas".[60]

Seguindo a pista oferecida por Florentino, procurei relacionar os tipos de embarcações às tonelagens. O resultado, todavia, não foi dos mais esclarecedores, já que poucas vezes as fontes que consultei mencionam a tonelagem dos navios. Na tabela abaixo, elenquei os tipos de navios mencionados nos processos julgados na Comissão Mista Anglo-Brasileira sediada no Rio de Janeiro.

TABELA 3 — TIPOS DE EMBARCAÇÕES NEGREIRAS APREENDIDAS
ENTRE 1811 E 1863

TIPO	QUANTIDADE	TIPO	QUANTIDADE
brigues	38	galeras	4
bergantins	15	patachos	20
brigue-barca	1	iates	6
brigues-escuna	11	paquete	1
barcas	7	sumacas	20
escunas	27	polacas	2
cúter	1	vapor	1
galeota	1	TOTAL	155

Fonte: Vasco T. Leitão Cunha (intr.) Arquivo Histórico do Itamaraty. Parte III — Comissões e Tribunais Mistos (catálogo). S. l.: MRE/Depto. de Administração/Seção de Publicações, 1967.

As denominações da tabela remetem a tipos de navios específicos, mas ocasionalmente dão mostras de sua precisão limitada. As maiores embarcações destinadas ao tráfico eram as barcas e galeras — que, de acordo com os dicionaristas contemporâneos, eram navios de três mastros. A diferença entre ambas ficava por conta do velame: enquanto as barcas contavam com velas latinas apenas no mastro de ré e as demais eram redondas, as galeras tinham todas as velas redondas.[61] As galeras, assim como as corvetas, contavam ainda com camarotes suspensos na coberta fixados à amurada, e era comum computar o vão que ali se formava como espaço para a arqueação dos navios — quando, na verdade, o que ali se transportava não eram escravos, mas sim baús, frasqueiras ou "trastes semelhantes [...] para aumento de comodidade dos oficiais do navio e passageiros".[62] Talvez devido ao padrão de beleza feminino existente entre os marinheiros, esses navios de grande porte eram sinônimos de "boa mulher", "mulher boa" ou "mulher perfeita"[63] na gíria de proa.

Entretanto, nem sempre os tipos remetem a tonelagens específicas, como já demonstrara Florentino. A tabela a seguir ratifica essa afirmação, relacionando as tonelagens declaradas nos processos de embarcações apreendidas.

TABELA 4 — TONELAGENS DE EMBARCAÇÕES NEGREIRAS APREENDIDAS ENTRE 1812 E 1851

TIPO DE EMBARCAÇÃO	QUANTIDADE DA AMOSTRA	TONELAGEM MÉDIA
barca	1	276
galeras	2	254
bergantins	6	187
brigues	8	182
escunas	11	144
patachos	9	127
sumacas	2	114
iate	1	47

Fonte: AHI, processos da Comissão Mista Anglo-Brasileira. As referências completas encontram-se em Fontes e bibliografia.

Barcas e galeras encabeçam a lista dos navios negreiros de maior tonelagem, mas há também um bergantim entre as embarcações de mais de 250 toneladas.[64] Brigues, bergantins e uma escuna compõem a faixa intermediária; na categoria de embarcações em torno de 130 toneladas encontramos novamente esses mesmos tipos de navios, além da totalidade de patachos e sumacas da amostragem. Se não é possível estabelecer uma relação categórica entre os tipos de embarcações e as tonelagens, pode-se admitir que os navios de maior porte tivessem também maior número de mastros para facilitar a direção e o transporte de um peso maior (da embarcação e da carga transportada).

Assim, as diferenças e as semelhanças entre as embarcações não se limitavam à tonelagem. Outras características semelhantes na aparência e na mastreação e o uso de certas designações peculiares no Brasil, em Portugal ou na Inglaterra justificavam as confusões no momento de classificar um navio apreendido. As barcas, por exemplo, também eram chamadas de brigue-barcas, "nome dado no Brasil ao que em Portugal corresponde à barca",[65] muito embora os brigues tivessem apenas dois mastros e também pudessem ser híbridos com escunas.[66] Igualmente de dois mastros era outro tipo de navio utilizado no transporte de africanos para o Brasil: o bergantim, embora menor, eventualmente era confundido com a galeota. Nos dicionários, lemos que os bergantins contavam com uma única coberta e, portanto, levavam pouca carga. A inexistência dessa observação nos verbetes que definem outros tipos de navios indica que essas embarcações poderiam dispor de porões com mais de um pavimento.

Embora os bergantins carregassem menos escravos devido às suas limitações espaciais, eram mais velozes — ou mais *veleiros*, como se dizia no linguajar marítimo do século XIX.[67] Essa característica poderia ser um dos fatores que levavam as embarcações de dois mastros (brigues, escunas, patachos, sumacas e bergantins) a estar entre os tipos prediletos para o comércio negreiro no período da repressão mais intensa promovida pelos ingleses.

Todas essas especificações e detalhes obrigavam os oficiais apreensores, os avaliadores de pedidos de indenização, os juízes e outros funcionários da Justiça a deterem conhecimentos de marinharia para atuar nos processos contra os contrabandistas. Com certeza os oficiais ingleses sabiam distinguir entre os diversos tipos de embarcações, mas eles eventualmente usavam nomenclaturas diversas e quase nunca ficavam em terra para acompanhar o andamento dos autos contra os negreiros no Rio de Janeiro.

Nesses processos, não era raro que um tipo de embarcação fosse confundido com outro; o navio *Diana*, apreendido em 1826, foi nomeado como escuna pelo comandante inglês que o apreendeu, mas seus proprietários o chamavam de sumaca ao reclamarem a indenização.[68] Embora escunas e sumacas fossem embarcações de dois mastros, nenhum dicionarista anotou outras semelhanças entre elas: as sumacas se pareciam mais com os patachos ou as polacas, exceto talvez pela existência de um camarote sobre o convés.[69]

O fato é que, ao deduzir que um navio carregava escravos e apreendê-lo, os comandantes da marinha inglesa se prendiam menos aos aspectos exteriores e mais aos indícios que observavam a bordo. Como havia navios de todo tipo empregados na atividade, um barco tinha que ser identificado como negreiro por outros detalhes, só observáveis em seu interior.

Um indício sui generis era o "cheiro de escravo" — ou seja, o odor característico de grande quantidade de gente amontoada e com pouca possibilidade de higiene — nos porões vazios, em nome do que navios como a galeota *Alexandre*, o brigue *D. João de Castro* e o brigue-escuna *Aracaty* foram apreendidos. Concretamente, mantimentos e água em grandes quantidades eram detalhes que chamavam a atenção dos oficiais britânicos, presentes na lista de indícios que levaram ao apresamento de navios como o mesmo *Alexandre*, os patachos *Recuperador* e *Nova Granada* e a barca *Maria Carlota*, entre muitos outros. Esse tipo de indício talvez fosse pouco para condenar uma embarcação suspeita, mas a ele acrescentavam-se outros — como a existência de peças sobressalentes. A rigor, qualquer navio poderia levá-las, mas era difícil encontrá-las em navios de cabotagem, que em caso de necessidade poderiam recorrer ao socorro em terra por navegarem próximos da costa. O *Alexandre*, por exemplo, alegava fazer o transporte de mercadorias entre a Corte e o norte fluminense, mas levava um conjunto de velas extras que o tornavam capaz de fazer uma viagem à África, nas palavras do comandante inglês que apreendeu essa galeota.

Mais difícil de justificar era a existência de escotilhas gradeadas, que diferenciavam os tumbeiros de quaisquer outras embarcações mercantes — cujas cargas normalmente não tentavam escapar do porão. Esse era mais um indício de envolvimento no tráfico que pesava contra o *Alexandre*, além de outros navios, como o *D. João de Castro*, a barca *Maria Carlota* e o patacho *Recuperador*.

A principal especificidade na arquitetura interna dos navios negreiros, entretanto, era a existência de uma segunda coberta móvel. Essa divisão construída nos porões, semelhante à que podemos observar na gravura de Rugendas (ver imagem nº 5) e em inúmeras outras representações iconográficas, era feita de tal forma que sua remoção fosse rápida e fácil, a fim de eliminá-la como indício do tráfico no momento da apreensão, especialmente quando os escravos não estivessem a bordo. A segunda coberta ou bailéu era um alojamento provisório, feito de madeiras frágeis apoiadas sobre pés de carneiro,[70] que dividia o porão em dois pavimentos e permitia alojar (de forma bastante desconfortável) os escravos. Mais uma vez, o *Alexandre* pode ser mencionado como exemplo de embarcação típica do tráfico negreiro: nele foram encontradas quatro grandes caixas de madeira vazias, que provavelmente seriam usadas na construção do bailéu. Esse navio possuía ainda um compartimento de madeira construído sobre o convés com o mesmo objetivo de abrigar escravos — já que seus oito tripulantes não justificavam a existência de alojamentos tão amplos. Em navios de menor porte, a cobertura no convés talvez fosse mais comum: um caso aparece mencionado na descrição de uma lancha que teria desembarcado africanos na costa cearense em 1768.[71]

No *Aracaty*, as madeiras de um bailéu desmanchado também foram listadas como indício de tráfico, assim como ocorreu no *Maria Carlota* e no *Maria*, onde se encontrou "uma porção de tábuas próprias para fazer-se a coberta de escravos e parte dela já feita". Uma descrição mais detalhada de um bailéu foi feita pelos oficiais do navio inglês *Alfred*, ao inspecionarem o patacho *Nova Granada*: "Achamos igualmente um completo bailéu que se podia armar com grande facilidade, pois que todas as tábuas, vigas e postes estão já cortadas, e segundo achamos pelo exame exatamente cortadas para ajustar-se nos mastros, vãos e costados da embarcação, e as tábuas, vãos e postes acham-se enumerados cuidadosamente com lápis".[72]

Se considerarmos apenas os navios apreendidos pelos ingleses, não se pode deixar de levar em conta as diferenças existentes entre as embarcações negreiras, os navios mercantes de produtos legais, os piratas e a frota de guerra britânica (e em menor número, brasileira) empenhada na repressão. A descrição de um barco pirata apreendido em 1817 próximo à foz do Mondego, em Portugal, indica que a diferença fundamental entre essas embarcações e as mercantes estava não só na quantidade de armamento (neste caso, seis peças de calibre doze, 39 espingardas com as suas competentes baionetas caladas, três bacamartes e três pistolas para uma tripulação de vinte homens), mas também nos papéis falsificados.[73]

Quanto à frota de guerra inglesa, Leslie Bethell afirma:

> não só havia muito poucos navios patrulhando as áreas de tráfico negreiro, como a costa oeste africana tendia a ser uma espécie de depósito dos piores navios da armada britânica. Muitos deles, virtualmente inúteis para as incumbências que lhes eram atribuídas: grandes e lentas fragatas de quinta ou sexta classe, veteranas das guerras napoleônicas, com mastros altos e facilmente visíveis, ou então brigues menores, que velejavam com a agilidade de montes de feno, eram facilmente ultrapassados e driblados pela maioria dos navios negreiros que encontravam, muitos deles rápidos clíperes de fabricação norte-americana.[74]

A inferioridade numérica e técnica dos navios britânicos diante da frota negreira poderia fazer com que fossem apreendidos, na maior parte das vezes, navios menos velozes ou armados e que, por isso, não conseguiam escapar à repressão. Ainda assim, entre 1845 e 1850, a esquadra britânica da África Ocidental capturou quase quatrocentas embarcações negreiras brasileiras — provavelmente aquelas dotadas de menor velocidade e menos armadas. Analisando o relatório do cônsul francês na Bahia em 1846, Ubiratan Araújo observou que, na segunda metade da década de 1840, "o navio negreiro tinha que ser extremamente manobrável, para entrar em águas mais rasas dos ancoradouros africanos; tinha que ser muito veloz, para escapar da caça inglesa; tinha que ser muito barato, para amenizar as perdas em caso de naufrágio ou captura. O investigador francês [Pierre Victor Mauboussin] aprendeu logo a distinguir um negreiro à distância: baixo calado, casco mais arredondado, alta mastreação".[75]

Os tipos de navios e a quantidade de escravos neles carregada variavam conforme as bandeiras e as épocas.[76] No tráfico feito sob bandeira portuguesa ou brasileira, a proibição estabelecida em 1831 demarcou algumas mudanças — se não no tipo, ao menos na forma de arranjar os navios. Nos termos bastante otimistas dos sócios de uma companhia de colonização de Angola em meados do século XIX, o tráfico legal apresentava algumas vantagens — como as melhores provisões, as vistorias sanitárias, a exigência do embarque de um cirurgião-barbeiro, de uma botica de bordo e, eventualmente, de capelães. Além disso, "haviam limpos e suficientes estrados ou bailéus, onde os pretos se deitavam ainda que bem apertados, contudo o lugar onde deitavam o corpo era liso ainda que duro; e finalmente uma divisão solidamente construída a um terço do navio separava os sexos, e mediante uma viagem de vinte a 35 dias que levavam d'África Ocidental para o Brasil, e em uma carga de seiscentos ou mais pretos apenas morriam dez ou doze".[77]

Com o fim do tráfico legal, a Coroa portuguesa deixou de proceder às fiscalizações e, assim, os navios negreiros partiam de Angola sem as condições mínimas descritas, levando a um aumento da lotação e, consequentemente, a uma taxa de mortalidade mais elevada. Apesar da legislação, que, desde 1684, limitava a quantidade de escravos carregados de acordo com a tonelagem da embarcação, a superlotação ocorria frequentemente em navios de bandeira portuguesa graças a uma interpretação particular da lei feita pelos traficantes, identificada por Miguel Antonio de Melo em fins do século XVIII. De acordo com ele, a lei fora modificada pelo seu antecessor no governo de Angola: de cinco cabeças por tonelada, passou para cinco cabeças a cada duas toneladas. Porém, "como todos os lugares do navio capazes de levar escravos se medem pelo chão", incluíam-se nas áreas destinadas aos escravos os espaços que, na verdade, eram ocupados pelos camarotes dos oficiais e pela câmara dos passageiros, vindo assim a "roubar-se dos negros os lugares que para sua acomodação foram medidos e destinados, donde se segue irem não pouco juntos e talvez oprimidos porquanto, por maior que seja o número dos passageiros e o dos oficiais do navio e marinheiros, nunca os senhores diminuem-no da arqueação para levarem menos cativos do que aqueles que a lei lhes permite".[78]

Pelo menos desde o século XVIII, outras bandeiras também já tinham regulamentado o número de escravos embarcados. O tráfico inglês, por exemplo, desde 1788 estava submetido a uma limitação legal no número de escravos carregados em relação à tonelagem dos navios, mesmo os que se destinavam a colônias de outras nações europeias — mas o assunto é controverso entre os historiadores. Seymour Drescher afirmou que os regulamentos britânicos foram aplicados igualmente a todos os traficantes envolvidos no tráfico direto para as colônias estrangeiras; com ele se alinha D. P. Lamb, para quem a grande maioria dos navios não excedeu o número máximo legal — sugerindo para isso fatores comerciais, particularmente problemas de suprimento de escravos e aumento no tamanho dos navios, mais do que uma concordância com os termos da lei.[79] Joseph Inikori refutou essas afirmações, argumentando que os traficantes britânicos "tiveram liberdade para carregar tantos escravos por navio quanto era possível" para colônias estrangeiras depois de 1788, citando exemplos de negreiros ingleses que carregaram muito mais escravos do que o permitido por tonelada no ano de 1803.[80] O debate prosseguiu,[81] mas dele não se podem retirar dados conclusivos sobre a importância da relação entre tonelagem, número de escravos embarcados e mortalidade a bordo. Nas palavras de David Williams: "Tais informações novas sobre os navios negreiros têm um interesse considerável, mas alguns cuidados são necessários, já que a análise não cobre todo o período sob revisão. Mais particularmente, o exame não faz distinção entre navios que eram regularmente empregados no tráfico de escravos e os que eram usados em viagens ocasionais".[82]

Segundo Klein, as tonelagens dos navios negreiros ingleses, franceses e holandeses eram diferentes entre si até 1700, mas nos séculos XVIII e XIX tornaram-se mais uniformes no tamanho, com capacidade média de duzentas toneladas.[83] Klein observou ainda que no século XVIII havia uma indiferenciação no tráfico feito por navios de todas as nacionalidades. Os europeus levavam o mesmo número de africanos por embarcação, todas elas de idêntico tamanho, sendo o tempo das viagens aproximadamente igual. Comparando o número de escravos embarcados em 115 viagens de negreiros portugueses saídos de Luanda, Benguela e Cabinda entre 1711 e 1777, o autor chegou a uma estimativa de 396 africanos por embarcação, número bastante próximo ao padrão dos traficantes de Nantes para o mesmo período (403 escravos por navio). De acordo com o autor, a indiferenciação era própria da natureza do tráfico: o tipo de navio utilizado nesse comércio era determinado pelas especificidades geográficas das costas africanas e pela melhor maneira de transportar escravos.

Essa uniformidade e indiferenciação não aparece entre os navios que traficavam escravos para o Brasil no final do século XVIII e na primeira metade do XIX, como argumentei aqui; embarcações de diversos tipos, tamanhos, medidas e formatos eram empregadas na travessia negreira nesse período. Outros autores, a partir de fontes diferenciadas, também discordaram de Klein ao analisar a diversidade regional: para Williams, os navios maiores concentravam suas atividades nas regiões com maior capacidade de abastecimento — o delta do Níger, Angola e a Costa do Ouro —, enquanto os navios menores traficavam em outras áreas. Além disso, a tonelagem dependia das condições geográficas, da profundidade dos rios e da distância da viagem.[84]

Todavia, do final do século XVIII ao início do XIX, Klein identificou um aumento significativo nos carregamentos — os navios saídos de Luanda passaram a trazer, em média, 454 escravos por viagem, pelo aumento da capacidade deles e da concentração de mais escravos por tonelada. Durante a maior parte do século XVIII, a tonelagem média dos navios negreiros portugueses situava-se entre 120 a 160 toneladas, passando para uma média de 144 a 201 entre o final do século XVIII e as primeiras décadas do XIX.[85] Para o mesmo período, os estudiosos do tráfico inglês divergem quanto à capacidade das embarcações nele empregadas. Se para David Eltis as diferenças nos tipos de navios usados entre o século XVIII e as décadas de 1820 e 1830 não foram significativas, Henry Gemery e Jan Hogendorn são categóricos ao afirmar que, embora os negreiros ingleses nunca tenham sido muito grandes, passaram de 75 toneladas em 1730 para 180 toneladas em 1790, e para 226 toneladas em 1805.[86]

O tamanho e a capacidade de carga dos navios aumentaram ao longo do tempo — e não há motivos para supor que as embarcações negreiras apresentassem melhores condições do que os navios mercantes em geral. Nas palavras de um estudioso da navegação, nem mesmo as grandes naus mercantes de três mastros ofereciam conforto ou segurança:

> Pesadões e lerdos na marcha, não apresentavam condições de higiene nem de arejamento interior, o que ocasionava a acumulação dos piores odores emanados das cargas mais diversas. As pontes não tinham mais do que 1,68 metro de altura. Um homem alto mal podia ficar de pé dentro delas, a escuridão era completa e as lanternas acesas, dia e noite, empestavam o ambiente de um cheiro de azeite insuportável. A bomba d'água funcionava continuamente, ora num canto, ora noutro, para extinguir as penetrações inquietantes da água.[87]

Segundo Klein, e depois da análise estatística de milhares de viagens transatlânticas dos tumbeiros, não se pode afirmar a existência de uma relação significativa entre tonelagem ou espaço disponível e mortalidade. Para ele, isso significa que os traficantes, movidos pela experiência, embarcavam apenas tantos escravos quantos podiam carregar em segurança. A partir de 1770, as taxas de mortalidade teriam caído, entre outros motivos, em função da padronização nos navios, que passaram a ser construídos especialmente para o tráfico. Na segunda metade do século XVIII, os negreiros pesavam em média duzentas toneladas, "tonelagem esta que parecia a mais adequada para um potencial de carregamento de êxito no tráfico".[88]

Os navios não se tornaram mais rápidos apenas para diminuir a mortalidade dos embarcados, já que as outras condições, como a quantidade de alimentos ou água consumidos a bordo, influíam também nessas taxas e nem por isso se tornaram mais adequadas. A velocidade também se destinava a permitir a fuga da repressão marítima britânica, que em boa medida ainda se utilizava de caravelas.[89] Robert Walsh notou essa diferença ao narrar o encontro com o negreiro *Veloz*, que possuía 24 canhões longos e "deslocava cerca de quatrocentas toneladas espanholas, equivalendo a 680 inglesas, e tinha capacidade para transportar 1200 escravos, dispondo ainda de um tênder onde cabiam mais quatrocentos". Já o *North Star*, no qual Walsh estava embarcado, era menor em tamanho, potência de fogo e número de homens, "dispondo de apenas 26 caronadas, com dois canhões longos, e tendo uma capacidade de carga de apenas quinhentas toneladas e uma tripulação de 160 homens".[90]

A diminuição do número de mortes e de doentes a bordo poderia ser mais bem verificada se pudéssemos afirmar que as viagens negreiras efetivamente se tornaram menos demoradas em função das modificações técnicas ocorridas entre os séculos XVIII e XIX. De acordo com Eltis, não ocorreram alterações significativas no tempo de viagem entre 1821 e 1843 no que se refere ao tráfico de Angola ao Rio de Janeiro: nesse período, as travessias levavam entre 34 e 38 dias.[91] Já os dados de Florentino indicam que a duração média das travessias realizadas entre a África Central atlântica e o Rio de Janeiro de 1811 a 1830 era de 33 a quarenta dias,[92] sendo que essa diminuição do tempo gasto na travessia devia-se às mudanças no padrão tecnológico das embarcações do período: "o incremento da participação cada vez maior de pequenas naus — em princípio mais velozes — pertencentes a traficantes não especializados que buscavam lucrar com o grande aumento da demanda depois da abertura dos portos, pode ter sido a causa maior do encurtamento da viagem e, portanto, da queda da mortalidade a bordo".[93]

Considerando os dados de Boxer para o século XVII, e os de Eltis e Florentino para o século XIX, o tempo de viagem entre Angola e o Rio de Janeiro teria caído nesse período entre um terço e a metade — já que, em meados do XVII, a mesma viagem durava dois meses.[94]

A influência das modificações nos navios sobre as taxas de mortalidade não tem o mesmo papel para os historiadores. Embora quase todos tenham identificado uma tendência de queda ao longo dos séculos, as opiniões sobre quais seriam os fatores mais importantes não estão isentas de dúvida: enquanto para Curtin o declínio foi decorrência da melhoria aparente das condições de saúde dos escravos em trânsito, Eltis indicou que talvez o declínio resultasse de mudanças no desenho dos navios e na navegação — resultando numa viagem mais curta — e Klein creditou o declínio a várias causas, entre elas a diminuição no tempo das transações comerciais africanas, o início da inoculação e outras medidas básicas de saúde, além do desenvolvimento de um navio de travessia especializado e com revestimento de cobre.[95]

Ainda que dados seriais como os de Eltis e Florentino para o século XIX demonstrem quedas na média de duração das viagens,[96] talvez seja o caso de atentar para outro aspecto: quando se iniciava uma viagem de volta aos portos americanos, muitas vezes os tripulantes e parte dos escravos já haviam esperado durante muito tempo no litoral africano pelo carregamento completo do navio. Essa espera, que poderia durar meses, certamente debilitava todos os envolvidos nas transações, e seus efeitos podem ter sido agravados pelo fato de que muitas vezes era preciso percorrer mais de um porto africano para encher o porão de um navio negreiro. A longa espera e o percurso feito com escalas ampliavam o risco de exposição a doenças, que também era agravado pelos raros cuidados médicos e higiênicos e pela má qualidade e pequena quantidade de água e comida disponíveis. Nas palavras de um historiador do tráfico holandês para o Brasil do século XVII, "a taxa de mortalidade dos escravos na travessia do Atlântico era o resultado de diversos e incomensuráveis fatores: a rota e a extensão da viagem, o ambiente bacteriológico de onde provinham os escravos, os cuidados e as chances de ocorrer uma epidemia".[97] Essas condições não se alteraram, pressionando as taxas de mortalidade e morbidade e, por vezes, neutralizando o papel da redução do tempo das viagens em função das alterações técnicas.

A relação entre tempo de viagem e mortalidade é clássica na historiografia. Mas, de acordo com James Riley, existiam outros fatores cujos efeitos não têm sido examinados com mais clareza na literatura acadêmica. É certo que, na curva das taxas de mortalidade, o ponto alto encontrava-se no tempo transcorrido no mar, onde aconteciam mais mortes do que em terra. Viagens mais longas também eram mais propícias ao aumento das taxas, mas as características biológicas e as imunidades adquiridas dos grupos de africanos transportados precisam ser consideradas, assim como a passagem deles por zonas epidemiológicas diferentes daquelas de onde eles provinham[98] — como ocorria em viagens com várias escalas.

Além disso, outras variáveis interfeririam no resultado das viagens — algumas mais, outras menos ponderáveis. Os riscos inerentes à navegação, como naufrágios e tempestades, podem ter sido minorados com a introdução das novas tecnologias e novos materiais na construção naval, tornando as embarcações negreiras mais resistentes às condições da navegação em águas tropicais. No entanto, apesar das mudanças, o tempo de viagem dependia ainda da ação de fatores naturais como ventos e calmarias, marés e correntes marítimas, que representavam problemas para os quais a tecnologia naval oferecia poucas soluções até a introdução em larga escala dos vapores.

Não eram apenas os navios do tráfico que sentiam seus efeitos. Num império transcontinental como o português, as rotas estavam sujeitas a esses fatores e à especificidade de suas ocorrências nos diversos mares e oceanos. No caso da travessia entre os portos de Angola e o Rio de Janeiro, a combinação do sistema de ventos e correntes e as limitações da navegação até o século XIX tinham de ser contornadas pela perícia e pela experiência dos navegadores.[99]

Joseph Miller foi um dos poucos historiadores a deter-se nesse aspecto. De acordo com ele, sobre o litoral da África Central atlântica, até a foz do Zaire, fazia-se sentir fortemente a corrente de Benguela, no sentido sul-norte, dificultando enormemente a ligação marítima entre Benguela e Luanda. Isso provavelmente pesou na decisão da Coroa portuguesa em separar a administração desses territórios; Benguela, em função das correntes marítimas, era mais difícil de ser alcançada e por isso era menos vigiada pelos portugueses.[100] Os navios que zarpavam do porto de Salvador, isentos da influência das correntes marítimas do Atlântico Sul e fazendo seu comércio negreiro mais diretamente com a África Ocidental, realizavam as viagens mais rapidamente.

A análise das técnicas e das diferenças arquitetônicas entre as embarcações negreiras que, de Angola, abasteciam de trabalhadores escravizados o Rio de Janeiro e outras áreas do Centro-Sul brasileiro leva-nos a algumas constatações. A questão técnica pode, efetivamente, ter resultado numa mudança na correlação entre o tempo das viagens e a mortalidade a bordo. Se esse resultado não é comprovável em termos estatísticos, isso se deve à impossibilidade de analisá-lo de forma isolada. Eventualmente, as taxas de mortalidade seriam ainda maiores sem as modificações introduzidas nos navios, já que esses mesmos índices foram pressionados por outros fatores no século XIX — como a qualidade do tratamento de bordo depois da proibição do tráfico, o fim das vistorias de saúde nas embarcações, o recrudescimento da repressão britânica e o aumento no preço dos escravos, que estimulavam os donos do negócio a embarcar mais escravos para compensar perdas em trânsito, quando toda a regulamentação anterior deixou de ser aplicada.

5. As tripulações do tráfico negreiro

No início do século XVIII, a navegação marítima de longa distância era marcada por um risco antigo e sempre presente: a pirataria. De acordo com Marcus Rediker, a partir da eliminação gradativa da pirataria — processo em grande parte encerrado no final do primeiro quartel daquele século —, intensificou-se a produtividade das tripulações, com uma sensível diminuição no número de marinheiros a bordo dos navios mercantes, particularmente daqueles que se destinavam à defesa da embarcação em casos de ataques piratas. Com o fim da ameaça, foram introduzidos no comércio transatlântico os navios de "tipo holandês", que exigiam menos braços para levar mais carga.[1] A primeira metade do Setecentos assistiu também ao declínio de outros fatores de "ineficiência da produção". Além do declínio da pirataria, as inovações técnicas nos navios, a diminuição do tempo de retorno ao porto de origem e a melhor organização e distribuição de produtos no embarque influenciaram no aumento da produtividade.

No caso inglês, o aumento da quantidade de trabalhadores marítimos relacionava-se ao abandono forçado do campo e ao processo de proletarização, que se estabilizaram entre 1700 e 1750. Até o final do século XVIII, o recrutamento forçado — feito nas tavernas e em outros lugares de frequência proletária — abastecia de mão de obra o mercado de trabalho marítimo. De outro lado, os marinheiros também se ofereciam nos portos, destacando suas próprias habilidades e indagando, por meio de seus relacionamentos no universo cultural marítimo, quais eram os melhores navios e viagens — considerando itens como rota, salário e provisões — e quais capitães dispensavam melhor tratamento à equipagem. Os trabalhadores não especializados engajavam-se como aprendizes de algum membro da tripulação.[2]

No caso dos navios do tráfico de africanos para o Brasil, não dispomos de dados sobre as formas de recrutamento dos trabalhadores. Entretanto, havia uma especialização nesse setor, ou seja, os tripulantes de navios negreiros engajavam-se por longos períodos nessas embarcações, certamente porque o comércio de escravos requeria habilidade ou familiaridade específicas, ligadas à forma de negociar a compra e a venda e de lidar com a "mercadoria" transportada. Em muitas embarcações, havia cativos na tripulação, o que denota uma especialização também entre os trabalhadores escravos.

A presença aparentemente paradoxal de escravos na composição das equipagens negreiras chamou a atenção de Luccock na década de 1820, que explicou assim o fato:

> Um grande número dos marinheiros empregados nos navios negreiros são, eles próprios, escravos pretos, naturais da África, e embora indo frequentemente à sua terra, ali não abandonam seus navios. No Rio, não é raro que se mostrem descontentes e desertem; jamais, no entanto, ouvi falar se desse coisa semelhante na Costa d'África, achando-me por isso propenso a ver nesse fato uma prova de que essa gente acha que a escravidão no Brasil é preferível à situação primitiva na África.[3]

Esta afirmação de Luccock mistura uma condenação humanitária ao tráfico a uma boa dose de preconceito contra os africanos. De fato, a deserção de marinheiros no porto do Rio de Janeiro era algo frequente, como relatou o capitão do brigue português *Libertador*, ancorado em 12 de novembro de 1833 após navegar 51 dias desde Angola. De acordo com o capitão, da equipagem de 28 homens, onze haviam fugido, sendo que nove dentre eles eram escravos.[4] Entretanto, a observação de que os africanos se engajavam como tripulantes nos tumbeiros para escapar de sua "situação primitiva na África" revela o desconhecimento do viajante sobre os métodos pelos quais esses homens eram feitos escravos. Se eles haviam sido escravizados depois de uma guerra, por exemplo, voltar para o mesmo lugar não significava reencontrar a liberdade. Além disso, a África surge nessa citação como uma unidade homogênea: para os escravos-marinheiros, voltar sistematicamente ao continente não significava retornar à sua terra natal, já que um mina podia engajar-se numa rota que o levasse a Angola ou Moçambique, por exemplo.

O engajamento em navios negreiros podia ocorrer também devido à profissão desses homens, já que o fato de serem cativos não impedia que fossem também trabalhadores especializados. Escravos e/ou africanos foram membros de inúmeras tripulações negreiras; em pelo menos um brigue — o *Feliz Americano* — eles compunham o total da equipagem, excetuando-se os oficiais.[5]

Ser um marinheiro escravo de uma embarcação do tráfico apreendida pelas autoridades brasileiras ou pelos ingleses podia trazer benefícios inusitados para esses homens, como mostram algumas histórias pontuais. No decorrer de um processo, Helena Rosa de Jesus escreveu aos juízes da Comissão Mista na condição de senhora do benguela Joaquim requerendo a devolução de seu escravo, "o qual por ser de profissão marítima, o tem alugado a alguns mestres de embarcação para diferentes viagens, o que fez ultimamente ao mestre do brigue *Brilhante*, que deste porto [Rio de Janeiro] seguiu para a costa da África". O fato é que Joaquim fora entregue ao juiz de órfãos como africano boçal capturado a bordo. Mesmo não constando no processo o depoimento desse escravo-marinheiro, pode-se imaginar que ele estivesse se passando por boçal para livrar-se do domínio exercido por Helena, sua senhora. Ela apontava o erro e pedia o escravo de volta, alegando que não podia indagar a que gênero de negócio se destinava o navio, nem o escravizado podia impugnar as ordens do senhor a quem fora alugado. Foram apresentadas testemunhas que comprovaram sua propriedade e Joaquim acabou sendo devolvido a sua senhora.

No mesmo brigue veio o "preto da nação" José Rebeca, na mesma condição de escravizado com profissão marítima. Rebeca pedia sua liberdade ao juiz de órfãos dizendo que se engajara no navio por ser escravo de Antonio Daniel de Azevedo Braga e "era obrigado a obedecer a seu senhor, sem que lhe fosse permitido recusar no embarque e mesmo entrar na análise da negociação a que se dirija o brigue", e disse ter obtido sua "liberdade daquele cativeiro por falecimento do referido seu senhor". O processo não dá resolução para o caso, mas estamos diante do mesmo tipo de estratégia de liberdade que desconfio ter sido tentada pelo benguela Joaquim.[6]

Equipar os navios com tripulantes de nacionalidade estrangeira foi também uma estratégia adotada pelos traficantes para manter seus negócios no Brasil.[7] Em muitos casos julgados nos tribunais brasileiros, as tripulações eram compostas, em parte ou totalmente, por estrangeiros. Não era diferente nos processos julgados na Comissão Mista Anglo-Brasileira: portugueses, espanhóis, brasileiros (brancos e negros) de diversas províncias e africanos ilhéus ou de diferentes partes do continente compunham as tripulações negreiras envolvidas em demandas nesse tribunal. Mesmo que a proveniência nacional diversificada fosse um procedimento corriqueiro no comércio marítimo mundial, nesses casos dificultava a ação judicial, assegurando o empenho dos diplomatas no livramento dos réus.

Foi assim que o cônsul português no Rio de Janeiro atuou no julgamento da escuna *Angelina*, declarando que o navio viera de Buenos Aires e estava matriculado em Portugal; não há sentença no processo. De forma semelhante, o cônsul e os oficiais de navios franceses ancorados no Rio de Janeiro interferiram nas investigações sobre contrabando envolvendo a barca *Tourville* em novembro de 1850, absolvida em primeira e segunda instâncias. A sentença revela que a pressão diplomática podia dar bons resultados, apesar dos fortes indícios representados pela presença de vinte africanos boçais a bordo e pelo precedente de uma investigação por envolvimento da embarcação no tráfico em 1848.[8]

Independentemente da nacionalidade, pertencer a uma tripulação era fazer parte de um processo de trabalho especializado e dividido em tarefas que variavam de acordo com uma hierarquia que, se era construída a partir das habilidades, também refletia uma divisão social transportada da terra para bordo. A essência do trabalho no mar consistia em carregar o navio com as mercadorias, vendê-las e descarregar a embarcação. Isso demandava um processo de trabalho que era, ao mesmo tempo, cooperativo e altamente especializado, realizado em grande medida por trabalhadores assalariados. A maioria deles não detinha a propriedade sobre seus instrumentos de trabalho e ficava confinada durante as tarefas, lidando com uma maquinaria sofisticada e trabalhando sob supervisão intensa. Ao investigar a importância do tráfico de escravos para a história do movimento operário, Peter Linebaugh identificou pontos semelhantes ao indicar o que havia de comum entre a fábrica e o navio: "O grande investimento de capital, a divisão do trabalho, o disciplinamento e repetições, a vigilância estreita, o trabalho em grupos e o afastamento do lar".[9]

Hierarquia, conhecimento, controle do tempo e dos salários demarcavam as divisões na tripulação de um navio. O bom desempenho da embarcação dependia diretamente do trabalho e da habilidade dos tripulantes. Ao iniciar uma viagem, a primeira tarefa era carregar o navio, seguida do arranjo da carga conforme o peso e o tipo de mercadoria para o equilíbrio da embarcação. Depois do carregamento, o trabalho recaía sobre o manejo das mercadorias e do navio, envolvendo algumas tarefas básicas como a pilotagem, o gerenciamento do aparelho e o desempenho das funções conforme a velocidade.[10]

No século XVIII, as tarefas no mar passaram a ser padronizadas. A *Royal Navy* antecipou a hierarquia que seria implantada na marinha mercante, constituída de um mestre, um imediato, um carpinteiro, um contramestre, um chefe de artilheiros, eventualmente um cozinheiro e quatro ou cinco marinheiros comuns. Muitos navios incluíam um segundo imediato, um imediato de carpinteiro, e mais quatro ou cinco marinheiros comuns."[11] Ao que parece, as marinhas de guerra reproduziam a hierarquia das forças armadas em terra, credenciando um grande número de oficiais para operar os navios. Assim como na marinha de guerra inglesa da primeira metade daquele século, a similar portuguesa incluía inúmeros graus de oficialato entre seus tripulantes em fins do mesmo século. É o que podemos constatar pela inspeção da nau *Nossa Senhora de Belém*, cujos tripulantes trouxeram ilegalmente 63 escravos de Angola para o Rio de Janeiro em 1784. Nela, foram nomeados 31 oficiais com diferentes funções.[12]

A divisão do trabalho determinava as responsabilidades de cada profissional e definia as relações entre a tripulação. Essa divisão era hierárquica e a cada grau na escala correspondia um salário diferente e, eventualmente, alguns privilégios. Na hierarquia da marinha mercante inglesa do início do século XVIII, o escalão mais elevado era ocupado pelo *mestre*, que representava o capital comercial, tinha um poder quase ilimitado e um comportamento despótico. Suas principais tarefas ligavam-se à navegação, pilotagem e gerenciamento do negócio na viagem que ele comandava. Ao mestre cabia ainda a compra das provisões e a administração das punições. O *imediato*, com poderes muito inferiores aos do mestre, era o segundo na escala de comando, competindo-lhe gerenciar a dinâmica interna do navio, colocar os homens ao trabalho, cuidar da carga e dirigir o curso da embarcação. Ele deveria ter conhecimentos de navegação, pois assumiria o comando em caso de morte do mestre — "um evento que não era incomum", segundo Rediker. O *contramestre*, junto com o imediato, atuava como capataz da tripulação, sendo alvo predileto das blasfêmias dos homens que comandava. Sua responsabilidade estava centrada na manutenção das cordas, cabos, velame e âncoras. Antes de tornar-se contramestre, esse oficial assistia ao imediato por dez ou doze meses. Mestres, contramestres, carpinteiros e cirurgiões envolvidos no tráfico de escravos geralmente carregavam um ou mais africanos para si, como privilégio, sustentando-os com as provisões do navio.[13]

A escala do trabalho braçal começava com o *carpinteiro*. Responsável pela manutenção do navio, era ele quem reparava os mastros, as vergas e os botes, checava o casco e calafetava as fendas. Seus exames de vazamentos obrigavam-no a caminhar em meio à água estagnada no fundo do navio. Resultado de um longo aprendizado, seu trabalho especializado era bastante insalubre e, geralmente, ele tinha um imediato e recebia um adicional no salário quando treinava aprendizes. O *cozinheiro*, por sua vez, era um homem "notável por sua inabilidade para cozinhar", que "não tinha um talento que o distinguisse para esse trabalho". Por ser um tripulante que não realizava trabalho pesado, sua condição era considerada inferior pelos demais.[14] Os tripulantes eram treinados nos princípios da navegação: precisavam conhecer o aparelho, pilotar o navio, dar nós e emendar as cordas, ler os sinais da natureza relativos às intempéries, às correntes e ao humor de seus comandantes. Havia duas categorias: o habilitado, que já participara de diversas viagens comerciais, e o comum, geralmente jovem e menos experiente.[15]

Se compararmos a descrição da escala hierárquica e das tarefas correspondentes feita por Rediker com o relato de François Pyrard de Laval sobre as profissões nos navios portugueses do início do século XVII, podemos estabelecer algumas analogias e diferenças na nomenclatura e nas tarefas. Pyrard de Laval comenta que o *capitão* — posto correspondente ao *mestre* na descrição acima — detinha autoridade suprema sobre homens e coisas e era tido como um representante do rei. Logo abaixo estava o *piloto* (correspondente ao imediato), que tinha sob seu controle todos os assuntos relativos à navegação, ou seja, concentrava em suas mãos o próprio destino do navio. A ele subordinavam-se diretamente o sota-piloto e o mestre, que comandavam os marinheiros e grumetes. O mestre era auxiliado por um contramestre, a quem cabiam as responsabilidades pela carga. Esses dois cargos descritos por Pyrard de Laval — o *sota-piloto* ou *mestre* e o contramestre — correspondem ao contramestre descrito por Rediker, com a diferença que este último concentrava em suas mãos as decisões relativas ao navio, enquanto as questões relativas à carga ficavam sob as ordens do imediato.[16]

Paulo Miceli acrescenta outros profissionais nas viagens de longa distância em embarcações portuguesas do período. Havia os *sacerdotes*, com a obrigação de rezar missas aos domingos, além de "alguns cirurgiões, carpinteiros, calafates, tanoeiros e outros artífices, constituindo-se sobre o reduzido espaço um emaranhado de relações (sociais) de poder, baseadas nos postos e funções de trabalho a bordo, rigorosamente estabelecidas, e que descartam qualquer tentativa de generalização".

Além destas, outra profissão eventualmente existente nos navios era a de *escrivão*, uma espécie de oficial de cartório no mar, que fazia a escritura de Justiça, o inventário dos mortos etc.[17] Esses escrivães tinham, no início dos tempos modernos, a tarefa de escrever o que fosse necessário, sendo conhecedores das letras entre uma maioria de homens iletrados. Mesmo que tenha se ampliado posteriormente o grau de conhecimento formal das letras entre os homens do mar, ainda assim a função de escrivão continuou a fazer parte do universo do trabalho marítimo português até o século XIX. Os dicionários de marinharia de meados desse século continuaram a descrever o escrivão e suas tarefas de forma bastante semelhante:

> Oficial de fazenda encarregado da receita e despesa dos navios de guerra; nos navios mercantes costuma haver um escrevente debaixo da direção da sobrecarga. Quando o há, no navio, é obrigado a ter um livro diário, rubricado pelos donos, no qual deve registrar os aprestos, aparelhos, e vitualhas do navio; as fazendas que se carregam e descarregam, os nomes dos passageiros, os fretes, e direitos por eles devidos, o rol da equipagem com as respectivas soldadas, os nomes dos que morrem nas viagens, as compras feitas para o navio, e geralmen-

te quanto respeita a despesas da viagem. Na falta deste é ao capitão ou contramestre que cumpre estas obrigações. Deve também tomar memória de todos os acontecimentos da viagem, e das deliberações por escrito, assinadas pelos oficiais do navio como vogais, e faz os testamentos dos que morrem [...]. *Pintanida*, ou hoje o diário de bordo, e que deve compreender tudo, visto não haver legislação especificada para mais, como pede a boa ordem.[18]

Havia ainda no século XIX a figura do *grumete*, "moço do navio, cuja praça medeia entre os marinheiros e os pajens, e que sobe às gáveas e faz outros misteres".[19]

A hierarquia dos navios negreiros também tinha em seu topo os cargos de capitão, mestre, contramestre e piloto, com pequenas variações terminológicas e de atribuições de tarefas. Esses oficiais superiores detinham os maiores salários, como no caso do brigue-escuna *Aracaty* em 1842, no qual o mestre recebera 300$000 por viagem, o piloto, 200$000, e o contramestre, 150$000. O restante da tripulação — os marinheiros e o cozinheiro — recebeu 35$000 pela viagem, enquanto os moços receberam "soldada a julgar",[20] uma prática comum pela qual eles eram avaliados conforme seu desempenho ao final de uma viagem. Já a barca *Eliza* pagou, em 1829, 1:000$000 por viagem ao segundo piloto, 400$000 ao terceiro piloto e ao cirurgião, 50$000 ao contramestre e 22$000 ao despenseiro, combinando pagar aos marinheiros por "ajuste"[21] — como a "soldada a julgar", a forma de pagamento mediante avaliação. Os salários da equipagem podiam ser pagos por viagem, como nos casos mencionados acima, ou por mês. Em ambos os casos, a distância entre os salários dos oficiais e dos tripulantes comuns era enorme, como confirmam outros exemplos retirados dos processos da Comissão Mista Anglo-Brasileira do Rio de Janeiro.[22]

Os casos em que os oficiais recebiam "soldada particular" provavelmente se explicam pelo fato de eles estarem associados naquela viagem específica ou serem sócios no navio. Era o caso do *Feliz*, que pagou soldada particular ao capitão, ao piloto e ao contramestre, remunerando em 20$000 por mês os demais marinheiros e combinando "soldada a julgar" com os moços em sua viagem de Benguela ao Rio de Janeiro, em 1838.[23] No mesmo ano, o *Leal* remunerou o mestre, o piloto e o contramestre com soldada particular, e pagou salários iguais aos do *Feliz* aos marinheiros e moços.[24]

O pagamento das soldadas ou salários aos membros inferiores na hierarquia da equipagem era tarefa dos oficiais da embarcação, mas o acerto das contas de toda a tripulação também podia ser feito por um preposto do mercador de escravos ou do proprietário do navio residente na África. Essa era, entre outras, a função de um funcionário do traficante carioca Antônio José da Silva Guimarães, que prestava contas a seu patrão em 25 de agosto de 1821. Escrevendo de Luanda, reclamava da falta de dinheiro, mas dizia: "paguei agora todas as soldadas dos marinheiros, menos de dois, um deles escravo".[25]

De acordo com Rediker, havia muitas variações na divisão das tarefas, dependendo da rota, da carga e do tipo de navio — o que pode valer para outras épocas e para navios de outras nacionalidades. Entre onze e catorze homens trabalhavam em navios de 150 a duzentas toneladas, em viagens de seis a nove meses. Ao longo do século XVIII, o tamanho das tripulações teria variado: um navio de duzentas toneladas na Virgínia carregava vinte ou 21 membros em 1700; cerca de dezesseis em 1750 e treze em 1770. A diminuição gradativa na equipagem, além de significar um aumento de produtividade, também exigiu uma especialização maior: com as mudanças tecnológicas na construção dos navios entre 1700 e 1750, que alteraram o aparelho, os mecanismos de direção e a complexidade dos velames, os tripulantes tiveram de se adaptar ao novo processo de trabalho.[26]

O tipo de navio e o número de tripulantes variavam de acordo com o segmento de comércio e o porto de origem ou destino. Navios empregados no comércio africano normalmente eram dotados de tripulações maiores, para segurança contra rebeliões escravas e contra a mortalidade; frequentemente tinham de vinte a 25 homens em navios de duzentas toneladas, viajando entre dez e onze meses.[27] A presença de equipagens maiores nos navios negreiros é um consenso entre os estudiosos. As tripulações negreiras eram mais numerosas, por vezes o dobro das equipagens dos outros navios da marinha mercante entre os séculos XVI e XIX.[28] Análises comparativas entre dados de navios mercantes de diferentes nacionalidades engajados no transporte de mercadorias diversas dão uma ideia da disparidade no tamanho das tripulações dos navios negreiros e dos que carregavam mercadorias comuns.

As informações da tabela 5 trazem exemplos de embarcações que navegavam sob bandeiras diversas e que transportavam cargas diferenciadas. Em nenhum caso as tripulações desses navios ultrapassaram duas dezenas. A maior tripulação da tabela — a do *Brilhante* — compunha-se de dezessete homens engajados no transporte de tecidos, sabão e mantimentos, carga que certamente não requeria maiores cuidados depois de embarcada.

TABELA 5 — NAVIOS MERCANTES ENTRADOS NO PORTO
DO RIO DE JANEIRO EM 1824

NAVIO	NACIONALIDADE	PROCEDÊNCIA	CARGA	TRIPULANTES
Brilhante	norte-americana	Baltimore	sabão, fazendas e farinha de trigo	17
La Lucie	francesa	Marselha	aguardente, vinho e sabão	16
Buenos Aires	britânica	Liverpool	fazendas secas	13
Arbulator	dinamarquesa	Lisboa	trigo	12
L'Amedie	francesa	Havre	fazendas	12
Davis	hanseática	Bremen	cerveja, trigo e outros	12
Harmony	britânica	Grenack	fazendas	11
Barbara	britânica	Londres	fazendas	11
Imphitrite	dinamarquesa	Tarragona	azeite, vinagre e aguardente	11
Tencaboara	norte-americana	Richmond	farinha de trigo	11
João Albert	sueca	Cádiz	sal	11
Frances	britânica	Liverpool	fazendas	10
Thomaz e Maria	britânica	Alicante	vinho	9
Raquel e Maria	britânica	Londres	vinho e aguardente	8

Fonte: AN, códice 416, v. 1 — Auto das visitas da polícia a bordo dos navios entrados no porto do Rio de Janeiro, 1824.

Os dados da tabela 6, relativos ao tamanho das equipagens negreiras entre as décadas de 1780 e 1850, merecem algumas explicações prévias. As informações para as três últimas décadas referem-se ao período do tráfico ilegal e a navios que muitas vezes foram capturados depois de iniciado o desembarque dos escravos no Brasil, o que dava aos marinheiros chances maiores de escaparem assim que percebiam a chegada da repressão. Como a prisão de todos os tripulantes (e portanto a contagem do número total) só era garantida quando a apreensão se fazia em alto-mar, nesses casos o menor número de marinheiros indica a fuga de parte deles, e a diminuição no número de tripulantes é, portanto, apenas aparente.

TABELA 6 — NÚMERO DE TRIPULANTES EM NAVIOS NEGREIROS
DESTINADOS AO BRASIL, 1780-1859

PERÍODO	NAVIOS COMPUTADOS	NÚMERO MÉDIO DE TRIPULANTES	PERÍODO	NAVIOS COMPUTADOS	NÚMERO MÉDIO DE TRIPULANTES
1780-89	12	29	1820-29	59	24
1790-99	6	24	1830-39	27	17
1800-09	8	33	1840-49	16	14
1810-19	15	30	1850-59	10	10

Fontes: ANTT, termos de qualificação de navios para obterem os seus passaportes e matrículas de equipagem de navios (1780 a 1842); AHI, processos julgados na Comissão Mista Anglo-Brasileira do Rio de Janeiro entre 1812 e 1863; AN, processos julgados na Auditoria Geral de Marinha entre 1835 e 1856 e códice 416, vol. 1 — Auto das visitas da polícia a bordo dos navios entrados no porto do Rio de Janeiro, 1824. As referências completas encontram-se em Fontes e bibliografia.

Outro dado que ajuda a explicar a diferença no número de tripulantes são os tipos de navios empregados nas diversas especialidades de comércio, como podemos notar pelos dados da tabela 7. Galeras e corvetas levavam equipagens maiores, enquanto navios menores como brigues, iates, galeotas e patachos normalmente carregavam menos escravos e levavam tripulações mais compatíveis com seu tamanho e carga. A distância do porto de destino, o tempo de viagem e a quantidade de africanos carregados eram fatores que também influíam na composição de uma equipagem negreira, como podemos observar nessa mesma tabela.

O *São Lourenço*, por exemplo, era um brigue com tripulação maior que outros de sua categoria. Entretanto, essa embarcação levava 32 tripulantes, talvez para compensar o fato de que ela se dirigia à costa oriental da África, a fim de carregar 627 escravos em Quilimane, numa viagem que durou 81 dias. No caso do *Poilifemo*, tratava-se de um brigue com equipagem de 34 homens — bastante superior à média, certamente para torná-la mais compatível com os 552 africanos que carregou em Angola, embora fosse uma viagem de duração normal para o percurso Angola-Rio de Janeiro: trinta dias.[29]

TABELA 7 — RELAÇÃO ENTRE TIPO DE NAVIO, ROTA E TRIPULANTES EMBARCADOS, 1780-1859

TIPO DE EMBARCAÇÃO	NAVIOS COMPUTADOS	TRIPULANTES POR VIAGEM
galera	15	32
corveta	9	26
bergantim	22	25
brigue ou brigue-escuna	34	22
escuna	20	18
barca	2	21,5
patacho	11	13
sumaca	6	12
iate	3	6
ROTA		
Moçambique-Rio de Janeiro	9	29
Bahia-Angola	16	23
Rio de Janeiro-Angola	24	19,5

Fontes: Ver tabela 6.

Os dados acima reforçam a tese de que as tripulações de navios negreiros eram efetivamente maiores do que as da marinha mercante em geral. Trata-se, assim, de uma especificidade desse segmento mercante que certamente tinha consequências no tipo de tarefa realizada pelos tripulantes e na especialização de certos homens no tráfico de escravizados.

Rediker diz que "é difícil determinar se os tripulantes se especializaram em rotas, comércios ou tipos de navios em particular", mas supõe que mestres e imediatos, a partir do momento em que desenvolvessem contatos e aprendessem os métodos específicos em negócios regionais, tendiam a se empregar em rotas de comércio onde tivessem acumulado certa experiência.[30]

A avaliar pelos depoimentos dos tripulantes durante os processos de julgamentos de navios negreiros apreendidos no século XIX, o acúmulo de experiência no negócio fazia dos tripulantes dessas embarcações homens especializados no comércio de escravizados. Não são incomuns afirmações como as de João Pedro Ferreira, tripulante do *Feliz* em 1838: o navio trouxera africanos de Benguela para o Rio de Janeiro e Ferreira disse que já viera à presença da Comissão Mista Anglo-Brasileira na condição de capitão do patacho *Dois de Março*, em 1833. Obviamente, ele e outros homens na mesma condição de réus diante de um tribunal negavam que tivessem mantido seu engajamento no tráfico numa época de ilegalidade. Ferreira afirmou no mesmo depoimento que desde a época do primeiro julgamento "deixara de embarcar como marítimo, e apenas fora daqui em 1836 de piloto para Angola no brigue *Leão*, onde ficara até agora a tratar de negócios seus".[31]

O engajamento na navegação marítima de longa distância era um trabalho de alto risco. Os estudos comparativos das taxas de mortalidade dos marítimos com outras ocupações em terra deixam claro o quanto o mar era um lugar de perigos inusitados. Os parâmetros de comparação são os militares ingleses, cujas estatísticas médicas se iniciam em 1816. Em lugares como a Europa, a África do Sul, o Mediterrâneo e a América do Norte, as taxas ficavam entre 11,5 e 20 por mil; no Índico, de 30 a 75 por mil; na América tropical, de 85 a 138 por mil; na África Ocidental, de 483 a 668 por mil.[32] Ao longo do século XVIII, as tripulações brancas de navios negreiros sofreram menos baixas, pois sua permanência na África era abreviada em comparação aos oficiais militares que se fixavam no continente. Um estudo sobre os marinheiros franceses de Nantes revela que, na segunda metade do século XVIII, a mortalidade média era de duzentos por mil a cada viagem, enquanto no final do mesmo século a mesma taxa para os marinheiros ingleses excedia esse cálculo.[33]

Para sobreviver em um ambiente hostil, os homens do mar tinham de aliar a resistência física com provisões mínimas e muitas vezes fome. Além disso, havia os riscos de doenças — como escorbuto, reumatismo, tifo, febre amarela, úlceras e doenças de pele — e a periculosidade do trabalho, que muitas vezes provocava hérnias ou traumatismos. As adversidades também provinham do lidar com as forças da natureza, situações que acentuavam o caráter cooperativo do trabalho marítimo.[34]

Poucos marinheiros expressaram abertamente sua visão sobre o significado do tráfico de africanos escravizados. O reverendo Hill, que passou uma longa estada a bordo de uma embarcação negreira que partira do Brasil, teve a curiosidade de perguntar aos marinheiros se, na opinião deles, o tráfico deveria ser ou não abolido. Um deles, Antônio, levantando seu dedo indicador até os olhos, tranquilamente balançou a cabeça em sentido afirmativo. O espanhol Sebastian, da mesma tripulação, "expressou-me sua opinião de que no Brasil, onde havia muita facilidade para o contrabando, haveria grande dificuldade em suprimir o tráfico, mas que se o governo se empenhasse na causa, poderia fazer muito. Em Havana, onde ele estivera engajado no tráfico por muitos anos, já tinha tido a oportunidade de ver vinte negreiros no porto, depois só via dois ou três e agora não se via nenhum".[35] Esses homens, embora não tenham manifestado suas opiniões particulares, referiram-se à vontade política de governantes, mas o envolvimento deles como trabalhadores especializados no tráfico referia-se também às outras fases do negócio, especialmente aquelas nas quais eles corriam riscos maiores.

Rediker afirma que os marinheiros ingleses e americanos tinham uma aversão pelo comércio de escravos, motivada por diversas razões, entre elas a saúde, já que as condições ambientais do litoral da África costumavam ser letais para muitos deles. As mesmas doenças que acometiam os africanos embarcados afetavam também os tripulantes dos navios negreiros, provocando altas taxas de mortalidade. Malária, febre amarela, escorbuto, varíola e disenteria eram as mais comuns, além das febres que se acreditava serem causadas pela mudança de clima em função das latitudes, no caso de homens vindos da Europa ou da América do Norte. No verão, a costa africana era particularmente perigosa: lugares como Calabar, na África Ocidental, eram considerados insalubres pelos marinheiros;[36] Luanda e Benguela, como vimos no primeiro capítulo, também eram considerados locais insalubres para os brancos e não primavam pela fartura de mantimentos. Os índices de mortalidade, em algumas viagens, comparavam-se aos dos africanos embarcados.[37]

Cálculos sobre a mortalidade das tripulações de navios negreiros saídos do Brasil apresentam algumas dificuldades. A primeira é que normalmente trabalhamos com dados relativos ao período de ilegalidade do tráfico e, por isso, a documentação dos navios era, via de regra, falsificada. O instrumento ideal para se proceder a uma contagem das tripulações e a uma verificação de seu estado higiênico seriam as Cartas de Saúde passadas na África quando da partida do navio. Firmadas em impresso-padrão, tais cartas normalmente atestavam o asseio e a boa qualidade das provisões a bordo, sempre consideradas suficientes para os tripulantes. Bons exemplos são as Cartas de Saúde passadas em Luanda para os navios *Deligente* (9 de julho de 1838), *Brilhante* (9 de abril de 1838) e *Aracaty* (28 de janeiro de 1842). Na Carta de Saúde do primeiro, que navegava com dezenove tripulantes, constava que o navio se dirigia a Moçambique, com escala no Rio de Janeiro e em Montevidéu, e que ia limpo e com alimentos frescos. Benito Hordas y Valbuena, doutor em medicina pela Universidade de Salamanca que homologou a Carta de Saúde do *Brilhante*, certificou o bom estado da embarcação: "[o brigue] saiu deste porto com dezesseis pessoas de tripulação, inclusive o mestre, gozando todas de perfeita saúde, e que o navio saiu no melhor asseio e limpeza com os seus mantimentos e aguada frescos de boa qualidade e em quantidade suficiente para a tripulação durante a sua viagem, portanto pode a citada escuna ser admitida e ter livre prática adonde se apresentar".

A carta atestava ainda a salubridade de Luanda: "esta cidade e suas dependências se acham livres de peste ou qualquer outra moléstia contagiosa". Da mesma forma, a Carta de Saúde do *Aracaty* certificava que os doze tripulantes gozavam de boa saúde, e "que o navio se acha no melhor estado de arranjo e de limpeza possível, com seus mantimentos e aguadas frescos; de boa qualidade e com quantia suficiente para toda a tripulação durante a viagem."[38]

As Cartas de Saúde sempre certificavam como boas as condições higiênicas do porto e das embarcações, liberando-as para seguir viagem. De fato, quando os trâmites se faziam dentro dos moldes legais, a Carta de Saúde realmente só poderia ser assinada quando o navio se apresentasse em condições de limpeza e com um estoque de provisões e água que permitisse realizar a viagem declarada no passaporte. Todavia, alguns pontos devem ser notados: primeiramente, a existência de profissionais que cuidassem da saúde era rara nos portos de Angola, como vimos no primeiro capítulo; em segundo lugar, é certo que nas vistorias procedidas em Angola cabia algum tipo de acerto entre a autoridade médica e os oficiais da embarcação, pois somente isso poderia explicar situações como a do *Leal*. Esse brigue trazia passaporte no qual constava a rota Luanda-Moçambique, com escala no Rio de Janeiro. A Carta de Saúde passada em Luanda em 12 de novembro de 1838 confirmava a rota do passaporte e dizia que as dezessete pessoas da tripulação estavam em perfeitas condições de saúde e que a limpeza a bordo era a possível, assim como o mantimento e a água. Entretanto, quando o *Leal* foi capturado por um navio inglês, em 20 de abril de 1839, o capitão que o apreendeu fez um relato informando que o brigue "parece estar em estado de navegar, ainda que faz um pouco [de] água; e não se achava suficientemente provido com bastante água e mantimentos para manutenção dos referidos negros e equipagem para a sua destinada viagem para Moçambique [...]. Outrossim, mais declaro que a dita embarcação foi encontrada em um estado muito porco, e que um grande número de escravos achava-se muito doente, miseráveis e sujos".[39]

O tempo que separa a emissão da Carta de Saúde da data da captura — mais de quatro meses — é muito superior à média de duração de uma viagem entre Angola e o Rio de Janeiro nessa época (trinta dias). Assim, é possível que a emissão das Cartas de Saúde fosse uma formalidade muito fácil de ser burlada pelos oficiais do tráfico negreiro: chegando à África, providenciava-se uma "vistoria" com a autoridade médica local, e só então iniciava-se a negociação de compra do lote de escravos a ser embarcado. Isso talvez explique o intervalo entre a data da emissão da Carta de Saúde (que a rigor deveria ser feita no dia da partida do navio) e sua arribada no porto carioca.

Se as cartas médicas normalmente afirmavam que os tripulantes gozavam de boa saúde ao deixar os portos africanos, a quantidade de pedidos de internação desses mesmos tripulantes em hospitais no Rio de Janeiro demonstra que também entre os membros da equipagem a saúde se debilitava durante a travessia, ou então esses pedidos se constituíam em uma estratégia para que eles deixassem de depor no transcorrer do processo, atrasando assim o andamento dos trâmites judiciais.[40]

Um exemplo disso está no requerimento enviado pelo piloto do *Deligente* à Comissão Mista, em dezembro de 1838, dizendo estar "gravemente enfermo a bordo [d]a fragata inglesa, d'uma moléstia bastante grave, qual é a inflamação de todos os intestinos, ele tem até aqui sido tratado pelos cirurgiões da mesma fragata, porém em vez de diminuir a sua enfermidade, esta pelo contrário tem-se de tal maneira apresentado que é ameaçado de perigo de vida".[41]

Como não se podiam encontrar os curativos adequados para a moléstia a bordo, ele pedia transferência para o Hospital da Marinha, na ilha das Cobras, sendo para lá removido. Emídio Ribeiro da Silva, tripulante do mesmo navio, fez pedido idêntico, indeferido em 28 de janeiro de 1839.[42] A queixa de ambos referia-se a uma doença comum entre os africanos: a "inflamação de todos os intestinos" ou o maculo — descrito, entre outros autores, por Octávio de Freitas. A moléstia, também designada por "el bicho", era conhecida no século XVIII, e seus sintomas mais incômodos era a "largueza e relaxação do intestino e seus músculos".[43] Outros autores, no entanto, tinham opinião diferente sobre a doença. Sigaud afirmava, em meados do século XIX, que, "no Brasil, não se observa a doença entre os negros recém-chegados", embora consentisse que fosse "doença própria dos negros, sobretudo no reino de Angola e província de Moçambique, onde ela foi primeiramente observada antes de chegar ao Brasil". A doença atingia os que viviam (ou trabalhavam, no caso dos marinheiros) em lugares úmidos e sujos.[44]

Apesar da dificuldade em fazer qualquer contagem sistemática da mortalidade entre os marinheiros pelas Cartas de Saúde e da desconfiança de que os tripulantes de navios apreendidos estivessem aplicando uma estratégia de escape ao se declararem doentes, é certo que em muitos casos os tripulantes caíam sob os mesmos males que atingiam os africanos. Nos navios negreiros, não era incomum a ocorrência de doenças que levassem à perda de oficiais e marinheiros comuns.

A perda do piloto parecia ser a mais sentida, a julgar pela frequência com que casos desse tipo foram assinalados pelos tripulantes. Navios como o *Paquete do Sul* tiveram que ser dirigidos pelo praticante até o Rio de Janeiro, já que o piloto morrera durante a viagem e o capitão achava-se "gravemente molesto". Evento semelhante ocorreu com a escuna *Atrevida*, cujo piloto morrera no quadragésimo dia da viagem, em 1843. O bergantim *S. João Segunda Rosália*, depois da morte do comandante e de ter o piloto adoecido, foi dirigido por um contramestre pouco experiente, perdeu-se e foi apreendido ao norte do equador, onde foi apresado em 1826. A doença do piloto, internado em Serra Leoa, também facilitou a apreensão da sumaca *Dois Amigos Brasileiros* em Molembo, em 1824: como ele era o único que conhecia o idioma inglês, os demais tripulantes assinaram documentos escritos nessa língua com declarações comprometedoras. O mestre da escuna *Diana*, que se fez a vela no rio Zaire na noite de 3 de outubro de 1827, caiu enfermo com "um ataque de febres malignas ou carneiradas, tão frequentes naquelas regiões", e passou o governo para o contramestre, que também adoeceu "de graves chagas que lhe sobrevieram em um pé e que o obrigaram a conservar-se de cama em seu camarote". Entregue ao comando de um marinheiro pouco habilitado, o navio enfrentou um temporal que lhe partiu o leme e o arrastou para dois graus de latitude norte, destino diferente do declarado (Molembo), onde foi apresado pelo cruzeiro britânico *Cybele* em 12 de outubro.[45] Morrendo ou adoecendo o piloto ou o responsável pela condução, os riscos a que a embarcação ficava exposta se ampliavam não só pela falta de habilidade no enfrentamento dos fenômenos naturais, mas também pela pouca prática de marinheiros comuns em escapar da repressão inglesa e de, uma vez capturados, conseguirem se desvencilhar de situações embaraçosas.

Os problemas de saúde entre as tripulações, porém, não se limitavam à travessia do oceano. Eles começavam e se agravavam no processo de negociação da carga de escravos, que normalmente era longo e complicado (tema que abordei no capítulo 3). No final do século XVIII, a negociação poderia demorar mais de quatro meses, embora os marinheiros ingleses tivessem adquirido o direito de voltar para casa depois de passados seis meses de espera na costa.[46] Quanto ao século XIX, Manolo Florentino indicou tempos alongados também na espera a que os navios zarpados do Rio de Janeiro eram obrigados na África Central e na Oriental: "Neste período de intensa demanda [1827-30], a oferta congo-angolana levava de 4,5 a 5,5 meses para lotar os negreiros cariocas. Na área moçambicana o intervalo de espera era um pouco menor, situando-se entre quatro e cinco meses".[47]

Essa longa espera era outra causa da objeção de muitos marinheiros anglo-americanos em se engajar no tráfico. Apesar de o direito costumeiro possibilitar o abandono do navio após seis meses de espera pela negociação da carga, isso tinha pouca serventia na África. De nada adiantava a liberdade para deixar o navio ou desertar, pois ali não havia como escapar das mesmas condições que os vitimavam com frequência. Engajar-se em outro navio ou ficar na insalubre costa africana em nada modificava a situação do marinheiro insatisfeito. Nas palavras de Rediker, "tripulantes no tráfico de escravos, que também eram capturadores de escravos, eram ao mesmo tempo cativos de seus próprios mercadores e capitães". Para esses homens, a deserção era uma tática usada de forma complexa, sendo uma delas justamente para evitar os portos onde havia doenças. A deserção também acontecia quando a ração alimentar era inadequada, ou ainda — principalmente — para escapar dos maus-tratos dos oficiais.[48]

As doenças e a morte eram companheiras obviamente indesejáveis dos tripulantes nas viagens marítimas de longa distância. Entre as tripulações militares, que aparentemente dispunham de melhor tratamento, as doenças faziam suas vítimas em taxas elevadas, conforme relata o governador de Angola Cristóvão Avelino Dias, depois de quatro meses embarcado na fragata *Príncipe D. Pedro* em expedição pela costa ocidental da África: "durante a viagem, o batalhão expedicionário teve poucos doentes a bordo, mas pouco depois de desembarcar foram aumentando gradualmente, de tal maneira que hoje está no Hospital metade da força de que ele se compõe".[49] Na carreira da Índia — na qual uma viagem de Lisboa a Goa era considerada feliz quando levava de cinco a seis meses no século XVI —, os tripulantes também eram acometidos por inúmeras moléstias. Embora desde o início do século XVII tivessem sido promulgadas leis visando à proteção da saúde desses homens, o serviço médico disponível a bordo não era dos mais eficientes — a ponto de o próprio Conselho da Fazenda julgar necessário que se escolhessem barbeiros mais competentes, "que tenham alguma prática de cirurgia" e que entendessem da "botica das mesinhas, de que usa a medicina". Na impossibilidade de embarcar um médico para cada nau, a recomendação era ter ao menos um na capitânia, o que não impedia que os doentes fossem muitos nas escalas de abastecimento: "por ocasião das atracações em qualquer dos portos da Carreira da Índia, as cenas que se desenrolavam eram sempre idênticas: a intérmina e triste fileira de centenas de macas e redes, estas últimas preferíveis até para o transporte dos doentes. Tanto no Oriente, como na América, a funesta ação desse espetáculo se prolongava ainda nas almoedas de escravos, comuns lá como aqui".[50]

As más condições de bordo poderiam acionar outra arma poderosa dos marinheiros, além da deserção: o motim. A equipagem do *Gambia Castle*, propriedade da Royal African Company, amotinou-se e apoderou-se da embarcação, sob a liderança do contramestre. Este fez um relato dos motivos que teriam levado ao motim: afirmou que a Companhia era negligente com a saúde dos marinheiros, que os homens tinham deixado a África em perfeita saúde mas foram entregues à própria sorte depois de adoecerem. Aparentemente, houve dificuldades em conseguir o carregamento de escravos, e os mercadores disseram aos marinheiros que esperassem na costa "até criarem raízes". Estes consideraram que sua situação se assemelhava à escravidão, agravada pelo tratamento desumano dispensado pelo comandante. Os amotinados rebatizaram o navio com o sugestivo nome de *Delivery* e o lançaram ao mar.[51] Ainda no século XVIII, temos notícia de outro motim dos trabalhadores em um navio negreiro, o *Coventry*: logo após sua partida de São Tomé em 1703, "descobriu-se uma revolta a bordo comandada pelo piloto e contramestre, contra os quatro passageiros". Subjugados, os amotinados foram presos sob a responsabilidade do governador português da ilha do Príncipe. Sem o piloto e mais três homens (a tripulação era de dez membros), e "sem poder achar outro em terra", tiveram de embarcar parte do carregamento em um navio menor e seguir viagem para o Rio de Janeiro. O motivo da revolta era a presença de quatro passageiros sem função e gozando de privilégios a bordo, consumindo o melhor das provisões. O argumento pode parecer estranho, se não atentarmos para o fato de que a presença desses passageiros agravava ainda mais as condições a bordo. Esse episódio demonstra as dificuldades de abastecimento e a diferença que a presença de poucos homens podia fazer.[52]

Evidentemente, havia inconvenientes no tráfico de escravos para os quais os mercadores procuravam arranjar compensações. A longa permanência na costa da África frequentemente provocava doenças na tripulação e, além disso, havia sempre a possibilidade de interceptação por piratas ou traficantes rivais, marés contrárias e calmarias ou naufrágios provocados por tempestades no mar, a mortalidade entre os escravos durante as travessias e os motins que estes, por vezes, realizavam. Esses inconvenientes — alguns inerentes ao tráfico, outros comuns à toda navegação marítima — eram antigos e vinham desde a época dos descobrimentos ultramarinos, quando se temiam cinco perigos principais na navegação: tomar a luva (isto é, receber o vento pelo lado oposto ao qual as velas estavam posicionadas), incendiar-se, sofrer infiltrações de água, chocar-se contra os baixios ou encontrar-se com inimigos.[53] Tudo isso, do ponto de vista do traficante-mercador do século XVIII, era compensado pela volta mais rápida (menos de dois dias no Rio de Janeiro) e pelas vendas em dinheiro.[54] Entretanto, essas compensações de nada serviam para a tripulação. As vantagens pareciam sorrir apenas para os mercadores ou donos da embarcação.

Em que pesem todas as adversidades e a eventual aversão que os marinheiros nutrissem pelo tráfico negreiro, havia milhares de trabalhadores especializados nesse tipo de comércio (portugueses, brasileiros ou de outra nacionalidade) entre fins do século XVIII e meados do XIX. Esse engajamento pressupunha que os tripulantes desenvolvessem estratégias para se livrar das acusações criminais quando eram apanhados em flagrante desrespeito às leis e às convenções internacionais contrárias ao tráfico de africanos. Pelas evidências contidas nos processos de julgamento dos navios apreendidos, podemos tentar uma aproximação com a maneira como esses homens encaravam o comércio que operacionalizavam e com as estratégias das quais se valeram para tentar se livrar das acusações.

A primeira e mais óbvia estratégia utilizada pelas tripulações para se subtrair à repressão era a tentativa de fuga, uma vez constatada a presença de um navio de guerra (britânico ou brasileiro) em seu encalço. Nesses casos, deixava de valer a cooperação que marcava o trabalho marítimo e cada qual procurava escapar como podia.

Quando a captura já era fato consumado, restavam à tripulação algumas tentativas de justificar-se, a maior parte delas servindo para irritar os juízes britânicos da Comissão Mista. José Joaquim da Silva, contramestre do *Feliz*, disse que tentou fugir do brigue apreensor "em consequência de ter falado nessa manhã com uma sumaca que lhe dissera haverem piratas na costa e recear do brigue", imaginando ser ele o mencionado pirata.[55] Considerando que os navios do cruzeiro inglês costumavam desfraldar orgulhosamente sua bandeira, dificilmente um tripulante experimentado do tráfico de africanos poderia confundi-los com piratas.

Outro expediente comum era desmentir o envolvimento na atividade. Sempre foi possível, durante o tráfico clandestino, conseguir documentação que comprovasse o carregamento de alguma mercadoria cujo transporte era legal — muito embora esses documentos não resistissem a uma simples inspeção a bordo dos navios. É o caso da escuna *Destemida*, apreendida pelos ingleses em 1830: nela foi encontrada uma carta de Francisco Félix de Souza, um dos maiores traficantes brasileiros estabelecido nas costas africanas — nome que, por si só, já comprometia a equipagem e o navio —, encomendando o embarque de cinquenta dentes de elefantes, aparentemente para outro porto africano. Os tripulantes alegaram que durante a viagem houve risco para a embarcação e ela seguiu em direção à Bahia. A declaração do mestre, o espanhol Raimundo de Arribas, procurava fazer acreditar que foi em função desses riscos que ele embarcou os africanos: "um dos motivos que contribuíram a eu embarcar os cinquenta domésticos que vinham aprender ofício foi por achar-se a dita escuna fazendo água e temer que na viagem aumentasse, como aumentou, e que a não haverem os cinquenta domésticos tivera [sic] ido ao fundo. Que [na] minha matrícula consta[m] dezoito pessoas e que havendo-se desembarcado alguns na costa, foi-me preciso suprir suas faltas com pretos marinheiros".

Segundo Arribas, quando ele pediu permissão para ir à fragata apreensora comunicar a presença dos cinquenta africanos, "não me permitiram falar, dizendo-me que nada desejava[m] saber".[56] Ocorre que, se os documentos mencionavam uma carga de cinquenta marfins, a carga na verdade era de cinquenta escravos, que a tripulação insistia em chamar de "domésticos", admitindo apenas a existência de três escravos a bordo (Davi, pertencente ao mestre, Joaquim Félix e José Félix, pertencentes ao navio). Como o comandante da fragata inglesa que apreendeu a *Destemida* insistia em dizer que havia achado cinquenta escravos no porão, o mestre assentiu que

> os trazia como criados, digo, respondeu que os embarcou em Ajudá como doméstico [sic] para vir à Bahia de Todos os Santos aprender ofício, donde devia de ser desembarcado com consentimento do governo da Bahia a quem ele testemunha se comprometia a dar uma fiança à satisfação do mesmo governo, obrigando a levá-los para a costa ou porto de Ajudá assim que tivessem concluído de aprender os seus ofícios [...]. À exceção dos cinquenta [...] domésticos vieram mais seis, embarcados na ilha do Príncipe, dois em Badagri e um recebeu de um navio português em Ajudá e veio de passagem.

O motivo de os cinquenta domésticos estarem escondidos no porão devia-se ao fato de que, "quando veio a fragata e fez fogo, os domésticos se assustaram, chovendo os mandados para baixo, eles se esconderam e quando veio o bote a bordo nada lhe perguntaram a respeito dos domésticos, e ele testemunha nada disse". Os ingleses encontraram os "domésticos" no porão por si próprios.

A testemunha Joaquim da Silva Neves, que se dizia passageiro da *Destemida*, disse ter exigido do capitão que lhe declarasse no ato do embarque se havia escravos a bordo, "por não querer expor-se ao risco de ser encontrada a embarcação com os escravos a bordo, ele lhe respondeu que não havia tal risco porque os pretos não eram escravos, mas sim homens livres para aprender ofícios". Neves afirmou nunca ter visto os tais dentes de elefante a bordo.[57]

História semelhante contou Feliciano José Ribeiro, mestre do *Leal*. De acordo com ele, o ajuste feito com o dono do negócio era para ir a Cabinda, receber os africanos e levá-los a Moçambique, para serem vendidos ali. Disse que não sabia da proibição estabelecida pelo governo português quanto à venda de escravos e, mesmo se soubesse, "levando ele os africanos para Moçambique, que também era uma colônia portuguesa, supunha não ser isso proibido". Manoel dos Santos Lara, piloto do mesmo navio, afirmou ter sabido pelo capitão que iriam a Cabinda carregar marfim para levar a Moçambique, mas que ele "chegara mui doente a Cabinda e que só tivera notícia dos pretos quando os vira a bordo". Evidentemente os interrogados estavam procurando um meio de se livrar da pena a que estariam sujeitos, até porque a versão contada pelo mestre do *Grecian*, embarcação inglesa que fez a apreensão, continha dados bem diferentes e que comprometiam a tripulação. O oficial britânico declarou que "na noite de 11 de abril de 1839, fui a bordo do brigue *Leal* e no meu trajeto para aquela embarcação observei ter-se lançado ao mar um baú, o qual fez grande bulha na água; imediatamente remei para ele e apanhei-o, mas sem que antes pudesse evitar o abrir-se e encher-se d'água. Observei papéis na ação de irem ao fundo, mas não os pude apanhar, à exceção de alguns que ficaram no baú e que eu guardei e enviei a bordo do *Grecian*".[58]

Era regra geral que os tripulantes respondessem com evasivas às questões formuladas nos tribunais. Mesmo admitindo o engajamento no tráfico negreiro e certamente sabendo que esse era o motivo que os levava à presença da Comissão Mista, a tripulação do *Eliza* respondia que o motivo da apreensão era diverso. Foi o que fez o piloto Antonio José Oliveira Ramalho: perguntado se sabia por que o navio fora apreendido, respondeu que "ouvi dizer que fora por ter saído fora do tempo".[59] Quanto aos escravos, o cirurgião do navio — o catalão Rafael Rigau — afirmou pertencerem ao dono do navio, "além das praças do costume".[60]

Também para se ver livre das acusações, Antonio Jorge da Costa, capitão do *Brilhante*, confirmou que recebeu os 250 africanos encontrados a bordo no porto de Luanda, mas disse que não tentou fugir do navio apreensor, e sim que fez manobras no mar para conseguir melhor meio de entrar no porto do Rio de Janeiro, "aonde pretendia refrescar de mantimentos para seguir o seu destino para Moçambique e nunca com o fim de desembarcar os africanos aqui". Os escravos, de acordo com ele, seriam levados como colonos para

Moçambique. Sua versão sobre as manobras era pouco convincente pelo menos por duas razões. Primeiro, porque foi contraditada por José da Silva Saldanha, passageiro que disse ter indagado ao capitão "a razão por que virara, este lhe respondera que para evitar ser prisioneiro e pretender entrar no porto sem ser tomado pelo referido brigue [inglês]".[61] Em segundo lugar, porque contrariava a fama do porto carioca, tão facilmente abordável, a ponto de não requerer nenhuma habilidade especial dos pilotos para adentrá-lo.[62]

Outros tripulantes da mesma embarcação foram ainda mais evasivos que o capitão. O contramestre alegou "que ouvira dizer iam como colonos" os 250 africanos de Angola para Moçambique. Josefino Antonio Correia disse nada saber quanto aos africanos, e que veio no navio porque sabia da escala no Rio de Janeiro e embarcou oferecendo gratuitamente seus serviços de carpinteiro. Sobre o tratamento dispensado aos escravos, os juízes indagaram ao passageiro Saldanha se ele "não observara a bordo se João Antonio Correia e seu irmão tratavam dos pretos e os zelavam; respondeu que não os vira tratar dos pretos e lhe parece que até não vinham em muita harmonia. Perguntado então quem era que tratava dos pretos, respondeu que os marinheiros, por ordem do capitão". Todavia, o próprio Saldanha também foi evasivo ao afirmar que quando embarcou (ao meio-dia), não viu os africanos, e "só os vira no sol posto quando o foram chamar ao seu camarote para tomar chá".[63]

Afirmar que o navio transportava "colonos", e não escravos, era um argumento bastante comum para tentar esquivar-se diante das autoridades. No entanto, o transporte de colonos entre as costas ocidental e oriental da África, de Angola para Moçambique e vice-versa, era vedado a qualquer embarcação por um acordo firmado entre Portugal e Grã-Bretanha em 1836. Esse tipo de transporte somente poderia ser feito com expressa declaração no passaporte, o que não era o caso do *Feliz*, que tentou fazer valer esse recurso. Ademais, era difícil explicar por que um navio saído de Benguela com destino a Moçambique teria de fazer uma escala no Rio de Janeiro, mesmo considerando a força das correntes marítimas, dos temporais desviantes em alto-mar ou a incumbência de trazer alguns passageiros. O português José Joaquim da Silva, contramestre do *Feliz*, disse que veio de Benguela com cinco passageiros que deveriam desembarcar no Rio de Janeiro e então o navio seguiria viagem para Moçambique, levando os "colonos" que tinha a bordo. Perguntado se os colonos "iam para Moçambique por sua livre vontade ou se obrigados, e se durante a viagem vinham a ferros ou soltos, respondeu que tinham vindo com despacho da autoridade superior de Benguela e que julga terem vindo por livre vontade, e quanto a virem presos ou soltos, alguns deles vieram a ferros". Os juízes achavam que a história não era "acreditável"; para desgosto dos magistrados, a mesma afirmação foi repetida pelo piloto Sebastião da Fonseca: o motivo de os africanos virem a ferros era "para evitar desordens que haviam feito".[64] Tratava-se, obviamente, de escravos.

Além da prisão a ferros, constam nos processos outros sinais que revelam o tratamento dispensado pelos tripulantes aos africanos. Um deles era o costume de marcar os negros para aferir a propriedade sobre eles, que podia ocorrer a bordo do navio ou em terra, após a venda. No caso do *Maria*, "descobriu-se escondido e encaixado em uma trave do camarote junto ao do mestre um instrumento para marcar negros" em 14 de novembro de 1840. Esse navio foi apreendido entre Sofala e Moçambique e levado para julgamento no Tribunal do Vice-Almirantado britânico no cabo da Boa Esperança.[65] Talvez os africanos também tenham sido marcados a bordo do *Feliz*, cujo contramestre José Joaquim da Silva, ao ser interrogado, afirmou que jamais havia feito uma viagem à África em sua vida marítima. Quando o juiz indagou "se os referidos colonos vinham marcados com marca de ferro, como costumam vir os que são destinados para comércio, respondeu que se tinham alguma marca era lá do mato".[66] Se esta era sua primeira viagem, então provavelmente os oficiais negreiros desde cedo sabiam que os africanos já carregavam marcas étnicas em seus corpos antes mesmo de deixar seus lugares de origem.

A relação entre tripulantes e escravos tinha sua duração limitada ao tempo da negociação no litoral africano e à viagem transatlântica. Apesar de estar vinculado aos parâmetros da navegação marítima internacional, o tráfico negreiro também era parte significativa do processo de escravização dos africanos. Escravidão e trabalho livre têm aqui seu ponto de interseção mais evidente, com elementos específicos dessas formas de trabalho relacionando-se mutuamente. Os trabalhadores engajados no tráfico, ao mesmo tempo que compartilhavam dos aspectos mais amplos da vida no mar, viviam também a experiência cotidiana do domínio sobre os africanos, ainda que por pouco tempo.

Historiadores como Rediker e Linebaugh chamaram a atenção para a liberdade como um ideal pelo qual a cultura marítima sempre se bateu, e não é de descartar a possibilidade de que uma rede de comunicação — em que eventualmente se incluía a solidariedade — tenha se criado no tráfico negreiro entre marujos e escravos — como ressaltarei no próximo capítulo, considerando que boa parte das tripulações negreiras era composta de africanos. Todavia, aspectos ligados ao processo de trabalho, à hierarquia e às formas de pagamento também criaram outras redes no interior das tripulações, que estabeleciam relações verticais e faziam parte da identidade desses homens. A definição precisa das tarefas, a obrigatoriedade do bom funcionamento da embarcação sob risco de morte, a possibilidade de ascensão profissional mediante o aprendizado e o pagamento de acordo com a avaliação do desempenho nas tarefas criaram, no interior do grupo de trabalhadores marítimos, vínculos que podem tê-los colocado em um campo oposto ao dos africanos embarcados. Ainda que por vezes fossem solidários para com os escravos e testemunhas das atrocidades cometidas contra eles, os tripulantes (em especial os que não faziam parte do corpo de oficiais) não necessariamente traduziram esse sentimento em ações sistemáticas no sentido de melhorar a sorte dos escravos.

1. *Filho leva pai e mãe para serem vendidos como escravos.*

2. *Sequestro de escravos na África.*

3. Leilão de escravos na África.

4. Captura de escravos, gravura de autoria desconhecida, século XIX.

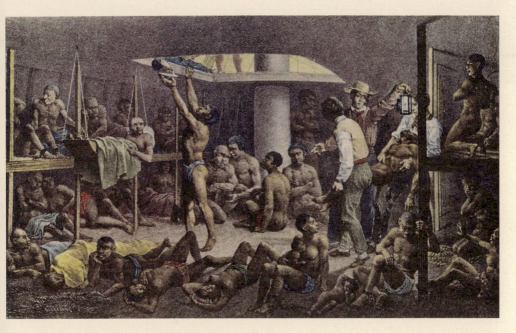

5. Negros no porão (1835), *de Johann Moritz Rugendas.*

6. Embarcação de escravos (1834), *de Emeric Essex Vidal.*

7. *Netuno a bordo do navio*, gravura de autoria desconhecida, século XIX.

8. *O mercado de escravos*, de Henry Chamberlain, século XIX.

9. Funeral de um negro, *de Henry Chamberlain, século XIX.*

10. Desembarque de escravos, *de Johann Moritz Rugendas, século XIX.*

11. O festivo desembarque da princesa Leopoldina no dia 6 de novembro de 1817, de Franz Joseph Frühbeck.

12. Mercado de escravos, de Johann Moritz Rugendas, século XIX.

13. Rua Direita, no Rio de Janeiro, *de Johann Moritz Rugendas, século XIX.*

14. Cena na rua Direita (1840), *de Paul Harro-Harring.*

15. Largo, chafariz e igreja de Santa Rita (1844), *de Eduard Hildebrandt.*

16. Feitoria europeia. Luango, obra de autoria desconhecida, segunda metade do século XVII.

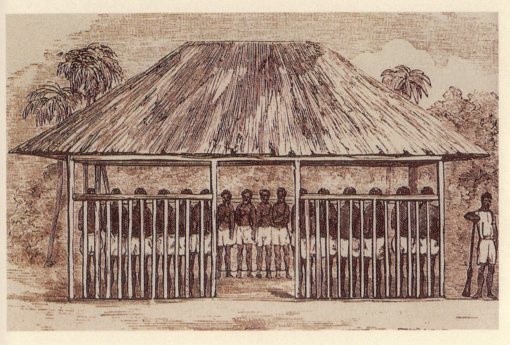

17. Hangar para escravos, obra de autoria desconhecida, século XIX.

18. Caravanas de escravos na África em viagem para a costa, obra de autoria desconhecida, século XIX.

19. Portão e mercado de escravos em Pernambuco, *de Augustus Earle, século XIX.*

20. Passeio após o jantar na praça do Palácio, *de Jean-Baptiste Debret.*

21. Desembarque de escravos negros (1840), *de Paul Harro-Harring.*

22. Inspeção dos negros recém-desembarcados da África (1840), *de Paul Harro-Harring.*

23. Rio de Janeiro, século XIX.

24. Entrada do Rio de Janeiro, século XIX.

25. Navio de comércio e negreiro La Marie Séraphique, *depois de viagem a Angola*, (1771-1773).

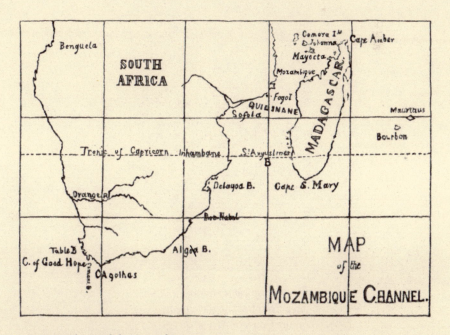

26. Mapa do canal de Moçambique.

27. Mercado de escravos no Recife, detalhe de gravura de Zacharias Wagener, século XVII.

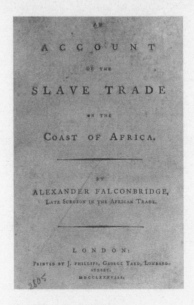

28. Frontispício do livro An account of the slave trade on the Coast of Africa, de Alexander Falconbridge.

29. *Música na proa da fragata Áustria*, desenhado durante viagem no oceano (*1817*), *lápis e aquarela de Thomas Ender.*

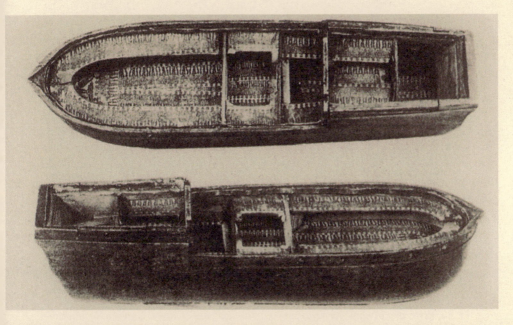

30. *Maquete de barco negreiro utilizada por William Wilbeforce (1759-1833) para sua intervenção na Câmara dos Comuns.*

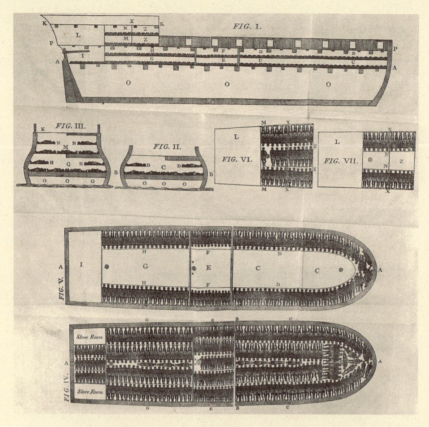

31. *Cortes de um navio negreiro reproduzidos na obra de Thomas Clarkson* Le cri des africains *(1821).*

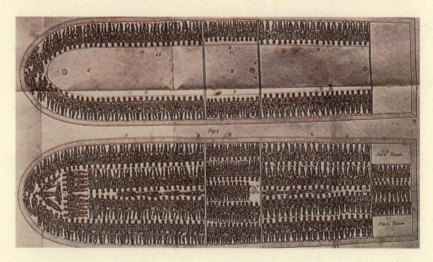

32. *Perfis de um navio negreiro com a arrumação dos escravos. Gravura de autoria desconhecida, século XIX. Note a semelhança com a parte inferior da imagem 31.*

6. Cultura marítima: a vez dos marinheiros[1]

Os estudos que se preocuparam em caracterizar a vida dos homens do mar em navios mercantes ou de guerra revelaram um cotidiano profundamente marcado pelo sofrimento — constatação válida para diferentes temporalidades históricas e cronológicas. O autor de um alentado estudo sobre a armação dos navios e a contratação das tripulações para uma importante rota colonial portuguesa apontou aspectos dessa natureza no trabalho marítimo: os marinheiros eram mal remunerados e espoliados pelos oficiais, além de lutar pela sobrevivência tendo como aliados alimentação e água muitas vezes estragadas.[2] Esse resumo bastante genérico pode nos ajudar a compreender o desgaste físico e mental que afetava esses homens, encurtando suas vidas em todos os sentidos — para o trabalho e para o gozo.

Mas o quadro geral carece de detalhamento no âmbito da historiografia brasileira. Se o sofrimento era uma marca desse tipo de trabalho, produzindo resultados que estão no cerne mesmo da cultura marítima, outros elementos ainda intervinham na caracterização das práticas culturais dos marinheiros. Entre elas estava a mobilidade no espaço, responsável pelo contato com outras práticas culturais mundo (ou mar) afora, além de inúmeras diversidades: a diferença social entre membros das tripulações, a variação etária, a multiplicidade religiosa, de nacionalidade, de etnia etc. O único fator de unidade cultural provavelmente era o gênero.

Esse termo, mais usado na recuperação do papel das mulheres na história, talvez seja bastante apropriado para o estudo das tripulações no período aqui delimitado — e em grande medida, até hoje. As profissões do mar eram uma parte exclusivamente masculina do mundo do trabalho ocidental. Sobretudo homens pobres se empregavam nelas; mulheres e homens abastados não se engajavam em navios como trabalhadores.[3] Em seu estudo sobre as tripulações da Marinha inglesa, Rediker pôde identificar várias nacionalidades a serviço de Sua Majestade britânica: franceses, alemães, portugueses, espanhóis, escandinavos, africanos, asiáticos e americanos. Também na colônia francesa de São Domingos havia, em fins do século XVIII, uma extraordinária diversidade de origem entre os marinheiros europeus que ali arribavam: espanhóis insulares, italianos, malteses e outros de diversas nacionalidades vinham ter à ilha, no curso de uma longa viagem. Esse "caldeirão de internacionalismo", na expressão de Linebaugh, era ainda mais notório nas tripulações piratas.[4]

O internacionalismo das equipagens negreiras destinadas ao Brasil teve algumas particularidades. Os dados a respeito de 179 tripulações (incluindo oficiais, marinheiros e grumetes livres e escravos) de viagens negreiras, ocorridas entre 1780 e 1863, dão-nos as seguintes proporções de distribuição conforme a nacionalidade:

TABELA 8 — DISTRIBUIÇÃO DAS TRIPULAÇÕES NEGREIRAS POR NACIONALIDADE

ORIGEM/REGIÃO	SUBTOTAL	TOTAL	ORIGEM/REGIÃO	SUBTOTAL	TOTAL	ORIGEM/REGIÃO	SUBTOTAL	TOTAL
PORTUGAL		1389	**ÁFRICA**		346	**ESTRANGEIROS**		59
Lisboa	384							
Porto	296		ÁFRICA OCIDENTAL		184	ÁSIA		5
Braga	76		Mina ou Costa da Mina	126		Índia	2	
Ilha de São Miguel	59		Cabo Verde	11		Macau	2	
Coimbra	39		Calabar	10		Camboja	1	
Faial	28		Gege	10				
Setúbal	22		Haussá	10		AMÉRICA		7
Ilha Terceira	21		Nagô	7		Montevidéu	2	
Ilha da Madeira	17		Ilha de São Tomé	6		Chile	1	
Não especificada	48		Cacheu	2		Colômbia	1	
Outras	399		Bissau	2		Cuba	1	
						Porto Rico	1	
BRASIL		237	ÁFRICA CENTRAL ATLÂNTICA		125	São Domingos	1	
Bahia	83		Angola	71				
Pernambuco	36		Benguela	23				
Rio de Janeiro	23		Cabinda	17				

ORIGEM/REGIÃO	SUBTOTAL	TOTAL	ORIGEM/REGIÃO	SUBTOTAL	TOTAL	ORIGEM/REGIÃO	SUBTOTAL	TOTAL
Santa Catarina	21		Novo Redondo	5		**EUROPA**		48
São Paulo	11		Congo	3		Espanha	31	
Paraíba	7		Luanda	2		França	7	
Pará	5		Camarão	3		Itália	3	
Espírito Santo	4		Gabão	1		Suécia	2	
Maranhão	4					Ilha de Alba	2	
Minas Gerais	3		**ÁFRICA ORIENTAL**		31	Inglaterra	1	
Rio Grande do Sul	3		Inhambane	2		Hamburgo	1	
Alagoas	3		Moçambique	23				
Ceará	2		Quilimane	6				
Rio Grande do Norte	1							
Não especificada	31		**NÃO IDENTIFICADA**		6			
			Bronon ou Bronou [?]	2				
			Avissa	1				
			Fassa [?]	1				
			Barba	1				
			Não especificada (costa da África)	1				

| TOTAL | | | | | | | | 2031 |

Fontes: AHI, processos julgados na Comissão Mista Anglo-Brasileira do Rio de Janeiro entre 1812 e 1863; ANTT, termos de qualificação de navios para obterem os seus passaportes e matrículas de equipagem de navios (1780 a 1842). As referências completas encontram-se em Fontes e bibliografia. Os dados incluem oficiais e marinheiros comuns.

A menor diversidade de origem nacional dos tripulantes de navios negreiros não significa a criação automática de uma unidade cultural maior, já que as práticas culturais são informadas por muitos outros elementos. A maior parte dos tripulantes era de origem portuguesa (pouco mais de 68% do total), seguida dos africanos (17%), brasileiros (quase 12%) e estrangeiros de diversos continentes (representando apenas algo em torno de 3%).[5] A presença de portugueses em termos majoritários reforça a ideia de Clarence-Smith, para quem a principal contribuição da metrópole ao tráfico de escravos talvez tenha sido o número de marinheiros que forneceu a esse comércio no século XIX.[6]

Excetuando sete cabo-verdianos da amostra (cinco marinheiros brancos, um carpinteiro e um contramestre), os demais africanos mencionados eram ou haviam sido escravos, o que nos remete a outros aspectos importantes na formação da cultura marítima do tráfico negreiro: a presença marcante das culturas africanas e escrava a bordo e a diversidade social existente nas equipagens. Talvez não seja o "caldeirão de internacionalismo" de Linebaugh, mas um "caldeirão de etnicidades" africanas — cujas origens remontavam à época das grandes navegações ibéricas, como argumenta Luiz Geraldo Silva, para quem não faltavam "articulações culturais recíprocas" entre pescadores e barqueiros portugueses e escravos mouros (a partir do século XVIII) e africanos (desde o século XV) nas barras do Tejo e do Douro, onde se localizavam os dois principais portos lusos.[7] Os tripulantes africanos, quase sempre na condição de marinheiros,[8] estavam submetidos ao domínio dos oficiais, como de resto todos os marinheiros. Entretanto, eventualmente suas falhas no trabalho eram punidas de forma mais rigorosa.

Algumas vezes, os africanos poderiam ainda ser objeto de discriminação no trato cotidiano com seus companheiros marujos: é o que inferi do relato de um viajante, datado de 1847, sobre o ritual que ocorria a bordo quando da passagem dos navios pela linha do equador. O ritual, que envolvia tanto os oficiais quanto os marinheiros, era permeado por brincadeiras, bebida e muita algazarra, nas quais às vezes os negros poderiam levar a pior. Vejamos o que diz um relato: "Tivemos poucas brincadeiras e as diversões costumeiras. Meteram dentro d'água com bastante crueldade a um negrinho passageiro de proa, brincadeira que ele não compreendeu e que não lhe cabia, pois que já havia cruzado a linha ao ir à Europa".[9]

A fonte não é categórica sobre o motivo pelo qual o rapaz teria sido tratado de forma diferente dos demais; porém, são significativas as menções à sua cor e à grandeza da crueldade — "bastante". Ademais, se compararmos esse relato com outras descrições do ritual de travessia do equador, veremos que raras vezes a crueldade se concentrava em uma figura que não pertencia ao corpo de oficiais; normalmente eram os capitães ou mestres os objetos das chacotas e blasfêmias dos marinheiros comuns.

Algumas vezes, a presença de marinheiros de determinadas etnias africanas nas tripulações era fruto da preferência dos oficiais europeus em função de habilidades demonstradas por eles. Os cabinda, por exemplo, eram apreciados pelos capitães portugueses, que os empregavam nos navios de cabotagem em Angola, enquanto os kru (das atuais Libéria e Costa do Marfim) foram marinheiros, carregadores e fornecedores de mantimentos para os navios negreiros ingleses, além de auxiliarem os traficantes a vencer os obstáculos da costa e das correntes marítimas para aportar — embora se recusassem sistematicamente a vender escravos a esses mesmos traficantes.[10]

No que se refere à idade dos tripulantes, o estudo de Rediker indicou que a maior parte dos marinheiros tinha entre vinte e trinta anos, enquanto a faixa etária média dos oficiais ficava entre trinta e 35 anos. A partir das mesmas fontes da tabela 8, temos as seguintes médias de idade nas tripulações do tráfico negreiro para o Brasil oitocentista:

TABELA 9 — MÉDIA ETÁRIA DE OFICIAIS E MARINHEIROS NEGREIROS

FUNÇÃO	MÉDIA ETÁRIA	FAIXA ETÁRIA	% SOBRE O TOTAL
Oficiais* (424 homens)	32 anos	entre 13 e 19 anos (22 homens)	5,20%
		entre 20 e 29 anos (160 homens)	37,74%
		entre 30 e 39 anos (154 homens)	36,32%
		entre 40 e 49 anos (73 homens)	17,21%
		entre 50 e 65 anos (15 homens)	3,53%
Marinheiros livres (947 homens)	26,5 anos	entre 11 e 19 anos (128 homens)	13,65%
		entre 20 e 29 anos (535 homens)	56,65%
		entre 30 e 39 anos (217 homens)	23,01%
		entre 40 e 49 anos (61 homens)	6,61%
		entre 50 e 78 anos (6 homens)	0,08%
Marinheiros escravos (49 homens)	25 anos	entre 12 e 19 anos (13 homens)	26,53%
		entre 20 e 29 anos (23 homens)	46,94%
		entre 30 e 39 anos (10 homens)	20,41%
		entre 40 e 65 anos (3 homens)	6,12%
Moços ou grumetes livres (171 homens)	21 anos	entre 12 e 19 anos (79 homens)	46,00%
		entre 20 e 29 anos (79 homens)	46,00%
		entre 30 e 39 anos (9 homens)	5,10%
		entre 40 e 50 anos (5 homens)	2,90%
Moços ou grumetes escravos (11 homens)	29,5 anos	entre 20 e 29 anos (6 homens)	54,50%
		entre 30 e 40 anos (5 homens)	45,50%

* Capitães, mestres, contramestres, pilotos e capelães, além de marinheiros especializados (cirurgiões, despenseiros e barbeiros).

As idades médias de oficiais e marinheiros livres coincidem com as do lugar e período estudado por Rediker (Inglaterra e América inglesa, primeira metade do século XVIII). As novidades, nesse caso, referem-se aos outros itens que inseri na tabela. Criei um campo específico para marinheiros escravos e dois campos para "moços ou grumetes". No campo destinado aos marinheiros livres foram computadas informações sobre homens provenientes da Europa, da América e da África, e nos campos referentes aos marinheiros e moços escravos anotei aqueles cuja condição vinha mencionada nas listas de tripulantes. Esses dados indicam uma especificidade do engajamento de escravos nas equipagens.

No caso dos moços ou grumetes escravos, a média etária deles contrariava a propalada regra de que os rapazes deveriam iniciar-se cedo no aprendizado do trabalho marítimo. No entanto, quase nada sabemos sobre as formas de recrutamento dos tripulantes. Amaral Lapa nos diz que a maneira mais comum de recrutar homens para a Carreira da Índia era a compulsória, o que ajuda a compreender os motivos de sua falta de civilidade quando em terra e as constantes deserções.[11] Entretanto, o engajamento de homens livres e pobres em navios para aprenderem uma profissão também estava de acordo com as regras do mercado de trabalho existente para essa camada popular, que tinha no mar uma possibilidade de arranjar trabalho em troca de salário — e, em se tratando do Brasil colonial, uma das raras possibilidades de emprego disponíveis para esse tipo de mão de obra.

Se para os trabalhadores livres e pobres podemos discutir o engajamento compulsório ou opcional no trabalho marítimo, para os escravos essa opção não existia: a iniciação no trabalho, embora também ocorresse cedo, estava sob o arbítrio do senhor e de quem os tomava em aluguel. Na colônia, a escassez de trabalhadores qualificados nos estaleiros — onde encontramos algumas profissões idênticas às dos navios, como calafates e carpinteiros — foi contornada pela formação de mão de obra livre ou escrava, comprando-se cativos especialmente destinados às tarefas da construção naval ou outros que já dominassem as técnicas do ofício.[12]

Também para os escravos embarcadiços do tráfico negreiro, o recrutamento apresentava esse duplo caráter compulsório e livre. Ao que tudo indica, era bastante antigo o costume dos capitães de separar os escravos mais robustos do carregamento para substituir os tripulantes que morriam durante as viagens — conforme esclareceu François Froger, engenheiro voluntário e escrivão do diário da viagem de De Gennes, que em 1695 tentou fundar uma colônia francesa no estreito de Magalhães.[13] O mesmo ocorreu com os africanos Ochar e Dadah, que aparecem na lista dos tripulantes a bordo da escuna *Dona Bárbara*: pelo depoimento do primeiro, fica claro que ele era um africano recém-capturado que foi colocado a serviço da embarcação — embora por apenas três dias, tempo que a escuna navegou entre a partida e o apresamento.[14] Por outro lado, os navios também funcionaram como rotas de fuga para escravos que se fizeram passar por marinheiros livres e se engajaram no trabalho marítimo. De acordo com Scott, "mesmo escravos sem experiência de navegação poderiam conhecer alguns termos náuticos através dos versos de uma ou mais canções populares, e passar por marinheiros livres. Os capitães dos navios normalmente não estavam dispostos a inquirir cuidadosamente cada marinheiro engajado".[15]

Por isso, podemos dizer que não se deve ao acaso a presença nos navios negreiros de "moços" um pouco mais maduros na condição de escravos. Moço ou grumete, de acordo com a definição de um dicionário de meados do Oitocentos, é o tripulante "cuja praça medeia entre os marinheiros e os pajens, e que sobe às gáveas e faz outros misteres".[16] Denominar "moços" esses escravos com idades mais elevadas não significa que, como os moços ou grumetes brancos, eles estivessem ingressando recentemente no aprendizado profissional ou que apenas desempenhassem as funções definidas pelo dicionarista contemporâneo. No caso deles, a denominação deve ter uma relação menor com a idade e mais estreita com o grau em que se encontravam no processo de aprendizagem da *profissão marítima*. Provavelmente, os escravos mencionados já haviam passado por outras tarefas (e talvez outros senhores) antes de chegar à vida no mar.

Além do que, a presença de africanos (escravos ou não) a bordo de navios negreiros poderia se dar pela necessidade de um elo de comunicação entre os tripulantes e os escravos embarcados, pelo imperativo de saber o que murmuravam ou tramavam os que vinham encarcerados no porão. Se os marinheiros africanos e/ou escravos puderam ou se dispuseram a cumprir essa função, pouco sabemos. Também entre os africanos a diversidade etnolinguística era enorme, mas é plausível supor que um africano de etnia diversa (e inimiga) daqueles que vinham no porão pode ter sido muito útil às tripulações negreiras. Inversamente, um africano de qualquer origem pode ter sido um elo importante na rede de solidariedade dos "malungos" contra o tratamento dispensado a eles pelo restante da tripulação.

Ainda no tocante à idade dos homens do mar, apesar da variabilidade, "as altas taxas de mortalidade e os rigores do trabalho marítimo fizeram surgir uma ocupação e uma cultura de homens jovens", de acordo com Rediker.[17] Todavia, afirmar que a cultura marítima era "uma cultura de homens jovens" não significa que dela estivesse ausente a tradição ou que não houvesse homens mais velhos engajados. Apesar do número relativamente pequeno, os velhos homens do mar — oficiais ou marinheiros comuns — cumpriam o papel de transmissores da tradição cultural marítima: "A experiência dos velhos homens do mar dava a medida e o entendimento de eventos e atividades. Os homens mais jovens respeitavam os mais velhos por seu conhecimento do mar, do navio, dos sinais da natureza e dos métodos do trabalho marítimo. As lutas diárias com os mestres e contramestres fizeram muitos marinheiros valorizarem o bom senso dos velhos marinheiros que conheciam o momento certo da deserção, do motim e mesmo da pirataria".[18]

Se informações como essas sobre as tripulações, de caráter mais censitário, podem nos fazer vislumbrar aspectos da cultura marítima, existem ainda outras brechas possíveis. A esses elementos formativos somavam-se a natureza, as condições e as relações sociais no trabalho e o espaço físico do navio. Como toda cultura, essa também não era estática e se transformou ao longo do tempo, em resposta às alterações introduzidas no processo e no local de trabalho. Ou seja, embora sem uma relação de determinação, as novidades tecnológicas introduzidas na arquitetura naval levaram a mudanças inegáveis na vida de bordo. Mudava o espaço onde se realizava o trabalho, o próprio processo de trabalho e a relação dos tripulantes entre si e no desempenho de suas funções.

Processo de trabalho, cultura profissional, mudanças tecnológicas, espaço de trabalho: estes são temas caros à história social dos trabalhadores. Se a classe operária é, nas palavras de E. P. Thompson, um processo histórico, e não um produto de geração espontânea do sistema de fábricas,[19] as relações produtivas e as condições em que o trabalho se desenvolvia estavam presentes antes da sua formação, em um período em que a luta de classes se travava sem a existência da classe operária.[20]

A analogia entre o sistema fabril e o trabalho marítimo, com visível inspiração na obra de Thompson, foi levada a cabo por autores como Linebaugh e Rediker. Em *Tiempo, disciplina de trabajo y capitalismo industrial*, Thompson argumentou que a experiência de trabalho dos camponeses e artesãos do século XVIII ocupava uma *parte* de sua vida e lhes permitia assim um grau maior de autonomia.[21] No sistema fabril ou no navio, *toda* a vida era subordinada ao trabalho. Nesse sentido, a experiência dos marinheiros precedeu a dos proletários no que se refere ao trabalho disciplinado e ao isolamento, fazendo com que as proximidades entre a fábrica e o navio fossem além de casos pontuais, como o lidar dos marinheiros com a maquinaria e o haver pagamento de salários em dinheiro.

A hierarquia e as más condições do trabalho a bordo dos navios, no entanto, acentuavam nos marinheiros a disposição de luta e a fama de insubordinados. Essa tradição, aliada à resistência escrava contra o cativeiro, surgia claramente nas palavras do administrador da Fábrica de Ferro de Ipanema, às voltas com um problema envolvendo escravos-marinheiros africanos em 1846. Carente de mão de obra, a Fábrica era um destino comum para africanos livres apreendidos nos navios contrabandistas nos portos do Centro-Sul do Brasil depois de 1831. Todavia, o problema causado ao administrador por um grupo desses africanos tornou-se caso de polícia: os africanos diziam ter servido anteriormente no Arsenal da Marinha da Bahia e que lá haviam lhes prometido a liberdade depois de alguns anos de serviços prestados. Como isso não ocorreu, escreveram um documento de próprio punho ao juiz de órfãos local requerendo sua liberdade. Assustado, o administrador da Fábrica solicitou uma escolta policial para retirá-los dali e concluiu que eles não se prestavam ao trabalho fabril, "por serem quase todos marinheiros, exigentes e mal-acostumados".[22]

O isolamento e o desligamento das relações sociais anteriores, características da vida no mar, provocavam também situações de abandono, especialmente em casos de doenças advindas da profissão ou no final da vida útil do trabalhador. De acordo com Vilhena, na segunda metade do século XVIII a maior parte dos mendigos brancos que vagavam pelas ruas de Salvador era de ex-marujos convalescentes que, na falta de arrimo, acabavam se tornando pedintes — um ofício "menos laborioso e igualmente rendoso ao de marinheiro". Não era incomum que morressem pelas tavernas, vitimados pelo excesso de álcool. No mesmo período, a Santa Casa de Misericórdia do Rio de Janeiro também recebia marinheiros necessitados de "curativos", que pagavam do próprio bolso as despesas do hospital.[23]

As relações que envolviam o recrutamento, a negociação do salário e as ligações hierárquicas a bordo dos navios talvez possam ser definidas como um misto de "economia moral" e economia política. Da economia moral, os marinheiros teriam herdado ou mantido a rede informal de comunicação através da qual obtinham informações sobre a qualidade do tratamento e da ração de bordo e também sobre o salário. Dela viriam ainda as formas de contestação às arbitrariedades a que os oficiais os submetiam, resultando muitas vezes em motins e deserções. Seria uma economia moral peculiar, na qual as obrigações paternalistas que pudessem ser transportadas da terra firme teriam pouca aplicação, uma vez que o navio zarpasse. Por outro lado, a vida de bordo devia à economia política e às relações de mercado capitalistas a erosão do paternalismo, através da mobilidade dos marinheiros e oficiais e da despersonalização advinda do salário monetário.[24] Esta última modalidade de pagamento, porém, não era a única aplicada a toda a tripulação: a "soldada a julgar" dos marinheiros (entre os quais muitos escravos), presente em vários negreiros brasileiros, mantinha a possibilidade de o pagamento se fazer dentro de critérios paternalistas e subjetivos de avaliação pelos oficiais.

Se os homens do mar forjaram uma identidade, uma maneira possível de verificar isso está na visão que os homens de terra contemporâneos tinham sobre eles. No início do século XVIII, os homens do mar eram vistos por aqueles que não navegavam por dever de ofício como "homens desagradáveis mas falantes, supersticiosos mas irreligiosos, corajosos e seguros, embora desordeiros e indisciplinados. Esses elementos eram distintivos da cultura marítima".[25] Desordem e indisciplina foram apontados recorrentemente quando se tratava de traçar um quadro do comportamento dos marinheiros das mais diversas nacionalidades quando picavam terra.[26]

Para Pyrard de Laval, viajante do início do século XVII, "é certo que todos os homens do mar [...] são bárbaros, desumanos, incivis, não guardam respeito a pessoa alguma; em suma, são verdadeiros diabos em carne", embora afirmasse que "em terra são anjos".[27] Opinião um pouco diferente pareciam ter os habitantes da Salvador colonial, para quem "essa marujada representava invariavelmente um tormento. Contumazes desordeiros, quando não trânsfugas e homicidas, desejavam eles aproveitar ao máximo sua permanência em terra", onde frequentavam bordéis, envolviam-se em brigas, roubos e contrabando, além de desertar.[28] Se os marinheiros portugueses sentiam-se relativamente em casa nas colônias ultramarinas, já no século XIX tripulantes da disciplinada Royal Navy também não deram "os melhores exemplos de honestidade ou de disciplina", nas palavras de Gilberto Freyre:

> Ao contrário: nas próprias águas do Brasil explodiram [...] revoltas ou insubordinações de marinheiros ingleses contra seus chefes. Tal a que ocorreu em 1836 a bordo do brigue-barca *Golden Fluce*, no porto da Bahia [...]. A insubordinação foi reprimida pelos oficiais da corveta brasileira *Sete de Abril* [...] "considero dever-se crédito (são palavras do cônsul britânico ao presidente da província) aos oficiais da Corveta de S. A. I. *Sete de Abril* pela pronta e efetiva assistência prestada por eles posto que tenha a lamentar que fosse morto um homem da tripulação do *Golden Fluce* apesar de parecer isso filho do acaso e não de intenção e que ele fora o chefe dos desordeiros e merecedor do destino que encontrou".[29]

Do mesmo modo, o comportamento dos marujos em terra representava um problema para as autoridades policiais das colônias inglesas nas Antilhas: no início do século XIX, os jornais jamaicanos os definiam como desordeiros, e havia muitas leis locais que procuravam regulamentar de modo severo a conduta dos marinheiros, especialmente em períodos de tensão — como durante a Guerra dos Dez Anos (1780-90), quando eles foram proibidos de servir príncipes ou Estados estrangeiros[30] —, indício de que, para esses homens, o vínculo com o trabalho e a cultura marítima muitas vezes era mais forte do que a obediência sincera a soberanos distantes.

A insubordinação contumaz dos marinheiros estava ligada a um dos dois confrontos que forjaram a cultura marítima: a luta contra a exploração pelos oficiais, alinhada ao outro confronto básico, que envolvia o homem e a natureza. Viver embarcado significava travar uma luta diuturna com as forças da natureza, um lidar cotidiano que teve efeito inegável na cultura marítima. Sobreviver, nesses casos, era um verbo que se conjugava coletivamente: a vida muitas vezes dependia do trabalho, da habilidade e do espírito comunitário da tripulação como um todo.[31]

Nas longas travessias oceânicas, a ação contínua da água e do ar deteriorava partes dos navios, especialmente o casco, as peças de madeira e o material de calafetagem. A luta contra esse desgaste exigia providências imediatas e eficazes dos calafates, que ao mesmo tempo significavam um aumento forçado da sua produtividade, sob risco de perda da embarcação e da carga e morte da equipagem. Em benefício de suas próprias vidas, o trabalho, a habilidade e o espírito comunitário dos homens do mar atuaram sempre que necessário, mas o fato é que essa conjunção não era infalível. De acordo com Lapa, ao menos até o século XVIII as estatísticas demonstram que os naufrágios eram muito mais resultado da precariedade dos navios e da inabilidade dos pilotos do que da força dos elementos naturais.[32]

A força da natureza também podia se manifestar de forma mais sutil do que nas tempestades em alto-mar. Para os embarcadiços, as calmarias — comuns especialmente na linha do equador — representavam um perigo muitas vezes letal e eram objeto de terror, tanto quanto os temporais. O prussiano Leithold, que passou por calmarias ao longo da viagem que o trouxe ao Rio de Janeiro, afirmou que durante o fenômeno "reinava um silêncio surdo no navio, que mais parecia um claustro de trapistas; ninguém falava, mesmo os marinheiros olhavam fixo para diante, por não haver esperança de passar a linha [do equador]".[33]

Um registro mais direto das inquietações de um tripulante preso a uma calmaria aparece no diário náutico do bergantim negreiro *Brilhante*, que zarpou do Rio de Janeiro para Ambriz em 12 de janeiro de 1838. Podemos ler nas anotações de 31 de janeiro, provavelmente escritas pelo jovem capitão Antonio Jorge da Costa, de 23 anos, o pedido para que "o grande Criador do Universo nos dê bom vento e feliz viagem" e, quatro dias mais tarde, a promessa de mandar rezar "uma missa de almas na primeira segunda-feira depois de chegar a Luanda se até amanhã segunda-feira tivermos bom vento e mais fresco, pois já são onze dias de calma. O Grande Deus nos dê feliz viagem e bom vento, e S. Francisco de Paula. Ainda não faltou um só momento que me não lembrasse a minha família e a minha Leopoldina, a quem adoro".

A calmaria se estendeu por quase todo o mês de fevereiro, provocando no rapaz lembranças ternas de dias menos arriscados: "A todo momento tenho lembranças... Ah!, não digo de quem..." (8 de fevereiro de 1838). "Não há hora nem instante que me não lembre a minha amada Leopoldina, assim como a minha família" (24 de fevereiro). O torna-viagem do *Brilhante*, em abril de 1838, também foi marcado pelos caprichos da natureza oceânica. Em 4 de maio, Costa anotou no diário: "Muita chuva, tempo muito mau com vento muito forte, e o mar queria comer o navio". A fúria abrandou no dia seguinte, quando "ao amanhecer abonançou o tempo". O fim da viagem não foi menos desditoso, embora nada tivesse a ver com as condições do tempo: o bergantim foi apreendido pelo brigue de guerra britânico *Wizard* em 13 de maio, próximo da costa fluminense.[34]

Recorrer à força divina para salvar o navio de uma situação de perigo era uma dentre tantas atitudes tomadas pelos tripulantes. Essa força não era necessariamente o Deus cristão, a quem Antonio Jorge da Costa recorreu com o voto de missas — e do qual não sabemos se ele se desobrigou em Luanda. A relação com a natureza, conectada a outros aspectos da vida marítima como o isolamento, implicou atitudes religiosas (ou irreligiosas) as mais diversas, assunto que irei aprofundar adiante.

O segundo confronto que também exerceu influência decisiva sobre o desenvolvimento da cultura marítima foi a luta de classes a bordo, envolvendo o poder, a autoridade, a hierarquia, o trabalho e a disciplina. Se perfilarmos as atitudes de marinheiros e oficiais e a luta que se travava entre eles, talvez seja mais adequado falar em culturas marítimas, no plural. Afinal, as posições antagônicas geraram interesses, valores e práticas distintos.

Como continuarei tratando da cultura marítima no singular, antes de prosseguir é preciso fazer uma ressalva sobre essa diferenciação: se de um lado havia uma "cultura corporativa", produto da luta com os elementos naturais, de outro havia divergências insuperáveis entre oficiais e marinheiros que emergiam das "relações de produção básicas na navegação".[35] Veremos como isso se materializava nos processos decisórios internos dos navios — nos quais, apesar de normalmente prevalecer a autoridade do capitão ou de outros oficiais, havia momentos em que as decisões eram tomadas pelo coletivo da tripulação, especialmente quando havia o perigo de soçobrar. Este é o tema das próximas seções, centradas nas questões da linguagem, dos costumes, da religião, dos rituais e dos processos decisórios nas embarcações — todos intimamente ligados aos dois confrontos básicos identificados como fundamentais para o desenvolvimento da cultura dos homens do mar.

Viajar, na vida marítima, constituía parte do trabalho. Em muitos portos havia uma diversidade de gentes e línguas estrangeiras, e no Rio de Janeiro não era diferente: línguas, nacionalidades e cores misturavam-se ali. O viajante francês D'Orbigny confessou a dificuldade em descrever cada um dos elementos que viu naquele porto, na primavera de 1826:

> Seria difícil dar uma ideia do intenso comércio do Rio de Janeiro. O porto, a bolsa, os mercados das ruas paralelas ao mar ficam abarrotados de uma multidão de negociantes, marinheiros e negros. Os vários idiomas aí falados, a variedade de vestuários, os cantos dos negros que carregam fardos, o rangido dos carros de bois que transportam as mercadorias, as frequentes salvas dos fortes e dos navios que entram, o toque dos sinos que convocam à reza, os gritos da multidão, tudo isso contribui para dar à cidade uma fisionomia confusa, ruidosa e original.[36]

Mistura semelhante foi observada por outros viajantes no século XIX. Ao príncipe Maximiliano chamaram a atenção os numerosos ingleses, espanhóis, italianos, franceses, alemães, holandeses, suecos, dinamarqueses e russos — além, obviamente, dos negros, que foram mencionados como os executores dos serviços pesados.[37] Daniel Kidder, anos mais tarde, não só afirmou que o largo do Paço era ocupado por uma "turba multiforme" como também que era o chafariz da praça o grande motivo da aglomeração, o que não escapava à vigilância da polícia da Corte.[38] A variedade de idiomas impressionou também o norte-americano Ezequiel Barra, que notou a horda de "portugueses morenos" e negros cor de carvão que falavam um jargão ininteligível de meia dúzia de línguas no Rio de Janeiro em 1849,[39] enquanto o médico e naturalista Clarke Abel disse ter tido uma sensação desagradável no mercado de peixes e verduras da cidade: "meus ouvidos descobriram, pelo jargão de diferentes línguas usadas pelos escravos que faziam o comércio para seus senhores, e pelas velhas mulheres, que os artigos custavam muito caro".[40]

Assim como na capital brasileira, a multiplicidade de origens étnicas e nacionais, bem como todo tipo de diversidade na navegação, parece ter sido a tônica em todos os portos ocidentais onde vigorava o trabalho escravo. Em muitos casos — e talvez mesmo no Rio de Janeiro —, os trabalhadores marítimos formaram uma comunidade similar à existente no Caribe desde pelo menos o final do século XVIII. Em diversas ilhas, a presença dos marinheiros foi expressiva: cerca de 21 mil marujos britânicos passavam todos os anos pelas Índias Ocidentais, sendo que apenas o comércio colonial da Jamaica, no ano de 1788, empregava aproximadamente quinhentos navios e mais de 9 mil homens. Um número duas vezes maior de marinheiros franceses arribou em São Domingos no ano da Revolução Francesa, em 710 navios. São números expressivos, que apontam não apenas para o fato de que havia muitos homens de passagem. De toda essa população circulante e instável, um número não quantificável acabou se fixando nas Antilhas, e outros se estabeleceram ali por períodos consideráveis, vitimados por problemas de saúde, em busca de engajamento em outra embarcação, por falta de emprego, deserção ou outros motivos quaisquer.[41]

Os homens do mar, ao longo de suas viagens ou em seus períodos de fixação em terra, acabavam tendo a oportunidade de conhecer diversas línguas em grau suficiente para se comunicar com pessoas de origens diferentes. Entretanto, tornar-se marinheiro consistia, entre outras coisas, em aprender e ensinar o jargão específico do mar: em parte, era devido a essa linguagem peculiar que os marinheiros podiam ser identificados por outros grupos sociais. A linguagem tinha um significado especial no mundo da navegação de longo curso. Todavia, a vida no mar não se traduzia apenas em isolamento da vida terrestre e desligamento em relação ao seu lugar de origem. O contraponto disso está na própria navegação, que se de um lado isolava e desligava, de outro fazia com que os marujos expressassem no linguajar sua alienação em relação ao mundo terrestre e, simultaneamente, criassem novos laços que os unissem aos demais marinheiros, entre os quais contava-se uma linguagem comum.

Ao que tudo indica, essa linguagem era utilizada na convivência entre os tripulantes, embarcados ou em terra. Como toda linguagem, ela também expressava uma série de relações sociais que poderiam excluir os não iniciados. O prussiano Leithold, na viagem de volta à sua terra natal, deixou um registro de como esse mecanismo agia, modificado pelo (ou modificando o) comportamento dos homens do mar. Klaus Hoop, capitão do navio que o conduziu do Rio de Janeiro à Prússia — o *Fortuna* —, mudou de conduta quando alcançou alto-mar e passou a tratar os passageiros como seus subordinados — o que não era exatamente um tratamento obsequioso: "Começou a falar com seus dois imediatos num dialeto o mais incompreensível e desagradável possível, o que não tínhamos ouvido antes da partida. Mesmo ao tratar do preço da passagem, nunca lhe percebi faltar à correção que se deve a estranhos e mesmo a íntimos. De repente, transformou-se ele em pessoa totalmente outra. Ficou de uma ridícula insolência".

Contudo, o tradutor da obra de Leithold nos deixou na mão, anotando na tradução: "seguem-se seis páginas irrelevantes sobre as relações desse Hudibrás — como o capitão foi apelidado — com os passageiros e que nenhum interesse oferecem ao leitor brasileiro".[42]

Outro viajante deixou-nos o relato de um caso de indisciplina e a punição exemplar sofrida por um marinheiro. Hill, um dos tripulantes mais velhos do navio, falava em voz alta na proa, talvez sob efeito da bebida, quando foi repreendido pelo capitão, que o chamou à popa e passou-lhe a carraspana:

— Vê se te calas agora, filho de tal por qual.
— Não sou filho de tal por qual, senhor.
— Ponha-lhe as algemas, senhor Libby — disse ao primeiro oficial, que procedeu de acordo.

É quase certo que o adjetivo usado pelo capitão ao referir-se ao velho marinheiro tenha sido um pouco mais pesado do que o anotado por Samuel Arnold, o viajante em questão. De todo modo, além da prisão até a manhã seguinte, o castigo incluiu o corte do *gug* pelo resto da viagem[43] — e note-se que o capitão chamou seu imediato de "senhor", tratamento bastante diferente do que usou para referir-se ao marinheiro punido, denotando uma formalidade entre os oficiais que não se aplicava a todos os tripulantes. Problemas ligados à ordem disciplinar, ao que tudo indica, eram constantes nas viagens de longo curso. Muitos viajantes referiram-se a eles, como Beaumont — para quem "o comportamento dos homens durante a viagem foi exemplar; com exceção de três ou quatro *ovelhas negras*, que sempre existirão em um grande rebanho". Comportar-se bem, em suas palavras, significava prover o conforto dos oficiais e cumprir direito as tarefas.[44] Para manter a ordem a bordo, os castigos corporais eram utilizados com frequência; o estadunidense Colton, embora fosse contrário a essas punições, dizia que "iria erguer um monumento a quem pudesse inventar um substituto adequado a bordo para os marujos".[45]

O tratamento rude dispensado pelos oficiais à equipagem era ainda pior quando se dirigia aos marinheiros no grau mais baixo da hierarquia. A violência parecia fazer parte da linguagem da disciplina, a julgar pelo relato de Manet sobre situações vividas a bordo: os quatro grumetes e os dois aprendizes do navio eram tratados a socos e pontapés pelo comissário, "um negro brutal dava-lhes surras tremendas, por qualquer desobediência, segundo era uso na marinha [...]. Esses métodos tornavam os garotos incrivelmente disciplinados".[46]

O jargão marítimo era utilizado no trato pessoal e na imposição da disciplina, mas também e sobretudo no aprendizado profissional. Muitas vezes, as situações vividas no mar requeriam ação imediata — como em meio a tempestades, no salvamento de homens que caíam do navio ou na repressão a revoltas de escravos, por exemplo. Situações como essas, em que qualquer falha poderia significar a perda de vidas ou da própria embarcação, ajudam a explicar a ausência de ambiguidade na linguagem técnica dos marinheiros: nela, cada objeto e ação tinha uma palavra ou frase curta, clara e inconfundível para designá-los. Em que pese a já ressaltada divisão social a bordo entre oficiais e marinheiros comuns, a linguagem era um elemento cultural necessariamente compartilhado por todos, pois era um instrumento que colocava em campo a autoridade e afinava a sintonia entre o capitão e seus subordinados.[47] A eficiência do trabalho e do comando em meio a um temporal foi testemunhada pelo alemão Pohl, mineralogista e botânico da expedição austríaca que acompanhou a princesa Leopoldina ao Brasil. O viajante narrou as agruras vividas pelo grupo de cientistas, dentre os quais apenas alguns tiveram coragem de sair de suas cabines para observar a "luta dos elementos que bramiam em torno de nós". Estes logo retornaram para o lugar de onde haviam saído, "afugentados pela celeuma dos marinheiros no trabalho, a que se unia, num todo caótico, o ensurdecedor rugir da tempestade e das vagas, o estalar do navio, o sibilar do vento no mastro e na cordoalha e o grito de comando dos oficiais".[48]

A clareza e a objetividade do jargão não devem levar a uma conclusão apressada de que se tratava de uma linguagem pouco complexa; evidentemente, a terminologia marítima foi alterada ao longo do tempo e em função das transformações tecnológicas. O navio de alto-mar era uma das mais sofisticadas peças tecnológicas dos tempos modernos[49] e permaneceu em constante transformação. As expressões utilizadas para se referir às suas partes ou ao processo de trabalho que nele se desenrolava não eram menos sofisticadas.

A transformação e o caráter sintético do linguajar marítimo foram apontados por dicionaristas portugueses. Na introdução ao *Dicionário da linguagem de marinha antiga e atual*, os autores dizem ter encontrado muitos termos desconhecidos ao lidar com a edição de um diário marítimo do início do século XVII "que os dicionários não registravam, e frases descuidadamente redigidas e cujo sentido se escondia em breves palavras, como é próprio do falar de bordo".[50]

No século XIX, outros dicionaristas deixaram patente a especificidade do jargão de bordo, afirmando que qualquer curioso na "arte marítima" poderia desconhecer os nomes das partes do navio se não andasse embarcado e, mesmo no caso de ser um passageiro constante, se não se interessasse por outra coisa que não fosse seu negócio, ele também teria dificuldades de compreensão.[51] Essa pode ser uma pista para explicar o fato de que Leithold tenha qualificado a fala do capitão Hoop como "o dialeto o mais incompreensível e desagradável possível". Provavelmente, o viajante prussiano estava tão interessado em seu regresso à Europa que pouco se dispôs a compreender aquilo que ouvia e que lhe soava tão estranho.

A especificidade do linguajar também se devia à complexidade tecnológica. Ao publicar seu dicionário de marinharia em meados do século XIX, Antonio Gregório de Freitas nos deu pistas sobre o tipo de conhecimento que os tripulantes deveriam necessariamente possuir para desempenhar seu trabalho. A obra divide-se em sete partes, incluindo noções sobre as dimensões e peças dos navios, sobre a mastreação, sobre as âncoras e amarras, sobre a nomenclatura da mastreação e construção das âncoras, a definição dos termos de construção, a feitura dos mastros e métodos para cortar as velas e sobre os cálculos astronômicos.[52]

Penetrar em tal especificidade era, efetivamente, aprender uma língua diferente de qualquer uma falada em terra ou de qualquer outro jargão profissional. As palavras do aprendiz inglês Jack Cremer, no século XVIII, demonstram claramente esse processo: "eu não poderia dizer em que mundo estava, se entre espíritos ou demônios. Tudo parecia estranho: linguagem diferente e expressões estranhas, e às vezes pensava comigo mesmo ser um sonho, como se eu nunca estivesse plenamente acordado". Seus primeiros passos, como os de todo aprendiz, foram aprender as tarefas do trabalho e os nomes das partes da embarcação: as diferenças entre popa e proa, bombordo e estibordo; a distinção das tarefas ligadas às velas e mastros; a hierarquia de bordo, do capitão ao grumete; o reconhecimento dos vários tipos de navios — brigues, escunas, chalupas e muitos outros — e também as designações específicas dos elementos da natureza (ventos, tempestades, correntes).[53]

Essa linguagem concisa, acurada e técnica era também a expressão das relações sociais no interior da tripulação. Ao aprender a linguagem marítima, o jovem grumete não estava apenas enriquecendo seu vocabulário: ele estava também conhecendo sua posição na hierarquia e descobrindo que a primeira forma de comunicação a bordo do navio era o comando, ao mesmo tempo que ingressava nas relações da comunidade marítima. A linguagem expressava o poder dos oficiais, mas também a integração dos tripulantes e da resistência a esse mesmo poder. De acordo com Rediker, mestres e contramestres normalmente eram as figuras dominantes nessa comunidade, os maiores conhecedores da linguagem e das técnicas do trabalho, sendo o "modo de falar comunitário" a base da consciência e do sentimento de coletividade entre todos os que viviam no mar. Divertida ou séria, a linguagem dos cantores de baladas, por exemplo, continha insultos significativos quando endereçados aos oficiais, algo como um motim verbal.[54]

No comércio de escravizados na costa da África, a linguagem também adquiriu características próprias — as chamadas línguas *pidgins*, criadas em um processo de reelaboração da gramática, do léxico e da entonação. Essas línguas eram utilizadas na comunicação entre os envolvidos no negócio de compra e venda, e entre elas estavam o inglês *pidgin* do século XVIII, bem como o português crioulo — que também tornou-se *pidgin* e era utilizado como "língua de comércio e como segunda língua da educação congolesa", envolvendo não só o Congo e as colônias portuguesas, mas toda a costa oeste da África Central.[55] Os brasileiros que retornaram para Lagos em meados do século XIX também procuraram disseminar o ensino formal do idioma português, tanto para preservar sua identidade diante da introdução do inglês, como também porque ele era a língua do comércio na costa.[56]

Se as línguas *pidgins* eram próprias às transações do tráfico na costa africana, provavelmente também poderiam estar presentes no trato entre tripulantes e africanos a bordo dos navios, embora não tenhamos evidências diretas disso. Numa área tão vasta como a África Central atlântica, onde as línguas bantos mantinham entre si diferenças que, contudo, não impossibilitavam a comunicação entre os povos, os negociantes e pombeiros que percorriam os sertões poderiam se utilizar dela como idioma de comércio. Slenes advoga que a comunicação entre os escravos da África Central teria começado ainda no trajeto entre o ponto de apresamento e o litoral — e não, tal qual aparece em muitos estudos sobre a escravidão, como algo que só teria existido "depois da viagem à América, com o aprendizado de um dos idiomas europeus, ou de uma língua *pidgin* (um linguajar simplificado) baseado neles": "Antes disso, a diversidade de línguas entre os cativos teria obstado praticamente qualquer troca de ideias acima de um nível primário. Ora, este argumento talvez tenha algum fundamento no que se refere a escravos da África Ocidental (a região da Costa da Mina e da baía de Benin), onde de fato coexistem várias famílias de línguas não relacionadas. Para a África banta, no entanto, ele é totalmente inadequado".[57]

De modo semelhante, creio que havia um meio de comunicação linguística entre tripulantes e africanos, considerando quatro situações nas quais teriam se estabelecido contatos e amarradas possibilidades de um entendimento mútuo por meio das palavras.

A princípio, havia o lidar com o negócio de compra e venda do lote de escravizados. Muitas vezes, a negociação entre os oficiais e os fornecedores (portugueses, africanos, brasileiros, luso-africanos ou luso-brasileiros, no caso de Angola) era demorada, o que para a tripulação representava uma espera por tempo variado, eventualmente meses. Nesse meio-tempo, a equipagem não ficava confinada a bordo; tendo ou não aversão ao tráfico, e mesmo temendo os perigos representados pelas doenças no litoral africano, é certo que havia muitas oportunidades para esses homens irem à terra até que o negócio fosse fechado. Nessas idas, era improvável que não tivessem algum contato com os habitantes da região.

Uma outra situação envolvendo marinheiros e cativos pode ser classificada como a mais radical: tripulantes (brancos e negros) e africanos atravessavam o oceano juntos por um tempo que, no século XIX, podia variar de trinta a noventa dias (considerando viagens de Angola e Moçambique, respectivamente, para o Rio de Janeiro) se tudo transcorresse normalmente, sem calmarias ou outros imprevistos que atrasassem a viagem. À primeira vista, era um tempo curto demais para os falantes de uma língua europeia aprenderem os rudimentos de outra língua, mas o fato é que os homens do mar engajados por longos anos nas mesmas rotas negreiras podiam estar mais familiarizados com expressões verbais diferentes de suas línguas nacionais. Apesar de os marinheiros virem no convés e os escravizados no porão, ambos compartilhavam espaços do navio em circunstâncias diversas, mas de todo modo frequentes: de um lado, os escravos deixavam o porão em grupos para esticar as pernas, tomar sol ou prestar serviços no convés; por sua vez, havia tripulantes responsáveis pelo tratamento dos africanos confinados, alimentando-os e servindo-lhes água durante a travessia, mesmo que esses cuidados fossem restritos ao abrir e fechar das escotilhas. Havia ainda as inevitáveis revoltas a bordo, uma experiência-limite da qual certamente todos os envolvidos tiravam lições a respeito de seus oponentes.[58]

Não podemos esquecer também a já mencionada presença de africanos de diversas etnias nas equipagens negreiras (17% do total) que, por força de sua origem, conheciam uma ou mais línguas africanas. Eles também estavam presentes na navegação de cabotagem no Brasil em fins do século XVIII, na qual trabalhavam cerca de 10 mil marinheiros escravos.[59] Elias Antônio Lopes, um dos maiores traficantes cariocas quando da chegada da família real, era proprietário de quatro embarcações negreiras com dezenove escravos-marinheiros.[60] Como afirmei anteriormente, a presença de tripulantes africanos nos navios negreiros poderia se dar pela necessidade de um elo de comunicação entre os demais tripulantes e os cativos, para saber o que murmuravam os escravos encarcerados no porão e prevenir revoltas. Essa hipótese conta com o aporte testemunhal de um capitão negreiro inglês atuante na África Ocidental, que certa feita se lamentou por ter realizado uma viagem "sem intérpretes para ajudar no necessário intercurso com nossos escravos. Não havia nenhum a bordo que conhecesse uma palavra do dialeto deles". A ausência de um tripulante que cumprisse esse papel e o uso indiscriminado do chicote como "emblema da disciplina" a bordo acabaram ensinando "a mais triste das lições" ao capitão: logo depois da partida, ele teve de enfrentar à bala uma revolta de escravos.[61] Cumprindo ou não um papel na prevenção das revoltas de escravos, o fato é que a simples presença de marujos africanos a bordo certamente possibilitou contatos culturais com os demais tripulantes de diversas nacionalidades europeias e americanas que também compunham o grupo de marinheiros e o de oficiais.

Por fim, há o fato de que o conhecimento mútuo entre esses dois grupos não se restringia ao tempo de espera na costa da África, às viagens ou à presença de marujos africanos a bordo. Em todos os portos onde a escravidão africana existia, era impossível controlar totalmente outras atividades que envolvessem escravos e marinheiros. Podemos mais uma vez recorrer a relatos como o de D'Orbigny e outros viajantes sobre o Rio de Janeiro, citados acima, e acrescentar que havia nesse porto lugares por excelência para contatos dessa natureza: a bica dos Marinheiros, construída na época do vice-rei Gomes Freire de Andrade na antiga praia de Braz de Pina e demolida por Luís de Vasconcelos e Sousa, local "aonde vinha a maruja dos navios surtos no porto [...] fazer provisão d'água",[62] ou o chafariz do largo do Paço, aonde "vão se abastecer os navios ancorados na baía, ao mesmo tempo que inúmeros mulatos e negros ali se acotovelam para embarcar e desembarcar mercadorias", como notou o mesmo viajante francês.[63] Também o sueco Gustave Beyer observou que ao redor do chafariz próximo ao Paço "sempre se encontram bandos alegres, cantantes e barulhentos de negros que aí vêm buscar água", não lhe escapando a atenção da polícia devido à "aglomeração constante desta gente".[64] Na mesma linha, o historiador Julius Scott encontrou indícios de contatos comerciais e culturais entre eles no Caribe oitocentista: as tripulações sedentas de frutas e legumes frescos depois de uma longa estada no mar eram um bom mercado consumidor para as roças escravas de subsistência. E, a julgar pelo relato do irlandês James Kelly sobre a Jamaica do início do século XIX, as relações entre ambos eram bastante cordiais. O contato entre marinheiros e negros no Caribe não poderia deixar de ter consequências culturais: de acordo com o autor, muitas canções de trabalho no mar, disseminadas mundo afora pelos marinheiros britânicos do século XIX, assemelham-se extraordinariamente às canções escravas do Caribe: "De fato, existem evidências consideráveis para demonstrar que muitas canções podem ter se originado da interação de marinheiros e negros das docas nas ilhas das Índias Ocidentais. Uma teoria da origem e desenvolvimento do *pidgin* e línguas criolas no Caribe enfatiza o contato entre os marinheiros europeus e os escravos africanos".[65]

Também os marinheiros portugueses e brasileiros tinham por hábito trabalhar ao som de canções próprias. O fato de o registro de nenhuma delas ter chegado até nós não significa que elas não tenham existido; nos verbetes dos dicionários de marinharia encontramos a evidência de que elas eram entoadas frequentemente. Essas canções eram denominadas "salomas" e, modernamente, "celeumas", definidas como "cantiga ou gritaria que fazem os marinheiros quando alam algum cabo", ou "cantoria com que a gente do mar acompanhava as fainas que exigissem grandes esforços. Costumavam ser primeiramente entoadas só por um homem e depois em coro pelos restantes. Cerimonial, com vozeria acompanhada por toques de trombetas, pífaros, tambores etc. [...]. Barulho".

Pelos dicionários, temos ainda a preciosa informação de que "salomear" ou "celeumar" era proibido a bordo dos navios da armada portuguesa pelo menos desde o final do século XVIII. Quanto aos navios mercantes, no entanto, não há referência à proibição,[66] não havendo também nenhum motivo para supor que esses marujos deixassem de celeumar, apesar da ausência de registros.

Todas essas situações revelam grandes probabilidades de contato entre os homens do mar e os africanos, exemplificadas no linguajar marítimo mas não restritas a ele. Considerar essas probabilidades é uma das poucas formas que o historiador dispõe para superar a ausência de registros diretos desse contato.

A vida no mar também criou especificidades no que se refere à maneira de os homens expressarem sua religiosidade. Exemplos comuns dessa expressão foram coletados por Keith Thomas: de acordo com ele, em situações de perigo como tempestades com risco de naufrágio, um marinheiro poderia pressionar Deus para atender às suas súplicas, prometendo "velas para um altar ou se declarar disposto a empreender uma peregrinação difícil, caso escapasse ao risco do momento". Já vimos anteriormente o caso do capitão Antonio Jorge da Costa pedindo "bom vento e feliz viagem" em troca da promessa de mandar rezar uma missa em Luanda caso a calmaria terminasse. Levando em conta a pertinácia com que menções dessa natureza aparecem nos relatos náuticos, é possível matizar a análise de Thomas, que entrevê um resquício de magia no costume de pressionar Deus ao fazerem promessas para alcançarem uma graça — costume de marinheiros ou de outros homens quaisquer. Para o autor, mais do que um procedimento católico corriqueiro, esse era um tipo de fé mágica, uma armadilha criada pela Igreja medieval na qual ela mesma se viu enredada: ao incentivar a crença no milagre dos santos por meio da publicidade hagiológica, ela conseguia prestígio com os feitos milagrosos dos santos, embora, às vésperas da Reforma, a instituição não afirmasse categoricamente ter o poder de fazer milagres.[67]

Transposta para o mundo colonial, a fé popular de tipo mágico identificada por Thomas entre os católicos da Europa era um traço característico da religiosidade, na análise arguta de Laura de Mello e Souza: "Para a maioria esmagadora dos habitantes da colônia, as doenças, as forças e armadilhas da natureza apresentavam-se como indomáveis, irredutíveis. A fé mostrava, por isso mesmo, contornos tradicionais, arcaicos, onde a demanda de bens materiais e de vantagens concretas assumia grande importância, como se fosse uma espécie de contrato do tipo 'toma lá dá cá'".[68]

Thomas apresentou outras evidências para demonstrar que a crença dos homens do mar era permeada por superstição e magia. A astrologia, por exemplo, era um recurso frequentemente consultado por clientes que desejavam saber se deveriam fazer o seguro de um determinado navio, assim como havia um "guia de saber astrológico para marinheiros" escrito por um tal John Gadbury no século XVII.[69] A bruxaria, sempre de acordo com Thomas, era outro recurso para explicar sucessos ou fracassos em ocupações profissionais, já que a vida comercial na Inglaterra dos séculos XVI e XVII "era fortemente competitiva e o desejo de progredir era cada vez mais aceito". Um insucesso comercial ou militar poderia ser atribuído à bruxaria do rival ou concorrente, como no caso de um capitão cujo navio houvesse naufragado ou sido capturado durante a viagem. A vida no mar, repleta de problemas de dimensões muitas vezes incontornáveis, fazia dos marinheiros "pessoas notoriamente supersticiosas e geravam um grande número de precauções rituais destinadas a garantir um clima favorável e a segurança do navio".[70] A quantidade de exemplos e a magnitude da pesquisa de Thomas demonstram que quase toda a sociedade europeia (e particularmente a inglesa) do século XVII — e não os marinheiros exclusivamente — era supersticiosa e crente na magia.

Católicas ou meramente supersticiosas, mágicas ou simplesmente pagãs, o fato é que as práticas religiosas, da crença, da fé ou do misticismo (ou outro nome que se lhes queira dar) tinham de se compatibilizar com as necessidades do trabalho e da sobrevivência. No navio, os rituais não poderiam preceder o trabalho, especialmente em situações de perigo iminente — justamente aquelas nas quais se sentia maior necessidade de ajuda sobrenatural. Essas necessidades eram reforçadas ainda pelo isolamento do navio e pela distância física em relação à igreja institucionalizada — possibilitando à cultura marítima um desenvolvimento relativamente autônomo no que se referia à crença religiosa —, bem como pela "tradição plebeia de ceticismo e anticlericalismo, fazendo dos marinheiros um grupo notoriamente irreligioso no início do período moderno".[71]

Expus anteriormente minha dúvida a respeito do internacionalismo que caracterizava as tripulações negreiras, baseado em dados seriais sobre as origens das equipagens empregadas nesse segmento da navegação. De modo semelhante, não tenho certeza de que nos navios negreiros que vinham para o Brasil a irreligiosidade fosse tão notória. Autores como Rediker consideram que a religião era uma questão secundária para a identidade dos homens do mar, que pareciam subordinar a fé à atividade prática.[72] A verdade é que pouco se sabe sobre o que esses homens pensavam a respeito de temas teológicos clássicos do cristianismo: o que seria do corpo e da alma após a morte, qual era o caminho da salvação ou a natureza do céu e do inferno. No entanto, pode-se afirmar que o leque da filiação religiosa na navegação marítima de longo curso era amplo, indo do catolicismo ao protestantismo — se considerarmos apenas as crenças europeias —, à imensa gama de crenças religiosas de tripulantes africanos, asiáticos e nativos americanos, todas elas coexistindo a bordo.

Traços da religião formal não estavam totalmente ausentes dos navios de longo curso. Parece ter sido regra geral a obrigação legal de levar capelães a bordo: no início do século XVIII, a lei obrigava a marinha de guerra inglesa a embarcar capelães e, nos navios mercantes, o serviço religioso era feito por insistência do capitão e conduzido por ele ou por um membro da tripulação. Ocasionalmente, alguns navios tinham serviço religioso.[73] No âmbito da lei, Portugal talvez tenha sido o pioneiro na exigência de levar um sacerdote a bordo dos navios — no caso, navios negreiros: já em 1684, a Coroa lusa dava ordens nesse sentido e estabelecia como punição pela falta o pagamento de uma multa equivalente a duas vezes o valor dos negros carregados, além de seis anos de degredo na Índia para os culpados. De acordo com Luiz Vianna Filho, o alvará real jamais deixou de ser apenas letra morta, já que os traficantes davam propinas aos responsáveis pela fiscalização.[74] A determinação, reiterada em 1813,[75] não parece ter vingado, a julgar pela quantidade ínfima de relatos acerca da presença de sacerdotes a bordo de navios negreiros.[76]

Também durante a longa espera das tripulações no litoral africano, a possibilidade de uma assistência católica formal era diminuta, se julgarmos pelas condições das igrejas na Luanda colonial: na segunda metade do século XVIII, não havia naquela cidade sacerdotes em número suficiente sequer para acompanhar o bispo nas procissões.[77] É mais certo que a determinação da Coroa portuguesa obrigando as expedições negreiras a levar capelães como tripulantes se prendesse a uma questão de consciência e ao vago desejo de cristianizar os cativos africanos e de vigiar as práticas religiosas dos tripulantes. Apesar disso, talvez para baratear os custos da viagem e pela dificuldade em encontrar padres que desejassem viver embarcados, muitas vezes a travessia se fazia sem a presença de sacerdotes católicos. Por certo, a exigência de um capelão a bordo não vinha de uma demanda dos tripulantes, e a ausência deles não parece ter criado incômodo aos marinheiros envolvidos com o tráfico de escravos para o Brasil.

Isso não significa que esses homens não fossem católicos. Talvez não compartilhassem da ortodoxia religiosa de grupos que viviam em terra firme, mas mesmo entre estes os problemas de fé eram inúmeros. Muitos fatores podem ter diminuído o vigor das ideias religiosas na consciência dos homens do mar. Além dos já mencionados isolamento e distância social e geográfica das igrejas, não se deve esquecer que o tempo do trabalho no interior da navegação de longa distância era bastante diverso da vida na terra firme. Doutrinas e liturgias ortodoxas não se conjugavam com o trabalho no mar, no qual não havia domingo ou dia santo, sendo o ritmo do trabalho e do repouso condicionados pelas variações da natureza, pelas necessidades mais prementes das tarefas coletivas e por imprevistos de toda sorte.

De qualquer forma, quando temos registros de manifestação da fé nos santos católicos, eles não parecem ser de tipo mágico ou supersticioso, como quer Thomas, mas aproximam-se dos traços da religiosidade popular da colônia observados por Mello e Souza. Um tipo de manifestação devota aparece no costume de batizar as embarcações: dentre os 179 navios sobre os quais coletei informações, 26 faziam referência a santos, Deus ou Nossa

Senhora em seus nomes. Pode-se argumentar que esse costume evidenciava mais a fé dos traficantes e proprietários das embarcações do que de seus tripulantes, mas há, nos registros feitos pelos tripulantes, outras referências ao divino. Vimos, anteriormente, os termos em que o capitão Antonio Jorge da Costa expressou sua fé católica, mas ele não foi o único. Domingo Faria, piloto da escuna *Emília*, mesmo não se encontrando em perigo — ele observou no diário náutico que o mar estava moderado — lembrou-se do dia de Todos os Santos e pediu que eles rogassem por todos os tripulantes, além de fazer referências constantes à Nossa Senhora da Conceição, pedindo-lhe "boa viagem".[78] Já Nossa Senhora do Livramento foi invocada todos os dias pelo escrivão do diário náutico do *Espadarte* durante uma viagem dessa embarcação entre 1829 e 1830, do Rio de Janeiro aos portos angolanos de Luanda e Cabinda.[79]

As manifestações devotas também não eram representações de uma crença abnegada, mas sim de uma fé que parecia ter implicações políticas ou de ordem prática mais evidentes. Na Bahia de fins do século XVIII, são José era especialmente venerado pelos traficantes — por duas razões, de acordo com Pierre Verger: a primeira se devia à homonímia entre o santo e o soberano reinante em Portugal, em cuja administração planejou-se a criação de uma companhia de comércio com a Costa da Mina. A segunda razão ligava-se à existência de uma imagem desse santo na capela de Santo Antônio da Barra, em torno da qual se erigira uma irmandade congregando os comerciantes da Costa da Mina. Há uma pequena história edificante sobre essa imagem: ela teria sido resgatada do castelo de São Jorge em 1637, quando os holandeses foram expulsos daquela feitoria portuguesa, sendo trazida para Salvador em 1752 "com zelo e devoção" pelo capitão de um navio negreiro. Desde então, os traficantes passaram a invocar a proteção do santo para os seus negócios, realizando anualmente festividades para agradecer o "patrocínio" que recebiam. Além dos santos, os traficantes chegaram mesmo a invocar a proteção do próprio Cristo para seus negócios: uma pintura votiva avistada na Bahia pelo barão Forth Rouen, em 1847, representava "um navio negreiro sob pavilhão brasileiro, sendo perseguido por dois barcos, um francês e outro inglês. No céu, aparecia a figura de Cristo que, com sua mão poderosa, protegia o navio brasileiro, permitindo-lhe escapar do perigo e entrar calmamente na enseada".[80]

Entretanto, pouquíssimos exemplares dessas pinturas sobreviveram ao tempo. Além do que foi descrito por Verger, encontrei apenas mais duas referências de ex-votos encomendados por traficantes; num deles, o encomendante pagava uma promessa por ter conseguido livrar seu navio de um perigo grave — a ameaça de rebelião dos cativos a bordo em 1756.

Entre os traficantes baianos, a proteção também era solicitada com especial predileção por Nosso Senhor do Bonfim. Era assim que o traficante Salvador de Brito Ribeiro, estabelecido em Onim, escrevia para sua irmã na Bahia, dizendo-lhe que teve notícias da celebração ao Senhor do Bonfim, em 21 de janeiro; Ribeiro desejava ter participado da festa, mas a demora em resolver os negócios africanos o teria impedido. Na impossibilidade de comparecer, pedia à irmã que "me leve o nome à sua festa e [assim] me ajude na minha jornada".[81]

Já entre oficiais e marinheiros da Armada portuguesa, parecia haver uma devoção mais manifesta do que em segmentos da marinha mercante. A nau *Nossa Senhora da Ajuda e São Pedro de Alcântara* levava cerca de seiscentos soldados do Rio de Janeiro para Lisboa em fins do século XVIII, e ao menos em uma ocasião ao longo da viagem fez-se uma celebração a Nossa Senhora, com uma salva de sete tiros. Entretanto, quando a embarcação foi praticamente destruída em uma tempestade, a equipagem demonstrou forte devoção, "prometendo [a Nossa Senhora da Penha de França], para testemunho do milagre que esperavam, levar-lhe o traquete em procissão, com os pés descalços, à sua igreja de Lisboa, e um modelo do destroço da dita nau, em que se justificasse mais evidente o socorro da Poderosa Protetora dos pecadores". Arruinada, a nau conseguiu chegar a Lisboa em 22 de outubro e, dois dias depois, os tripulantes "se tornaram a formar em procissão, caminhando para a muito distante igreja [...], sendo muitas as lágrimas, que faziam derramar aos moradores da Corte, vendo passar este devoto, e compassivo espetáculo".[82]

Se os donos do negócio e os militares expressavam sua devoção dentro de parâmetros aceitos institucionalmente pelo catolicismo — irmandades, festas religiosas, promessas e ex-votos —, os marinheiros comuns compartilhavam um exercício menos ortodoxo da religião. Sabiam, por exemplo, do papel de intermediário desempenhado por santo Antônio nas questões do amor, e foi através desse conhecimento que o viajante francês La Flotte pôde presentear uma cortesã que conhecera no Rio de Janeiro em 1757. A "dama de alto coturno" desejava ter uma imagem do santo, com o detalhe que deveria ser europeia, mas não portuguesa. Percorrendo sem sucesso as várias lojas de artigos religiosos da cidade, La Flotte só conseguiu arranjar tal imagem junto a um marinheiro genovês de passagem pelo Rio.[83]

Para os marinheiros engajados no tráfico de africanos, a crença no Deus católico não parecia incompatível com a atividade que desempenhavam — afinal, não o era mesmo para a Igreja católica. Portanto, não havia incongruência no fato de que eles pudessem jurar pelos "Santos Evangelhos" ao prestarem informações precisas sobre suas cargas, como fizeram os tripulantes da barca *Eliza*. Por vezes, na religiosidade popular dos marinheiros, era legítimo até mesmo pedir a intercessão de Deus para atingir um objetivo pouco nobre como a vingança. O capitão do *Brilhante* pedia boa viagem à divindade e rogava: "Ó meu Deus, lembrai-vos de quem navega". Dias depois, anotou no diário náutico: "Meu Deus, vos peço que permitas que a viagem se acabe para eu me vingar daquele patife para lhe tirar de presunção que ele tem. Inimigo será [sic] dele sempre". Da mesma forma, também era comum simplesmente invocar a proteção divina, pedindo, por exemplo, que "Nossa Senhora da Conceição nos dê feliz viagem".[84]

Embora distantes no tempo, os processos instaurados durante as visitações coloniais do Santo Ofício evidenciaram peculiaridades nas formas de expressão religiosa dos marinheiros. Inversamente, há poucos sinais de que a cristianização entre esses homens tenha se tornado mais eficaz até o século XVIII. Nas *Confissões e denunciações de Pernambuco* (1593-95), por exemplo, há inúmeros casos de marinheiros que, quando aportavam, não deixavam na embarcação crenças ou costumes pouco ortodoxos. Um marujo doente da nau *São Pedro*, hospedado por um casal pernambucano, pronunciou blasfêmias terríveis contra Cristo e são Pedro, ouvidas por um vizinho indiscreto que não hesitou em denunciá-lo à Inquisição.[85]

No cômputo das denúncias contra pescadores e tripulantes existentes nas *Confissões* (atingindo 35 pessoas), Luiz Geraldo Silva assinalou que a heresia era a falta mais comum em meio aos processos instaurados, denotando o caráter de cristãos-velhos dos homens do mar no mundo ultramarino português do século XVI.[86] A principal base para essa conclusão é a determinação das localidades de origem desses marinheiros, a maioria dos quais provinha do Norte de Portugal. Um caso ocorrido em 1588 é emblemático, por reunir elementos que indicam a origem católica dos envolvidos e sua inserção no universo da cultura marítima: Manuel Luís vinha como piloto em uma caravela com destino a Pernambuco, quando parte da tripulação considerou que ele "não governava bem e que não merecia soldada de marinheiro senão de grumete". Indignado com a ofensa, respondeu que "se tal houver de ser, dizei que Deus não é Deus". O homem que o denunciou por essas palavras impulsivas achou que talvez mais estranha do que elas fosse a falta de reação da equipagem: "toda mais gente do serviço da nau que o ouviu não falou palavra".[87]

Esse tipo de comportamento em uma ocorrência profissional não era incomum nos navios: um tripulante que não estivesse cumprindo sua função a contento era imediatamente avaliado por seus companheiros, até porque de seu desempenho dependia muitas vezes a vida de todos. Em se tratando do piloto, a vigilância certamente era ainda mais estrita; afinal, era ele quem governava o navio — e, no caso em questão, mal. O que os marinheiros fizeram foi apontar sua deficiência como piloto nos moldes da linguagem marítima — rebaixando-o a grumete, ou seja, aprendiz. Temos aqui uma oposição de valores nas relações sociais a bordo: de um lado, marinheiros sutilmente insubordinados; de outro, um oficial tentando impor a disciplina. Luiz G. Silva chama a atenção para a reação herética do piloto e do denunciante, que pensou o mesmo a respeito de seus companheiros que se mantiveram calados durante o episódio. Todavia, se tal reação contrariava o formalismo da religião católica, do ponto de vista da cultura dos homens do mar não havia desacordo (embora talvez houvesse exagero no uso do nome de Deus entre homens tradicionalmente católicos): contra a indisciplina, a linguagem era empregada na manutenção da ordem. Diante de uma reação disciplinar, avaliadas as circunstâncias, talvez fosse uma estratégia mais interessante manter-se calado.

Para autores como Rediker, a ausência da religião formal e a superstição existente entre os marinheiros tinham uma ligação profunda com a força e a onipresença dos elementos da natureza — centrais tanto nas tarefas como na consciência desses homens.[88] No interior da religião constituída, não era fácil encontrar indicações sobre o que fazer em situações de emergência: o capitão do *Brilhante*, por exemplo, acreditava que iria encontrar brevemente um pojo onde pudesse consertar o mastro e o velame destruídos em um temporal, pois embora não pudesse avistar a terra, sabia que ela não estava muito longe, "porque passa [sic] muitas caravelas e desovação de peixe".[89] Os homens do mar eram acostumados à lida com ventos, tempestades e calmarias e a ler os sinais da natureza para prever mudanças de rota, arribadas não previstas ou mudanças na posição das velas.

Netuno era a figura mais proeminente do panteão marítimo, produto da combinação de referências cristãs e pré-cristãs, da mitologia clássica, dos relatos bíblicos e das tradições inventadas pelos homens do mar.[90] A representação desse deus mitológico foi reinventada pelos marinheiros da era dos Descobrimentos, quando começaram a realizar um importante rito de passagem ao atravessarem a linha do equador — talvez como júbilo pelo fato de que os navios não derretiam sob o sol nem o mar terminava em abismo, conforme pregavam os dogmas antigos e medievais.[91] Talvez também se deva dizer que a passagem pela linha era um dos raros momentos de relaxamento em relação à faina intermitente do trabalho no mar: ali, de acordo com inúmeros relatos de viajantes, as famosas calmarias eram mais frequentes que em outros lugares. Embora provocassem transtorno à viagem e medo nos marinheiros quando se prolongavam demasiadamente, a calmaria acarretava uma diminuição no ritmo de trabalho que poderia proporcionar uma rara possibilidade de festa a bordo.

Mesmo depois de desfeito o mistério equatorial, o ritual foi preservado nos navios (e são mantidos até hoje), sendo uma das poucas oportunidades que os marujos tinham de relaxar temporariamente a disciplina a bordo. Na passagem do equador, eram abolidas as barreiras entre o capitão e o restante da tripulação, e muitos capitães eram tratados com desprezo e escárnio — motivo pelo qual alguns preferiam ficar de fora das festividades para o bem de sua autoridade.[92]

Era Netuno quem presidia o ritual, representado por um tripulante que subia do mar para o navio pela proa — vestido de branco, com longas fitas de madeira no lugar dos cabelos, coroado e com um tridente na mão, secundado por dois tritões, na descrição de Burmeister; ou com um séquito de seis pequenos grumetes que representavam o demônio, na opinião de Le Vayer; verdadeiros "anabatistas mascarados", na visão do luterano Seidler.[93] Uma vez a bordo e depois de saudado pelo comandante, Netuno indagava sobre a rota e a finalidade da viagem, pedia informações a respeito da tripulação e se dirigia aos novatos, "falando-lhes do seu futuro como súditos do deus do mar". Depois do discurso, vinha o batismo propriamente dito: todo aquele que atravessava pela primeira vez a linha era "emporcalhado com fuligem, dissolvida em aguardente; em seguida, a cara é-lhe raspada com uma faca cega até que os espectadores se apiedem dele, deitando alguns baldes d'água sobre a cabeça da pobre vítima e abandonando-a depois". Em outras versões, o batismo era feito através de um mergulho diretamente no mar, domínio privilegiado de Netuno.

Havia entre os passageiros aqueles que não desejavam participar do ritual — possibilidade com a qual os marinheiros não contavam, já que o rito estava ligado à construção da própria identidade. Para escapar, a solução era pagar uma multa, como fizeram Burmeister — que não quis ser "batizado" nem permitiu que seu filho o fosse, pagando para isso um valor em dinheiro — e Seidler e seus companheiros, que "com algumas piastras espanholas compramos a dispensa do grande batizado que era celebrado no convés". Os que aceitavam as regras por vezes se divertiam: o jovem Édouard Manet, que veio ao Brasil aos dezessete anos em 1848, descreveu o ritual de travessia do equador, do qual ele e seus companheiros participaram, com alegria e disposição, e o próprio Seidler acabou participando da "imensa galhofa" que era o ritual, mesmo depois de haver pago a "gorjeta" para ser dispensado dele.[94]

O cerimonial continha uma certa dose de violência característica. Burmeister afirmou que ele se parecia muito com "as grosserias com que os artesãos costumavam receber seus novos colegas de ofício" ou com a recepção ou trote que os calouros recebiam ao ingressarem nas universidades. Ao fazer esse tipo de comparação (como de resto toda sua descrição), o viajante incorporou a visão de um representante da "alta cultura": sabia da existência da "cultura popular" mas não compartilhava dela e a classificava como pouco civilizada. Todavia, o que ele também fez — talvez sem se dar conta — foi apontar as semelhanças entre ritos plebeus (artesãos e marinheiros) e de membros da "alta cultura" (estudantes universitários), denotando uma circularidade cultural que, apontada por autores como Ginzburg, vinha pelo menos desde o início dos tempos modernos.[95]

A exaltação dos marinheiros no ritual era acentuada pelo consumo de álcool. Ernest Ebel, que também passou pela inevitável travessia do equador ao vir da Europa para o Brasil, comentou que seu maior erro foi ter presenteado a tripulação com algumas garrafas de conhaque: "as consequências foram sérias, já que a alegria festiva se transformou numa algazarra que só a custo pode ser apaziguada: que isto sirva de advertência a futuros passageiros para que, a título de generosidade, não incorram no mesmo erro".

Para finalizar seu relato, Ebel alertava seus leitores para que não caíssem no mesmo engano de ser generoso com marujos, pois a gente do mar não tinha "noção da medida" e "o gesto só acarretará inconvenientes". De modo similar pensava Burmeister, para quem "a tripulação não era capaz de conceber a festa sem tais escândalos e grosserias; ficaria faltando alguma coisa se não o fizessem, pois os marujos não compreendem que outros sejam poupados aos rituais bárbaros por que a seu tempo passaram".[96]

Assim como na terra firme, a passagem de uma a outra fase da vida (no trabalho, no desenvolvimento biológico, na educação formal) era marcada por rituais. A primeira travessia do equador era, nesse sentido, um marco da identidade individual e coletiva entre os homens do mar de todas as nacionalidades, simbolizando a passagem para o mundo dos marinheiros.

Além desse havia outros rituais, como o que se realizava em homenagem aos que morriam a bordo. Na impossibilidade de preservar os corpos — que eram jogados ao mar —, a cerimônia era simples e feita imediatamente depois da morte, pois os marinheiros consideravam de mau augúrio carregar defuntos no navio. Segundo Rediker, o ritual incluía preces em honra do morto, seguidas de tiros de canhão, e, por vezes, algumas "palavras em memória do irmão marinheiro morto". Evidentemente, havia distinções relativas ao status do falecido, resultando em maior elaboração nas cerimônias destinadas a marcar a passagem de capitães e outros oficiais para o além.[97] Na longa viagem de Colton, um homem da tripulação caiu no mar em uma noite de vento forte. Depois de constatar a morte dele, o comandante reuniu a tripulação e falou algumas palavras sobre as virtudes do homem — como sua fidelidade e o amor que devotava à família: "a tripulação ouviu com atenção, como sempre faz em tais ocasiões", mas a impressão que marcou o viajante foi a de que a morte estava sempre conectada ao tipo de vida que os marinheiros levavam.[98]

Não tenho notícia de cerimônias dessa natureza em navios negreiros, mas é de supor que o grau de elaboração fosse muito menor quando se tratava de um africano carregado. Morto a bordo, é possível que o africano fosse simplesmente jogado ao mar sem maiores delongas — especialmente se a causa mortis estivesse ligada a alguma doença epidêmica.

* * *

A maneira de tomar decisões de ordem prática também demarcou especificidades na cultura dos homens do mar. A negociação salarial[99] ou decisões relativas ao conjunto da tripulação são as duas brechas que encontrei para sondar esse universo. Finalizo este capítulo com algumas considerações sobre os processos decisórios coletivos.

O isolamento dos navios em alto-mar criava quase que um mundo à parte. Todavia, esse isolamento e a inexistência de poderes institucionais mais comuns — como família, Igreja e Estado — não criaram um vácuo. Ao contrário: em vez de ser fragmentada em diversas instituições ou em diversos indivíduos, toda a autoridade concentrava-se praticamente nas mãos do capitão, que normalmente a exercia com arbitrariedade. Todavia, já vimos que os marinheiros eram homens determinados quando se tratava de obter um certo grau de autonomia, até porque o isolamento da vida no mar produziu entre eles a certeza de que a ajuda em casos de necessidade só poderia vir do próprio grupo. Se muitas vezes a própria vida dependia da medição de forças com a natureza, era certo que faziam algo semelhante para obliterar a autoridade ou forçar a negociação com os poderosos oficiais.

Mesmo com a concentração do poder em suas mãos, parece ter se criado o direito costumeiro de fazer uma assembleia da tripulação, quando o caso era decidir o destino de todos em uma situação de perigo. No tráfico de africanos, essas situações ocorriam com relativa frequência — ou então os tripulantes presos por crime de contrabando de escravos se utilizavam desse argumento como estratégia para se livrar da condição de réus. Mesmo assim, só poderiam utilizar-se de argumentos plausíveis, baseados na própria experiência do trabalho no mar.

Tempestades, aparelho danificado, piratas ou navios ligados à repressão inglesa eram os riscos mais comumente mencionados pelos tripulantes interrogados na Comissão Mista Anglo-Brasileira do Rio de Janeiro. Assim foi com a barca *Eliza*, assolada durante a viagem com as "grandes e crescidas vagas, como pela grande violência do vento do noroeste" que lhe levou o velame pelos ares. Outro tufão "inundou o navio todo" e, para dar vazão à água, abriram-se as portinholas. Quando o navio fazia quarenta polegadas de água a cada hora, o capitão achou por bem chamar os demais oficiais e a tripulação, comunicando-lhes que grande parte dos mantimentos e da água perdera-se no temporal, além de 45 escravos. Em vista da situação, todos concordaram que o navio arribasse no porto mais próximo — o de Moçambique.[100]

O mesmo teria ocorrido com o *Brilhante*, em viagem de Ambriz para Montevidéu, quando o navio enfrentou ventos fortes e o mestre consultou os demais oficiais e a tripulação, que resolveram arribar no primeiro porto — Cabo Verde —, pois o mastro grande estava podre e o pano também ia "todo esfrangalhado". O capitão cometeu o deslize de mencionar o verdadeiro destino da embarcação no diário náutico, bem como demonstrou que chamar a tripulação para uma decisão coletiva era o recurso do qual se lançava mão para resolver situações desse tipo. Ao longo dos dias, foi registrando as mudanças climáticas e as sequelas deixadas no navio em razão do confronto com a natureza marinha: depois de grossa tempestade, o vento tornou-se "muito bonança, porém o navio dá grandes balanços, e o mastro que vá aguentando até a Bahia", ao que se seguiu um "vento calmo e sol de rachar", "borraceira e chuviscos", "chuvas" e "horizontes carregados", sucessão de fenômenos que transformaram as velas em farrapos, não havendo lona para consertá-las.[101]

Outro motivo que poderia determinar a convocação dos tripulantes para decidir o que fazer era a perda dos mantimentos vitais para a continuidade da viagem em direção ao destino originalmente previsto. Foi o que ocorreu no *Maria da Glória*, quando os tripulantes foram inspecionar a farinha que ainda havia e encontraram "pequena porção, e essa arruinada". Resolveram então "de comum acordo" parar em São Tomé em 8 de abril de 1824. No entanto, ao verificarem que a bandeira portuguesa tremulava na ilha, e sabedores de que o Brasil ainda não tivera sua independência reconhecida pela antiga metrópole, consideraram arriscado aportar ali um brigue do Império brasileiro. Novamente, o mestre convocou seus oficiais e tripulação, que "de comum acordo assentaram não entrar naquela ilha, por recearem talvez que fosse o brigue ali prisioneiro", e decidiram ir para Lagos, onde em 25 de outubro do mesmo ano o navio foi apreendido por um brigue espanhol sob o argumento de que o pavilhão imperial não era conhecido pelo capitão apreensor.[102]

A prática costumeira das decisões coletivas levava os marinheiros a mostrar seu lado insubordinado em situações nas quais não havia risco. No trabalho corriqueiro das embarcações, haveria uma certa "licenciosidade" entre os marinheiros, nas palavras de Lindley, que notou ser comum o questionamento das ordens dos oficiais: "A bordo de um navio, raramente qualquer ordem é transmitida sem que os marinheiros deem opinião a respeito, envolvendo-se, frequentemente, em altercações e confusões. Em consequência disso, todos os oficiais que andam pelo tombadilho empunham um bastão de dimensões nada pequenas, como símbolo de sua autoridade, a fim de usá-lo se a ocasião o exigir, e assim fazer cumprir as obrigações no navio".[103]

Se o espírito comunitário prevalecia em situações de perigo como essas, havia outras em que o individualismo predominava. Quando uma embarcação negreira era apreendida e levada até um porto para julgamento, nada mais havia a fazer além do salve-se quem puder: era isso o que queria dizer a atitude do mestre, piloto, contramestre e mais três marinheiros do *Aracaty*, que fugiram em um escaler assim que um oficial do navio apreensor subiu a bordo para inspecionar o porão, deixando a bordo apenas dois marinheiros e o cozinheiro da tripulação.[104]

Nesta abordagem da cultura marítima, ensaiei algumas reflexões sobre temas consagrados da história cultural, como a língua e a religiosidade. Inserir no mesmo quadro de reflexão um tema como as decisões coletivas dos marinheiros significa ampliar um pouco os marcos tradicionais, lidando com a análise de práticas cotidianas que são, ao mesmo tempo, formativas e transformadoras das identidades dos grupos sociais.

PARTE III
Marinheiros e africanos em ação

7. Guerras, resistência e revoltas

"Com bem mágoa do meu coração dou parte [...] da minha infeliz viagem", escrevia o negociante Manuel da Silva em agosto de 1782. O motivo de sua lástima estava em um episódio ocorrido no mês anterior. Durante 27 dias, seu navio ficara ancorado em Cabinda, negociando a compra de um carregamento de escravos com uma princesa local. Vestida com sedas rotas e sujas, a princesa impunha suas condições na transação, consumia muita aguardente e prometia trazer o príncipe cada vez que conversava com o negociante português — promessa que só cumpriu ao cabo de muitos dias. Finalmente, em 17 de julho, Silva conseguiu fechar a compra de 271 escravos e preparava-se para zarpar. Apesar das dificuldades, tudo parecia encaminhar-se para um final satisfatório.

No entanto, não foram as contingências da negociação o que mais afetou Silva. Afinal, a longa espera e a suposta deselegância nas atitudes da negociante não surpreendiam os traficantes experimentados que frequentavam aquelas costas. O que ocorreu em seguida foi mais surpreendente, posto que menos comum: os negros embarcados sublevaram-se, arrombaram o paiol onde estavam armas e munições e ocuparam o convés do navio. Apesar da resistência dos tripulantes, que abriram fogo contra os rebelados e mataram alguns deles, os negros "responderam que não se rendiam, que se os apertasse largavam fogo ao navio", e que preferiam morrer a sair dali. Sessenta escravos presos em grilhões foram levados pelos revoltosos a uma corveta francesa ancorada ao largo, mas seu capitão não os quis aceitar. A carta de Silva não esclarece os objetivos dos africanos sublevados com esse gesto: tentavam vender seus companheiros acorrentados ou buscavam proteção no navio francês, sem sucesso? A segunda alternativa me parece a menos plausível, já que embarcações francesas eram conhecidas em Cabinda pela regularidade com que visitavam aquelas águas e esta também aguardava um carregamento de escravos. Se tentaram vender sessenta dos embarcados, isso poderia se dever a rivalidades entre eles, considerando que os cativos levados para o litoral normalmente vinham de origens diferentes e, por vezes, eram rivais étnicos. Também é possível que planejassem a expansão da revolta iniciada no navio português, mas os indícios nesse sentido são escassos, a começar pela rapidez com que tudo aconteceu.

Recusados no navio francês, os escravos voltaram para onde haviam saído quando já era noite. Em terra, a tripulação vigiava a embarcação em poder dos negros e notou que eles arrombaram as escotilhas, tornando-se "senhores de todo o navio" e trocando tiros com as lanchas que tentavam se aproximar. Nisso ficaram até o dia amanhecer.

Foi então que Silva teve a ideia de pedir à corveta francesa que se aproximasse e mostrasse sua artilharia, tentando se valer dela como argumento para obter a rendição dos sublevados. Estes deixaram claro que, se o francês atirasse, "lhe haviam de fazer o mesmo, que ambos acabariam queimados". O capitão francês recuou e, ainda em terra, a equipagem portuguesa assistia a tudo junto com os manfucas e o "povo" armado — reforços chamados pelo soberano local. Por volta das onze horas, os escravos sublevados — inexperientes na condução de uma embarcação daquele porte — cortaram as amarras do navio, que encalhou na areia da praia e foi invadido pelo "número do povo que ali estava". Os invasores incendiaram a pólvora, fazendo o navio ir pelos ares junto com quem estava a bordo.

Manuel da Silva escapou, apesar de estar bem perto da explosão. Em terra ninguém foi atingido, mas do carregamento restaram apenas 72 africanos vivos — 41 dos quais ilesos, que foram levados para a "casa do negócio", onde o comerciante português pôde recuperá-los enquanto cuidava dos preparativos para a partida. O chefe militar de Cabinda ofereceu casas e mantimento para toda a equipagem e a possibilidade de completar o carregamento em Loango, o que foi recusado; Silva optou por seguir de lancha para Luanda em 21 de julho. Chegou à cidade em 15 de agosto, "embrulhado em côvado e meio de baeta para resguardo do frio", quando os escravos remadores já estavam exaustos e todos os demais tripulantes "mortos de fome e sede". Ter saído dessa história com vida parecia-lhe um milagre de Nossa Senhora dos Remédios, "a quem tanto supliquei".[1]

O caso dessa corveta é bastante raro. Trata-se de um dos poucos registros sobre revoltas de africanos a bordo de navios negreiros. Tal limitação pode nos fazer deduzir que as rebeliões de cativos eram episódios pouco comuns no tráfico e que as formas de dominação eram exercidas com tamanha eficiência que quase sempre se tornava impossível resistir. Entretanto, sem negar a eficácia da violência no interior da qual esse comércio era realizado em todas as suas fases, creio que a ausência de relatos escritos pelos próprios traficantes ou de depoimentos prestados pelos africanos escravizados explica a falta de informações sobre essa modalidade de resistência dos escravos e que as revoltas foram mais frequentes do que se supõe.

O testemunho de Manuel da Silva torna-se emblemático por diversas razões. Primeiramente, ele se enquadra numa tendência, identificada por alguns autores, segundo a qual a ocorrência de revoltas era mais comum nos primeiros quinze dias depois do embarque[2] — pois nesse período a maioria dos africanos ainda não sentia em sua plenitude os efeitos depressivos da viagem. Em seguida, não devemos nos surpreender com a destreza dos africanos em lidar com armas de fogo; especialmente os que viviam nessa região tinham contato com elas desde pelo menos o final do século XVII, quando foram introduzidas pelos portugueses[3] — a ponto de vários moradores brancos de Angola haverem reconhecido as habilidades dos nativos no trato com as armas: "os benguelas e quimbundos todos pelejam com armas de fogo e carregam as mais bem-feitas que tenho visto, e não me injurio de dizer que, sendo construtor de cartuchos há muitos anos, fui aprender com eles", dizia um autor anônimo em fins do século XVIII.[4] O relato de Silva é significativo também pelas menções que faz ao comportamento do chefe militar local, que ofereceu vantagens e alternativas de reposição dos africanos perdidos ao traficante, o que denota o envolvimento das sociedades locais com o tráfico que, nessa época, já havia interferido profundamente na organização social e política desses povos, em especial dos que viviam no litoral. Tratava-se, na análise de Miller, de sociedades nas quais haviam declinado as antigas formas políticas baseadas na manutenção de dependentes e ascendera um tipo de Estado que floresceu escravizando e exportando seus dependentes através do tráfico atlântico.[5]

Inspirado em relatos como esse e nos trabalhos de Winston McGowan para a África Ocidental e de Roquinaldo Ferreira para Angola,[6] este capítulo revisita a atuação dos africanos como participantes da história do tráfico. McGowan argumentou que a resistência dos escravos naquela região era motivada por diversos fatores, entre eles a perda da liberdade pessoal, a perspectiva de separação dos amigos, motivos sagrados e relativos à terra natal — aos quais podemos acrescentar os castigos físicos excessivos e a fome dos embarcados. Ainda de acordo com esse autor, "a razão mais importante para a resistência, entretanto, parece ter sido a crença dos escravos que um destino horrível os esperava na travessia do Atlântico",[7] temática estudada de forma reveladora por Robert Slenes ao analisar a criação da nova identidade dos nativos da África Central escravizados e destinados ao Centro-Sul do Brasil e o papel simbólico representado pela travessia do mar (*kalunga*) na cosmologia banto.[8]

Procuro demonstrar aqui que a resistência não era um atributo exclusivo dos naturais da África Ocidental. Os bantos da região congo-angolana resistiram ainda em seu território, numa luta que envolvia os chefes de Estados africanos, os comerciantes e intermediários do tráfico e os próprios escravos, e que prosseguia a bordo dos negreiros sempre que se apresentava uma oportunidade.

Em meados do século XIX, centenas de anos depois de os primeiros europeus terem chegado a Angola, reinava grande incerteza quanto ao tamanho das terras e ao montante da população, bem como ao grau de obediência das etnias locais sob o domínio luso. Nas palavras de Pélissier, "de modo nenhum a Angola portuguesa daquela época correspondia às pretensões de Lisboa nem, evidentemente, à Angola atual". Em 1845, teoricamente, a fronteira norte da colônia era a margem esquerda do rio Ambriz, enquanto a fronteira sul, "de maneira igualmente arbitrária", fixava-se no cabo Negro (pouco ao sul de Mossâmedes). Para o interior, "os autores portugueses traçavam vagamente o fim da zona de influência do reino (província) de Angola na região em que começam as dos estados do Lunda e do Cassange". Quanto a Benguela, repartição separada (embora dependente de Luanda), os limites fixavam-se no "rebordo oriental do planalto dos Ovimbundos e as extremas do Humbe, ao sul".[9]

A fragilidade das possessões portuguesas em Angola vinha de longa data. Desde a década de 1820, quando o Brasil separou-se de Portugal e os interesses deste voltaram-se com mais ênfase à exploração de seus territórios africanos, sua presença se fazia sentir no litoral árido e nos verdadeiros oásis que eram os cursos dos rios que adentravam os planaltos do interior — embora a presença em Angola fosse mais ostensiva do que em Moçambique.[10]

No entanto, o grau variável de obediência dos povos de Angola à Coroa portuguesa era anterior, e sua conexão com o tráfico de escravos é notória. Embora o tráfico negreiro contasse com a colaboração de pombeiros, negociantes negros e mestiços e soberanos locais, havia um outro lado da moeda — representado por etnias bantos da África Central que se opuseram de forma tenaz à presença portuguesa em seus territórios. A resistência podia não ser notada por viajantes estrangeiros que conheceram outras partes da África — como Francis Castelnau que, no Senegal, emitiu opiniões impregnadas de preconceito, afirmando que o africano se submetia com extrema facilidade à escravidão, o que "prova nele a ausência de um dos mais nobres atributos da alma humana".[11] Certamente, a experiência da conquista e da colonização portuguesas demonstrava que observações desse tipo eram precipitadas, já que fugas e revoltas eram mais frequentes do que imaginava o viajante.

Traficantes que atuavam em Angola e Moçambique contavam com o risco latente de revoltas dos africanos nos barracões, por exemplo. Entre eles, podemos mencionar o carioca Manuel Francisco da Silva que, ao comprar trezentos escravos de seu agente em Inhambane, sabia que enquanto o carregamento era realizado corria-se "o risco de alguma sublevação deles, e aí montando de inevitável em tais negociações".[12] Já o traficante José Francisco Abranches rogava a ajuda de Deus para deixar o porto de Benguela com os 306 homens e mulheres que conseguira comprar, "pois já estou cansado de sofrer fugas dos naturais daqui, que não posso sujeitar ao trabalho por forma alguma".[13]

Mesmo Luanda — onde, a rigor, haveria formas de controle mais estritas — não estava imune à resistência e aos constantes ataques de grupos não submetidos. As margens do Bengo eram o local preferido para os quilombolas que se rebelavam e roubavam cativos na capital, além de os estimularem a fugir por si mesmos, conforme observaram os vereadores luandenses em 1803.[14] Esse estímulo encontrava ressonância entre os escravizados de Luanda em função de certos costumes compartilhados pelos povos de Angola. Roquinaldo Ferreira trabalhou com a hipótese de que as fugas e revoltas ocorridas em Luanda, intensificadas a partir do fim do tráfico negreiro em 1845, eram influenciadas por costumes e práticas tradicionais das sociedades do interior. Na escravidão essencialmente doméstica praticada nessas sociedades, era legítimo "procurar outro chefe africano e se oferecer para ser seu escravo. Cometia-se algum delito, por exemplo, matar algum animal do dono pretendido. Para ressarcir o prejuízo causado, o africano (já um escravo) se oferecia como escravo para outro dono". Mesmo pessoas livres em situações de risco valiam-se dessas modalidades de fuga, conhecidas como *chimbika* ou *tombika*.[15] Ainda que na primeira metade do século XIX as formas de dominação fossem mais eficientes no controle dos africanos que chegavam a Luanda para prestar serviços ou aguardar o embarque, certamente a ocorrência de fugas e revoltas na cidade era movida pelos mesmos motivos, sancionados na cultura de origem desses homens e dessas mulheres. Além disso, as fugas e revoltas de africanos escravizados na época do tráfico negreiro podem ser interpretadas como formas de resistência ao que eles imaginavam ser o início de uma viagem sem volta a um destino que nenhum deles desejara ou planejara.

Os habitantes de um quilombo do início do Oitocentos, situado a oito léguas de Luanda, passaram anos perturbando a "tranquilidade pública", levando o governador a reunir tropas para combatê-los:

> conseguindo prender uma parte dos ditos escravos, fugindo o resto, que espero ainda se recolham, animados com o perdão que mandei publicar naqueles sítios para todo aquele que voluntariamente se apresentar ficar livre do castigo e entregue ao seu senhor; o que é natural suceda como a experiência tem já mostrado em outras semelhantes ocasiões. O major comandante da diligência na parte que me deu me comunica ter achado no referido quilombo mantimento e plantações para dois anos, e quarenta e tantas casas construídas à moda do país, que

tudo, segundo a ordem que levava, ficou queimado e arrasado, para que aquele lugar lhes não pudesse servir mais de asilo. Esta diligência na qual se gastou quinze dias [...] não só foi evitar que para o futuro aquele ajuntamento se pudesse recear, mas também faz que os escravos que atualmente existem nesta cidade lhes não seja tão fácil a fuga que todos os dias estavam praticando.[16]

O documento não esclarece se os escravizados que diariamente fugiam de Luanda trabalhavam para senhores locais ou aguardavam nos barracões pelo momento do embarque, mas não é difícil imaginar que fossem de ambos os tipos. Na correspondência entre Angola e Lisboa, ocorrências desse tipo são incomuns e dela poucas informações se podem tirar sobre a existência de outros quilombos nas proximidades dos grandes portos do tráfico no período estudado.[17]

Quanto às revoltas generalizadas, a documentação é mais farta. Em 1790 as autoridades coloniais punham Lisboa a par da rebelião da "maior parte do gentio do Norte deste continente". A população local havia bloqueado o presídio de Encoge, levando o dinheiro e as mercadorias para o pagamento dos soldos dos que lá serviam: "tudo foi roubado pelos gentios Namboangongo, Quenguengo e Lundo que, atrevidos, se haviam mancomunado e atacaram à cara descoberta com a multidão de armas e flechas [...], morrendo no combate de ambas as partes muitos e deixando em sítio a guarnição daquela praça, ficou o seu comércio todo interrompido e embotadas as armas portuguesas pela rebelião dos dembos vassalos, que logo andaram em sublevar outros de seu partido".

Cerca de quatrocentos homens e munições foram convocados para a reação, mas, no momento de partir para enfrentar os dembos, os mussui (ou mussões) atacaram Luanda pelos rios Dande e Bengo, "fiados de que ficando ela sem tropa, poderiam impunemente praticar os maiores atentados". A ação dos mussui foi violenta, "matando os brancos e os pretos que se propunham resistir-lhe, queimando as casas e as searas dos cidadãos e levando-lhe os escravos pretos deixaram tudo arrasado e tinto dos sangues dos racionais e dos brutos". Os cativos que sobreviveram foram levados a Ambriz, onde os franceses os compraram. O ataque à capital fez as autoridades lembrarem-se com pesar de outra derrota severa em tempos idos: a invasão holandesa no século XVII.[18]

Não bastasse o desastre em si que era o ataque de três dias a Luanda — "bárbaro procedimento, que por mil bocas aflitas soou nesta capital" —, resultou de tudo isso o agravamento da carestia. Deixando de lado as queixas de abandono por parte da metrópole, como já fizera outras vezes, o governador achou que era mais útil lembrar aos donos de embarcações brasileiras que as mandassem carregadas de mantimentos para o torna-viagem, pois em Angola nada se poderia conseguir. Quanto ao socorro de Luanda, Mossâmedes precisava de tropas e armas, "pois tenho necessidade de tudo o que são provisões militares, maiormente de balas de fuzil; e quanto à pólvora, vou me valendo da muita que têm os negociantes".[19] Compreendendo que de Lisboa pouco se podia esperar, esse pedido — como tantos outros, destinados a "acomodar o orgulho dos pretos e os seus continuados insultos e a proteger o comércio que tanto merece e necessita de apoio"[20] — foi dirigido ao vice-rei no Rio de Janeiro.

A segurança da capital requeria uma ação eficaz contra os habitantes do Mossul — região situada entre Luanda e Ambriz. Foi nesse sentido que se empenhou o sucessor de Mossâmedes no governo de Angola: em função da diminuição do comércio pela rebeldia dos nativos, Manuel de Almeida e Vasconcelos informava à Corte ter "conseguido a conquista de toda a nação e província do Mossul, com o pequeno número de recrutas que levara consigo [...], edificando junto ao rio Loge uma fortaleza para defender-se dos bárbaros".[21] A vitória garantira maior proteção a Luanda e interrompera temporariamente o comércio de escravos feitos por estrangeiros em Ambriz, já que, desarticulados, os mussui se refugiaram na margem esquerda do Ambriz e não conseguiam abastecer aquele porto.

O soberano local era o marquês de Mossul, que, uma vez derrotado, estabeleceu um acordo de vassalagem com os portugueses:

> sendo apresentados perante todo o congresso na Sala do Docel, lhe foi perguntado pelo mesmo Exmo. Sr., no seu próprio idioma, sendo intérprete Antonio de Medeiros, do Regimento Auxiliar desta mesma cidade, quem eram e que pretendiam? Responderam com as suas costumadas humilhações, serem os mesmos que acima se expressam e que de sua livre e espontânea vontade ele, Marquês de Mussulu, sovas e maçotas em seu nome e dos seus sovas e povos, voluntariamente vinham pedir perdão a S. M. F. das atrocidades que tinham cometido contra os povos e fiéis vassalos da mesma Senhora, em cujo número

eles queriam entrar, confessando terem perdido as suas terras por terem sido conquistadas pelas Reais Armas Portuguesas, à custa de sangue e vidas [...], vagando pelos matos sem terras onde se poderem [sic] estabelecer nem granjearem os frutos necessários para a vida humana [...]. Em reconhecimento e prova de obediência, o Marquês de Mussulu e seus sucessores serão obrigados em cada um ano a entregarem nesta capital, à Fazenda Real, um escravo peça de Índia; e igualmente cada um dos outros sovas um moleque de seis palmos, de que se lhes passarão recibos, para testemunha de sua verdadeira fidelidade.[22]

Considerando o enorme esforço da conquista, os termos da capitulação não parecem tão duros. Entretanto, eles trazem embutida a certeza de que não seria possível arrancar mais do marquês; comprometê-lo a não atrapalhar a circulação de mercadorias entre Luanda e Encoge era o melhor que se podia conseguir. De qualquer forma, a "vassalagem" do marquês e seus sucessores era apenas nominal: a região continuou a manter sua autonomia em relação às ordens luandenses. O mesmo se dava com os dembos, que, tendo aceitado termos de obediência, voltaram a guerrear e a jurar fidelidade depois de alguns anos.[23] Evidentemente, tratava-se de uma estratégia de luta dos bantu: quando se sentiam fortes e percebiam certo relaxamento nas forças portuguesas, partiam para o ataque — recuando quando encontravam a resistência de seus oponentes.

Os portugueses fortificaram Ambriz em 1790, mas depois abandonaram essa baía repleta de feitorias de negreiros de outras nacionalidades. A posse definitiva da região prolongou-se até meados do século XIX, pois, a partir de 1846, os ingleses passaram a questionar os direitos de Portugal sobre territórios situados acima do paralelo 8º Sul: "para os portugueses, o problema do Mossul era extremamente delicado, pois Ambriz desviava para si uma parte considerável do tráfico interior que transitava pelas terras do presídio do Encoge". A resistência mussui era apoiada pelos negreiros — que desejavam pagar menos impostos do que em Luanda e vendiam armamentos ao marquês — e pela Royal Navy — que apreendia navios mas não destruía "o poder dos corretores africanos". A ocupação definitiva de Ambriz pelos portugueses deu-se somente em 1855.[24]

De imediato, a conquista de Mossul em 1790 não garantia o restabelecimento das comunicações com Encoge — interrompidas havia dois anos —

nem a pacificação dos conflitos com outros povos do interior: "a desordem que grassa no centro dos sertões pede brevidade de castigo, principalmente sobre a ginga, o holo, o ambuela e o nosso fingido amigo ambuila, que promove e tolera os insultos atualmente cometidos". Quanto ao Sul de Luanda, diversas expedições tinham tentado, sem êxito, conquistar a região de Quissamã — "muito necessária ao aumento da capital". Apesar do sucesso limitado das guerras constantes, os portugueses insistiam nessa estratégia, já que pareciam ter percebido que tentativas de negociação eram interpretadas pelos sobas como sinais de fraqueza:

> As visitas de pacificação intentadas na época passada com os negros habitantes dos sertões são inteiramente opostas ao seu gênio. Eles as aceitam risonhos para se aproveitarem do descuido que excita a paz, e se persuadem que o temor ou debilidade do Estado faz o fundamento da inação. A guerra tem sempre marcado o tempo da tranquilidade sucessiva. O comércio se aumenta em face de um governo austero, que com uma mão afague e com ambas improvisamente os castigue.[25]

As fontes do período não explicitam uma resistência claramente dirigida ao tráfico de escravos, atentando particularmente para a oposição à presença portuguesa e às tentativas destes de interiorizarem seus domínios. Entretanto, até o início do século XIX, essas tentativas se faziam tendo por mote a busca de gente para ser escravizada pelo tráfico transatlântico, o que os povos de Angola com os quais as expedições lusas entravam em contato logo percebiam. As mãos que castigavam continuaram em ação para tentar ampliar os territórios portugueses em Angola e o abastecimento de homens e mulheres a serem escravizados ao litoral, sempre contando com a resistência banto a cada ensaio de domínio direto — destinada tanto a evitar a perda de seus territórios e de sua liberdade, quanto a manter a participação dos intermediários angolanos no comércio de cativos.

Em meio aos combates maiores no Mossul, o governador ainda tinha que dispor de tropas para enfrentar confrontos de menor vulto nas proximidades de Luanda, contando com todo o auxílio que lhe pudesse chegar. Por vezes, até mesmo os tripulantes das naus da Carreira da Índia que ali faziam escala engajavam-se nesses confrontos.[26] O que alimentava a rebeldia, na avaliação dos capitães-mores do sertão angolano, era o "exorbitante número de armas e de pólvora" que se pretendia limitar com a conquista de Ambriz e o impedimento do comércio com estrangeiros.[27]

As vitórias ocasionais dos portugueses sobre os nativos não impediam a continuidade das revoltas. Um ano depois de assinado o acordo com o marquês de Mossul, o governador continuava a pedir auxílios militares e provisões, pois as crises ambientais eram agravadas pela guerra contra os inimigos que não se rendiam, o que espalhava "péssimos exemplos" pelos sertões.[28] A conquista do Mossul não teve o esperado efeito duradouro, já que os mussuis continuaram a receber armas por outros caminhos e, em contrapartida, as forças portuguesas estavam esgotadas pelos anos seguidos de "guerra preta"[29] e pelas bexigas "que este ano têm sido cruelíssimas por todo este continente". O governador constatava que a vitória fora efêmera:

> os bárbaros inimigos foram muito incomodados e bastantemente castigados das atrocidades que têm cometido [...]. Porém, apesar de tudo, se vê continuarem na sua extraordinária pertinácia com notável e nunca esperada constância, sustentada com a mais atrevida ousadia, defendendo-se e opondo-se nos assaltos e ataques com a maior intrepidez, não só fazendo muito fogo, carregando e atirando com toda a atividade, mas por meio de fossos e espinhos nas passagens mais acessíveis, por fim retirando-se aos seus impenetráveis matos, donde se reuniam e se municiavam, de novo continuavam não só na defensiva mas praticando diferentes tentativas contra o exército, acometendo-o e fugindo, deixando emboscadas para no tempo de serem seguidos encontrarem o prejuízo que fizeram de mortos e feridos, sem que nunca se resolvessem a bater palmas, como em outros tempos faziam os negros de África, logo que recebiam o mais pequeno castigo, sendo a maneira com que certificam a sua subordinação, pedirem perdão e buscarem a paz.[30]

Conseguindo armas e tendo a seu favor o conhecimento do território, os africanos resistiam tenazmente — quanto mais não fosse, para manter o equilíbrio entre os soberanos que comercializavam cativos com os europeus ou sobreporem-se uns aos outros. Ainda que a presença portuguesa avançasse por regiões onde até então não havia domínio efetivo, ela se mantinha descontínua e instável. Nesse caso, eram os navios ingleses na foz do Loge ou os franceses em Cabinda e Molembo que abasteciam os rebeldes com munições, e aos militares portugueses não restava alternativa a não ser frear seu próprio avanço, tentar manter a conquista do Mossul e retomar o acesso a Encoge, por serem essas "as melhores terras e que mais concorrem para a subsistência desta capital".[31]

Mais ao sul, no entorno de Benguela, as expedições de Antonio de Lencastre na década de 1770 haviam garantido anos de sossego ao comércio, mas os conflitos voltaram a acontecer. Além das perdas humanas, as caravanas eram obrigadas a levar escoltas que encareciam o comércio. Se Encoge cumpria um papel importante no abastecimento de escravos para o porto de Luanda, o presídio de Caconda fazia o mesmo por Benguela. E se no Norte os dembos ambundos e bakongos dificultavam o fluxo comercial entre as duas localidades, na região de Benguela eram os ganguelas que desempenhavam esse papel, obrigando as forças portuguesas a manter duas frentes de batalhas contra os nativos na década de 1790. Embora nesse período o comércio negreiro já fosse significativo em Benguela, as ligações entre o sertão e o litoral envolviam grande risco, provocado "pela infidelidade e rebeldia da maior parte dos sobas".[32]

No litoral sul, a luta contra os inimigos era dificultada pela quase impossibilidade de mandar reforço pelo mar, já que (como vimos) a corrente marinha de Benguela tornava extremamente difícil a navegação. A solução, de acordo com o capitão Antonio Valente, era mandar o socorro diretamente do Brasil,[33] cuja comunicação marítima com aquela parte da costa era facilitada pelas condições de navegabilidade. A possibilidade de juntar homens para a tropa entre as etnias locais também existia, mas nesse caso era dificultada pela ação do sargento-mor Gregório José Mendes: numa atitude comum entre os militares portugueses de Angola, ele preferia cuidar de seus próprios interesses comerciais a cumprir as ordens de seus superiores. Assim, Mendes tornara-se amigo dos sobas e não juntara os homens necessários, dispensando os sertanejos e os sobas dessa obrigação em troca dos escravos que recebia para revender em proveito próprio.[34] Para o governador de Benguela, eram atitudes como essa que provocavam a revolta no sertão, "porquanto nos remédios que se lhe aplica é que vai a semente da discórdia". Muitos militares requeriam auxílio em tropas alegando que precisavam delas para submeter os inimigos, quando na verdade as usavam para extorquir escravos dos sobas sempre que possível: "Que importa que da capital vá expedida uma guerra se o comandante dela, e a seu exemplo os que ele comanda, são outros tantos ladrões que o vão destruir. O seu sistema geral e seguido fielmente é castigar os sobas pobres e presentear os ricos, ainda que estes sejam rebeldes e aqueles vassalos".[35]

Entretanto, o autor dessa queixa também não estava livre da pecha. Uma representação da Câmara de Benguela à rainha o acusava de louco e perverso por acobertar a ação das autoridades locais e usufruir dela, obrigando os comerciantes e pombeiros a trazer um ou dois escravos pagos com uma "tênue porção de fazendas que nem no mesmo sertão chega para a compra do dito escravo".[36] D. Maria I pediu informações ao governador de Angola sobre a veracidade da denúncia, mas logo em seguida tiveram início os primeiros sintomas da doença que a impediu de reinar — o que ajudou o caso a cair no esquecimento.

Os longos preparativos para a guerra e as desavenças entre as autoridades de Benguela, Luanda e Lisboa não passavam despercebidos pelos nativos. Em 1796, Caconda voltou a ser alvo das hostilidades dos "bárbaros potentados do sertão", contra os quais as forças de Benguela eram insuficientes. De acordo com os sertanejos que trouxeram a notícia ao litoral, era preciso guerrear com os nativos de cinco em cinco anos, pois intervalos mais longos sem demonstrações de força os animava à luta contra os portugueses.[37] Assim, a supremacia portuguesa contra os povos do entorno de Benguela e a submissão das etnias do interior eram conseguidas a duras penas e precisavam ser reafirmadas constantemente. Em que pesem todos os esforços, o barão de Mossâmedes avaliava o desempenho do governador de Benguela em 1796 — época em que se tornara membro do Conselho Ultramarino —, afirmando que "meter em ordem o sertão só o pode conseguir a Divina Providência, mudando a natureza dos negros e o coração dos exilados".[38] Certamente, essa avaliação estava embasada pela sua experiência como governador de Angola na década anterior e pela certeza de que os nativos eram insistentes e numerosos o bastante para resistir indefinidamente. A frase soa como uma confissão de que ele próprio não fora capaz de submeter aqueles contra os quais lutara. Em meados da década de 1790, as forças portuguesas continuaram a ser pequenas em face da capacidade de luta dos bantos em Angola e, em 1798, chegavam mais notícias desalentadoras:

o gentio desta capitania [Benguela] se vai desaforando desta forma por conhecer que aqui não há forças para o castigar [...]. Partindo desta cidade no dia 11 do corrente Antonio José Coelho, homem branco de Portugal e negociante de Caconda, com sete fardos de fazenda e outras cousas mais, ao terceiro dia de viagem saiu ao encontro um grande troço de negros armados para o roubarem, e depois de um furioso combate de parte a parte, ficou morto o dito morador e três negros [...], e os salteadores roubaram os ditos sete fardos e naturalmente alguns escravos mais, pois que todos estes negociantes sertanejos trazem muita gente consigo para se defender de semelhantes encontros.[39]

Apesar do desânimo de Mossâmedes — expressando talvez uma opinião mais geral que circulava na Corte lisboeta, alimentada pelas constantes notícias sobre as lutas que era preciso enfrentar para manter vivo o comércio em Angola —, o lento processo de dobrar a resistência dos rebeldes teve avanços importantes na década de 1790, possibilitando um fluxo mais regular das caravanas e permitindo àquele porto ampliar sua posição como exportador de escravos e superar Luanda no posto de principal abastecedor de cativos para o Rio de Janeiro na primeira década do século XIX.

Para isso, foi preciso firmar posições em torno de Benguela. Entre as conquistas estratégicas portuguesas, ainda que precisassem de constante afirmação, estavam a vitória sobre o "soberbo soba" do reino ovimbundo de Quingolo em 1798[40] e as lutas para submeter os quilengues a partir de 1797, que permitiram a fixação definitiva dos lusos em Salvaterra de Magos, a sudoeste de Caconda. As forças de Portugal mostravam-se pequenas para vencer a força destes últimos, mas, valendo-se de um chamado para negociação, prenderam o soba Socoval e colocaram outro soberano em seu lugar, mais disposto a submeter-se. O soba destituído e os bens que lhe foram confiscados foram enviados ao governador em Luanda, junto com a devassa instaurada em Benguela. Entre seus supostos crimes, o principal era a desobediência — já que Socoval se recusara a enviar tropas para a "guerra preta" contra outro soba.[41]

Entretanto, o governador Miguel Antonio de Melo talvez fosse mais astuto no trato com os soberanos locais e certamente divergia dos métodos do governador de Benguela: considerou traiçoeira a prisão e o confisco dos bens de Socoval e qualificou de "bárbara" a ação que resultou na prisão de duzentos cativos (rapidamente exportados para o Brasil) e cerca de quatrocentas cabeças de gado dos quilengues. Melo ordenou que Socoval fosse libertado e que lhe fossem devolvidos o gado e os escravos. Quanto aos que já tinham partido nos navios negreiros, ordenava que tudo fosse feito para dar-lhes a liberdade — caso alguém a requeresse.[42] A aparente boa vontade do governador de Angola não se traduziu em paz duradoura na região: na primeira metade do século XIX, os quilengues continuaram a dificultar o acesso de Benguela às terras do Sul, e até 1850 — quando eles somavam algo entre 80 e 100 mil pessoas — a autoridade local portuguesa "só dava ordens aos brancos e aos filhos do país (os mestiços e os negros civilizados)".[43] Novo Redondo e seu presídio, situados no litoral ao norte de Benguela, também se encontravam ameaçados de ataque em 1842, tendo como pano de fundo disputas comerciais do tráfico: "os escravos fugitivos do presídio de Novo Redondo receberam acolhida, e talvez liberdade, entre os povos gentios que habitavam ao redor do presídio".[44]

No final do século XVIII, quando a presença portuguesa já estava enraizada em Angola sob a forma de cidades, fortalezas, presídios e feiras, ainda eram comuns incidentes como os que envolveram os membros de uma expedição costeira e os dembos ao norte de Luanda. Os sobas locais inspecionavam periodicamente o litoral, dando parte de qualquer desembarque ou "novidade" que ali ocorresse. Esses dembos, armados com zagaias, arcos e flechas, recusaram-se a subir a bordo do navio português.[45]

Entretanto, o maior risco não consistia na manipulação de armas que só tinham efeito num combate corporal próximo. Os portugueses temiam especialmente os grupos que portavam armas de fogo, de cuja introdução em Angola eles eram os principais e mais antigos responsáveis. Na avaliação dos administradores coloniais, era devido a essas armas que os negros se animavam a lutar contra os brancos, tornando-se "mais difícil reduzi-los à devida sujeição e obediência". Ao mesmo tempo, sabiam que a venda de pólvora e armas era a maneira mais eficaz de fazer o comércio com os africanos do interior, pois caso os portugueses se recusassem a vendê-las, outros europeus o fariam.[46]

A frustrada construção da fortaleza de Cabinda talvez seja o melhor exemplo da resistência local à expansão territorial portuguesa. Como vimos no capítulo 2, a edificação dessa fortaleza contou com forte objeção dos franceses, que ali faziam um lucrativo tráfico de escravizados diretamente com os nativos, sem pagar direitos alfandegários a nenhuma autoridade europeia. Para Antonio Máximo de Souza Magalhães — o militar que comandou a expedição destinada a escolher o melhor sítio para se construir a fortificação —, não haveria problemas "pelo que respeita à oposição os negros, que não tinham forças para resistir à nossa artilharia, nem havia coisa alguma que recear a respeito".[47]

Mesmo que não tivessem armas, no entanto, os africanos tinham outro tipo de força na luta contra as intenções lusas: a dependência em relação à sua mão de obra e a obediência aos soberanos locais, que não foram considerados por Magalhães. Os cerca de cem africanos que trabalhavam na construção do forte de Cabinda, insuflados pelos traficantes franceses, receberam ordens do mambuco para fugir; os que se recusaram foram "furtados" e vendidos em Molembo aos negreiros franceses que ali esperavam suas cargas. Além disso, o mambuco mandava matar todos os brancos a serviço de Sua Majestade que encontrava fora das proteções portuguesas[48] — fatores decisivos na perda daquela pretendida fortificação militar e comercial. A presença de traficantes de outras nacionalidades europeias em Molembo e a violência que permeava a transação comercial naquela localidade motivavam os negreiros a zarpar armados do Brasil quando iam para lá carregar seus porões. Era o caso da sumaca *Esperança Feliz*, apreendida em Lagos em 1822 — cujo mestre, ao ser interrogado, disse que as armas encontradas a bordo destinavam-se à "defesa contra os naturais". O *Aventureiro*, negreiro brasileiro que se encontrava em Angola em 1847, também ia armado — para "se defender de outros navios negreiros ou dos gentios, os povos nativos da costa ocidental, que cobravam impostos na passagem dos navios negreiros e, outras vezes, os atacavam".[49] Alegações como essas, se não podem ser consideradas verdades absolutas, também só podiam ser utilizadas em depoimentos aos juízes da Comissão Mista se guardassem alguma verossimilhança com as características do tráfico negreiro conhecidas pelos agentes envolvidos no negócio e na repressão.

Algumas vezes, as condições comerciais que os portugueses ofereciam aos seus parceiros africanos estavam na raiz das revoltas. Acreditando ter estabelecido relações duradouras de "vassalagem" com os sobas, as autoridades lusas pareciam não compreender os motivos das constantes rebeliões. O barão de Mossâmedes, governador de Angola em 1785, dizia que a natural brutalidade e uma conversão apenas superficial ao catolicismo não permitiam aos africanos perceber o valor do "doce jugo do domínio de Vossa Majestade", preferindo rebelar-se e ir buscar em outras praias os gêneros de que necessitavam, junto aos estrangeiros que pagavam melhor pelos escravos nas trocas comerciais. A solução era fazer guerras constantes para lembrar aos africanos o "poder soberano" da Coroa portuguesa. Entretanto, o governador reconhecia que seus recursos eram mínimos: não havia dinheiro nem soldados, pois, apenas nos dois anos anteriores, perderam-se oitocentos homens nos combates ocorridos em Cabinda.[50]

A insatisfação com as condições do comércio travado com os portugueses podia manifestar-se de outras formas menos articuladas. Pelos caminhos que levavam dos sertões aos portos de Luanda e Benguela, era comum a ação de salteadores que furtavam fazendas, homens e mulheres aprisionados. Contra essas táticas de guerrilha, as forças militares existentes nos presídios pouco podiam fazer, obrigando muitas expedições a seguir pelo interior com escoltas de empacaceiros, nas quais parte dos efetivos era oferecida pelos sobas bantos ligados por acordos de vassalagem às autoridades portuguesas.[51]

As guerras interétnicas frequentemente afetavam o circuito das caravanas de escravos, embora as cidades litorâneas também fossem alvos de ataques ou sofressem as consequências dos conflitos no interior. Quando ocorriam no sertão, as guerras vedavam o acesso aos portos e inviabilizavam o tráfico, motivando inúmeros pedidos de auxílio militar por parte dos governadores de Angola. O belicoso barão de Mossâmedes foi um dos mais animados defensores de um domínio efetivo sobre os povos do interior e nunca se conformou com os parcos recursos que a Coroa punha à sua disposição. Em 1789, ele escrevia mais um de seus numerosos ofícios queixando-se das dificuldades para enfrentar os nativos:

> Os clamores, contudo, dos negociantes e os frequentes insultos em que se tem demasiado ultimamente o gentio, atacando e despojando os feirantes na estrada [?], que me impele a fazer o último esforço juntando o maior possível para meter as armas no sertão. Cujo peso e co[nco]mitância pode unicamente refrear a sua rebeldia, pondo ao mesmo tempo os ditos feirantes na necessidade de se recolherem às abas dos presídios, sendo que espalhados em distâncias consideráveis dos mesmos, não só se ocasiona a deserção dos negros vassalos que não podem sofrer tão dilatados transportes, mas acham semelhantes distâncias nenhum respeito da parte do gentio, e alguns toda a liberdade à sua depravação.[52]

A derrota portuguesa em Cabinda em meados da década de 1780 representou o marco para o início de uma onda de rebeliões dos povos ao Norte de Angola. Os traficantes franceses, não satisfeitos em destruir a fortaleza, passaram a difundir entre os nativos "maquiavélicas doutrinas derramadas por mil bocas industriosas", uma delas bastante perigosa para os portugueses: a de que, sendo a África o continente deles, os africanos poderiam "usar indistintamente com os europeus do seu tráfico".[53] A derrota lusa e as intrigas francesas parecem ter encontrado ressonância entre os nativos, animando-os a disputar o controle do comércio em seu território.

Como já vimos, os confrontos militares que ocorriam em Angola entre o final do século XVIII e meados do XIX eram de naturezas diversificadas, mas sempre interligadas. Havia aqueles que opunham portugueses interessados em ampliar seus territórios contra nativos que tentavam obstar essa pretensão; de outro lado, as lutas nem sempre se destinavam a formar uma barreira à expansão territorial lusa — objetivo às vezes não formulado explicitamente —, mas sim à expansão comercial e ao alijamento dos bantos do papel de intermediários do tráfico e, por vezes, envolviam etnias rivais que disputavam as mesmas rotas e as mesmas fontes de cativos. As guerras envolvendo portugueses, outros estrangeiros europeus e povos de Angola, geralmente travadas no litoral, tinham por objetivo instalar feitorias para o comércio de escravos. De todo modo, as autoridades coloniais em Angola consideravam necessária a submissão dos nativos qualquer que fosse o motivo do confronto. Para um militar baseado em Angola em 1790, os "gentios do sertão" facilmente esqueciam-se da severidade com que haviam sido conquistados e da obediência que deviam à Coroa, por isso era necessário guerrear constantemente contra eles. Enquanto aguardava a ação dos diplomatas que discutiam uma solução para a questão de Cabinda em Paris, o militar mostrava-se disposto a dominar "os potentados que medeiam até a foz do Zaire tão somente com as forças deste Regimento, se houvesse homens para completá-lo e as precisas ordens para a execução do arbítrio". O motivo mais premente de sua fúria era o assalto à caravana de Encoge e o recente ataque dos mussui a Luanda, mas a fala remete a uma visão ampla sobre a forma de lidar com as diversas etnias locais.

A manutenção da presença portuguesa em Angola era fruto de uma negociação nem sempre feita com regras claras e definidas. Seu principal método ou seus principais efeitos não eram sentidos pelos termos comerciais ou acordos de vassalagem, mas resultavam de uma acomodação cotidiana entre os mutáveis interesses de bantos e portugueses. Muitos soberanos bantos em Angola, por sua vez, mostravam-se hostis à fixação portuguesa e à forma como eles conduziam as negociações para a compra de cativos. Não se pode dizer que esses soberanos tivessem uma política definida de oposição ao tráfico, mas os conflitos mencionados até aqui demonstram que havia casos de oposição temporária ou parcial, movida por questões de ordem prática — como a preferência por novos parceiros comerciais —, e não por considerações morais e religiosas ou pela necessidade de braços para o cultivo de subsistência ou comercial em seus territórios.

McGowan ressaltou que, na África Ocidental, os chefes de Estado resistiram ao tráfico, por exemplo, para evitar "a drenagem do melhor sangue, da melhor energia e do segmento mais especializado da população do país": em lugares como o Daomé da primeira metade do século XVIII, a venda de homens e mulheres adultos fazia-se conforme com a demanda interna de mão de obra, e não de acordo com a procura dos traficantes europeus ou americanos.[54] Para Angola, não encontrei registros de algo semelhante, mas as diferenças na organização política desses povos precisam ser consideradas.

A maior pulverização do poder no Congo e em Angola e as diferentes formas pelas quais ele era exercido entre os diversos povos bantos constituíam características importantes na região. Enquanto no litoral e no Oeste existiram poderes políticos duradouros, no interior a centralização era mais frágil ou inexistente.[55] Todavia, se o confronto entre as demandas interna e externa por escravos não era um dado relevante na negociação dos soberanos locais com os traficantes em Angola, as formas e as condições do comércio eram continuamente reavaliadas. O suposto domínio de uma etnia após um confronto sangrento e a crença de que eles haviam sido "avassalados" provocavam reiterados enganos entre as autoridades coloniais portuguesas. Mesmo vencidos circunstancialmente, os povos do interior de Angola voltavam a se rebelar, lutando sobretudo pelo controle das rotas por onde circulavam os cativos e para tentar impedir a expansão dos europeus pelo continente. Diferentemente do que ocorria nos tempos iniciais do tráfico negreiro, quando as razias de mercadores brancos eram suficientes para preencher os carregamentos, em fins do século XVIII e meados do XIX os traficantes dependiam quase que exclusivamente das rotas controladas pelos africanos e das negociações que fizessem com eles para obter escravizados.

Senhores de escravos e viajantes que vieram ao Brasil do século XIX notaram a existência de um sentimento de solidariedade e companheirismo entre os escravos que haviam compartilhado a experiência da viagem transatlântica a bordo da mesma embarcação negreira. Robert Slenes observou que alguns filólogos da língua portuguesa definiram *malungo* como a palavra que expressaria esse sentimento,[56] enquanto viajantes como Henry Koster sabiam da existência de "uma espécie de fraternidade entre os indivíduos trazidos na mesma embarcação. Cada um chama ao outro malungos e tem muito valor esse nome entre eles". Do mesmo modo, Rugendas notou que "os que chegam no mesmo navio ligam-se mais intimamente e o dever de se socorrerem é fielmente observado entre esses escravos, que se chamam 'molungos'".[57] Essas "relações de amizade que duram por longo tempo", de acordo com Trotter, surgiam a bordo dos navios, onde os africanos se manifestavam através de "um lamento melancólico muito barulhento, que expressa sua angústia extrema". Ordenando à mulher que lhe servia de intérprete que explicasse o que era aquele lamento, descobriu que isso se devia ao fato de eles estarem sonhando que iriam para seu próprio país de novo, mas quando acordavam viam que estavam a bordo do navio negreiro.[58]

Para Slenes, tais definições de *malungo* como "companheiro de viagem" ficam no meio do caminho. Uma análise mais detida das línguas bantos aponta sentidos incompreensíveis da palavra *malungo* para os brancos, significados esses que teriam "grande ressonância na costa atlântica da África Central". Para ele, é possível que as palavras que originaram o termo *malungo* (*nlungu* em quicongo e *ulungu* em quimbundo) derivem da mesma raiz que *kalunga*.[59] Sendo assim, "'malungo' não teria significado apenas 'meu barco' e, por extensão, 'camarada da mesma embarcação', mas forçosamente também 'companheiro na travessia da *kalunga*'". Para boa parte dos povos do Congo e de Angola, "a cor branca simbolizava a morte; os homens eram pretos, os espíritos brancos" e, por conseguinte, a terra dos brancos era a terra dos mortos. Slenes prossegue sua análise baseando-se em estudos de antropólogos e historiadores africanistas:

os bakongo de hoje ainda acreditam que "os mortos vão para a América" [...] e sempre o foram. O fato histórico do tráfico de escravos é lembrado como uma forma de feitiçaria, pela qual grande número de africanos foi transportado à outra "costa". Ainda de acordo com este autor [Wyatt MacGaffey], os bakongo consideram que "barcos de vários tipos são veículos para o transporte das almas" [...]. [Outra crença antiga dos bakongo era] que a pessoa poderia voltar da América para a África, através da *kalunga*, não apenas como "alma", depois da morte física, mas ainda durante a vida, se ela guardasse sua pureza de espírito: [...] "acreditava-se que a abstenção do sal conferia poderes especiais iguais aos dos espíritos", entidades que não comiam sal.[60]

Essa análise nos aproxima da compreensão do sentido da travessia transatlântica e dos laços que uniam os escravizados vindos da África Central que a faziam na mesma embarcação. Considerando que um dos alimentos básicos da dieta dos embarcados era a carne salgada, e tendo em mente as implicações do consumo de sal na visão de muitos povos de Angola, a possibilidade de manter a pureza do espírito tornava-se limitada e agravava o pânico quando se pensava no destino ao qual aquela viagem levava. Os malungos estariam associados em uma vivência-limite, e a palavra teria, assim, um significado profundo — baseado na experiência do tráfico e na cosmologia banto: "'companheiro da travessia da vida para a morte branca' e possível[mente] 'companheiro da viagem de volta para o mundo, preto, dos vivos'".[61]

Para os homens e as mulheres que compartilhavam a crença de que seu destino após a travessia da *kalunga* era morrer, embarcar num navio negreiro era motivo de pânico. Não é exagero imaginar que esses homens desejassem evitar a morte a qualquer custo. E não se tratava de uma morte qualquer: alguns brancos que estiveram na África informaram que os negros julgavam que essa morte viria ao fim de um processo doloroso. De acordo com o franciscano João Antônio Cavazzi, "quando os escravos largavam o solo africano, imaginavam que ao desembarcar na América seriam devorados pelos brancos", acreditando que seus ossos se tornariam pólvora para canhão e suas carnes, medula e glândulas se transformariam em óleo que os portugueses vendiam pela costa afora: "os cativos provenientes do Benin não iam tão longe: pensavam que os pombeiros os levavam somente aos açougues dos brancos americanos, grandes apreciadores de filés pretos".⁶² Quanto aos escravos da África Ocidental, McGowan creditou a manutenção dessa crença — particularmente entre os que vinham do interior — ao fato de que pouquíssimos deles retornavam da América para contar quais eram os verdadeiros propósitos da escravização e, ainda assim, os que o faziam tinham contatos mais próximos com os moradores do litoral. Por isso, era comum encontrar também naquela região africanos crentes que se tornariam oferendas humanas às divindades europeias, que seu sangue serviria de corante às roupas dos brancos ou que eles seriam "mortos e comidos por canibais brancos". O escocês Mungo Park — que explorou a bacia do rio Gâmbia em 1796 — dizia ter travado contato com negros curiosos em saber se seus conterrâneos eram canibais, enquanto Adam Starr — branco de uma tripulação negreira inglesa em 1781 — mencionou o terror dos escravizados antes da partida de seu navio de São Tomé: "os negros, em sua ignorância, acreditavam que as terras para onde eles seriam transportados eram habitadas por gigantes-devoradores brancos, e que eles eram levados através dos mares para abastecer de comida esses monstros". Para McGowan, essas crenças estavam na raiz da resistência dos africanos ao tráfico, e muitos deles consideravam que "a morte na África era preferível do que viver um fato tão impressionante".⁶³

Homens da África Ocidental, como Equiano, relataram o terror que sentiam ao verem-se a bordo:

> quando vi os homens da tripulação, fiquei convencido de que tinha entrado em um mundo de espíritos maus e que eles iriam me matar. Suas compleições eram tão diferentes das nossas, seus cabelos longos e a língua que eles falavam, que era muito diferente do que eu tinha ouvido até então, confirmavam essa crença. Quando olhei ao redor do navio, vi também uma multidão de homens negros juntos, todos eles com expressões de terror. Entendi que todas as chances de retornar à minha terra natal eram em vão, e aquelas pessoas agora eram meus amigos. Fui levado para o porão e lá recebi como saudação o choro.⁶⁴

Os homens que ele viu eram os marinheiros brancos que, como diz o relato, se afiguravam como "espíritos maus" — crença semelhante à dos bantos da África Central. Quanto aos negros que já estavam no porão, Equiano passou a considerá-los amigos e, embora não os chame de *malungos*, em sua língua certamente existia outro termo para designar a complexa relação estabelecida entre os encarcerados no navio.

Dois episódios separados por um bom intervalo de tempo e situados em contextos distintos demonstram a persistente resistência dos povos de Angola ao tráfico. Num deles, ocorrido em 1793, homens cujos soberanos os cediam para prestar serviços nas áreas de domínio português estavam trabalhando nas salinas de Benguela e na fábrica de cal de Lobito. Tudo corria bem até que um marinheiro português foi lançado à praia depois de ter se recusado a auxiliar o capitão da galera inglesa *Santa Catarina* a comprar escravos na Catumbela. A notícia de que havia negreiros na costa fez com que os homens simplesmente paralisassem o trabalho e fugissem, "com o medo de serem apanhados pelos ingleses que foram às praias na lancha".[65] Décadas depois, em 1859, trabalhadores envolvidos na coleta da urzela[66] em Mossâmedes fugiram, indignados com um embarque ilegal de escravos promovido por um traficante local e temendo o mesmo destino:

> O ápice das desordens parece ter se dado quando os escravos de um dos maiores proprietários da região, Manoel de Paula Barbosa, presenciaram um dos embarques feitos pelo traficante Manoel José Correia. Sucedeu-se, então, uma grande sublevação destes escravos que, furtivamente, à noite, invadiram e incendiaram a fazenda de Manuel [de] Paula Barbosa e, não o encontrando, descarregaram toda a sua fúria sobre o caixeiro do proprietário. Após matarem-no, os escravos fugiram para o interior, em direção às terras dos gentios.[67]

Se para os produtores de urzela a fuga significava a perda da mão de obra, para os africanos poderia significar uma forma de escapar de uma morte trágica da qual se julgavam salvos desde que o tráfico fora proibido em Angola, em 1845.

Muito embora os africanos aprisionados se rebelassem em diversas fases da escravização — na captura em seus territórios de origem, na viagem até a costa ou durante a permanência nos barracões —, era nos navios negreiros que as revoltas provocavam maior temor aos brancos. Para os escravizados, essa modalidade de resistência poderia ser a última antes de se verem enredados em uma viagem sem retorno. Para os marinheiros, enfrentar uma revolta de escravizados a bordo era um dos medos mais constantes, já que estariam lidando com inimigos pouco dispostos a negociar numa luta que não se encerrava enquanto restasse um tripulante vivo nas mãos dos rebelados. Mesmo que não conseguissem se livrar de todos, os rebelados poderiam causar estragos consideráveis.[68]

As poucas evidências que restaram a respeito de rebeliões escravas a bordo contam histórias de fracassos. Afinal, relatos escritos sobre episódios dessa natureza foram feitos por tripulantes que as enfrentaram em algum momento de suas vidas ou por libertos que escreveram suas memórias muitos anos depois do acontecimento. Em ambos os casos, trata-se de sobreviventes de revoltas malogradas. Pouco ou quase nada sabemos sobre os casos em que os africanos rebelados conseguiram tomar posse do navio e massacrar toda a equipagem. Mas é certo que inúmeros navios desapareceram em plena viagem e, se uma das causas disso eram naufrágios causados por tempestades ou imperícias, as perdas também podem ter sido provocadas por revoltas de escravizados, que, embora bem-sucedidas, não conseguiram fazer o navio chegar a porto algum. O caso do *Amistad* tornou-se mundialmente conhecido, e arrisco dizer que foram justamente suas características excepcionais que sustentaram sua fama.[69]

Outras embarcações também ficaram à deriva depois que os escravizados se apossaram dela. Em 1847, o brigue *La Fayette* foi encontrado próximo ao litoral da América do Norte, depois de passar três meses no mar e, por fim, ser reconhecido como um navio que partira de Baltimore. Os cerca de trinta negros de origem não identificada que estavam no convés, liderados por "um chefe vestido de branco, com um enorme relógio de ouro no colo", não falavam nenhuma palavra em inglês, mas quem os encontrou compreendeu que se tratava de um navio negreiro desgovernado e que faltavam água e mantimentos a bordo.[70] Nesse caso, não se pôde saber em que momento a revolta ocorrera nem seus motivos específicos. Menos conhecida, embora mais bem-sucedida, foi a revolta empreendida pelos africanos embarcados no *Lightening*, navio pertencente a negociantes de Liverpool que carregava gente para ser escravizada na foz do Zaire em 1799. Da tripulação, apenas o capitão se salvou, e os africanos, depois de matar todos os demais, conseguiram trazer habilmente o navio de volta à costa e fugir.[71]

Foi também nos primeiros dias da navegação que ocorreu uma revolta no navio francês *Doris*. Diferentemente de outras embarcações sobre as quais temos notícias, os negros podiam subir ao convés e, nesse caso, faziam "cochichos furtivos" que só cessavam com a aproximação de algum tripulante. Inquieta, a equipagem estava atenta à possibilidade de uma rebelião, pois embora não compreendessem exatamente as palavras cochichadas, sabiam o que uma situação como aquela sinalizava. Dias depois, logo pela manhã ouviu-se o pedido de socorro dos quatro grumetes que faziam a limpeza, apanhados pelos africanos embarcados que conseguiram se livrar dos ferros e sair do porão. Para enfrentá-los, o capitão mandou espalhar "pombas" (pregos cortantes de quatro pontas) no convés, sobre as quais os pés descalços dos rebelados não podiam avançar. Em seguida atirou contra eles, mas a compacta massa humana que subia das escotilhas era mais rápida do que o tempo necessário para recarregar as armas de fogo da tripulação. Ao final de horas de combate, contavam-se noventa mortos ou desaparecidos e cerca de vinte agonizantes.[72]

Era certamente devido a ocorrências como essas que os escravizados raramente tinham permissão para deixar o porão. Os tripulantes sabiam que a possibilidade de revoltas ou suicídios era maior quando os africanos circulavam com maior liberdade pelo espaço do navio e que sua inferioridade numérica dificultaria o controle de situações desse tipo.[73] Trazer os negros para o convés, mesmo que fosse para atender a um preceito de higiene, era algo que os capitães procuravam fazer com muita cautela, como notou Oliveira Mendes: "todos os dias por pouco tempo e por poucas horas mandam vir em ferros para cima certa porção de escravatura, para que esta se refaça de um novo ar; e não mandam vir maior quantidade dela por temerem algum levantamento".[74]

Os capitães negreiros dispensavam aos escravizados um tratamento que era notoriamente ruim. A falta de ar e de higiene nos porões, junto com a má alimentação e os castigos físicos, não parecem ter mudado de forma significativa, mas isso não deve ser interpretado simplesmente como crueldade ou violência. O depoimento do médico Jose Cliffe à comissão do Parlamento inglês que colhia informações sobre o tráfico negreiro sugere que, mais do que simples crueldade, o que movia os oficiais a agir dessa forma era um risco calculado. Permitir que o grupo de embarcados no porão fosse progressivamente atingindo graus de emaciação era uma estratégia para evitar as revoltas. Nas palavras de Cliffe, esse estado fazia com que o corpo se entorpecesse e, assim, uma pequena porção de comida o sustentava por certo tempo[75] — o tempo da viagem, se os tripulantes calculassem bem o risco e a embarcação não fosse atingida por doenças epidêmicas.

Para prevenir revoltas ou suicídios, os traficantes ainda faziam adaptações na arquitetura das embarcações. As escotilhas gradeadas, por exemplo, eram comuns nos navios apreendidos por suspeita de tráfico ilegal. Falconbridge mencionou outra adaptação, vista por ele em embarcações na África Ocidental: a construção de um *barricado*, espécie de cela onde os escravos eram colocados durante o tempo em que lhes era permitido ficar no convés.[76]

Além da disposição do espaço físico, a divisão etária e sexual dos cativos também cumpria um papel de prevenção das revoltas a bordo. Observando os carregamentos desembarcados em Recife no início do século XIX, Tollenare afirmou (de forma exagerada) que eles se compunham de um décimo de homens adultos, dois décimos de mulheres e o restante de meninos e meninas e que "semelhantes carregamentos não apresentam probabilidades de revolta".[77]

Se todas essas medidas não fossem suficientes, algumas tripulações ainda adotavam o hábito de disparar armas de fogo todas as noites, "para demonstrar aos negros que nós estávamos preparados para eles se eles tentassem se amotinar".[78] Era também com o objetivo de "defender a embarcação de qualquer levante de escravos" que o mestre da escuna *Dona Bárbara* justificava a existência das armas apreendidas no navio em 1829.[79] Os grilhões, presença constante nos navios negreiros capturados, eram usados com o mesmo objetivo preventivo ou repressivo contra as revoltas ou as tentativas de suicídio. Para justificar a presença de 289 africanos a bordo e negar que se tratava de tráfico ilegal, o capitão da escuna *Flor de Luanda* dizia que eram colonos o que ele transportava e que o fato de alguns virem a ferros "era em consequência de se querer deitar ao mar por loucura".[80] Também alegando que seu navio transportava colonos livres, o piloto Sebastião da Fonseca disse que, se os africanos vinham a ferros, "era para evitar desordens que haviam feito".[81]

As "desordens" eram, evidentemente, subterfúgios dos tripulantes negreiros para designar rebeliões a bordo, que podiam ser feitas utilizando-se vários métodos. O fator surpresa era decisivo, como pode ser observado no relato do capitão Canot sobre a revolta ocorrida no *La Estrela*, promovida por negros embarcados em Ajudá — que o narrador afirmava serem conhecidos por sua docilidade:

Um ataque repentino foi feito pelos escravos confinados [...] e armou-se a confusão a bordo. Os escravos espancaram o guarda. O sentinela da proa pegou o machado do cozinheiro e, dando golpes ao redor, conseguiu afastar os que tentavam se aproximar dele. Enquanto isso, as mulheres na cabine não haviam se envolvido. Secundando os homens, elas se levantaram e o homem do leme foi forçado a apunhalar muitas delas com sua faca.

Cerca de quarenta demônios robustos, berrando e arreganhando os dentes com toda a ferocidade selvagem de seu desvario, estavam agora no convés, armados com paus ou barras de ferro. A surpresa deste ataque não me espantou, pois uma vida perigosa na África muitas vezes aconselhou a nunca baixar a guarda. O golpe que prostrou o primeiro homem branco foi o primeiro sinal para que eu detectasse a revolta; mas em um instante eu tinha a arma no peito preparada para me proteger.[82]

A revolta só foi sufocada à custa de óleo e água ferventes e cargas de tiros despejados sobre os africanos — ação na qual o papel do cozinheiro foi fundamental. Via de regra, as rebeliões eram reprimidas impiedosamente, como relataram alguns africanos rebelados no dia seguinte à partida de Inhambane (Moçambique). Submetidos pela tripulação, seguiu-se a fase mais brutal da repressão:

No dia seguinte, eles foram trazidos para o convés de duas ou três dúzias de cada vez, todos sendo bem castigados, e experimentados pelo capitão Fonseca e pelos oficiais; e dentro de dois ou três dias depois, 46 homens e uma mulher foram enforcados e alvejados, e atirados do navio. Eles eram castigados ou acorrentados em dupla, e então eram enforcados e uma corda era posta em seus pescoços, e eram puxados [levantados] na ponta da verga do marinheiro. Isto não os matava, mas apenas os sufocava ou estrangulava. Eles eram então alvejados no peito, e seus corpos atirados ao mar.[83]

Nesses casos, não se mencionou nenhuma hierarquia entre os revoltosos nem a presença de um líder, mas, por vezes, quem liderava a rebelião era um negro escolhido por sua coragem ou proeminência na sociedade de origem, desde que tais atributos fossem reconhecidos pelo conjunto ou a maioria dos rebelados. É o que podemos entrever no caso de uma revolta promovida por africanos *macua* (etnia da África Oriental) a bordo, em 1823: o escravo Muquita foi responsabilizado por ter "ensinado aos negros" o levante. Na Bahia, onde ocorreram os interrogatórios, o juiz Luís Paulo de Araújo Bastos tentava convencer Muquita de que "os negros do navio o culparam" pelo crime de matar os brancos da tripulação e lançar ao mar os que ainda estavam vivos. O juiz provavelmente desconhecia o significado do companheirismo *malungo* e Muquita, conhecedor do código e das obrigações que o envolviam, respondeu que estavam "irmanados", ele e "todos os mais seus parceiros [...] e que no meio da multidão [...] não viu quais foram os que haviam feito as mortes". Bastos persistiu na estratégia ao interrogar o africano Umpulla, dizendo-lhe que seus companheiros o haviam acusado de participação nas mortes. Umpulla negou a acusação e talvez estivesse dizendo a verdade, pois seu argumento era que estava doente dos joelhos e, por isso, impossibilitado de ajudar. Entretanto, não negou que tivesse vontade de lutar e, ademais, seus parceiros "até lhe deram pancadas" por ele não ter participado mais ativamente da revolta — o que talvez fosse um procedimento cabível nas regras dos malungos. O medo de uma morte trágica era o que havia convencido os negros a se rebelar: Lauriano, também envolvido no caso, disse que entrou na revolta "porque os outros diziam que se assim não o fizesse os brancos os comeriam na sua terra".[84]

Por fim, quero contar uma história com o objetivo de recuperar e reforçar um dos significados que Slenes atribuiu ao termo *malungo*: "companheiro da viagem de volta para o mundo, preto, dos vivos". Para isso, conto com um solitário mas significativo indício. Em 15 de dezembro de 1850, em Itabapoana, a escuna *Americana* foi apreendida pelo navio de guerra inglês *Riflemant*. A bordo dela, encontraram um pequeno número de negros e nenhum oficial ou marinheiro branco. Ainda assim, a apreenderam e levaram a julgamento na Comissão Mista do Rio de Janeiro. Com a publicação dos editais convocando os donos do navio a formar sua defesa naquele tribunal, apresentou-se Antonio Gomes Guerra contando o que havia acontecido com sua embarcação. Esse homem, fazendeiro em Itabapoana, afirmava ter mandado construir a escuna em Campos seis anos antes para utilizá-la na navegação de cabotagem entre o litoral fluminense e o rio da Prata. No dia 15 de novembro de 1850, a *Americana* estava firmemente ancorada no porto de S. João da Barra: "com toda a segurança amarrada de popa a proa com dois ferros e com espias para a terra, tendo a seu bordo dois marinheiros de vigia e guarda da mesma, achando-se ela em lastro de areia e com mantimentos e aguada e de todo pronta a seguir no dia 16 de dezembro do dito ano ou no mais próximo dia que fosse possível viagem para Itabapoana e fazer ali o seu carregamento".

Tudo corria conforme Guerra planejara, até que na manhã do dia seguinte o mestre da embarcação, que tinha o costume de dormir em terra, dirigiu-se à praia e não encontrou a escuna. Moradores do local disseram-lhe, então, que a viram velejar pela barra afora sem saber por quem ia tripulada. O mestre deduziu que escravos fugidos das fazendas das redondezas — alguns marinheiros — haviam seduzido ou ameaçado os vigias e se apoderado do barco.[85]

Os procedimentos judiciais se encerraram aí e os escravizados apreendidos não foram interrogados, tendo sido provavelmente devolvidos aos seus senhores. Talvez, se tivessem contado os motivos da inusitada tentativa de fuga pelo mar, saberíamos se eram bantos. Fico tentado a acreditar que sim e que a tentativa deles era regressar, pela travessia da *kalunga* no sentido inverso, ao mundo preto dos vivos e à liberdade que um dia conheceram.

8. Saúde e artes de curar

Em 1799, José Maria Bomtempo tornou-se o físico-mor de Angola, transferindo-se de Lisboa para Luanda. Por oitocentos mil-réis de salário, ele deveria "curar, além do corpo militar daquele reino, os doentes do hospital da dita cidade e igualmente abrir escola de medicina para os que se quiserem empregar no exercício e prática dela".[1] Não pude descobrir se ele cumpriu todas as funções para as quais foi designado nem se conseguiu minorar o sofrimentos dos doentes em Luanda; em todo caso, estou recorrendo à sua história logo no início deste capítulo por saber que Bomtempo teve a oportunidade de, no exercício do cargo, coletar dados e sistematizar conhecimentos sobre as febres locais e indicar tratamentos que, mais tarde, recomendaria aos doentes no Rio de Janeiro, para onde foi transferido. Trata-se de um médico que teve a valiosa possibilidade de observar as doenças tal como se apresentavam em Angola e que, pelo tráfico de escravos, eram introduzidas no Rio de Janeiro.[2]

Bomtempo, formado pela Universidade de Coimbra, fixou-se no Rio de Janeiro, onde foi comissário da Junta do Protomedicato, delegado do físico-mor de 1808 a 1821, professor da Escola de Cirurgia e da Academia Médico-Cirúrgica local. Nas palavras de Tânia Pimenta, autora de um trabalho importante sobre a Fisicatura-mor carioca, esse homem tão intimamente vinculado à medicina acadêmica "apresentava uma interessante visão sobre o papel dos curandeiros". Ele observou que o Brasil era um lugar onde a natureza fora generosa ao gerar inúmeras plantas com virtudes medicinais, ao mesmo tempo que constatava a falta de "facultativos". Com isso, alguns indivíduos aplicavam "remédios símplices, pelo conhecimento e experiência transcendente de suas virtudes e da identidade de casos". Essas palavras foram escritas em sua proposta de regulamento para a Fisicatura-mor, órgão responsável por certificar as habilitações dos profissionais de saúde, e no mesmo documento Bomtempo defendia que esses indivíduos tivessem o provimento de curandeiros aptos a atuar onde não existissem facultativos.[3] Certamente, a constatação das potencialidades da medicina popular não era novidade para o autor, que, tendo trabalhado anteriormente em Angola, pudera observar não só a ocorrência das doenças, mas também o papel dos curandeiros e suas "artes de curar". Essa experiência acumulada e a similaridade de procedimentos que ele percebeu em Angola e no Rio de Janeiro poderiam estar na origem das ideias que defendia em relação ao curandeirismo.

É de experiências dessa natureza que este capítulo trata, bem como da desconsideração de conhecimentos similares por parte de alguns profissionais da medicina oitocentista. Havia, no Brasil dos séculos XVIII e XIX, médicos preocupados em divulgar conhecimentos preventivos e terapêuticos — e me interessam particularmente aqueles que lidaram com doenças e doentes disseminados pelo tráfico de escravizados para a Corte. Num instigante ensaio sobre a medicina colonial, Maria Cristina Wissenbach estabeleceu uma conexão entre a formação dos profissionais das artes de curar e o tráfico negreiro e as doenças que o caracterizavam, já que muitos cirurgiões e barbeiros adquiriram experiência "vindos para o Brasil geralmente como embarcadiços". Referindo-se especificamente a Luís Gomes Ferreira, Wissenbach recuperou a influência da sua mobilidade espacial pelo Brasil e Portugal, incluindo os trajetos marítimos e suas escalas, na escrita da obra *Erário mineral*, de 1735: "Foi possivelmente por conta dessa mobilidade que o cirurgião armazenou ensinamentos provenientes de tradições étnicas diferenciadas, somados aos que obtinha do contato com profissionais como ele".[4]

O conhecimento de outros médicos a respeito das doenças que mais afetavam os africanos e os tripulantes dos navios negreiros certamente bebia em fontes semelhantes. Mesmo aqueles estrangeiros estabelecidos no Brasil oitocentista — Sigaud e Chernoviz, por exemplo — tiveram experiências valiosas no contato com africanos e suas terapêuticas no Rio de Janeiro, bem como com outras práticas da medicina popular existentes na cidade, também elas produto de diversos cruzamentos culturais. Em alguns casos, esses homens puderam aliar tais conhecimentos à sua formação em universidades europeias ou em cursos médicos no Brasil (como os que eram ministrados na Bahia e na Corte), embora nem sempre essa troca sutil de conhecimentos e práticas tenha ocorrido, como discutirei a seguir.

Assim, é da interseção entre a medicina europeia dos séculos XVIII e XIX, as práticas médicas populares e a experiência dos embarcadiços que tratarei neste capítulo. Além disso, traçarei um painel dos serviços de saúde existentes no Rio de Janeiro na chegada dos africanos, encarando-os como foco de tensão política entre médicos, governos e traficantes até o período em que o tráfico brasileiro foi posto na ilegalidade.

Parece haver um consenso entre os historiadores da medicina em torno da constatação de que certas doenças inexistiam na América antes dos Descobrimentos, sendo a lepra um dos casos mais emblemáticos.[5] Identificada a ausência, alguns autores empenharam-se em buscar as origens da moléstia, não raramente encontrando-as na África.

José Lourenço Magalhães escreveu em 1882 aquele que é tido como o primeiro trabalho de síntese sobre a lepra no Brasil. Nele, dedicou mais de vinte páginas para afirmar a inexistência da doença entre os indígenas, ao mesmo tempo que retirava o clima quente do país da condição de agente propiciador da doença.[6] Ao final do esforço explicativo, porém, não conseguira definir como a lepra chegara a estas terras. Diversamente, em outra obra publicada oito anos depois, Magalhães foi mais explícito: "Os historiadores desta doença a descrevem como sendo difundida por toda a África, que é, por esta razão, considerada como seu berço".[7] Ora, se a África era o berço da lepra, a dedução lógica é que ela tivesse sido introduzida no Brasil pelo tráfico. No entanto, o autor evitou fazer tal afirmação de modo categórico, preferindo atribuir essa responsabilidade de cunho nosológico a Raimundo Nina Rodrigues, que, num estudo de 1891, teria atribuído a doença aos africanos.[8]

Os estudos que se seguiram adotaram posicionamentos diversos. No

Primeiro Congresso Sul-Americano de Dermatologia e Sifiligrafia, em 1918, o representante da Faculdade de Medicina do Rio de Janeiro fez um retrospecto da colonização fluminense, recorrendo ao relato dos viajantes e cronistas coloniais em busca de evidências da lepra entre os primeiros habitantes da capitania. Dentre os que participaram do processo colonizador — índios, franceses, portugueses e africanos —, apenas os dois últimos foram nomeados como responsáveis pela doença. Os portugueses foram enquadrados como os veiculadores mais prováveis do "gérmen da moléstia", pois sendo ela endêmica na Península Ibérica na era dos Descobrimentos, fora levada dali para as ilhas africanas do Atlântico. Os africanos, por sua vez, também não foram isentados da "culpa", devido ao suposto desleixo higiênico que os caracterizava: se não foram os introdutores, teriam sido os que "prodigalizaram o meio para seu desenvolvimento no país", graças à intensificação do tráfico no século XVII. O aumento quantitativo do tráfico teria feito diminuir a qualidade da "mercadoria", pois passaram a ser importados "indivíduos que se descuravam dos mais rudimentares preceitos de higiene, e os negros concorreram nesse particular para tornar calamitoso o estado sanitário das cidades do litoral".[9] Como o estado de saúde dos africanos vindos com o tráfico não podia mais ser examinado no início do século XX, essas opiniões eram produto de uma leitura bastante particular dos relatos de viajantes que passaram pelo Brasil em épocas anteriores. Se referências pouco amistosas como essas eram comuns nos livros dos viajantes, o médico em questão carregou nas tintas ao descrever os africanos como anti-higiênicos.

Também é verdade, no entanto, que outros estudiosos da história da medicina foram mais cautelosos. No final da década de 1930, Flávio Maurano publicava sua *História da lepra em São Paulo,* na qual procurava identificar as origens da doença, após fazer uma longa digressão sobre a sua inexistência entre os indígenas: "Eximidos, assim, os indígenas da culpa de inauguradores da endemia leprótica, resta ver a quem coube introduzir esta trágica moléstia. Naturalmente, não pretendemos fazer um libelo contra quaisquer das raças colonizadoras a quem o Brasil deve sua existência, e sim satisfazer uma curiosidade epidemiológica, verificando a trajetória da marcha da lepra pelo mundo".[10]

Maurano diferenciava-se dos autores que o precederam em relação à origem da lepra no Brasil: ele considerava o tráfico uma atividade odiosa e pensava que a lepra se difundia entre os mais pobres, por deficiências de higiene e carências alimentares exteriores ao próprio controle. Assim, era provável que a doença afetasse de modo mais intenso os escravos africanos, dando "ao observador a impressão de que a tivessem trazido da África".[11] O autor colocava-se junto daqueles (poucos) que, como Juliano Moreira, discordavam da responsabilidade dos africanos pela introdução da lepra no Brasil. Os argumentos utilizados por ele recorriam à pouca frequência dos casos na África e à lógica econômica do tráfico. Em primeiro lugar, até a segunda metade do século XIX não havia indícios de que a lepra existisse em estado endêmico ou epidêmico na África, com exceção do Sudão. Assim, o tráfico não poderia ser o responsável pela vinda da doença, pois foi encerrado em 1850. Mas o argumento que ele considerava "mais poderoso" para negar a responsabilidade dos africanos era a dificuldade em negociar pessoas acometidas pela lepra, visto que, como a moléstia deforma o doente e, por isso, é impossível de esconder, os traficantes e os compradores não iriam adquirir escravizados visivelmente contaminados, mesmo que tivessem um custo menor. Segundo Maurano, o que ocorria era que os africanos escravizados, ao contraírem a doença no Brasil, eram abandonados por seus senhores e expunham-se à mendicância, dando a "impressão irreal de que a tivessem trazido da África".[12]

O autor inventariou ainda alguns precedentes em que a lepra fora imputada aos escravizados importados, como na Guiana Francesa, onde se creditou a doença aos africanos desde o século XVIII. Exemplos genuinamente brasileiros também podem ser encontrados, como na Faculdade de Medicina do Rio de Janeiro, que teve a tendência de creditar aos africanos a responsabilidade pela introdução da lepra no Brasil. Em meados do século XIX, essa posição foi externada em diversas teses defendidas ali.

Lepra e elefantíase eram termos que se confundiam na designação da doença — sinal da impossibilidade de diagnóstico preciso até o século XIX.[13] Assim, apesar de denominá-la "elefantíase dos gregos", diversos doutores formados no Rio de Janeiro afirmaram que os africanos traziam a lepra consigo. Embora a incidência da doença viesse diminuindo com o progresso do conhecimento médico, da higiene das cidades e com a melhor formação dos médicos — nas palavras de um deles —, o fator decisivo para a diminuição fora "a total cessação do tráfico de africanos que, de envolta com a ignorância e a imoralidade, inoculam nossa bela pátria com os males de seu clima ingrato".[14] Segundo o autor, o refluxo da lepra "depois que se impediu o ingresso dos africanos com a repressão do tráfico, evidentemente mostra que era d'África [...] que nos vinham o gérmen deste mal"; a vantagem do Brasil era que "seu saudável e belo solo recusa alimentar o monstro africano", como queria outro médico contemporâneo.[15]

Menos enfático, Antonio Lino Heredia afirmava a inexistência da morfeia antes do Descobrimento e acreditava que ela só fora introduzida com o início das relações com os povos do Velho Mundo.[16] Mas seus colegas continuavam a parafrasear o que fora escrito em outras teses dez anos antes: entre 1856 e 1857, ao menos quatro dissertações sobre a "elefantíase dos gregos" foram defendidas na Faculdade de Medicina carioca, todas reforçando a responsabilidade do "comércio de carne humana" (o tráfico) pela introdução do "monstro africano" (a lepra).[17] Certamente, essas teses expressavam ideias pouco originais; além de repetir conteúdos de outros trabalhos defendidos por colegas que os precederam, os formandos provavelmente repetiam conteúdos aprendidos nas salas de aulas, reiterando palavras de seus mestres.

Não há grande singularidade nas teses discutidas até aqui quando o assunto era encontrar os caminhos que trouxeram a lepra até o Brasil. Em outras regiões escravistas da América a doença também foi vista como própria dos africanos. Estudando o caso cubano, Miguel Gonzalez-Prendes supôs que a doença teria chegado à ilha no início do século XVII, vinda a bordo dos navios negreiros que contrabandeavam escravos e assim se subtraíam à fiscalização de saúde nos portos. Esses escravos contrabandeados viriam principalmente "da Guiné, Senegal, Angola, Congo, Zanzibar e Loango. Estas regiões constituem grandes focos de lepra",[18] e foram igualmente importantes como fontes abastecedoras de mão de obra africana para o Brasil. Mas mesmo durante a fase legal do tráfico para as colônias espanholas, a introdução de africanos contaminados com a lepra também foi registrada: na avaliação dos escravos para tributação em Cartagena (atual Colômbia), procuravam-se entre os escravos doenças e defeitos físicos, sendo que a lepra e as doenças mentais eram as moléstias que mais deduziam valores do imposto devido.[19]

A lepra também foi objeto de estudos médicos nas colônias inglesas do Caribe — como os de James Grainger, o primeiro a escrever um manual destinado ao tratamento dos escravos nas Índias Ocidentais, e James Thomson, que publicou em 1820 *A Treatise on the Diseases of Negroes, as They Occur in the Island of Jamaica*, depois de anos tratando de escravos naquela ilha.[20] Embora notando que os negros eram mais propensos à lepra do que os brancos, esses médicos preocuparam-se pouco com a origem da doença, esforçando-se em indicar métodos preventivos — como a remoção do convívio com os sãos, por exemplo. Thomson interessava-se pela medicina popular, lamentando que muito pouco do conhecimento de negros e indígenas sobre as substâncias medicinais fosse utilizado; por isso, dedicou uma parte substancial de sua obra à observação e às experiências com as plantas medicinais jamaicanas.[21]

Pela observação empírica e com um pouco de boa vontade, alguns médicos notaram que os africanos ocidentais tinham resistências adquiridas contra a malária, a febre amarela e a opilação (amarelão), ao mesmo tempo que eram mais suscetíveis do que os europeus a doenças como boubas e lepra (cuja distinção também era imprecisa para os observadores contemporâneos[22]), pneumonia e tétano. Havia também doenças que atingiam igualmente brancos e negros, como a varíola, a tuberculose e a sífilis.[23] A originalidade de muitos médicos brasileiros do século XIX e início do XX ficava por conta do preconceito que manifestaram. Fazendo uma leitura muito particular dos dados empíricos, limitaram-se a afirmar que os africanos eram desleixados na higiene e introdutores de um grande mal, e descuraram-se da tarefa de curar.

Menos preocupados com as condições de vida dos escravos, outros autores simplesmente afirmaram que os africanos trouxeram doenças para "enriquecer solertemente nosso quadro nosológico, até então de uma salutaríssima pobreza". A expressão é de Octávio de Freitas, médico que dirigiu a Faculdade de Medicina do Recife na década de 1930. Freitas se utilizou fartamente de citações historiográficas para comprovar suas ideias, recorrendo a Rocha Pita, Rocha Pombo e ao barão de Studart, entre outros, para respaldar a afirmação de que, sem os africanos, as epidemias no território brasileiro seriam mais escassas e amenas.

Como isso não aconteceu, Freitas escreveu sua obra distribuindo ao longo dos capítulos as moléstias trazidas pelos africanos: o maculo (inflamação anal que, segundo ele, desapareceu paulatinamente após o fim do tráfico), as boubas, o gundu, a frialdade (inflamação no estômago e no fígado), o "bicho da Costa" (verme que se aloja nos pés e nos tornozelos), o ainhum, o bicho-de-pé, a disenteria, o alastrim e a varíola, além de diversas filárias e outras doenças transmitidas por mosquitos também importados pelo tráfico de escravos.[24]

Com Freitas, cerraram fileiras outros historiadores da medicina — entre eles Lycurgo Santos Filho, para quem "trouxe o negro para o continente americano, uma boa porção de doenças das quais até então a terra estivera indene: o maculo, o tracoma, a dracontíase, o gudum, o ainhum, o 'mal de Loanda', disenterias. Propagou também a febre tifoide, a varíola e a lepra".[25] Na época em que Santos Filho escreveu sua obra, a literatura médica internacional era mais cuidadosa e menos enfática ao expressar ideias desse tipo. Harold Scott, autor de trabalhos clássicos sobre a relação entre o tráfico de africanos e a disseminação de doenças nas décadas de 1930 e 1940, julgava impossível dizer com certeza qual era o lugar de origem da lepra, embora os estudos disponíveis permitissem supor que fosse a África. Em todo caso, a América teria sido contaminada por quatro fontes — Europa, Ásia, África e Índias Ocidentais:

A lepra no Brasil apresenta um problema de grande interesse [...]. Primeiramente não se pode acreditar que tenha sido o tráfico de escravos, e subsequentemente ele foi apenas em parte responsável. Os escravos foram comprados da África em 1583 e em grande número nos anos seguintes, mas a lepra não era comum, pois, de acordo com Fernando Terra, estes escravos vinham do interior em lugares onde a lepra era rara. Há poucas dúvidas de que a primeira introdução tenha sido feita pelos portugueses e, em grau menor, pelos holandeses, franceses e espanhóis.[26]

Mas havia, entre os contemporâneos dos jovens doutores formados no Rio de Janeiro de meados do século XIX, médicos mais atentos à condição de vida dos africanos e à maneira pela qual eles foram introduzidos no país. Entre eles o francês Sigaud, autor de um amplo tratado sobre as doenças do Brasil: "Os negros arribados se sujeitaram a um novo modo de alimentação, à influência do clima estranho para eles, ao descuido das regras de higiene, ao excesso de trabalhos múltiplos, que trouxeram grandes alterações em suas constituições físicas, engendrando os elementos das doenças que lhes são particulares, verdadeiros atributos da raça negra, tais como a lepra leonina [*la lèpre léontine*], o mal do estômago e as lesões do sistema cérebro-espinhal".[27]

Sigaud julgava que o endurecimento do tecido celular era uma condição patológica para certos negros contraírem doenças de pele como a lepra e a sarna. Atento às do tráfico, esse médico observou a prática, entre eles, de esfregar água de coco na pele para moderar as erupções e diminuir seu desconforto. Mesmo julgando que o procedimento era insuficiente — ele recomendava um tratamento à base de banhos e laxantes —,[28] sua observação revela um olhar menos hostil em relação a práticas como essa.

Muito antes dos médicos, autoridades e moradores das capitanias do Brasil reclamavam medidas para conciliar o negócio do tráfico com os assuntos de saúde. As epidemias eram vistas quase sempre como subprodutos do tráfico de africanos: até mesmo em São Paulo — localidade envolvida apenas indiretamente no negócio — o temor de doenças como a "bexiga" (varíola) era generalizado. Ponto de passagem das tropas que abasteciam de trabalhadores escravizados as regiões mineradoras, a cidade estava sempre às voltas com surtos da doença. Com base nisso, uma Ordem Régia de 1729 ordenava "que nenhuma pessoa de qualquer qualidade e condição que seja não entre nesta cidade sem que primeiro faça declaração dos escravos que traz, deixando-os primeiro no Moinho Velho, para se lhes dar e mandar a visita da Saúde". No início do século XIX, o governador Franca e Horta pedia instruções a respeito da quarentena dos escravos em Santos, para conciliar "o interesse do negociante com a saúde dos povos".[29]

A conciliação desses interesses quase sempre não passava de uma possibilidade poucas vezes concretizada. No caso das doenças contagiosas, o debate sobre as formas de disseminação tomou corpo no século XIX, mas manteve-se controverso por quase todo o período.[30] Outras moléstias continuaram a existir até o século XIX nos navios negreiros, mesmo que os ensaios feitos ao longo de séculos permitissem o emprego de terapias conhecidas — como o escorbuto, por exemplo, sintomaticamente conhecido pelo nome de "mal de Luanda".

Na definição de Pompeu do Amaral, o escorbuto é uma síndrome provocada pela carência de vitamina C, comum entre aqueles que consumiam dietas pobres em alimentos frescos (as equipagens e os africanos embarcados, por exemplo). Doses insuficientes dessa vitamina na alimentação fazem a doença se manifestar em estados menos pronunciados — as chamadas hipovitaminoses, também de graves consequências. Ainda de acordo com o autor, "entre a saúde perfeita e o escorbuto, a fronteira é extremamente vaga", indicando sua rápida evolução e gravidade. Para ele, o primeiro povo a aprender uma forma de curar o escorbuto foram os índios canadenses, familiarizados com a ocorrência da moléstia no inverno rigoroso da área que habitavam; eles teriam recomendado uma infusão de galhos de uma árvore da espécie *anneda* ("acúleo de abetos", de acordo com Amaral) aos tripulantes atacados pela doença na expedição do francês Jacques Cartier ao rio São Lourenço, em 1536.[31] Há, entretanto, registros mais antigos de recursos eficientes no combate ao escorbuto.

Desde a época das grandes navegações ibéricas, era frequente a ocorrência dessa moléstia nas naus portuguesas. Mas também desde a primeira viagem à Índia, comandada por Vasco da Gama, fora possível verificar e aproveitar as propriedades antiescorbúticas dos frutos cítricos. O autor da narrativa dessa viagem descreveu a doença entre os marinheiros lusos e os benefícios provenientes do uso das laranjas que os nativos de Moçambique lhes ofereceram. Com o prosseguimento da expedição, o escorbuto voltou a se manifestar entre os tripulantes e, na Índia, o comandante fez vir a bordo laranjas que, de acordo com o diário da viagem, não apresentaram o mesmo resultado. O narrador creditou a cura dos enfermos à misericórdia divina — sem deixar de notar, porém, a importância das frutas frescas. Sérgio Buarque de Holanda analisou o episódio com perspicácia: "a circunstância de desejarem os enfermos aquelas frutas, e a observação de que 'não [a] aproveitaram' dessa vez, são indícios de que já seria conhecido dos marinheiros o valor antiescorbútico das laranjas", através da recente experiência na costa moçambicana ou da troca de informações com outros pilotos no Índico.[32] Na esquadra cabralina ocorreu algo semelhante: chegando a Melinde, na Índia, o soberano local mandou abastecer as naus de "muitos capados e galinhas, patos, limões e laranjas [...]. Em nossos navios tínhamos alguns doentes da boca, e com aquelas laranjas ficaram sãos".[33]

Nos séculos seguintes, o vínculo entre a ocorrência do escorbuto e as propriedades curativas das frutas cítricas jamais foi esquecido, ao menos no universo da medicina popular. Há notícias de que os portugueses eventualmente abasteceram suas boticas na África com "xarope de sumo de limões", empregado "contra a corrupção dos humores e demais enfermidades em que se necessita moderar o rápido movimento dos espíritos, sangue, linfas e humores". O emprego genérico desse medicamento não parece indicar seu uso como antiescorbútico, enquanto outros componentes das boticas coloniais eram mencionados como tal: "isso demonstra que a medicina oficial não tinha esse remédio na devida conta",[34] embora os marinheiros reconhecessem seu valor. Isso talvez explique sua existência entre os medicamentos disponíveis numa colônia à qual só se chegava depois de uma longa e difícil viagem marítima.

Ainda que muitos profissionais médicos e comandantes de embarcações acreditassem que a cura do escorbuto resultava das boas emanações do ar terrestre, entre os marinheiros firmou-se a crença de que os vegetais frescos eram os melhores remédios para a doença. Era para atender a uma demanda deles que os comandantes procuravam frutas e legumes quando chegavam a algum porto e, em função do mesmo preceito, legumes e frutas secas também passaram a fazer parte da ração de bordo da armada francesa no século XVIII, por exemplo.[35] Em Portugal e suas colônias, embora não saibamos precisamente quais alimentos eram embarcados na maioria das viagens, há notícias do abastecimento de frutas cítricas em navios que aportavam com doentes afetados pelo escorbuto — como o *Santo Antonio e Netuno* durante sua escala em Luanda, no qual se embarcou grande quantidade de "laranja e mais frutas por conta de vir alguma gente da mareação com escorbuto, de que tiveram bastante melhoria nos seis dias que aqui se detiveram".[36]

Nos navios negreiros, raras vezes foram encontradas laranjas, limões ou outras frutas listadas nas relações de mantimentos.[37] Carne-seca, feijão, farinha de mandioca e eventualmente arroz compunham a dieta básica dos africanos aprisionados. A dificuldade em armazenar as frutas, mantendo-as próprias para o consumo, ajuda a explicar a ausência que estava na raiz da grande incidência de escorbuto a bordo dessas embarcações. Isso não significa que os traficantes desconhecessem o poder de tais frutas; de acordo com Câmara Cascudo, era comum que os escravizados recém-desembarcados, "exaustos, sangrando pelo 'mal de Luanda'", fossem "recuperar as forças e recobrar a saúde acampados debaixo dos cajuais, multimilionários de ácido ascórbico": "Costume velho. Já os negreiros e senhores de engenho praticavam o internamento dos negros debilitados pela longa travessia oceânica ou dos atacados de ascites, cobertos de feridas, esgotados pela árdua tarefa dos eitos, nos cajuais praieiros, de onde dois ou três meses depois regressavam curados".[38]

Nenhum manual médico do período informava que os cajus detivessem, "em percentagem escandalosa, a vitamina C", mas o conhecimento popular era suficiente para encaminhar providências dessa natureza. Nem sempre os escravos encontravam cajus nos portos aonde chegavam; no Rio de Janeiro, por exemplo, eles não eram comuns. Mas o viajante Rugendas observou ou lhe contaram (o que, de todo modo, denota a popularidade da informação) que aos africanos novos não faltavam "frutas refrescantes".[39] A fartura e variedade de frutas existentes no Rio de Janeiro impressionaram outros viajantes que vieram em diferentes épocas e estavam menos interessados no tráfico negreiro do que no suprimento de suas expedições — como Tench, Schillibeer, Webster e Reynolds, entre outros, que elogiaram a qualidade das bananas, laranjas e abacaxis locais.[40]

A crença de que uma dieta com alimentos frescos, especialmente frutas, revigorava os doentes de escorbuto poderia ser encarada como algo sobrenatural, como ocorria algumas vezes no tráfico inglês. Era comum que os cirurgiões se envolvessem em disputas com os capitães para exigirem deles uma parada de refresco na Jamaica, a fim de promover a recuperação de escravos escorbúticos. O sucesso dessa medida fazia muitos capitães acreditarem que isso se devia às "maquinações do doutor com o demônio".[41]

Numa obra do médico francês Mauran voltada à saúde dos embarcadiços e traduzida em Lisboa no final do século XVIII, o escorbuto era identificado como doença típica das longas permanências no oceano. Suas causas ainda eram motivo de polêmica, especialmente quando envolviam os hábitos dos homens do mar:

> Entre as causas remotas contam muitos autores o uso em que estão os marinheiros de fumarem tabaco; mas muitos práticos pensam o contrário, que esta planta [...] é capaz de preservar do escorbuto; pela mais fatal das preocupações todos os marinheiros pensam hoje em dia do mesmo modo; contudo a experiência e a observação provam que o uso de mastigar tabaco faz os marinheiros mais sujeitos a esta doença, e mascando tabaco ele perde uma quantidade de saliva, e que a virtude fermentativa deste humor é tão necessária para fazer uma boa digestão, como o fermento para formar uma boa cerveja.[42]

A crença dos marinheiros no poder preventivo do tabaco e a experiência deles em utilizar substâncias ácidas no combate ao escorbuto extrapolavam o universo dos homens do mar. Talvez por influência dessa crença, o governador de Angola, ao sugerir novos métodos de arqueação dos navios negreiros em 1799, tenha recomendado aos mestres e cirurgiões que

> façam [...] todos os dias pela manhã lavar a boca dos escravos com vinagre destemperado com água, e a seus tempos fumar tabaco, para evitar que entre eles

grasse o escorbuto, por estes meios e outros iguais, visto ser moléstia endêmica neste clima de África, e aquela que nele faz os maiores estragos, e será útil e humano que uns dias por outros, e passado tempo razoável, depois da comida se dê aos escravos a beber vinagre com água e açúcar que também é bom preservativo, evitando-se quanto se possa dar-lhes geribita, que a experiência tem mostrado é nociva à sua saúde, a seus costumes e à quietação dos navios.[43]

Mauran, o médico que se referiu à divergência quanto às propriedades do tabaco, afirmou que os marinheiros exercitavam-se pouco durante as calmarias, o que os tornava mais suscetíveis ao escorbuto — de acordo com alguns profissionais formados na tradição médica europeia. Entretanto, suas palavras deixam entrever que a polêmica sobre os costumes dos embarcadiços envolvia a disciplina a bordo. Sem ter o que fazer quando faltava o vento, os marinheiros comiam, bebiam e dormiam, "e com efeito observa-se em tais circunstâncias que os grumetes e os marinheiros rapazes que dançam, brincam e se divertem em certos jogos de exercícios são menos sujeitos e menos dispostos a contraírem o escorbuto do que os homens já feitos e os velhos, que gostam mais de estar deitados e os que não se entregam aos jogos de exercício".[44] As calmarias faziam aumentar a duração das viagens e efetivamente ampliavam o risco de exposição ao escorbuto, mas era nelas que havia tempo livre para consumo de bebidas que tinham um efeito sobre a "quietação dos navios", como notou o governador de Angola ao mencionar o que a geribita provocava entre os escravos. Mais do que prevenir o escorbuto, as tentativas de moderar o consumo de aguardente e tabaco a bordo pareciam prender-se à questão disciplinar — se os excessos provocavam distúrbios, a proibição do consumo de ambos também era arriscada. O mais certo era administrar as quantidades de forma a manter dóceis tanto os marinheiros quanto os escravizados no porão.

O trabalho e os hábitos dos trabalhadores foram encarados como elementos que os predispunham às doenças por diversos doutores com evidentes intenções disciplinadoras. O influente médico gaúcho José da Cruz Jobim (1802-78) — formado em Paris em 1828 e desde então atuante no Rio de Janeiro[45] — afirmava que os homens adultos "brancos ou de cor, nacionais ou estrangeiros, de ofícios diferentes, como escravos [...], marinheiros, sapateiros, pedreiros, carpinteiros, feitores, corrieiros, cozinheiros, caixeiros etc." eram, "por seu gênero de vida, pela natureza dos alimentos de que fazem uso, pelo seu deboche e miséria", os mais suscetíveis às "influências morbíficas e climatéricas".[46] Diferentemente de seu contemporâneo Sigaud, ele não via com bons olhos alguns costumes adotados pelos negros para aliviar sintomas de suas moléstias, como o hábito de beber cachaça para "matar o bicho", ou seja, diminuir os incômodos causados pelas verminoses ou pelo maculo.[47]

A incidência de escorbuto em navios apanhados por calmarias era recorrente em narrativas de viagens, como a de John White, cirurgião-chefe das colônias inglesas na América em 1787. Depois da escala em Tenerife, sua esquadra ficou por longo tempo à espera dos ventos, surgindo então o escorbuto entre a equipagem; a solução só foi encontrada quando o navio conseguiu chegar a Cabo Frio, onde comprou de um barco português as frutas e o pão "ansiosamente cobiçados por toda aquela gente desesperada por víveres de terra".[48] Não era incomum que, apesar da proibição de que navios estrangeiros arribassem nos portos coloniais portugueses, se abrissem exceções para aqueles cujos tripulantes fossem acometidos por doenças.[49]

Em que pese o agravante das calmarias, a causa principal do escorbuto era a falta de alimentos frescos e, consequentemente, a maior fonte de cura estava nas frutas, nas hortaliças "e todos os que são tirados do reino vegetal". Outros agravantes, como a fadiga pelo excesso de trabalho, a umidade e o rigor das estações foram considerados menos importantes por Mauran, já que a comparação entre a vida dos marinheiros e a dos escravizados na América demonstrava que estes últimos trabalhavam mais intensamente e estavam mais expostos às demais condições do que os primeiros e, ainda assim, eram acometidos em menor grau pelo escorbuto quando viviam em terra, posto que se alimentavam de legumes, ervas e raízes, preservando-se da doença.[50] Entretanto, os limões não foram recomendados pelo autor como tratamento antiescorbútico: a única recomendação de uso dessa fruta apareceu na composição de uma bebida "espirituosa e refrigerante" feita de sumo de limão, aguardente, água e açúcar que deveria ser ministrada aos marinheiros estafados pelo excesso de trabalho em dias seguidos. Aparentemente, o autor desconhecia o valor dessa fruta cítrica na prevenção ao escorbuto, embora seja plausível supor que os marinheiros ingleses criadores desse "ponche"[51] tivessem noção disso, ao acrescentar o limão entre os componentes de uma de suas bebidas alcoólicas preferidas.

Mauran recomendava aos capitães que obrigassem os marinheiros a manter seus corpos secos e quentes, mudando sempre de camisa, além de conservar os navios limpos e secos, "acendendo fogo nos lugares onde for possível, defumando aqueles onde se não pode acender, com uma mão cheia de bagas de zimbro pisadas e lançadas sobre um esquentador cheio de brasas, ou com alguns pequenos bolos de pólvora bombardeira amassada com vinagre", para lançar fora o ar infectado".[52]

Certamente, providências como essa pareciam quase sempre inviáveis aos olhos dos capitães negreiros quando seus navios estavam carregados. Mesmo em embarcações militares ou mercantes portuguesas, seu emprego foi bastante restrito ou talvez até inexistente. Muitas vezes é difícil afirmar a ocorrência de determinadas práticas, pela falta de evidências ou fontes mais detalhadas. Entretanto, o tradutor português de outra obra francesa sobre a saúde dos embarcadiços forneceu uma pista que permite considerar que nas naus portuguesas era raro se fazer a fumigação como medida de higiene. Ao comentar a obra que traduzia, ele afirmou: "Não tenho notícia de que se pratique nos nossos navios de guerra, e ainda menos nos mercantes, purificar-se o ar podre com ácido sulfúrico e o manganeze [sic], sendo o maior corretivo da podridão; nem ao menos lançar-se no sal o mesmo ácido, cujo gás neutraliza poderosamente os miasmas podres; o que se faz são fumaças de alcatrão, que não podem corrigir um ar infectado".[53]

Alguns autores queixavam-se da reduzida possibilidade de emprego dos conhecimentos adquiridos pela tradição — como Baltazar Manoel de Chaves, físico-mor do Estado da Índia em 1750. Acompanhando as naus que levaram o terceiro marquês de Távora até Goa, onde este assumiria o vice-reinado, Baltazar tinha a incumbência, entre outras, de identificar as causas que provocavam a perda de tantos embarcadiços no trajeto entre Lisboa e o Oriente. Nessa tarefa, recorrer aos seus antecessores lhe pareceu inócuo: "Dificultosa é esta empresa em que cirurgiões e físicos-mores meus antecessores de 240 anos a esta parte se têm cansado [...] deixando na antiga ordem as desordens se calaram, padecendo a vida dos soldados, a Fazenda de S. M. e o Estado da Índia".[54] Para tratar das doenças a bordo, Chaves recomendava a aplicação de medidas higiênicas, a melhoria nas rações e nas boticas embarcadas em Portugal, além de terapias largamente empregadas na época. Entretanto, ele observava as vantagens em se aproveitar o que "a marítima experiência descobriu" para combater enfermidades como as inflamações intestinais: a utilização de sumo de limão e outros remédios que não constavam dos manuais médicos como próprios ao combate dessa doença foram empregados com sucesso, evitando-se métodos tradicionais como sangrias e vomitórios. Quanto ao escorbuto, embora tenham ocorrido casos nessa viagem, foram em menor quantidade do que o costume nessa rota, já que a alimentação privilegiada da nau de um vice-rei forneceu leite e carne fresca de animais embarcados vivos e frutas cítricas como limões e tamarindos — dieta que Baltazar reconhecia como favorável à recuperação dos enfermos.[55]

Em embarcações de outras nacionalidades, o escorbuto e outras doenças também afetavam os homens do mar. Um relato do inglês Samuel Holmes deixa claro a sua surpresa pelo fato de que a equipagem do navio em que ele se encontrava não tenha sofrido nenhum sintoma de escorbuto, graças "à vigilância infatigável dos hábeis oficiais e de cirurgiões experimentados".[56] Sua menção às precauções e habilidades dos responsáveis pela saúde a bordo deixa entrever que a regra poderia ser a de muitas perdas humanas causadas pela doença diante da falta de conhecimentos e de bons profissionais.

Quanto aos navios do tráfico negreiro, nada leva a supor que fossem diferentes as condições de tratamento de doenças como o escorbuto. Embora muitas embarcações apreendidas pelos ingleses tenham chegado ao Brasil com grande quantidade de africanos doentes, poucas vezes suas enfermidades eram especificadas. Quanto aos eventuais procedimentos de cura empregados, a falta de informações é ainda maior.

Raros são os casos em que encontramos relações de medicamentos em navios suspeitos de engajamento no tráfico. O brigue português *Falcão* é um deles: quando ia de Salvador para Havana em 1813, foi apreendido em Porto Rico com 162 garrafas de uma certa "água antifebril", que teriam custado 194$400.[57] Já no processo relativo ao brigue negreiro *Guiana* — que deixou o porto de Salvador no início de fevereiro de 1840 com destino ao "comércio lícito para a costa da África" e foi apreendido no final de março do mesmo ano carregado de tabaco, aguardente, búzios e fazendas —, embora não houvesse um tripulante designado para os cuidados com a saúde, havia uma "nota dos remédios", que, além de trazer os dados de um formulário médico com as dosagens e combinações de 45 produtos, indicava o uso que se deveria fazer deles para cada doença. Nos casos de escorbuto, febres e inflamações estomacais, o documento anônimo indicava uma colher de ácido tartárico diluído em uma garrafa de água com açúcar. Para a primeira moléstia, também eram recomendados "gorgolejos" com bórax (substância com propriedades antissépticas) e purgantes de cremor de tártaro (um tipo de sal vomitório) diluído.[58] Algumas grafias nesse documento — "limoadas" de uma substância, "gorgolejos" de outras — indicam que seu autor provavelmente não era médico acadêmico, mas talvez um cirurgião, barbeiro ou sangrador que se utilizava de uma mistura de métodos da medicina europeia da época, de sua experiência prática e de uma linguagem compreensível pelos homens que viessem a manipular as receitas a bordo sem a presença dele.

É certo que, no século XIX, a literatura médica brasileira foi enriquecida com publicações de autoria de doutores formados, mas ao mesmo tempo de fácil manuseio por práticos.[59] Obras como o *Dicionário de Medicina Popular*, editado pela primeira vez em 1842, reuniam indicações elementares sobre cuidados com doenças comuns na época.[60] É impossível saber ao certo se seus ensinamentos foram aplicados largamente nos navios negreiros, mas a julgar pela popularidade da obra — o *Dicionário* chegou à 18ª edição em 1918 — e pela existência de um exemplar entre os pertences de um tumbeiro apreendido (o *Relâmpago*), é provável que seu uso fosse frequente.[61] Comparando as recomendações que o autor faz nos verbetes relativos ao escorbuto em diferentes edições da obra, podemos verificar que o uso do suco de frutas críticas e alimentos frescos como remédios para a doença só foram incorporados tardiamente. Não pude localizar a primeira edição do *Dicionário* de Chernoviz; entretanto, na terceira edição da obra, de 1862, lemos o seguinte:

> É mais fácil prevenir o escorbuto do que curá-lo. A observação severa das regras de higiene é o meio mais seguro de chegar a este fim. Portanto, cumpre prescrever o maior asseio, renovar frequentemente o ar, não consentir que se traga roupa molhada nem que os homens durmam em camas úmidas, inspecionar os alimentos para que sejam bem preparados, distribuir todos os dias certa quantidade de vinho ou d'algum outro licor espirituoso, não cansar os soldados ou marinheiros com um serviço mui prolongado ou penoso; nos momentos consagrados ao repouso, distraí-los com música ou com outro divertimento; enfim, preservá-los com o maior cuidado de todas as causas que possam motivar-lhes medo ou tristeza [...]. Quando uma tripulação manifestar disposições para esta moléstia [...] convém sempre arribar.[62]

De certa forma, Chernoviz sistematizou as recomendações feitas anteriormente por outros médicos sobre como prevenir a doença. A umidade, o trabalho penoso e o controle dos hábitos excessivamente festivos dos marinheiros já apareciam em obras como a de Mauran, em fins do século XVIII. Entretanto, ele não escreveu nessa edição nenhuma palavra sobre o emprego dos alimentos frescos ou suco de frutas cítricas como curativo possível para a doença, como faria três anos depois seu colega Theodoro Langaard em uma obra similar à de Chernoviz. Para Langaard, o principal tratamento dos doentes consistia em melhorar a higiene e a alimentação e "dar-lhes todos os dias dois a três limões azedos".[63] Já na quinta edição de seu *Dicionário*, de 1878, os editores acrescentaram novas informações no verbete sobre o escorbuto (Chernoviz voltara à França em 1855): "ataca as tripulações dos navios que se demoram muito tempo em viagem sem desembarcar, e que são privadas de carnes e vegetais frescos; o que depende de uma umidade contínua em que vivem, do uso das carnes salgadas e d'água corrupta. O enfado de uma longa viagem e a falta de exercício contribuem sem dúvida para o seu desenvolvimento".

Na época dessa edição o escorbuto entre os marinheiros era mais raro, "graças à duração mais curta das viagens e graças ao melhor abastecimento dos navios, sobretudo suco inspissado de limão, repolho salgado e legumes frescos, conservados em latas hermeticamente fechadas".[64] Além de reconhecer as propriedades do sumo de frutas cítricas, Chernoviz reforçava a ideia de que as novas tecnologias navais, ao diminuírem o tempo das viagens, haviam reduzido também a incidência de doenças a bordo. No mais, a técnica que permitiu condensar líquidos e conservar alimentos só passou a ser utilizada largamente em fins do século XIX, a julgar pela sua menção tardia — apenas na edição de 1878 do *Dicionário*. Portanto, mesmo que fosse comum entre as tripulações negreiras a leitura instrumental de uma obra tão divulgada como o *Dicionário de Medicina Popular*, ainda assim a prevenção e a cura do escorbuto podem não ter encontrado nela um bom ponto de apoio. Afinal, quando a obra foi publicada pela primeira vez, o tráfico já era um comércio ilegal e em breve seria praticamente extinto no Brasil. Ainda assim, apenas em 1878 o *Dicionário* de Chernoviz informava que as conservas de alimentos ricos em vitamina C poderiam ser bons preventivos. Para a vida dos africanos escravizados, seria tarde demais se ela dependesse da informação por meio dessa fonte.

Na discussão que venho fazendo até aqui sobre lepra e escorbuto, não entrei em considerações sobre a mortalidade causada por essas doenças entre os africanos escravizados. A lepra, particularmente, não é mencionada entre aquelas que mais vitimavam: tendo em vista seu longo ciclo, seus efeitos mais devastadores só eram sentidos muito tempo depois do desembarque. Quanto ao escorbuto, a rápida evolução da moléstia provocava inúmeras mortes ainda nos navios. Sobre a mortalidade a bordo em função de doenças, a bibliografia de caráter demográfico sobre o tráfico negreiro é rica em estatísticas e análises a respeito.

Para os objetivos deste trabalho, basta mencionar que Raymond Cohn, que analisou comparativamente o tráfico feito sob bandeiras de diversas nacionalidades (inglesa, francesa, holandesa e portuguesa), afirma existirem algumas indicações de melhoria no tratamento de três doenças, confrontando-se dados dos séculos XVII ao XIX: disenteria, escorbuto e varíola, as maiores responsáveis por vítimas fatais entre os africanos. A disenteria e outras doenças gastrointestinais mantiveram sua condição de principal causa mortis, embora Cohn afirme que os capitães negreiros estivessem mais atentos à comida e à água transportadas. Quanto ao escorbuto, a prevenção por meio do consumo de laranjas e limões era conhecida desde a década de 1750, embora apenas em 1795 o Almirantado tenha determinado o suprimento da armada britânica com suco de limão, mas "não havia ordem similar para o tráfico negreiro e é duvidoso que a incidência de escorbuto tenha diminuído muito nos navios do tráfico no período em questão". Já a varíola e as medidas para contê-la são mais controversas: Klein advoga que os capitães franceses e ingleses rotineiramente inoculavam seus escravos contra a doença na segunda metade do século XVIII, enquanto Cohn contesta essa possibilidade — afirmando que a única vacina disponível antes do final daquele século era potencialmente perigosa, sendo utilizada nos navios negreiros apenas depois de iniciada uma epidemia de varíola. Embora a vacina inventada por Edward Jenner tenha sido desenvolvida em torno de 1800, não se sabe quantos escravos foram inoculados depois dessa data. Ainda assim, em termos globais, a incidência de varíola nos navios do tráfico africano diminuiu nos últimos anos do século XVIII.[65]

Todavia, o declínio de algumas doenças não provocou uma queda significativa no número total de mortos, pois outras enfermidades ampliaram sua incidência ou mantiveram-se estáveis em número de casos. Pesquisas aprofundadas com base em estatísticas sanitárias poderiam desvendar um panorama mais completo.

* * *

Para discutir o uso de determinados conhecimentos e terapias e os cruzamentos culturais no tratamento dos doentes — particularmente dos escravos transportados nos navios negreiros para o Brasil —, optei por lidar com os responsáveis pelos cuidados médicos, ainda que seja difícil identificá-los. O viajante alemão Schlichthorst, contra todas as evidências e talvez tendo por informantes os próprios traficantes, traçou um panorama quase idílico das condições em que os africanos eram transportados nessas embarcações:

> Durante a travessia, a ordem é modelar e os escravos são alternadamente empregados no serviço do convés e guardados no porão. Dão-lhes alimentação adequada à sua natureza e aconselhada pela experiência de muitos anos: arroz, farinha de mandioca e muito poucas comidas salgadas. Favorecem o mais possível a aproximação dos dois sexos, o que conserva sadios e alegres esses inocentes filhos da natureza. Como o capitão e outros oficiais são interessados na carga, a cobiça os leva a ter o maior cuidado no tratamento dos pretos. Um médico zela por sua saúde corporal e um capelão, pela espiritual, todos são batizados antes do embarque, marcando-se com um ferro quente uma pequenina cruz, no peito dos novos cristãos.[66]

Disse "contra todas as evidências" pois, apesar dos cuidados que ele acreditava existirem a bordo, Schlichthorst viu e não entendeu por que os africanos desembarcavam no Rio de Janeiro "em petição de miséria, todos magros e quase sem exceção acometidos duma espécie de sarna, que lhes cobre a pele com escamas branquicentas e torna sua cor preta e lustrosa em cinzenta suja".[67] Esse relato pode nos dizer algo sobre o narrador e suas fontes, mas não é suficiente para fazer acreditar que em todas as viagens havia tanto zelo.

No amplo universo do tráfico, no qual um número incomensurável de viagens foi realizado em centenas de embarcações, poucas vezes é possível identificar claramente profissionais das "artes de curar" a bordo. Um oficial ou marinheiro poderiam improvisar atendimentos básicos socorrendo os doentes e feridos, e não era incomum que a saúde de bordo estivesse a cargo de um tripulante que não possuía nenhuma formação especial para isso.

Em outras situações da navegação marítima luso-brasileira em que passageiros compunham a "carga" principal de uma embarcação, também era comum a ausência de um cirurgião ou outro profissional que cuidasse da saúde a bordo. Jane Felipe Beltrão afirma que, nos navios de colonos portugueses destinados ao Pará na década de 1850, apenas se mencionava o cirurgião na lista de tripulantes, mas quase sempre isso se devia às exigências legais — os cirurgiões simplesmente não vinham embarcados. Um caso exemplar foi o do brigue *Grão-Pará* — que, na falta de cirurgião, lançou mão de um passageiro "a quem vestiram uma casaca e lhe conferiram esse cargo, que pela sua simplicidade não soube dissimular, confessando francamente que nunca fora cirurgião, mas sim serrador de madeira, hoje emprega-se no mister de hortelão em uma horta".[68]

De acordo com o tipo de passageiros transportados, porém, eventualmente empregava-se um tratamento diferenciado — como demonstra um episódio envolvendo o brigue-escuna *Amália*. Essa embarcação foi apreendida em Angola ao desembarcar 35 colonos brancos portugueses que iam de Belém para Luanda no início de 1840. As relações entre passageiros e tripulantes deveriam ser mediadas por um regulamento escrito, assinado pelo cônsul português no Pará; no tocante às questões de saúde, o documento previa a ração alimentar diária dos embarcados e seus horários, a dieta dos que porventura adoecessem e algumas normas de higiene. Em um de seus artigos, o regulamento faz menção nominal ao homem que cuidaria da saúde a bordo: "Art. 8º — O sr. Almeida que vai encarregado da botica e do curativo terá muito cuidado e caridade com os que adoecerem, requererão ao sr. capitão tudo quanto for preciso em benefício dos mesmos enfermos como dos incomodados pelo enjoo".[69]

Tamanho desvelo era improvável nos navios negreiros de qualquer época. Cuidado e caridade com os escravizados eram palavras que por vezes se escreviam nas cartas de ordens passadas por donos de embarcações aos oficiais, instruindo-os sobre como tratar do carregamento,[70] mas raramente iam além do papel. Entretanto, por excepcional que fosse a presença de profissionais de saúde a bordo dos navios negreiros, as poucas menções a eles merecem ser analisadas.

Para encontrar registros dessa presença, vali-me sobretudo das listas de matrículas de equipagens. Nelas, recolhi dados sobre os homens encarregados de atender os doentes (africanos e tripulantes) no tráfico de escravos. Em meio ao universo de 3426 tripulantes de embarcações negreiras sobre os quais pude coletar dados, apenas 76 exerciam as funções de cirurgiões, barbeiros, sangradores ou boticários (neste último caso, consegui apenas um registro, não incluído na tabela abaixo).

TABELA 10 — PROFISSIONAIS DE SAÚDE EMBARCADOS EM NAVIOS NEGREIROS, 1780-1863

NOME	IDADE*	NATURALIDADE**	SOLDADA
CIRURGIÕES			
João Feliciano de Araújo	32 (10)	Loures	não consta
João Batista Leva	26 (4)	Lisboa	não consta
João Pedro da Costa	33 (5)	Viseu	não consta
Dionísio Ferreira	não consta	não consta	não consta
Francisco Xavier de Sousa	45	Leiria	não consta
Manuel José Lobo	não consta	não consta	não consta
Libano Constantino	não consta	não consta	não consta
Dionísio Ferreira	não consta	Tomar	não consta
José Inácio Pereira	24	Lisboa	não consta
José Joaquim da Silva	não consta	não consta	não consta
Anselmo Inácio Valente	não consta	não consta	não consta
Rafael Rigau	33	Catalunha	400$000 por viagem
Antonio Pedro Braz e Lima	21 (3)	Belém	não consta
Joaquim José Batista	23	Bahia	200$000
João José Carneiro	não consta	não consta	não consta
Antônio José de Sousa	31	Vila Flor	1:500$000 redonda e cinco pretas
José Maria Pereira Campos	22 (4)	Lisboa	não consta
Teodoro do Patrocínio e Sousa	não consta	Bahia	não consta
Dionísio Ferreira	não consta	não consta	não consta
Cristóvão da Silva Coutinho	não consta	não consta	não consta
Francisco Meneses Bonifácio	não consta	não consta	não consta
Miguel Antonio da Costa	não consta	não consta	não consta
Manuel Joaquim de Sousa	24	[ilegível]	não consta

NOME	IDADE*	NATURALIDADE**	SOLDADA
Luís José de Amaral	não consta	não consta	não consta
José Rodrigues Vieira	26*	Guimarães	não consta
Manuel Dias Martins	não consta	não consta	não consta
Benito José de Oliveira	28	Braga	não consta
Caetano Xavier Rosado	não consta	não consta	não consta
Francisco Gonçalves Almado	não consta	Almada	não consta
Joaquim Faustino Cordeiro	30 (6)	Évora	não consta
João Rodrigues de Faria	34	Porto	particular
Manuel Feliciano	28	Bahia	255$000
Diogo Ferreira Balate	não consta	Santa Elria [?]	não consta
José Inácio Maia	31	Valença de Minho	não consta
João José da Silveira	não consta	não consta	não consta
Patrício Esteves	não consta	não consta	não consta
Manuel Antonio Pires	28	São Paulo	não consta
Emídio Joaquim de Oliveira	28 (6)	Peniche	não consta
Antonio dos Santos Rosa	40	Lisboa	não consta
Antonio Martins de Oliveira	26 (5)	Rio de Janeiro	não consta
Joaquim Bernardo da Costa	não consta	não consta	não consta
Francisco de Faria Gomes	30***	Braga	não consta
Antonio Pinto Ribeiro	43 (8)	[ilegível]	não consta
José Pereira da Silva	não consta	não consta	não consta
Joaquim José da Gama	22	Val de Salgueiro	não consta
BARBEIROS			
Félix Francisco	não consta	Angola	não consta
Antonio Rodrigues	36	Santa [ilegível]	não consta
Antônio Ribeiro Filgueira, forro	não consta	mina	100$000 por viagem
Francisco da Silva	46	Angola	153$000 redonda
Toríbio, escravo	não consta	mina	200$000
Joaquim, escravo, segundo barbeiro	não consta	mina	50$000
João Antônio	23	Angola	18$000 por mês e uma preta
José, escravo	não consta	mina	100$000

NOME	IDADE*	NATURALIDADE**	SOLDADA
Simão Congo Barbero, escravo	não consta	não consta	não consta
Antonio Barbero, escravo	não consta	não consta	não consta
Dionísio Alves Pereira, forro	32	Bahia	100$000
Eusébio Gomes do Nascimento, forro	40	crioulo****	não consta
Antônio José de Carvalho, forro	não consta	mina	1$000 [sic]
Joaquim da Fonseca	não consta	Lisboa	não consta
Antônio de Araújo de Santana	30	mina	200$000
não consta	não consta	não consta	216$000
SANGRADORES			
Antônio Francisco de Jesus, forro	não consta	Costa d'África	20$000
Inocêncio de Araújo Santana	não consta	mina	particular
Lourenço, forro	não consta	gegê	120$000
Manuel Vicente	38	Bahia	240$000
Pedro, escravo	não consta	mina	particular
Francisco Nazaré	26	mina	200$000
Hailipe Serra	40	mina	não consta
Raimundo Cardoso	não consta	São Tomé	100$000
Antônio Mendes	não consta	mina	160$000
Francisco José Viana	não consta	não consta	não consta
Luís Joaquim Bahia	não consta	mina	120$000
Vicente Francisco Camacho	50	mina	180$000
Inácio Gomes, sota-sangrador	50	mina	180$000
não consta	não consta	não consta	36$000 por mês

Fontes: ANTT, Fundo Junta do Comércio, diversos maços; AHI, processos da Comissão Mista Anglo-Brasileira. As referências completas encontram-se em Fontes e bibliografia.
* Os números entre parênteses nesta coluna indicam o tempo de engajamento no trabalho a bordo.
** O termo *mina*, nesta coluna, refere-se tanto à origem "étnica" dos africanos quanto à Costa da Mina.
*** Primeira viagem.
**** Barbeiro e sangrador.

Comparando esses dados, podemos deduzir algo sobre a diferença de formação entre esses homens e lançar algumas hipóteses sobre a maneira como conduziam seu trabalho a bordo. De início, isolei as categorias e analisei as informações de cada coluna de acordo com alguns critérios. No que se refere à idade, podemos nos inteirar genericamente sobre o tempo de trabalho e a experiência desses homens, em especial quando as fontes informam há quanto tempo eles viviam embarcados. Já no item relativo à naturalidade, considerei que esses homens eram brancos quando não havia menção contrária ou quando não se informava a condição social (forro, livre, liberto ou escravo), desde que nascidos na Europa ou no Brasil. Quanto às soldadas, a intenção é comparar os ganhos dos diversos profissionais e identificar a hierarquia entre eles.

Dos 45 cirurgiões listados, temos informações sobre a idade de 24 deles — variando de 21 a 45 anos. A média ponderada de tempo de trabalho no mar era de cinco anos, mas não é possível assegurar que durante todo o tempo esses homens tenham exercido a profissão de cirurgiões. De acordo com Tânia Pimenta, "era comum que as pessoas não se restringissem a uma especialidade [...]. Havia quem fosse boticário, cirurgião, sangrador e aprovado em medicina. Ou, então, boticário e cirurgião. Tais pessoas, geralmente, desenvolviam suas atividades em embarcações, por isso precisavam ter conhecimentos gerais sobre todas as artes de curar para que assim pudessem tratar de doentes acometidos de enfermidades internas que ocorressem à tripulação, e administrando-lhes a botica".[71]

A prática que adquiriam no tratamento dos doentes a bordo qualificava-os a prestar os exames na Fisicatura-mor[72] e muitas vezes as rotas negreiras estavam entre as principais escolhas para isso. De imediato, essa escolha demonstra algumas possibilidades. Uma delas é a de que um profissional inexperiente recém-engajado no tráfico poderia trazer alguns dissabores aos oficiais preocupados com a saúde de seus subordinados, e suas falhas e a falta de conhecimentos poderiam custar a vida de um bom número de africanos embarcados. Entretanto, na ausência deles, era incerto poder contar com algum outro, de modo que os oficiais por vezes aceitavam o engajamento de quem se dispusesse a cuidar das questões de saúde (desde que o próprio oficial tivesse autonomia para contratar alguém para exercer essa função). A segunda possibilidade é que, nas viagens, seguramente ocorriam contatos com outros profissionais, práticos e curandeiros de formações e origens diferenciadas — especialmente africanos —, cujas terapias podem ter sido incorporadas ao trabalho dos cirurgiões brancos ou mestiços. Por fim, uma experiência marítima prolongada pode ter trazido alguns bons resultados, ainda que isolados, no tratamento dos doentes a bordo: viver como cirurgião nos navios do tráfico significava entrar em contato com as doenças que mais acometiam os africanos e talvez encontrar maneiras mais adequadas de tratá-las.

Considerando a existência de uma hierarquia e de funções diferenciadas entre os homens que cuidavam da saúde a bordo, os cirurgiões aparecem no topo. Uma prova disso vem da comparação entre os salários: os cirurgiões eram mais bem pagos do que os sangradores e barbeiros. Algumas variáveis interferiam no salário, entre elas especialmente a rota, e em seguida o número de escravos e tripulantes embarcados. O maior salário de um cirurgião (complementado pelo direito de ficar com cinco negras do carregamento) foi pago a Antonio José de Sousa em 1830 numa viagem entre Moçambique e o Rio de Janeiro com 281 escravos e 32 tripulantes, enquanto o menor foi o recebido por Manuel Feliciano em 1826, na rota Molembo-Bahia, carregando 608 escravos e 47 tripulantes. No tráfico inglês, o pagamento dos cirurgiões variava conforme o número de escravos que chegassem vivos às colônias.[73] Talvez esse critério valesse também nos tráficos português e brasileiro, ao menos nos casos de soldada "particular", ou seja, a que era paga mediante a avaliação dos serviços prestados depois da viagem.

Outro fator diferencial poderia ser a cor e a condição social, o que justificaria o menor salário recebido por Manuel Feliciano: embora não haja informações precisas, ele nascera na Bahia e seu sobrenome assemelhava-se ao de homens libertos — ele próprio poderia ser um liberto ou filho de libertos.

Colhi dados sobre a naturalidade de 26 cirurgiões — dezenove nascidos em Portugal, seis no Brasil e um na Espanha. Dos nascidos no Brasil, a metade era de baianos — todos engajados em navios que partiram da Bahia. Entretanto, os cirurgiões eram, em sua ampla maioria, homens nascidos em Portugal e provavelmente brancos, o que poderia ajudar a alavancar sua ascensão profissional e salarial. As fontes trazem poucas pistas indicando que suas habilidades pessoais eram motivo de melhor remuneração — exceto, como já disse, no caso das soldadas particulares ou "a julgar".

A presença de cirurgiões ou práticos de medicina talvez não fosse bem aceita pelos africanos embarcados: o dr. Paul Isert, inspetor médico das colônias dinamarquesas na África, embarcado em um negreiro em 1787, relatou ter escapado de ser linchado pelos africanos durante uma revolta promovida pelos escravos no navio, defendendo-se a golpes de baioneta.[74] Nesse caso, a presença de um médico acadêmico europeu a bordo parece ter sido uma exceção no contexto mais geral do tráfico. Africanos interrogados na Comissão Mista do Rio de Janeiro afirmaram que, em geral, os doentes eram medicados pelo contramestre.[75]

Se médicos e cirurgiões desempenharam um papel na saúde de bordo, foram também auxiliares importantes dos oficiais na escolha dos cativos disponíveis nos barracões africanos; eram eles que atestavam o bom estado de saúde dos escravos. Em sua maioria brancos e conhecedores dos critérios que definiam uma "boa mercadoria" do ponto de vista dos senhores de escravizados na América, esses profissionais se especializaram em viver como cirurgiões-embarcadiços nas rotas negreiras. Com o intuito de instrumentalizá-los no trato comercial africano, era preciso também fazê-los conhecedores de rudimentos da língua local. Bastante útil, nesse sentido, era a gramática abreviada francês "mina" escrita pelo padre Labat em 1730, na qual ele listou frases úteis para o comércio em Ajudá e, particularmente, para os cirurgiões que interrogavam os negros a serem comprados. Aos comerciantes ele ensinava a dizer em língua mina coisas como "este negro é muito caro", "quero comprar bons negros" ou "tenho boas mercadorias". Já aos cirurgiões, o pequeno dicionário trazia expressões como "aonde dói", "você quer óleo de palma [ou pão, ou caldo]", "este negro está louco [ou estropiado]". O padre julgou por bem ensinar uma expressão fundamental para apaziguar o ânimo dos negros da África Ocidental que acreditavam serem os brancos canibais: "os brancos não comem os homens",[76] deveria dizer o cirurgião aos escravos que ajudaria a comprar, talvez por ser ele o primeiro branco da tripulação a travar contato com os negros.

Se os cirurgiões eram majoritariamente portugueses, quando computamos os dados de barbeiros e sangradores a situação se invertia. Dos dezesseis barbeiros listados, nove eram africanos (três nascidos em Angola e seis minas), contra apenas um português; quanto aos catorze sangradores, onze eram africanos — o que representa a totalidade daqueles sobre os quais temos informações da naturalidade —, dos quais oito eram minas. O predomínio de negros minas em profissões como barbeiros e sangradores pode ser um indicador de que sobre homens dessa região (libertos ou escravos) recaíam as preferências dos traficantes, talvez reconhecendo neles um talento especial para as artes de curar. Também não é improvável que, sob a designação oficial de barbeiro e sangrador, se ocultassem práticas da medicina africana.

As soldadas dos barbeiros e sangradores também eram mais equitativas entre si do que as pagas aos cirurgiões. As diferenças normalmente ficavam por conta do tipo de pagamento pelo qual se optava — se por viagem (normalmente com soldadas maiores) ou por mês (em geral menores). Embora tênue, esse indício pode significar que entre os africanos — escravizados, livres ou libertos — a origem tivesse pouca importância e que o peso das suas habilidades no desempenho das funções fosse mais relevante. Se atentarmos para as soldadas pagas aos barbeiros forros, veremos que elas pouco ou nada diferem das pagas aos barbeiros escravizados: enquanto os forros Antonio Ribeiro Filgueira e Dionísio Alves Pereira, por exemplo, recebiam cada um 100$000, o escravizado José recebia o mesmo, e Toríbio, também cativo, recebia o dobro. Todos estavam engajados na rota Bahia-Costa da Mina e suas soldadas foram pagas no mesmo ano, 1812.

Os dados que apresentei sobre os barbeiros e sangradores minas podem nos induzir a pensar que a presença deles era predominante no tráfico negreiro. Todavia, antes de mais nada é preciso considerar as rotas: todos os barbeiros mina atuaram em navios que, saindo da Bahia, tinham como destino principal a Costa da Mina. Nessa rota, e lidando com o tratamento de escravos embarcados na mesma região que eles, sua presença é bastante compreensível — é provável que outros minas aceitassem com menos reservas os cuidados que lhes fossem dispensados por seus conterrâneos ou vizinhos, caso não fossem inimigos étnicos. Além disso, os minas e seus descendentes eram mais numerosos na Bahia do que em outras regiões brasileiras, abastecidas por trabalhadores vindos de diferentes portos africanos; assim, também é compreensível que eles apareçam ali com maior frequência entre os escravizados ou libertos que atuavam em trabalhos especializados.

Entretanto, havia barbeiros e sangradores minas atuando também em rotas que ligavam Salvador e Rio de Janeiro aos portos de Molembo e Cabinda, no litoral da África Central — distante, portanto, da região onde foram embarcados. É impossível afirmar com certeza que africanos de diferentes origens étnicas aceitavam de bom grado os tratamentos aplicados pelos minas; em caso positivo, isso indicaria o reconhecimento, por parte de diferentes povos africanos, dos minas como profissionais eficientes nas artes de curar. Talvez não seja preciso ir tão longe, mas a possibilidade de especular um pouco a respeito do assunto, transitando entre Angola e o Rio de Janeiro, não deve ser posta de lado.

A presença dos minas nos navios que partiam da Corte para a compra de escravos em Angola reforça a hipótese — levantada por Mary Karasch e retomada por Sidney Chalhoub[77] — de que os homens vindos da África Ocidental faziam sentir o peso de suas tradições religiosas e terapêuticas numa medida inversamente proporcional à sua participação no conjunto da população negra carioca.

No interior dessas tradições, estabeleceu-se a crença de que Soponna (orixá conhecido ainda pelos nomes Omolu, Obaluaiê, Xapanã ou Sapata, conforme a região da África onde era originalmente cultuado) castigava "aqueles que o provocam, violam seus tabus ou negligenciam seu culto, enviando-lhes doenças". Desrespeitar essas regras significava atrair as epidemias — sendo a principal delas a de varíola, mas não só: outras doenças, como erisipela, escorbuto, sarampo, disenteria, vômitos, feridas que não saravam, inchaços, lepra e tuberculose também eram atribuídas aos desígnios de Soponna.[78]

A variolização feita pelos oriundos da África Ocidental indicava um conhecimento sobre o ciclo da varíola e o papel ritual dessa doença. Chalhoub afirma que há poucos indícios de que povos de outras partes da África a praticassem, mas ainda assim a variolização era "uma prática estritamente coerente com a ideia de 'controle dual' que [...] também estava presente entre os povos centro-africanos: da própria fonte do flagelo surge a possibilidade da purificação e da cura".[79] Seguindo essa pista, encontrei relatos de dois médicos portugueses que podem nos ajudar a compreender melhor o que pensavam os bantos da África Central sobre a varíola e as terapias dos doutores europeus.

Um deles é o do já citado físico-mor José Maria Bomtempo. Nos primeiros anos do século XIX, ele tentava introduzir em Angola a "operação da enxertia que a experiência tem mostrado ser o único eficaz preservativo contra o flagelo das bexigas naturais". Para isso, entretanto, seria necessário vencer um obstáculo fundamental: a resistência dos negros em se submeterem a tal experiência pela mão de um médico branco. Bomtempo precisava de alguns voluntários para mostrar a seu público o quanto a medida era segura, mas os doentes que havia no Hospital da Misericórdia de Luanda ou já tinham adoecido de varíola ou eram idosos demais para o experimento. O doutor tentou cooptar voluntários potenciais entre os africanos, mas também não teve bons resultados, e mostrou-se desolado com a descrença que esses homens, mulheres e crianças depositavam nele:

> Parece também ser impraticável o usar da persuasão e outros quaisquer meios para com as famílias deste país a fim de realizar este objeto, porquanto não somente são pouco crédulas na utilidade da ciência médica, mas muito declamadoras contra a inoculação; o que afirmo a V. Excia. por já ter tentado com muita doçura e suavidade a introdução da enxertia, quando tive a ocasião de tratar alguns meninos com bexigas discretas; e então vi claramente a indocilidade e contumácia das sobreditas famílias, as quais de modo algum consentiram que eu pusesse em prática esta operação, apesar mesmo do feliz sucesso que eu lhes anunciei.[80]

Se a questão for saber se a variolização era praticada pelos povos de Angola, essas palavras não permitem uma resposta afirmativa, mas também não dizem o contrário. Em todo caso, a recusa em aceitar a medida preventiva contra a varíola pode ser coerente com a visão de mundo desses povos: a purificação e a cura estavam na própria doença. O que está claro nesse relato é que os pacientes de Bomtempo em Luanda ficavam indóceis com a possibilidade de serem perfurados por um médico branco e estranho às suas relações — e é plausível imaginar que, se praticavam algo semelhante à variolização, o faziam em ocasiões rituais. Bomtempo diz ainda que as famílias declamavam contra a inoculação, mas desconfio que a propaganda negativa se referisse mais ao médico do que ao método — algo que ele não poderia admitir, sobretudo em um documento enviado aos seus superiores. O fato de alardearem à comunidade a pretensão aparentemente absurda do doutor reforça a ideia de que terapêutica e religião caminhavam de mãos dadas também entre os bantos.

O outro relato a que me refiro é o de José Pinto de Azeredo, físico-mor de Angola em fins do século XVIII. Ainda que atravessado por preconceitos e atendo-se firmemente à sua formação médica acadêmica e europeia, ele escreveu algumas palavras bastante esclarecedoras sobre o que esses africanos permitiam e o que não permitiam em matéria de tratamento:

A gente preta, não obstante viver com os brancos, aprender os seus costumes, observar a sua religião e falar a sua língua, nunca esquece dos ritos, dos prejuízos e das superstições gentílicas. Nas suas moléstias não querem professores nem tomam remédios de botica; porque só têm fé nos seus medicamentos a que chamam *milongos*, e estes devem ser administrados pelos *feiticeiros* ou curadores. Mas é de lamentar que muitos brancos filhos do país e ainda alguns europeus acreditam na virtude de tais remédios e ocultamente se sujeitam a semelhantes médicos.[81]

Podemos ler nesse depoimento outros sinais de que terapêutica e ritualística não se dissociavam nos costumes dos povos centro-africanos, assim como ocorria com os da África Ocidental. Quando os negros de Angola recusavam os remédios europeus e confiavam apenas em "feiticeiros" de sua comunidade — que tratavam também de homens brancos que ali viviam —, os curandeiros locais comprovavam sua eficácia e conquistavam reconhecimento. A ação deles não parece ter sido transformada de acordo com o desejo de alguns colonizadores portugueses. Assim, os africanos que embarcavam em navios negreiros nos portos angolanos e se deparavam com sangradores e barbeiros negros (ainda que minas), de alguma forma poderiam identificar esses homens, suas práticas e seus medicamentos aos rituais existentes em sua cultura e sentir-se mais seguros do que quando entregues aos cuidados de cirurgiões ou médicos brancos.[82] Afinal, havia casos em que, mesmo com uma botica de bordo bem fornida, a mortalidade entre os africanos era imensa.[83]

A eficácia da atuação dos curandeiros minas, mesmo que exercida sob o manto de designações consagradas em Portugal e no Brasil como sangradores e barbeiros, pode ter ajudado a criar, entre africanos de outras áreas de origem, uma imagem desses homens como detentores de poderes especiais para lidar também com outras moléstias, como aquelas vinculadas a Soponna e que, não por acaso, eram as mais comuns a bordo dos navios negreiros.

O papel de cirurgiões, barbeiros, sangradores e boticários a bordo não encerra a questão dos cuidados médicos reservados aos africanos. Por lei, outras medidas de higiene deveriam ser aplicadas assim que os africanos desembarcassem na América. No caso do Rio de Janeiro, tais medidas tiveram um significado importante: foram o centro de disputas entre os empresários traficantes e as autoridades da Saúde nos portos brasileiros. Esse tema será analisado em seguida, ao examinar o funcionamento dos serviços de saúde ligados ao tráfico de escravos introduzidos no porto carioca no início do século XIX.

Na América espanhola, desde cedo foi introduzida a prática de canalizar as grandes transações comerciais para portos determinados. Nessa especialização portuária, Cartagena (em Nova Granada) assumiu a função de entreposto de escravizados vindos da África, que dali eram distribuídos para as outras colônias espanholas. Uma vez ancorados, os navios passavam por diversas inspeções, sendo que aqui nos interessa a *visita de sanidad*. Certamente, a acuidade dessas visitas variava conforme o empenho do profissional que a realizava: enquanto alguns eram mais meticulosos e inspecionavam individualmente os africanos, outros o faziam de forma mais superficial e coletivamente.

No caso de existirem doenças a bordo, os africanos contaminados ficavam em quarentena em alguma ilha distante, enquanto os sadios eram levados para a cidade e um terceiro grupo (os inválidos, com fraturas ou muito debilitados) permanecia temporariamente no navio. Desde o século XVII, eram determinadas as quarentenas para doentes com varíola, sarampo, febre amarela, pneumonia, escorbuto e febre tifoide. A insalubridade local e as falhas no serviço de inspeção avolumavam as epidemias em Cartagena, e nunca ficou claro se eram os negros recém-chegados que infectavam a cidade ou se eram as doenças da cidade que os atacavam.

Mas as condições do tráfico para a América espanhola mudaram ao longo do tempo: os regulamentos das quarentenas foram alterados em meados do século XVIII e foram introduzidas paradas de "refresco" em ilhas como Porto Rico. Nesse período, se a visita da Saúde não revelava nenhum indício de doença epidêmica, os negros eram levados à Alfândega e depois desembarcados para a inspeção de ancoragem (quando se averiguava a existência de contrabando) e, então, se fazia a inspeção de entrada — relativa à composição da carga, ao comportamento da tripulação, à identidade dos passageiros e ao itinerário do navio.

Concluídas essas inspeções, os negros eram entregues aos seus donos, que cuidavam deles por duas semanas, período em que ainda poderiam surgir manifestações de doenças. Normalmente, os escravizados ficavam em *casas negrerias* dentro da cidade, que muitas vezes eram os pátios das casas dos proprietários. Os mercadores que não podiam alojar escravizados em suas casas os instalavam em barracões próximos. O comércio escravista estava concentrado nos distritos de Santo Domingo e Santa Clara, para onde os africanos recém-desembarcados eram levados em procissões que exibiam homens e mulheres esqueléticos, nus e doentes, além de carroças para carregar os moribundos. As condições nos barracões não eram muito melhores do que nos navios: homens e mulheres eram separados em dois compartimentos que serviam como quartos de dormir, cuja única entrada era uma pequena porta que se fechava assim que todos eram colocados ali à noite; uma pequena janela no alto permitia a ventilação, e necessidades fisiológicas eram despejadas em barris.

Duas semanas depois, os sobreviventes eram levados para o *palmeo* (para serem medidos em palmos), a fim de serem cobrados os direitos alfandegários sobre eles. Um cirurgião os examinava para detectar doenças ou defeitos, que eram descontados na cobrança. Uma vez pagos os impostos, os escravizados eram levados para o mercado de escravos de Cartagena, que funcionava em dias alternados. Os negócios se faziam em barracões temporários ao pé da muralha da cidade.[84]

As informações dos parágrafos anteriores não pretendem introduzir um estudo comparativo entre Cartagena e o Rio de Janeiro, dois importantes portos americanos importadores de escravos. Na verdade, essa comparação seria quase inexequível a partir das fontes disponíveis. A documentação colombiana referente às inspeções de saúde foi preservada, servindo até mesmo de base para a canonização de são Pedro Claver por seu trabalho "humanitário" entre os africanos recém-chegados; já no Rio de Janeiro, não há sequer rastro dela. Ao historiador interessado no tema resta perseguir as pistas fragmentárias existentes em outras fontes.

A rigor, até a chegada da família real portuguesa, a fiscalização de saúde nos portos coloniais, a regulamentação a respeito da presença dos cirurgiões a bordo dos navios e a nomeação de delegados-comissários para as colônias eram responsabilidades da Real Junta do Proto-Medicato, criada em 17 de junho de 1782.[85] Um aviso de 23 de maio de 1800 obrigava os cirurgiões a obter licença na Junta e, no mesmo ano, outros dois regulamentos (os Avisos de 13 e de 28 de dezembro) impediam o embarque de cirurgiões sem a licença enquanto houvesse outros habilitados disponíveis. As medidas destinavam-se a "conservar as vidas de infinitos homens, talvez os mais úteis, e necessários ao Estado, e que vivem sujeitos a gravíssimas e arrebatadas doenças".[86] O descompasso entre os termos da lei e a prática cotidiana das viagens transatlânticas de navios mercantes ou de guerra parece ter sido enorme, a julgar pela escassez de naus que contavam com a presença de cirurgiões durante as travessias, conforme vimos anteriormente.

Com a chegada da corte joanina ao Rio de Janeiro, foi criada a Provedoria-mor da Saúde da Corte e do Estado do Brasil, por decreto de 28 de julho de 1809, cujo primeiro provedor foi Manoel Vieira da Silva.[87] A eficácia de seus serviços é um objeto controverso nas narrativas dos viajantes estrangeiros: nesses relatos, a crueldade era a marca registrada das transações no mercado do Valongo. Todavia, aqueles que visitaram o Rio de Janeiro depois do início do funcionamento da Provedoria introduziram algumas notas dissonantes nesse concerto. Entre eles contam-se os naturalistas Spix e Martius, que, acreditando piamente nos aspectos legais, afirmaram que no Brasil eram tomadas medidas para a prevenção de doenças, entre elas a "severa fiscalização dos boletins de saúde dos navios que entram". Outro que levou as formalidades das leis joaninas demasiado a sério foi o inglês Robert Walsh, ao afirmar que "se nesse terrível tráfico pode haver alguma coisa digna, ela se deve aos brasileiros", graças às "várias leis para minorar o sofrimento dessa raça desafortunada durante seu transporte, da costa africana até o Brasil, amontoados em cubículos e com uma provisão insuficiente e insalubre. [João VI] Regulamentou o número de escravos a bordo de acordo com a tonelagem e as acomodações do navio e, sob pena de severas punições, ordenou que tivessem todo o conforto e descanso requeridos pela humanidade e religião".[88]

Outros observadores divergiram amplamente disso. Rugendas, por exemplo, afirmou de modo categórico que os navios negreiros não se submetiam a nenhuma quarentena, "nem no Rio de Janeiro, nem em nenhum outro porto do Brasil; não há, aliás, nenhuma organização especial para esse fim". A demora no desembarque e a espera dos navios ancorados na barra dependiam apenas do "capricho ou do interesse da alfândega ou do médico-mor", e se epidemias não varriam o Rio de Janeiro, isto se devia à sorte e à excelência do clima.[89] Thomas Ewbank, por sua vez, estranhou a exigência de ancorar o navio próximo à ilha de Villegaignon para a inspeção de saúde, mas observou com naturalidade que o médico do porto não subira a bordo, tendo apenas perguntado se havia algum enfermo no navio: "Em seguida despediu-se após ordenar ao capitão que esperasse até ser visitado pelo barco da Alfândega",[90] visita esta que certamente deve ter sido feita com mais seriedade e vagar.

Se concordarmos com Walsh, Spix e Martius sobre a fiscalização "severa" das embarcações, estaremos pecando por ingenuidade. Mas também é preciso dizer que, se encamparmos o tom de denúncia usado por Rugendas e Ewbank, estaremos descartando da análise algumas tentativas, por parte da Coroa portuguesa, de implantar medidas preventivas contra a introdução de epidemias pelos navios do tráfico. Entre essas medidas, estava a variolização, iniciada em 1804 no Brasil e nas colônias africanas, junto com a quarentena das vítimas de varíola embarcadas e o atraso do desembarque de navios do tráfico contaminados com a doença desde o século XVII. O decreto de 28 de julho de 1809, que criou a Provedoria e o posto de provedor-mor da Saúde, incumbia este último da fiscalização das embarcações, entre outras atribuições; no ano seguinte, determinava-se que os navios do tráfico deveriam esperar nos ancoradouros do Paço ou da Boa Viagem para ali se fazerem a fiscalização de saúde e a quarentena na ilha de Jesus. Em 1811, instalou-se uma Junta Vacínica na Corte, que imunizou parte da população com mais de 100 mil doses do pus antivariólico — especialmente africanos recém-desembarcados ou que trabalhavam em engenhos do Recôncavo da Guanabara.[91] Tais medidas não foram totalmente bem-sucedidas, já que nem sempre foram cumpridas à risca e também porque alguns escravizados eram adquiridos mesmo estando irremediavelmente doentes.[92]

Ainda que não existam registros tão detalhados como para o porto de Cartagena, pode-se afirmar que os africanos que chegavam ao Rio de Janeiro durante a legalidade do comércio transatlântico escravista cumpriam uma rotina comum. A partir de 1810, a legislação definia que os navios do tráfico não deveriam ancorar sem antes receber a visita do guarda-mor responsável pela saúde do porto. Feita a visita e verificada a necessidade de quarentena, ela se faria na ilha de Jesus por um prazo nunca inferior a oito dias. Depois de desembarcados na ilha, seriam lavados, vestidos "de roupas novas" e alimentados, para então receberem o bilhete de saúde que os habilitava a "entrarem na cidade para se exporem à venda no sítio estabelecido no Valongo".[93] Provavelmente, essa foi a disposição legal tomada ao pé da letra por Spix e Martius.

Tal inspeção, instituída em 1809 sob a responsabilidade da Provedoria da Saúde, teve como uma de suas principais justificativas os riscos de contaminações advindos do tráfico negreiro. Em seu plano para a instituição de um Tribunal de Saúde, Agostinho da Silva Hofman alegava que as condições físicas insalubres do Rio de Janeiro eram agravadas pela frequência ao porto de "imensos navios carregados de negros cheios de sarnas, lepra, febres, e outras moléstias contagiosas [...] [e] de navios, vindos de todas as partes com diferentes cargas [...] vindos da Jamaica, e de outros portos vizinhos de São Domingos, e Martinicas [sic], de cujo país demandou, a primeira causa de febre amarela, que ainda hoje infesta quase toda a América Setentrional".[94]

Para minorar os riscos, Hofman propunha a inspeção de saúde em todos os navios, a criação de um corpo de burocratas responsáveis pelo serviço e a cobrança de 18$000 réis de cada navio visitado.

A inspeção nos navios e a obrigatoriedade da quarentena não agradaram aos traficantes, que se viam às voltas com uma gama de taxações e regulamentos desde a saída dos portos africanos. Não tardou para que um grupo formado por 41 dos maiores traficantes da Corte encaminhasse representação ao regente, pedindo a alteração da lei sobre as vistorias de saúde no porto. Na lógica desses comerciantes, uma alteração aparentemente pequena traria transtornos à "balança política do comércio", sendo o primeiro deles relativo à segurança dos navios ancorados no Poço ou na Boa Viagem, "onde são expostos a inconvenientes do mar, pois é certo que sempre entram com viração da tarde, que é muitas vezes rija, e nem sempre podem vir preparados de ferros, e amarras, para sofrerem aquele ancoradouro". Em segundo lugar, a vistoria e a quarentena atrasariam o desembarque e os cuidados com o carregamento de africanos; nesse ponto, há um aparente paradoxo, pois os traficantes admitem que o comércio de escravizados se fazia em condições insalubres e, ao apontar isso, procuram tirar proveito da situação e levar os africanos para o Valongo o mais rapidamente possível:

A costa d'África, donde são importados os escravos, é escassa de mantimentos e de víveres para o sustento deles e quase sempre vêm alimentados com os do retorno; por isso a insalubridade dos alimentos e a corrupção do ar que respiram exige pronta providência: é verdade que se propõe na Ilha um tratamento capaz de os restabelecer; mas Senhor, ou os escravos vêm infectados de moléstias ou não: no primeiro caso, parece que a humanidade exige que não sejam confundidos os que estão tocados de moléstias com os que estão em perfeita saúde; por consequência a igualização das providências entre uns e outros não só se não compadece com a humanidade, mas até expõe o resto da arqueação ao contágio, prejudica consideravelmente aos suplicantes; é isto que sucede quando as moléstias são igualmente epidêmicas e contagiosas e se faz mais sensível quando concorrem dois ou mais navios, pois pela igualização da providência vemos os que estão em estado de saúde ou com moléstias ordinárias a expor-se ao contágio e à morte; acrescendo a tudo que os suplicantes podem nas suas casas tratar conforme as experiências e o uso ordinário, com menos despesa e mais comodidade daqueles que não estiverem atacados de moléstias epidêmicas, e destes nos mesmos navios, depois de purificado o ar, com os meios e providências que forem determinados.

O restante da representação continua com um misto de súplica e ameaça. Pediam alterações na lei de vistoria da Saúde e, sutilmente, argumentavam que poderiam se desinteressar do negócio pelo "desgosto de não poderem tratar e melhorar os seus escravos, e vender aqueles que estão em saúde", e por verem suas despesas aumentarem com o pagamento pela quarentena na ilha de Jesus. Estas "são razões de muito peso para fazer desanimar os armadores daquelas expedições, principalmente quando aquelas grandes providências são muito superiores ao dano". Segundo os mercadores, os escravos não traziam outras doenças além da varíola (bexigas) e sarampo, "moléstias que são quase um infalível tributo da humanidade, e que hoje só têm felizmente moderado, a ponto que não ser mais que um incômodo moderado ordinário e passageiro, depois da feliz descoberta e propagação da vacina".[95]

A resposta de Manuel Vieira da Silva, provedor da Saúde, foi irada: ele afirmou que o mote dos traficantes não era o alegado "zelo do bem público, nem da Real Fazenda", mas sim "o interesse calculado pela ambição", uma "intolerável ousadia". Para ele, quem se recusava a cumprir a lei merecia adjetivos pouco lisonjeiros, e que ele não se importou em economizar: "o usurpador, o revolucionário, o assassino, o contrabandista, o falsário e qualquer outro criminoso detestam as leis que os coíbem e punem", e por isso lutavam para remover os obstáculos legais.

Os traficantes se opunham ao Regimento de Saúde no item relativo à quarentena na ilha de Jesus e ao ancoradouro do Poço ou da Boa Viagem. Alegavam que a lei previa duas ancoragens — nos ancoradouros citados e depois na ilha — e que a espera pela ancoragem já possuía o caráter de quarentena. Ofereciam como alternativa o tratamento dos doentes a bordo dos navios ou o desembarque imediato para serem tratados no Valongo. Para Vieira, a passagem pelos ancoradouros era momentânea, só enquanto se fazia a visita da Saúde, enquanto para os traficantes essa espera trazia riscos pelas condições do mar. Vieira respondia, irônico: "É para admirar que os suplicantes considerem os navios arriscados nesta brevíssima ancoragem; considerando-os preparados para longas viagens".

O paradoxo das queixas dos traficantes foi desnudado pelo provedor da Saúde, quando aqueles afirmavam que a viagem transatlântica se fazia em condições insalubres e com poucas provisões: "Logo os suplicantes confessam o motivo, e a necessidade da providência, que certamente não é deixarem-se logo expor à venda pública. Esses mesmos navios trazem mais ou menos infecção, é indispensável que a respeito de todos se observe uma cautela preciosa, qual sem dúvida é a que a lei estabelece, de uma proporcionada quarentena".

Outra justificativa para o pedido de alteração na lei era o fato de que os navios traziam tanto africanos contaminados quanto sãos, que não deviam permanecer misturados na quarentena da ilha de Jesus. Vieira respondeu que de fato a lei mandava todos irem para aquela ilha, mas não para ficarem misturados. Mesmo homens e mulheres escravizados aparentemente saudáveis "nos primeiros dias depois de desembarcados adoecem gravemente, e morrem de moléstias epidêmicas nascidas da infecção que contraíram a bordo".

Quanto ao desânimo que as despesas com a vistoria de saúde e a quarentena trariam ao comércio negreiro, Vieira enxergava aí o verdadeiro motivo da representação, aproveitando também para expor sua visão sobre o negócio dos traficantes: "Isto só poderá pretender a desmedida ambição dos suplicantes, praticando o comércio o mais afrontoso à humanidade e fazendo-o ainda mais opressivo pelo desumano e duro tratamento dos negros na sua condução atrevem-se a falar repetidas vezes em humanidade e que as providências da lei se não compadecem com elas. Esta linguagem da hipocrisia, este descaramento desafia contra os suplicantes toda a execração".[96]

Mesmo tendo sido o autor ou principal mentor da lei que instituiu a Provedoria-mor da Saúde, Vieira discordava do modo como ela vinha sendo aplicada. Para ele, o local onde se faria a quarentena (a ilha de Jesus) era o menos adequado. Mas defendia a manutenção dos termos da lei que obrigavam à inspeção de saúde e à quarentena. A previsão era ter até mil africanos no Lazareto, pagando-se quatrocentos réis de taxa por indivíduo durante a estada na ilha.

Ainda em oposição aos argumentos dos traficantes, Vieira comparava as taxas cobradas pelos escravizados com outros produtos, para tentar provar que ela não era excessiva. De acordo com ele, pagava-se por uma caixa de açúcar 640 réis, com uma responsabilidade muito menor. Também comparava os direitos de importação de escravos em outros portos: em Pernambuco, 240 réis; em Santos, 320 réis. Os preços eram menores, mas na construção desses edifícios não tinham sido empregadas somas tão vultosas como no Lazareto do Rio de Janeiro.

Para Vieira, os traficantes tinham diferenças com a repartição da Saúde desde sua criação: "A ambição e a desumanidade destes homens levanta-se, e embravece-se contra tudo aquilo que obsta a crueldade com que tratam os míseros escravos. [...] por que não clamam contra a contribuição de oitocentos réis por cada um, imposta para a polícia? Esta é sem dúvida mais gravosa, e além disso a polícia nenhum trabalho tem com os escravos novos, nem para eles aplica um só real; logo, por que não gritam contra este imposto?".[97]

Vieira da Silva acabou vencendo essa batalha, já que a Provedoria da Saúde continuou a fiscalizar os navios negreiros e a cobrar pelas visitas e pelo período em que os africanos e tripulantes permaneciam de quarentena sob seus cuidados. Os traficantes, por sua vez, continuaram a recorrer às autoridades régias sempre que julgavam que a legislação existente interferia demais em seus negócios. Nessas circunstâncias, frequentemente afirmavam estarem desestimulados para o negócio.

Ainda no início do Oitocentos, os empresários do tráfico reivindicavam o fim da cobrança do imposto de novecentos réis para cada escravizado introduzido no país, argumentando com a lógica do lucro e da especificidade de seu comércio:

> o comércio de escravos é mui diferente do comércio de [...] outros gêneros. Se a demora na venda produz [...] estagnações de capitais, neste ela diminui consequentemente os lucros por efeito da despesa diária da sustentação dos mes-

mos escravos; e expõe os donos a todas as perdas provenientes da mortalidade e doenças ordinárias, e das que procedem de epidemias e contágios. É incerto, sim, mas muito verossímil, que o aumento do preço diminua a prontidão da venda, bem como a grandeza dos lucros. [...] em atenção às razões expostas se digne [V. A. R.] ordenar, que na Alfândega desta cidade e nas de todos os outros portos do Reino do Brasil, não haja o novo direito adicional imposto sobre os escravos novos, senão daquelas carregações, que vierem em navios cujos despachos e passaporte se tenham obtido depois da publicação do sobredito alvará.[98]

Defensor da existência do Lazareto e da necessidade de quarentena para escravos sãos e doentes, Vieira da Silva amargaria aborrecimentos com o assunto por anos a fio: ocorre que se tornara prática comum que casas particulares vizinhas do Lazareto fossem alugadas para depósito de africanos em quarentena, subtraindo-se à vigilância da Provedoria da Saúde (e creio que também ao pagamento do imposto devido a ela).[99]

As atenções dispensadas pelo governo ao órgão parecem ter diminuído após a Independência. A correspondência do provedor com o poder central na década de 1820 acumula muito mais queixas do que resultados efetivos de trabalho ou combates como os que Vieira da Silva travara com os traficantes. Nela estão registrados pedidos de contratação de médicos para o serviço extraordinário em atraso,[100] solicitações de dinheiro para a reforma do Lazareto de Pernambuco, que se encontrava em ruínas,[101] e queixas sobre o abuso das embarcações que atracavam sem aguardar a visita da Saúde.[102]

Ainda no âmbito das medidas destinadas ao controle de saúde no porto, as atenções imperiais foram relaxadas em favor dos traficantes, que venceram outras batalhas com o auxílio de Sua Majestade. Francisco Manuel de Paula, físico-mor do Império, queixava-se da reformulação dos termos do alvará de 11 de janeiro de 1810, que determinava a fiscalização das boticas dos navios engajados no tráfico de africanos. O alvará fora modificado por um decreto e uma portaria de 9 e de 25 de junho de 1821, respectivamente, que dispensaram a obrigatoriedade da visita de fiscalização da botica dos navios que se destinavam ao comércio de africanos, atendendo a um pedido dos "negociantes desta cidade que fazem o comércio da escravatura na costa da África". Um mês depois da promulgação dos novos regulamentos, Paula enviou ofício a seus superiores no qual "ponderava os maus resultados que se podem seguir, de serem dispensados, os navios empregados no tráfico da escravatura das visitas das boticas". Recebeu em resposta a informação de que "o mesmo Augusto Senhor nada se dignou a alterar do que tinha determinado". Insatisfeito, o físico-mor voltou à carga em 1823, mas o novo soberano — Pedro I — foi peremptório em manter o privilégio dos traficantes: "Manda o mesmo Augusto Senhor pela Secretaria de Estado dos Negócios da Marinha participar ao mencionado físico-mor do Império que devem continuar a ser dispensados os sobreditos navios daquelas visitas".[103]

Em fins da década de 1820, no auge das disputas envolvendo mercadores em geral e traficantes de africanos em particular versus burocratas da Saúde, os primeiros levaram a melhor: a Provedoria da Saúde foi extinta pelo decreto de 30 de agosto de 1828, de autoria do deputado Francisco Xavier Ferreira.[104] Todavia, o cargo de "barão da Saúde" continuou a existir nos quadros da burocracia imperial, e seu ocupante ficou sem saber como proceder em suas atividades: se devia ou não passar Cartas de Saúde, continuar a cobrar as taxas dos navios visitados, cobrar pela estada dos escravizados no Lazareto. Devia preocupar-se também e principalmente em descobrir de onde sairia o dinheiro para as despesas do escaler, além de outras dúvidas sobre o pagamento dos funcionários necessários ao serviço e o sustento dos três escravos do barco da Provedoria.[105]

Com a extinção da Provedoria, suas atribuições passaram para as Câmaras Municipais, que, para o barão da Saúde, não apresentavam condições para "exercer dignamente, e com vantagem pública, as funções que a lei lhes incumbe", porque nelas não havia pessoas habilitadas em ciências médicas e muito menos em saúde pública; assim, não poderiam julgar sobre matérias que desconheciam. Embora as Câmaras pudessem chamar médicos, cirurgiões e boticários para instruí-las, o "juiz supremo" seria justamente quem "não entende coisa alguma de medicina, em geral, e muito menos de química judiciária". Correndo em busca do tempo perdido, o burocrata procurava resgatar a estreita relação entre política (leia-se poder institucional) e medicina, através da qual se reabilitasse a extinta Provedoria da Saúde e ele pudesse voltar a contar com um poder real em suas mãos: "A medicina, no seu estado de perfeição atual, acha-se uma ciência estreitamente conexa a esta ciência augusta, que, ocupando-se de nossas relações sociais, cobre com sua égide tutelar os interesses os mais importantes e os mais preciosos da humanidade. A aliança da medicina com a política é quase tão antiga como estas mesmas ciências".[106]

Suas pretensões produziram um resultado legal, mas é difícil avaliar sua dimensão prática. Em 7 de janeiro de 1829, o Império recriou o órgão fiscalizador da saúde no porto: a Comissão de Inspeção de Saúde Pública do Porto do Rio de Janeiro, chefiada por um provedor da Saúde.[107] As funções dos órgãos imperial e municipal se sobrepuseram, aumentando a confusão, a troca de acusações entre os serviços e o desprestígio da vistoria de saúde entre os navios que chegavam à capital do Império.

As dificuldades continuaram até a promulgação da lei de 7 de novembro de 1831, que extinguiu o tráfico negreiro para o Brasil. Essa medida, que a rigor deveria diminuir sensivelmente o trabalho de inspeção nos navios que atracavam no Rio de Janeiro, teve efeito contrário e pode ter ampliado o poder de barganha política do órgão. Com a proibição do tráfico, a vigilância nos navios tinha de ser reforçada, e para isso a Provedoria deveria receber um aporte em seus recursos humanos e materiais, que vinham declinando na década anterior. Parece ser esse o objetivo do relatório de Estevão Abreu de Magalhães ao ministro dos Negócios do Império Aureliano de Souza Oliveira, dando conta da situação lastimável da repartição. Trabalhavam ali apenas duas comissões, para cumprir as tarefas do regulamento de saúde e o serviço extraordinário, "o qual consiste na escrupulosa indagação e diligência a fim de se reconhecer e evitar a entrada de escravos d'África, no porto desta Corte".[108]

O resultado foi a edição de um novo Regimento de Saúde, em 9 de julho de 1833, que reforçou a estrutura burocrática da Provedoria, mas não fez com que o "serviço extraordinário" — ou seja, a busca de indícios de tráfico nos navios aportados na Corte — aumentasse. Ao menos é o que se pode apreender da diminuta documentação produzida pelo órgão depois dessa época e da recorrência com que os viajantes estrangeiros do período continuaram a observar a passagem de levas de negros novos nus e doentes pelas ruas da cidade.[109]

Destinada a proteger a população carioca dos eventuais problemas de saúde pública que pudessem adentrar pelo porto, é certo que a Provedoria da Saúde cumpriu também outros papéis relacionados ao tráfico negreiro. Além de ter destaque mínimo na fiscalização dos navios em busca de indícios de introdução recente de africanos no país, a burocracia da Saúde utilizou suas prerrogativas para criar obstáculos à repressão inglesa ao tráfico. Em pelo menos um caso, os funcionários da Provedoria foram comprovadamente eficientes, quando obrigaram o navio comandado pelo capitão inglês Page a se submeter à quarentena no Rio de Janeiro. Poderia tratar-se de uma demonstração de força diante da marinha de guerra britânica, cujas embarcações comumente deixavam o porto sem esperar a visita das autoridades da Saúde. Ocorre que, não por coincidência, Page e sua tripulação foram os responsáveis pela captura de um negreiro português em 1841 — o *Ana*.[110] O fato de ter sido este navio e não outro qualquer da Royal Navy o escolhido para receber o castigo exemplar é revelador do uso da burocracia da Saúde como instrumento na disputa envolvendo os governos brasileiro e britânico na questão do tráfico de africanos.

Por sua vez, o serviço de inspeção de saúde realizado pela Câmara Municipal do Rio de Janeiro atravessou dificuldades desde sua criação, em 17 de janeiro de 1829. Apesar de recém-criada, a Inspeção da Visita de Saúde do Porto — designação oficial do órgão — foi encontrada pelo provedor Francisco Luís em estado desanimador: "havendo eu encontrado bastantemente relaxada a disciplina, e economia administrativa daquela inspeção, por alguns de seus empregados; consegui com sacrifício meu levá-la a estado regular que era mister; fazendo além disso entrar em seus deveres os diversos empregados de que ela se compõe".

Para fazer o serviço entrar nos eixos, a sugestão do provedor era simples: nenhuma melhoria especial, apenas era necessário cumprir fielmente o Regulamento que originou o órgão.[111] O Regulamento determinava que o serviço de inspeção de saúde municipal seria composto de uma comissão formada por um vereador nomeado como provedor da Saúde, um professor de saúde, um intérprete que também tinha funções de secretário e seis guardas. Como reforço, era necessário contratar um patrão e doze remadores para o escaler. Francisco Luís determinou que as expedições de vistoria saíssem duas vezes ao dia, para atender a todos os navios que chegavam ao cada vez mais movimentado porto carioca.[112]

A superposição de tarefas entre os serviços de saúde do porto municipal e imperial tinha suas implicações cotidianas e dificultava a ação de ambos os órgãos. A disputa envolvia, entre outros itens, instalações físicas e quantidade de funcionários para tocar o serviço de inspeção. Em 1832, o governo central determinou a desocupação do barracão ocupado pela Câmara Municipal na praia do Peixe, alegando que ele era necessário para o serviço da Alfândega, mandando que a Câmara procurasse "algum outro cômodo para o serviço da dita Repartição [de Saúde]".[113] No mesmo ano, a insuficiência de rendimentos obrigou a Câmara a pensar em meios de reduzir as despesas com o serviço. A Secretária dos Negócios do Império aprovou algumas delas: a troca do escaler de doze remos por outro de seis e a dispensa de quatro dos seis guardas do serviço, "por serem desnecessários". Ocorre que a Marinha, responsável pela troca do escaler, afirmava não ter nenhum com as proporções indicadas no Arsenal, e a Provedoria da Saúde municipal ficou um longo tempo aguardando a possibilidade de troca.[114]

No serviço imperial, a qualidade dos recursos não era melhor. O escaler da Provedoria da Saúde achava-se, em 1829, "em estado de não poder ser empregado"; o grupo de remadores estava desfalcado, tanto pelo "estado de saúde desgraçado" de um dos quatro remadores escravizados, como pela dificuldade em conseguir remadores livres, que não se sujeitavam a soldada menor que 640 réis, alta para as parcas receitas da repartição. Anos depois, a situação não apresentara melhorias: em 1833, o escaler da Saúde voltava dos reparos aos quais se submetera no Arsenal da Marinha. De acordo com Venâncio José Silva, então provedor da Saúde, o barco não servia para o serviço, "por ser mui pesado, e pouco maneiro". O escaler fora trocado por outro no Arsenal da Marinha. Este mesmo barco foi vendido em hasta pública em 1834 e a Provedoria pedia, em vão, outro para continuar seu trabalho.[115]

A estruturação de um serviço de fiscalização de saúde nos navios que traziam escravizados da costa da África para o Rio de Janeiro passou por altos e baixos. Se a transferência da Corte portuguesa para a colônia motivou, a princípio, uma preocupação maior com as condições de higiene do porto, devido ao temor da introdução de males endêmicos ou epidêmicos através das embarcações que corriam os oceanos — e a África era o lugar mais particularmente temido —, com o passar do tempo e o desenvolvimento dos conflitos de interesses a situação se modificou sensivelmente.

A luta pela eficácia das vistorias envolvia alguns burocratas que lidavam, muitas vezes, com recursos limitados e falta de apoio político e institucional para efetuar seus serviços. Para acentuar o quadro das adversidades, os traficantes não deixavam dúvidas a respeito de sua oposição ao pagamento de mais taxas, à obrigatoriedade da quarentena e a qualquer ato que interpretassem como empecilho aos seus negócios. Apesar disso, as autoridades da Saúde conseguiram manter o funcionamento da vistoria dos navios por duas décadas, disputando com as forças poderosas do maior segmento comercial da época e com a falta de vontade política das autoridades imperiais em relação ao assunto. No embate entre traficantes e serviços de vistoria dos navios, a vitória dos primeiros foi efêmera: a Provedoria da Saúde foi extinta em 1828, mas o tráfico negreiro foi posto na ilegalidade três anos depois. Certamente, a própria ilegalidade foi uma vitória mais duradoura, já que o tráfico continuou ativo como contrabando até 1850, obviamente livre de todo tipo de inspeção burocrática, mas os grandes traficantes passaram a viver um processo que os transformaria de comerciantes influentes em notórios piratas que punham a soberania brasileira em risco.[116]

Isso não significa que, durante o funcionamento da Provedoria da Saúde, os problemas inexistissem. No exercício das funções do órgão, faltavam regulamentos, funcionários, equipamentos e apoio político, bem como sobrava espaço para a corrupção. A extinção do serviço imperial centralizado, sua municipalização e posterior recriação são indícios dessas dificuldades, que certamente vieram a se somar às sempre difíceis condições do transporte transatlântico de escravos. As consequências disso podem não ser facilmente visíveis no aumento dos índices de mortalidade ou morbidade do tráfico, mas seguramente faziam parte dos problemas que envolviam a fiscalização da atividade. Ao permitir o relaxamento da vigilância de saúde no porto, o governo imperial pode ter contribuído diretamente para agravar as más condições do tráfico e para a diminuição da expectativa de vida dos milhares de africanos que desembarcaram no país no século XIX, pelas portas legais ou pelo contrabando.

9. O mercado do Valongo[1]

Em 1843, atracava no cais da Imperatriz, porto do Rio de Janeiro, uma galeota com toldo de damasco verde e dourado, trazendo a bordo uma personagem ilustre e que atraiu a curiosidade popular: Teresa Cristina de Bourbon, princesa vinda de Nápoles, que se mudava para a capital do Império do Brasil a fim de contrair núpcias com o jovem Pedro II. O cortejo encaminhou-se ao Paço Imperial, saindo do porto pela rua da Imperatriz, acompanhado de grande festa popular.

Para essa ocasião, o modesto largo que havia no cais fora inteiramente reformado e embelezado pelo arquiteto francês Grandjean de Montigny, sendo transformado na primeira praça monumental da Corte — a Praça Municipal.[2] Montigny já acumulara experiência no preparo de recepções como essa: fizera o mesmo quando aportaram na Corte carioca as futuras imperatrizes Maria Leopoldina, em 1817, e Amélia de Leuchtenberg, em 1829.[3]

O povo se aglomerava nas ruas por onde passavam os cortejos das princesas, calculados como ocasiões de culto aos soberanos.[4] Mas, para além dos objetivos oficiais ou das apropriações que os populares fizessem disso, há outro elemento coincidente nas histórias das recepções às futuras imperatrizes. A coincidência está no fato de que os cortejos de ambas percorreram as áreas da Corte onde se fazia o comércio de escravos sem que, todavia, elas presenciassem esse "espetáculo" — ao qual nobres pertencentes às dinastias reinantes na Europa decididamente não estavam acostumados.

Quando Leopoldina e Amélia chegaram, o comércio de cativos não se concentrava mais na rua Direita. Embora ali ainda existissem algumas casas de compra e venda de escravos, o grosso desse comércio se fazia no Valongo.[5] Teresa Cristina, por sua vez, quando desembarcou em 1843, compartilhou três aspectos da experiência de suas antecessoras. O primeiro deles foi a festa e a visão das obras de Montigny concebidas especialmente para recebê-la. O segundo aspecto residia no escopo de sua viagem — casar-se com um imperador brasileiro. Finalmente, ela também não se deparou com o deprimente mercado de escravos. A princesa napolitana desceu no cais da Imperatriz, que até poucos anos antes era conhecido como cais do Valongo — o mesmo onde desembarcavam os africanos recém-chegados —, rebatizado em sua homenagem.

Em meados do século XIX, o Valongo era um lugar sobre o qual o Império brasileiro procurava construir uma memória evocativa da perpetuação monárquica, bastante diferente daquela guardada pelos milhares de escravos que naquele cais tiveram sua primeira impressão do Brasil. Para isso, nada melhor do que receber ali uma princesa europeia, que também emprestou seu título à antiga rua do Valongo, local onde se situavam os depósitos de escravos africanos recém-chegados.

Este é o final de uma história que teve início durante a administração do vice-rei Marquês de Lavradio, entre 1769 e 1779. O mercado de escravos foi criado nessa época com o objetivo de solucionar o "terrível costume" de fazer adentrar, em plena capital do vice-reinado, levas de escravos recém-chegados da África, que andavam pelas ruas "não só cheios de infinitas moléstias, mas nus". O Valongo, "no subúrbio da cidade, separado de toda comunicação", centralizaria a partir de então os negócios de compra e venda de escravos na Corte, livrando-a "dos incômodos e prejuízos que há tantos anos recebia" e auxiliando "até mesmo os escravos [que] se restituíam facilmente das moléstias que traziam".[6] Um relato dos primeiros tempos do funcionamento do mercado contesta essa perspectiva otimista: o espanhol Juan Francisco Aguirre, que ali esteve em 1783, dizia que os africanos eram espancados e jogados no chão "entre mil imundícies, quase nus, encurralados em miseráveis e asquerosas habitações".[7]

Até a criação do mercado do Valongo, a compra e venda dos cativos era realizada numa das 34 lojas de "negros novos" pertencentes aos negociantes registrados no comércio varejista carioca em 1779, concentradas principalmente na rua Direita.[8] Mesmo depois da mudança do espaço físico das transações para o Valongo, os mercadores de escravos dessa rua pressionaram as autoridades para manter seus negócios no mesmo lugar e alguns conseguiram permanecer ali até 1825[9] para, no ano seguinte, serem impedidos de fazer o comércio de "trastes móveis, animais, escravos, em cujo lugar se acham muito limpo [...] e até com satisfação dos povos". A Câmara queria transferi-los para o Campo da Aclamação.[10]

Localizado a noroeste da cidade, na enseada entre o outeiro da Saúde e o morro do Livramento, na freguesia de Santa Rita,[11] o cais do Valongo dava acesso ao mercado de escravos homônimo. Entre 1780 e 1831, aproximadamente, quando da primeira proibição do tráfico no Brasil, aquele foi o local por onde os africanos legalmente importados desembarcaram no Rio de Janeiro. A instalação do mercado significou um impulso à expansão da cidade em direção ao norte, com a criação de uma complexa infraestrutura urbana. Havia o cais, onde atracavam sumacas, patachos e bergantins do tráfico africano e outras embarcações do sistema de transporte que ligava o Valongo aos outros bairros litorâneos da Corte. Havia mais construções civis, como os depósitos de armadores, de traficantes de escravos, de importadores de outras mercadorias e de pescadores, além dos alojamentos dos embarcadiços.[12]

Todas essas construções foram feitas no aterro realizado na época do marquês: sobre os brejos drenados da praia, abriram-se as ruas do Livramento e do Valongo — "ou seja, Vale Comprido", segundo Chamberlain —, que, além de abrigar as atividades comerciais, davam acesso às chácaras da Saúde, Gamboa e do Saco do Alferes.

Em 1828, a arquitetura do lugar chamava a atenção do naturalista francês Victor Jacquemont, por detalhes diferentes daqueles que podem ter impressionado a jovem princesa Bourbon. Jacquemont descreveu os trapiches do Valongo como locais onde os cativos se acotovelavam em casas sórdidas, separados por sexo e idade e expostos a quem os quisesse comprar, depois de raspados, lavados e besuntados com unguentos para maquiar as feridas ganhas na travessia do Atlântico. O viajante nos informa ainda o destino dos que pereciam no ato do desembarque ou nos primeiros dias da estada no

Valongo: "Muitos deles, retirados já doentes dos porões dos navios negreiros, morriam ali mesmo e eram enterrados num cemitério próximo de valas comuns, improvisado no caminho da Gamboa, depois chamado por isso, rua do Cemitério".[13] Quase todas as casas dos dois lados da rua do Valongo eram depósitos de escravos, embora Chamberlain afirmasse que o lugar não era propriamente um mercado: "Os baixos das casas são reservados a esses seres infelizes, que se amontoam uns sobre os outros à espera do comprador".[14]

Nem todos os olhos viam os mesmos detalhes. Para o inglês James Vaux, a condição dos escravos no mercado era "muito mais tolerável nesta cidade do que um estrangeiro poderia supor";[15] já o viajante Schlichthorst classificou as casas onde os escravos eram vendidos no Valongo como "palácios", as mesmas que o padre Luiz Gonçalves dos Santos considerava "muito excelentes". Embora quase sempre os estrangeiros se deslumbrassem com a beleza da paisagem do Rio de Janeiro, suas opiniões eram bastante diferentes quando se tratava dos africanos — o que certamente se devia ao tipo de expedição em que vinham engajados ou com os valores do autor do relato. A impressão que cada viajante ou cronista tinha também dependia da época em que visitara o Valongo — se em períodos de importação desenfreada ou em épocas de menor movimento — e dos aspectos da compra e venda que lhe chamavam a atenção. De todo modo, a visão positiva não era a mais comum entre os que descreveram o mercado de escravos carioca.[16]

Ao largo das casas de compra e venda havia o cemitério mencionado por Jacquemont, sendo que, até sua instalação, os escravos recém-chegados que morriam eram enterrados no largo de Santa Rita. Os sepultamentos nesse local causavam inquietação aos moradores, pelas suas características pouco civilizadas para os padrões europeizados. Mello Moraes descreveu um funeral moçambique realizado em 1830, que certamente guardava elementos tradicionais desse tipo de cerimônia africana tão incômoda aos brancos da cidade. O morto seguia para a inumação acompanhado de um préstito de homens, mulheres e crianças "que desfilavam com estrépito pelas ruas até a igreja". Nessa ocasião, "os infelizes africanos manifestavam a seu modo a dor profunda que os acabava de ferir".[17]

Os elementos do ritual mencionado por Moraes aproximam-se das exéquias feitas em Moçambique (que os nativos chamavam de *matanga*), repletas de percussões e lamentos:

É estilo dos cafres quando morre algum deles sair-se de casa um dos parentes mais chegados do defunto e começar em altas vozes a pranteá-lo; a estas vozes acode toda a aldeia, homens e mulheres dando grandes gritos, e principiam em pranto mui sentido em vozes entoadas: um dos principais parentes é que entoa o pranto, e a este respondem os outros com refrém e cadência. Se o falecido é maioral poderoso, acompanham o choro com toques de tambores, a que chamam "xembuximué", que nenhum de nós o suportaria, ainda que houvéramos orelhas de bronze. Acabada esta cerimônia, as mulheres, filhos e parentes do falecido despem todos os ornatos [...] e dão aviso da morte aos parentes, e amigos ausentes.[18]

Podemos constatar o isomorfismo entre esses relatos e a descrição do médico português José Pinto de Azeredo — que residira em Angola em fins do século XVIII e já notara e condenara, por critérios etnocêntricos, as cerimônias de enterro praticadas naquela colônia. Azeredo considerou "o costume que a gente preta" tinha de carpir os mortos (o *entame*) como a "origem de vícios, de excessos, de irreligião e de enfermidades". Depois de se trancar na casa do morto às escuras durante dias a fio, homens e mulheres saíam em cortejo, "chorando todos em hora certa a morte, e lamentando em altos gritos a falta que o morto faz". A homenagem em altos brados pareceria menos excêntrica ao narrador se não fosse acompanhada sempre de "muito vinho, de muito *alo* [bebida feita a partir do milho fermentado], de muita aguardente do Brasil [...] e de outras desordens que trazem consequências funestas".[19] No Congo, os mortos eram colocados em uma espécie de carruagem ornamentada seguida por grande número de pessoas, enquanto se tocava uma música melancólica em um instrumento feito de chifres.[20] Dos dois lados do Atlântico, e em ambas as faces do continente africano (Moçambique e Angola), coincidências formais em elementos ritualísticos são reforçadas pelo mesmo tipo de reação adversa de brancos de cultura europeia.

Em função da imensa quantidade de africanos que morriam ao desembarcar, a inumação deles era um negócio lucrativo e disputado. Desde a epidemia de varíola ocorrida em 1694 no Rio de Janeiro, esses enterros haviam sido delegados à Santa Casa de Misericórdia que, no início do século XVIII, passou a fazê-los no largo de Santa Rita — local conhecido nesse período como sítio do Valverde —, até que uma nova área para o cemitério foi demarcada no Valongo. O novo local para os sepultamentos foi o pivô de uma disputa entre as freguesias de Santa Rita e da Sé: para compensar a transferência do cemitério, a primeira recebeu os terrenos do Valongo e da Gamboa, retirados da Sé. O vigário desta (José Caetano Ferreira de Aguiar, que mais tarde se elegeria senador do Império) protestou, já que perderia uma vasta área e também ficaria privado das rendas que passaria a receber pelos enterros caso o cemitério fosse transferido para sua jurisdição. A disputa pelo "suspirado e interessante" cemitério prosseguiu até 1814, quando foi criada a freguesia de Santana.[21]

Mas também é verdade que cidadãos cariocas pressionavam pelo fim dos enterros de todo tipo no largo de Santa Rita, independentemente da cor da pele do defunto. Além dos funerais estrepitosos dos africanos, os moradores das proximidades incomodavam-se com episódios como o da explosão das catacumbas da igreja de Santa Rita, provocada pela liberação de gases, "lançando a parede e os restos do cadáver que continha para o quintal das casas próximas à igreja do lado da rua dos pescadores", e do corpo decomposto da falecida Ana de Castro, que atormentou por muito tempo os moradores das proximidades da igreja da Ordem Terceira do Carmo com "um horroroso fétido e emanações mortíferas".[22] Quanto às covas no cemitério dos africanos, eram "feitas à flor da terra, deixavam os corpos quase insepultos. Não raro, chuvas violentas bolsavam-lhe as podridões".[23]

Foi Lavradio quem, além de centralizar o comércio de escravos no Valongo, mandou definir uma nova área para os enterros. Todavia, a medida não tranquilizou os habitantes das imediações, que prosseguiram em suas queixas, especialmente durante a década de 1820. Uma portaria de 8 de outubro de 1824 ordenara ao provedor-mor da Saúde Francisco Manuel de Paula que averiguasse se o "cemitério dos negros novos estabelecido no bairro do Valongo, causa prejuízo à saúde e comodidade geral dos moradores do mesmo bairro". O assunto não era novidade para Paula, que havia tempo recebera um requerimento dos moradores da rua da Gamboa e do morro da Saúde, reclamando da proximidade do cemitério em relações às suas habitações. Para o burocrata, aquela era a oportunidade de responder à nova atribuição com a queixa pela falta de meios para cumprir suas funções: ele não tomara providência alguma para resolver a questão porque havia na Repartição de Saúde apenas um médico e um cirurgião, "os quais bastante têm a fazer no porto [...] nas visitas dos navios que entram, sendo obrigados a irem todas as tardes ao mar". A solução era convocar outros médicos e cirurgiões quando necessário, como no caso dessa tarefa extraordinária.[24]

Por fim, com o aporte de médicos contratados para essa finalidade, o provedor da Saúde foi, à testa de uma comissão, checar as condições do Cemitério do Valongo. O que constataram foi um cenário de terror, que ia "contra todos os ditames da boa razão" e achava-se "em oposição direta contra o estado atual dos conhecimentos científicos sobre tais matérias":

> o dito cemitério no lugar em que se acha, causa prejuízo à saúde, e comodidade geral dos moradores do mesmo bairro [...] pela sua situação local ser muito baixa, e receberem os vizinhos próximos imediatamente a evaporação emanada do cemitério, o que deve atacar muito a saúde dos mesmos vizinhos; por ser muito pequena a superfície do cemitério relativamente ao número de cadáveres, que ali se enterram anualmente; por ser muito baixa a situação do terreno, e cercada de casas, que embaraçam a corrente do ar necessária para conduzir as emanações do cemitério para fora da povoação; por ter o terreno muito pouca altura de terra sobre o pântano, de maneira que a pouca profundidade ficam os cadáveres mergulhados em água, sendo um terreno desta natureza não só impróprio para consumir os corpos, mas muito apto para aumentar a putrefação dos mesmos, e finalmente por se achar cercado de casas habitadas por todos os lados; sendo além disso de crer, que haja descuido do modo de fazer as sepulturas por ser isso entregue a um negro coveiro, e que portanto deve ser removido para lugar competente.[25]

As constatações da comissão de médicos que deplorou as condições higiênicas do cemitério não se materializaram em providências imediatas. A extinção do cemitério, solicitada repetidas vezes desde 1822, foi reiterada depois à Câmara em 14 de fevereiro de 1829, pelos "danos à saúde pública" que causava. Luís Paulo de Araújo Bastos, o responsável pela última inspeção de que temos notícia, ficou admirado com o contraste existente entre a "capital civilizada" e um cemitério em tão mau estado, mas de sua inspeção resultou apenas uma queixa da Câmara ao bispo, suposto responsável pelas condições do local — que continuaram as mesmas até 1831, quando o tráfico foi legalmente proibido.[26]

* * *

Na década de 1820, o Valongo vivia o ápice de seu movimento comercial e estava plenamente integrado à malha urbana da cidade, não sendo mais o "subúrbio separado de toda comunicação" dos tempos de Lavradio. Era frequentado então por personagens curiosas e populares, embora não tão ilustres ou festejadas como Teresa Cristina. Por ali andava gente como o traficante Rabelo — cigano como o que foi descrito em uma gravura de Henry Chamberlain e na narrativa de Mello Moraes, tipo de comerciante ardiloso que mascarava as feridas e defeitos físicos dos escravos que vendia.[27]

O papel dos ciganos como intermediários nas transações de compra e venda dos cativos também foi notado por Walsh. Com boa dose de preconceito, o viajante inglês chamou a atenção para as características físicas e o comportamento dos ciganos, observando que sua "insensibilidade" e "temperamento tão irascível e violento" faziam deles os mais qualificados para o exercício dessa atividade.[28]

Outro gênero de trabalho era desempenhado por homens como o mestre de reza Tomás Cachaço, que tinha por função catequizar os africanos recém-desembarcados na Corte. Cachaço empregava métodos pouco ortodoxos na catequese, geralmente feita nos dias em que exagerava na bebida à qual seu nome aludia, quando distribuía farta porção de bofetões aos catecúmenos. Os métodos de ensino da religião católica parecem ter causado problemas frequentes no Valongo: outro caso de violência — envolvendo os africanos e um imigrante português que os convertia em troca de um pequeno salário — foi registrado pelo folclorista Mello Moraes. O professor aplicava pancadas de palmatória nos que se recusavam a aprender as poucas preces que ele ensinava.[29] O comentário de Mary Karasch sobre os desdobramentos do ensino religioso "formal" feito através de tais métodos é esclarecedor: "O que os africanos pensavam deste processo pode ser inferido dos registros da polícia, que era regularmente chamada para salvar o professor dos jovens escravos que tinham sido castigados enquanto aprendiam suas preces".[30]

Dentre os estrangeiros que aportaram no Brasil em diferentes períodos, vários descreveram a situação dos mercados e o tratamento que se dispensava aos escravos recém-chegados. Relatos como o de Jacquemont sobre essas condições são frequentes e muitas vezes repetitivos. Já na época da invasão holandesa em Pernambuco, Zacharias Wagner teve o cuidado de descrever (com palavras e numa gravura em cobre de 1637) o mercado de escravos do Recife, afirmando que o alojamento provisório dos africanos era um velho casarão, de onde essa "pobre gente, [...] meio morta de fome e sede", saía no dia do leilão público, dirigindo-se ao mercado para ser vendida, não sem que antes os compradores verificassem se eles eram "moços ou velhos, ou se padecem de escorbuto, sífilis ou outra moléstia grave".[31] Um contemporâneo seu também chocou-se com espetáculo semelhante, oferecido em Buenos Aires em 1631 pelo desembarque de um carregamento vindo de Angola. Trata-se do jesuíta Ravignani, que atribuiu a grande mortandade dos africanos ao clima — "para eles desfavorável (por ser exatamente o oposto àquele a que estavam acostumados)" — e ao mau tratamento de bordo: os africanos eram desembarcados "completamente nus, como esqueletos vivos, e [eram] geralmente maltratados pelos seus senhores".[32]

A verificação do estado de saúde dos africanos era prática comum nos mercados brasileiros, e invariavelmente chocava os europeus que presenciavam as transações. Em 1819, Ludwig von Rango afirmou que, de todos os locais por ele visitados, "nenhum me ofendeu mais do que o lugar de concentração dos negros recém-chegados, onde ficam às centenas, como gado num estábulo". A analogia entre escravos e animais na situação de exposição à venda no Valongo foi reiterada por outros viajantes, como Rugendas, que comparou as casas de transação do Valongo a "verdadeiras cocheiras", e acrescentou que, "para um europeu, o espetáculo é chocante e quase insuportável". De modo semelhante, Henry Chamberlain observou que, ao adquirir um escravo, os compradores em potencial apalpavam as "mercadorias" no Valongo, "exatamente como se faz com o gado no mercado".[33]

A análise detalhada dos corpos dos escravos, para verificar sua força física e possíveis moléstias, foi reparada pelos viajantes e segue a direção da analogia entre escravos e animais. O alemão Pohl referiu-se ao Valongo, narrando da seguinte forma as cenas que viu: "Depois de pagar por cabeça determinada tarifa, que produz uma renda valiosa para o governo, estes escravos são expostos à venda como mercadoria em uma rua apropriada chamada Valongo, onde se examinam durante a escolha cada parte do corpo e observam rigorosamente se os escravos não estejam atacados de moléstias de pele ou males incuráveis".[34]

Evidentemente, há um erro de datação no relato de Pohl: embora ele cubra o período 1832-37 (depois, portanto, do encerramento das atividades do Valongo), é óbvio, pelos detalhes mencionados, que o viajante está se referindo à época da legalidade do tráfico e do funcionamento regular do mercado de escravos carioca.

No ano de 1828, dois viajantes franceses estiveram no cais do Valongo e observaram cenas do tráfico que revelam diferentes faces desse comércio. Em 28 de outubro, o navio que trazia o naturalista francês Jacquemont lançou âncora e, como cartão de visita da cidade escravista, foi secundado pela passagem de uma grande embarcação negreira rente à sua amurada. Assim, o viajante pôde observar os negros acorrentados uns aos outros que se apinhavam no convés. Eles pareciam "assaz alegres, vendo terra, árvores e, quiçá, a esperança de um alívio próximo das suas misérias".[35]

No mesmo ano, seu conterrâneo Sigaud também passara por lá, tomando notas para a obra que o consagraria como um dos mais destacados médicos do Brasil oitocentista — *Du climat et des maladies du Brésil*. Mencionando a ação devastadora do escorbuto sobre os que vinham a bordo dos navios negreiros, Sigaud presenciou a morte de muitos africanos tão logo deixavam os porões e pisavam o cais do Valongo: "Vi desembarcar em 1828, um carregamento de negros escorbúticos na praia do Morro da Saúde; à medida que esses infelizes mudavam da posição horizontal e se esforçavam para se manter em pé, sobrevinha uma lipotinia súbita e em poucos minutos os negros expiravam sem convulsões".[36]

De acordo com Chamberlain, os escravos sobre os quais os compradores manifestassem interesse eram obrigados "a andar, a correr, a esticar violentamente braços e pernas, a falar, a mostrar língua e dentes, fatores considerados os mais seguros para descobrir a idade e avaliar a saúde".[37] Contudo, Chamberlain não se mostrou indignado com esses procedimentos mais próximos aos de uma compra de "gado no mercado", conforme ele mesmo frisou.

O fim do tráfico legal e, consequentemente, o encerramento das atividades do Valongo em 1831, não trouxeram benefícios aos africanos que continuaram a ser contrabandeados depois dessa data. Ao contrário, as condições do tráfico podem ter piorado. Assim sugere o médico Pedro Luiz Napoleão

Chernoviz que, no início da década de 1840, logo depois de chegar ao Brasil, escrevia para sua mãe na Polônia, contando suas impressões sobre o Brasil — entre as quais não deixou de mencionar o tráfico de escravos africanos:

> Há dez anos, quando este comércio era autorizado por permissão especial, o capitão tinha licença para desembarcar os negros e os levava à alfândega. Pagava os direitos de entrada por peça. Uma vez desembaraçados pela alfândega, levavam-se os negros a um armazém para venda pública e lá permaneciam o tempo necessário à sua venda. Hoje esse tráfico só se faz como contrabando, e por tal razão o navio é obrigado a arribar a lugar afastado de um porto. Os agentes do capitão são prevenidos e aguardam a chegada do navio, descarregando os negros e os vendem no mesmo local aos compradores, que também foram prevenidos da chegada do navio.[38]

Em outros viajantes, mesmo na época da legalidade, o tráfico provocou impacto. No início da década de 1820, Otto von Kotzebue dirigia-se ao Rio de Janeiro e empenhava-se em registrar as belezas da paisagem do litoral fluminense. Porém, antes de atracar, na manhã de 13 de novembro de 1823, o navio que o conduzia foi vítima de uma calmaria na altura de Cabo Frio. Embora fosse um transtorno na viagem, esse não seria um aborrecimento estranho — já que se tratava de um homem do mar —, se não tivesse dado a ele a oportunidade de ter uma experiência nova para um oficial a serviço da Rússia — tão distante do equador e dos problemas do tráfico atlântico.

Durante a calmaria, Kotzebue pôde avistar dois navios negreiros ancorados fora da barra, também vítimas do mesmo fenômeno atmosférico. Os conveses dos navios estavam repletos de homens e mulheres, "de aspecto lastimável, todos nus e acorrentados". Algumas mulheres davam o peito a crianças nascidas "talvez durante a lúgubre viagem, ganho inesperado dos bárbaros especuladores". A visão de Kotzebue ficou registrada com indignação e contrastava com as belezas naturais circundantes: "Só o escravo negro, esmagado pelo trabalho, curvado sob o vergalho de seus tiranos, encontra aqui, em vez de um paraíso, um inferno".[39]

O "inferno" dos escravos, de acordo com os viajantes, tinha seu ponto alto na travessia transatlântica. Já desembarcados nos mercados de escravos, a situação não se invertia a tal ponto que possa ser chamada de "paraíso". Porém essas duas categorias maniqueístas podem enganar mais do que esclarecer a respeito do sentimento dos africanos recém-desembarcados. Vejamos algumas evidências que, se não amenizam a ideia de "inferno", podem nos aproximar da percepção africana sobre as condições do mercado de escravos.

Em 1824, Ernest Ebel soube que um navio desembarcara no Rio de Janeiro cerca de 250 escravos, a maioria crianças. Encontrou-as acocoradas num dos trapiches do Valongo e viu semelhanças entre elas e os "macacos", notando também que as crianças davam sinais de "bom humor e satisfação, embora [fossem] repelentes no aspecto e depauperados".[40] O preconceito explícito da comparação não obscureceu o dado sobre a alegria dos escravos que haviam conseguido se livrar do porão negreiro. Visitando o Valongo no mesmo ano, Henry Chamberlain considerava, talvez com alguma propriedade, que o tratamento e a comida dos escravos no Valongo era melhor do que nos navios negreiros, afirmando que "a atitude deles indica poucos sinais de tristeza". O mesmo informante notou que havia em algumas casas de comércio um capataz responsável pela ronda "para manter a ordem entre eles, o que não é difícil por serem de índole pacífica e até mesmo alegres"; esse homem os convidava a cantar e a demonstrar alegria.[41] Certamente, o objetivo do capataz era dar boa impressão aos compradores em potencial que estivessem espreitando o comportamento dos escravos.

Alegria, cantos e danças eram indicadores de boa saúde. Vimos no capítulo 6 que o padre francês Labat elaborara um pequeno glossário para auxiliar os cirurgiões a comprar escravos em Ajudá; nele, ensinou frases úteis como "vamos ver a dança", certamente um meio de verificar se os cativos à venda eram saudáveis.[42] Porém é difícil acreditar que escravos contrariados ou doentes cantassem e dançassem de bom grado no Valongo, ou que fizessem isso apenas porque temiam o chicote do capataz. Tendo em vista a experiência recente da viagem, esses africanos não estariam comemorando algo importante como sua sobrevivência? Os relatos de muitos viajantes informam que os africanos sorriam ao vislumbrar a baía de Guanabara — menos pelo espetáculo da natureza do que pela perspectiva de abandonar o porão onde haviam feito a travessia.[43]

O canto e a dança dos africanos no mercado de escravos surpreenderam vários estrangeiros. Por vezes, esse comportamento nada devia aos capatazes interessados em uma boa venda, assemelhando-se mais a uma festa entre pessoas da mesma origem. O naturalista Clarke Abel, que esteve no Rio de Janeiro em março de 1816, observou numa esquina da cidade um grupo de negros escravos que ouvia com prazer o toque de um instrumento musical rudimentar que lhe pareceu ser da tribo deles. Pediu, então, que um dos negros acompanhasse o instrumento com sua voz, o que ele fez em um tom monótono, e outro cantor passou a acompanhá-lo, fazendo gesticulações expressivas. Para Abel, "é mais do que provável que lembranças nacionais animassem tanto os cantores quanto os espectadores. Nada menos poderoso, certamente, poderia excitar a forte emoção com que eles agitavam seus esqueletos".[44] Embora o naturalista não tenha se referido ao mercado de escravos, e portanto não se tratassem de boçais, as "lembranças nacionais" só ocorriam quando se dava o reencontro étnico, e isso ocorria desde a chegada dos africanos à cidade.

Tollenare narrou uma cena interessante envolvendo africanos recém-chegados ao Recife e outros que já estavam na terra havia mais tempo: "Alguns negros de sua nação, já habituados ao Brasil, vêm conversar com eles; os senhores aprovam este intercurso, que dá confiança aos recém-chegados. Vi senhores que enviavam a ter com eles um negro folgazão e jovial para os excitar a cantar e mesmo a dançar. Já disse que este espetáculo lastimoso raramente apresentava cenas de dor ou de desespero. Estes desgraçados serão insensíveis ou simularão sê-lo? É o que não posso penetrar".[45]

Esse trecho é rico em questões, e ainda que seu autor admita não ser capaz de penetrar mais profundamente no universo que descrevia, suas palavras devem ser levadas em conta. O estímulo que os senhores davam à interação desses africanos certamente vinha de uma longa experiência em reprimir tentativas de fuga ou revolta no mercado. Recém-chegados, embora famintos e doentes, podiam planejar formas de escapar daquela situação, e rever pessoas de sua etnia tão felizes podia demovê-los dessa intenção. Mas essa era a forma senhorial de entender a coisa: para os africanos, rever seus conterrâneos vivos depois de terem feito uma viagem na qual acreditavam que encontrariam a morte era motivo de enorme alegria, o que explica a ausência de dor ou desespero nessa ocasião. Por que haveria dor ou desespero num reencontro dessa natureza? Vindos de diferentes partes da África, os escravos que acabavam de chegar e os que foram recebê-los não eram insensíveis nem dissimulados; apenas vinham de uma cultura que, como o próprio Tollenare admitiu, não podia ser compreendida pelos brancos sem algum esforço.

Outros viajantes manifestaram incompreensão semelhante à do francês Tollenare. Também um nobre prussiano, ao passar uma jornada no Rio de Janeiro entre setembro e outubro de 1842, admirou-se com os negros que falavam ou cantavam, nesse caso sozinhos: "Que raça curiosa são estes negros!" — escreveu ele —, que ao cantar pareciam sentir grande prazer e ao conversar consigo mesmos geralmente referiam-se ao seu senhor e a si próprios, inventando uma conversação.[46]

Enquanto esteve na Bahia convalescendo a bordo do navio que a transportara para o Brasil, a inglesa Maria Graham viu, pela escotilha, um desembarque de escravos no porto de Salvador. Comentou com tristeza — e também com certa estranheza — o comportamento dos africanos, que "estão a cantar uma das canções de sua terra em um país estranho", enquanto eram descarregados sob as ordens de um feitor. Para ela, esses africanos boçais pareceram ingênuos, por desconhecerem o que o destino no Brasil lhes guardava — a julgar por seu comentário final a respeito dos que cantavam: "Pobres desgraçados!". Quando retornou ao Brasil, dois anos depois, Graham teve a intenção de chorar ao travar contato com crianças africanas no Valongo, que pularam e dançaram para retribuir o beijo que ela lhes lançara com as mãos. Mais uma vez, ela pensou nos escravos recém-desembarcados como "Pobres criaturas!", que não tinham "compreensão das coisas tristes da escravidão".[47]

Porém, Graham não podia entender exatamente o que os africanos que ela ouviu em Salvador cantavam, já que desconhecia a língua e a procedência dos cantores, além de não conhecer — o que é mais importante — o significado daquelas canções. Maria Graham não estaria diante de um código que poucas pessoas na condição dela e de seu contemporâneo Tollenare poderiam decifrar? Afinal, o que ela ouvia eram malungos — palavra que alguns viajantes conheciam, embora com restrições quanto ao significado mais profundo — descendo de um navio negreiro depois de uma viagem muito provavelmente marcada por sofrimentos e, ao mesmo tempo, por solidariedades. É provável que o que eles cantavam fossem canções aprendidas durante a viagem ou conhecidas desde antes da partida de sua terra natal. O motivo de cantarem talvez fosse a certeza de que, vencida a atribulada travessia do oceano, os que sobreviveram e ainda tinham forças poderiam comemorar.

Estrangeiros que presenciaram cenas do contrabando de escravos também atentaram para o estado de espírito dos cativos. O diplomata francês

Lavollée, por exemplo, disfarçou sua identidade para tornar-se amigo de um traficante em 1844, a quem acompanhou numa viagem de canoa ao fundo da baía de Guanabara, onde um carregamento de escravos havia chegado recentemente. Examinados por eventuais compradores, esses escravos "haviam mergulhado num estado de imbecilidade e insensibilidade tal que maquinalmente se prestavam a todos os movimentos impostos pelos pretendentes à sua posse".[48] Nenhum sinal de alegria, mesmo porque a maioria dos escravos estava doente. Itier, também francês, teve experiência semelhante ao visitar um local onde escravos contrabandeados eram vendidos na mesma baía, mas encontrou negros de Moçambique que faziam movimentos numa dança familiar ao viajante, que havia estado na África anteriormente. Entretanto, ele julgou que os negros não se moviam com naturalidade, mas sim como bonecos manipulados por cordas — no caso, a chibata do capitão negreiro.[49]

Certamente, a experiência do desembarque de um navio negreiro não foi igual para todos os africanos que chegaram ao Brasil. Em que pesem a longa viagem e as doenças que abatiam os escravos, a chegada a um mercado de uma grande cidade envolvia possibilidades de reencontro que um desembarque clandestino nas matas do litoral não oferecia. Além do mais, o reencontro de africanos da mesma origem étnica não era um acontecimento impossível. Em situações extremas e raríssimas, eles podiam rever-se ainda no mar, como no impressionante caso do africano livre Jack Wednesday, que trabalhava como marinheiro no navio inglês *Primrose*, auxiliar do *Sybelle* na captura da escuna *Dona Bárbara* em fevereiro de 1829. Em seu depoimento, Wednesday disse ter reconhecido quatro homens e duas mulheres entre os que foram capturados na escuna: ele os conhecia no seu país, embora soubesse apenas o nome de Ochar, que morou com ele na mesma casa, na África.[50]

Obviamente, este foi um caso excepcional. Porém, a julgar pelo funcionamento do tráfico negreiro, homens e mulheres escravizados tinham outras possibilidades de reencontro. Através de rotas percorridas os africanos de determinada região iam dar em certos portos de embarque no litoral — os quais, por sua vez, abasteciam regularmente determinados portos do Brasil. Vimos que Luanda e Benguela, por exemplo, eram importantes fontes supridoras de cativos para o Rio de Janeiro e, embora os escravos muitas vezes fossem identificados aos portos angolanos ou a regiões litorâneas da África (benguelas, cabindas, minas), na verdade vinham também de regiões não especificadas do interior. Desde pelo menos a primeira metade do século XVIII as fontes cartoriais cariocas passaram a designar os africanos batizados naquela cidade pela "nação", tomando por base o porto de embarque — embora, de acordo com Mariza Soares, em nenhum caso seja possível "afirmar com certeza que a 'nação' corresponda a um grupo étnico".[51]

De qualquer forma, os africanos recém-chegados tinham em comum práticas culturais dadas, no mínimo, pela língua e pela cosmologia. Cantar e dançar nos mercados de escravos do Brasil eram demonstrações de que a identidade étnica não fora perdida e que o reencontro era, no fundo, o grande motivo da festa.

Epílogo

Quando iniciei a escrita deste livro, imaginei que ele resultaria num exercício de história social de africanos escravizados, no qual analisaria os significados de "ser traficado" para a vida de milhões de homens, mulheres e crianças transportados de Angola para o Brasil através da grande estrada atlântica. Logo, as informações que encontrei nas fontes mostraram que nem sempre o desejo ou o método levam ao resultado que almejamos; os silêncios que cercavam a experiência africana eram de tal forma difíceis de romper, que a relativa ausência dessa temática na historiografia sobre a escravidão não se devia apenas ao acaso ou à opção teórica. A barreira linguística, o desinteresse pela vida dos escravizados fora das atividades produtivas, a legislação e os diferentes objetivos para os quais os documentos foram produzidos estão na raiz desses silêncios.

Se de um lado precisei reelaborar as questões que nortearam a pesquisa — muitas vezes em função das evidências disponíveis —, de outro fui me dando conta de que as experiências não são apreendidas por si mesmas. Elas pertencem aos sujeitos históricos que as vivenciam e, muitas vezes, só podemos apreendê-las por meio de registros fragmentários. Além disso, as experiências são individuais mas não são isoladas; disseminadas na sociedade, elas englobam outras personagens com as quais estabelecem teias de conflitos e interesses.

A via aparentemente mais direta, que seria representada pelos relatos dos africanos, não permitia compreender o significado do tráfico para os escravos porque não existe; foi preciso, então, procurar outro caminho. Era na vida social que a experiência podia ser apreendida — agora não mais pensando apenas nos africanos, mas em toda a gama de intermediários do tráfico. Para superar a visão do escravizado como simples mercadoria comprada ou trocada por outros bens e transportada em porões escuros e apertados — o ponto de vista do traficante —, foi preciso reencontrá-lo em meio a situações complexas e que abrangiam homens provenientes de diversas culturas.

Ainda assim, o conjunto dessas situações também aparecia cercado por barreiras e, novamente, foi através da noção de experiência que procurei superar os impedimentos. O tráfico teve uma duração multissecular e nele se engajaram homens especializados em lidar com as adversidades cotidianas desse comércio. Nos prolongados contatos, na África e no Atlântico, as barreiras da comunicação foram, de alguma forma, contornadas — com o objetivo de realizar negócios vantajosos, dominar povos e territórios ou conhecer as formas de resistência à dominação para combatê-las. Enfim, compreender o outro era uma tentativa de preservar-se, tanto para os africanos escravizados quanto para os intermediários desse comércio peculiar.

Na complexidade das relações envolvidas no tráfico negreiro, muitos sujeitos históricos disputavam interesses, e não havia apenas barreiras culturais a serem superadas. A Coroa e os traficantes eram partes ativas na transação, mas não eram somente estes — a quem poderíamos chamar de representantes do capital — os responsáveis por sua operacionalização. Na rede do tráfico, mesmo os papéis de investidores desempenhados pelos donos dos navios ou pelos soberanos (portugueses, brasileiros e seus representantes) passaram por alterações ao longo do tempo, do espaço e das circunstâncias. Foi sobretudo no tabuleiro das negociações comerciais e políticas ocorridas no período aqui estudado que a ação desses sujeitos se fez sentir. De ambos os lados do Atlântico, os conflitos entre traficantes e autoridades governamentais foram constantes — como nas questões relativas ao contrabando, ao batismo dos escravos, às vistorias de saúde nos navios ou à arrecadação de impostos sobre o comércio, por exemplo. Da mesma forma, os conflitos também envolveram as diversas Coroas europeias em torno do domínio sobre territórios africanos e da legalidade do tráfico de escravos a partir do final do século XVIII e das primeiras décadas do XIX.

Porém, para que o tráfico se realizasse, não bastava que os traficantes de Portugal e do Brasil acumulassem capitais e mercadorias e armassem expedições negreiras, nem que a Coroa portuguesa proclamasse sua soberania sobre as fontes de abastecimento de escravos ou que mantivesse (até o início do século XIX) uma estrutura administrativa dos dois lados do Atlântico, regulamentando as transações. Os diversos acordos internacionais para limitar o comércio de escravos entre as costas atlânticas também não abarcam todas as possibilidades que dizem respeito ao tráfico. Para que milhões de homens e mulheres fossem capturados, vendidos e transportados através do Atlântico, havia uma gama de intermediários que agia em todos esses espaços e concretizava a compra e a venda de cativos.

É pelo estudo da atuação desses intermediários de diferentes origens sociais, culturais e étnicas que podemos redimensionar o comércio negreiro como ponto central da construção das relações escravistas. Em sua prática cotidiana, o tráfico contava com a atuação de pombeiros, contrabandistas, donos dos barracões e seus funcionários, responsáveis pelo abastecimento de gêneros de troca e de subsistência e tripulantes dos navios. As equipagens negreiras, por exemplo, viviam um dia a dia de tensões próprio da vida no mar e se envolviam em confrontos de toda espécie ao exercer suas atividades. Para os intermediários do comércio e, particularmente, para os tripulantes de navios negreiros, a convivência com os africanos criou especificidades nas suas formas de ação e comportamento. Essa convivência, que se estendia para além dos limites de bordo, os colocava em contato com povos e pessoas de diferentes culturas, com os quais o aprendizado cotidiano era um dever profissional cujos resultados também se fizeram sentir na identidade dos homens do mar.

O sentido da escravidão africana não foi único em todos os lugares e tempos e nem para todos os sujeitos históricos. O tráfico negreiro se constituía em uma fase importante de um processo contínuo que, em meio a relações construídas e reconstruídas no cotidiano e sujeitas a todo tipo de injunções, talvez possa ser mais apropriadamente chamado de escravização.

No tráfico, senhores transitórios estabeleciam seu domínio sobre africanos em diversas situações — capturando-os para a venda no litoral, mantendo-os nos barracões à espera do carregamento, convivendo com eles nas viagens transatlânticas e vendendo-os nos mercados de escravos brasileiros. O trabalho não era a parte mais significativa dessa fase do processo, mas sim o estabelecimento de um domínio pessoal imposto em meio a conflitos, transações comerciais e resistências. Se o domínio era transitório para quem o exercia, para os cativos a situação também se alterava: embora a escravização se iniciasse na captura, era ao longo do processo que ele se transformava de *traficado* em *escravizado* no sentido atlântico da palavra — e, ainda assim, contando com a possibilidade de fugir ou rebelar-se em diversos momentos desse processo. Nesse ínterim, os africanos certamente percebiam as mudanças ocorridas quando trocavam de senhor provisório, e é provável que essa percepção tenha marcado suas vidas após a venda para senhores "definitivos" — que os obrigavam a trabalhar em lavouras, minas, manufaturas ou serviços domésticos. Uma vez tornados escravizados no Brasil, ainda que seus destinos e seus senhores pudessem mudar, o estigma da escravidão vivenciada em terras estrangeiras ganhava outros contornos e exigia outras estratégias de sobrevivência e de luta.

De costa a costa, as experiências africanas no tráfico permitem entrever como, depois de serem capturados, vendidos e transformados em escravizados, os sobreviventes de diferentes idades e culturas recriavam suas identidades em outras terras. Se essas experiências eram repletas de sofrimento, sair delas com vida tinha um significado marcante — o que procurei apreender lidando com fragmentos de relatos que muitas vezes escapavam aos limites temporais e geográficos privilegiados neste estudo.

Um desses relatos — o mais completo no que se refere ao Brasil de que tenho notícia — é o do africano Mahommah Gardo Baquaqua.[1] Sua autobiografia está impregnada de valores da religião batista — à qual ele se converteu na década de 1840 — e de expressões típicas da prática abolicionista dos países de língua inglesa, além de apresentar outras características que dificultam o lidar com *slaves narratives* como fontes para uma história social do tráfico da perspectiva de seus agentes, como já apontei anteriormente. A narrativa, porém, toca em várias questões que abordei ao longo deste livro.

Ao referir-se ao navio negreiro, Baquaqua indagou: "Seus horrores, ah!, quem pode descrever?". O próprio narrador respondeu à questão: quem esteve confinado nos porões podia fazê-lo mais fielmente. Como historiador, fiquei tentado a procurar outras respostas a fim de estabelecer uma espécie de ponte que me permitisse coletivizar a experiência individual.

Baquaqua tratou dos horrores a bordo e também de outros aspectos da vida dos africanos desde a captura em sua terra natal. Chegando a Gra-fe, uma vila às margens de um grande rio, ele se avistou com um velho conhecido que não via havia dois anos (Woo-roo) e compreendeu o que acontecia com os negros que simplesmente desapareciam das aldeias — ou seja, começou a entender que havia um outro tipo de escravidão, que o mundo das relações sociais com as quais se habituara estava se modificando profundamente. Woo-roo reconheceu Baquaqua não apenas pelo convívio pessoal que haviam mantido antes, mas também pelo corte de cabelo característico da etnia de ambos: "Para alguém, familiarizado com os diferentes cortes", disse ele, "não há dificuldade em reconhecer a que lugar um homem pertence". Pessoas de muitos lugares estavam sendo escravizadas, presas e juntadas para ser oferecidas aos "homens brancos". Também os pombeiros, negociantes da costa e senhores de terras e escravizados que, no Brasil, encomendavam o tipo de gente que queriam ter compulsoriamente a seu serviço percebiam as semelhanças e diferenças étnicas (em outro contexto e com outro significado) registradas por Baquaqua. A distinção nos traços físicos não indicava apenas um traço de identidade, mas era também algo que os intermediários do comércio deveriam conhecer para realizar seus negócios e poder circular pelo interior do continente africano com suas caravanas.

Ainda em Gra-fe, Baquaqua viu, pela primeira vez, um homem branco. Muitas etnias africanas tinham boas razões para acreditar que os brancos eram canibais com especial predileção pela carne dos negros, mas, nesse caso, o narrador não se referiu explicitamente a essa crença. Penso que há hipóteses para explicar isso: escrito muitos anos depois do contato inicial, esse relato foi produzido sob o signo do abolicionismo (reduto de brancos "amigos dos negros") e do cristianismo ao qual Baquaqua se convertera e a cujos fiéis sua obra se destinava. No entanto, ele não deixou de registrar o impacto do encontro — "o que, pode ter certeza, chamou-me muito a atenção". Esse impacto se acentuou quando ele pôde ver o navio em que seria embarcado, julgando ser aquilo "algum objeto de adoração do homem branco"; nesse momento, chegou a acreditar que "seríamos todos massacrados e que estávamos sendo conduzidos para lá com essa intenção". Lidar com o pânico em uma situação-limite como a do contato com homens nas mãos de quem se esperava morrer também era um aspecto importante da experiência de africanos escravizados, amenizada talvez pelo fato de encontrar ainda vivos homens da mesma origem em situação semelhante.

No que se refere ao transporte entre o local da captura e o barracão litorâneo, Baquaqua também informa, em rápidas palavras, o quanto essa situação era angustiante: a prisão numa espécie de jaula, a vigilância estrita, a marca com ferro quente e os castigos físicos eram comuns aos demais africanos que aguardavam o momento de embarcar. Na festa que antecedeu ao embarque, o narrador disse saber apenas que era um escravo e que deveria submeter-se "prontamente e de boa vontade" — em outras palavras, era um cativo se iniciando na escravização.

No ato do embarque, a presença de "escravos vindos de todas as partes do território" denota o caráter multiétnico de um carregamento na época da ilegalidade do tráfico — o que não impedia que "alguns escravos a bordo" (provavelmente marinheiros) exercessem o papel de intérpretes, já que conheciam um pouco da língua portuguesa por terem vivido no litoral com famílias de colonos lusos. O próprio Baquaqua aprendeu um pouco do novo idioma durante o transporte pelo Atlântico, como ele mesmo disse. Os maus-tratos a que todos os africanos embarcados eram submetidos caracterizavam o período subsequente — a travessia. Espancados preventivamente, subindo ao convés em ocasiões cercadas de controle e mal alimentados, os africanos encarcerados no porão eventualmente se rebelavam contra o sofrimento e a fadiga aos quais estavam sujeitos e pagavam um preço alto quando a rebeldia malograva.

Ao descrever o momento do embarque, durante a travessia e no desembarque, Baquaqua refere-se insistentemente a Deus ou à Providência, agradecendo por continuar vivo. Certamente, ele referiu-se ao Deus cristão por estar relatando sua vida quando já se convertera ao cristianismo, mas seus pensamentos deveriam estar voltados a outras divindades, africanas, que ele ainda cultuava naquele tempo. Baquaqua chegou ao Brasil numa época em que o comércio de africanos era ilegal, desembarcou numa fazenda do litoral pernambucano e não contava com a possibilidade de reencontrar outros negros vivendo como escravos — o que provavelmente trouxe mais incertezas quanto ao futuro que o destino lhe reservara naquela terra. Ainda que não tenha podido encontrar outros companheiros da mesma procedência étnica ou da mesma condição social na praia, Baquaqua mostrou-se satisfeito por haver desembarcado e contou em suas memórias o que sentiu ao ver-se livre do navio negreiro: "senti-me grato à Providência por ter me permitido respirar ar puro novamente, pensamento este que absorvia quase todos os outros. Pouco me importava, então, de ser escravo: havia me safado do navio e era apenas nisso que eu pensava".

Baquaqua prossegue seu relato contando outros aspectos de sua vida na escravidão e, posteriormente, na liberdade. Por razões óbvias, concentrei-me no que ele disse a respeito da experiência do tráfico negreiro. Nesse pequeno trecho podem ser encontrados praticamente todos os temas que foram abordados ao longo desta obra. Muitas vezes tive que recuperar o funcionamento das transações e detalhes sobre momentos específicos da escravização recorrendo a informações de diferentes fontes que, eventualmente, extrapolavam os limites estabelecidos para este estudo — como é o caso da narrativa biográfica de Baquaqua, nascido na África Ocidental e desembarcado em Pernambuco. Deixei seu relato para estes comentários finais propositadamente.

A experiência desse africano foi compartilhada, em diversos sentidos, por milhões de outros traficados entre Angola e o Rio de Janeiro. Tomando essa experiência como fio condutor, pude analisar o papel de outras personagens e abordar o tráfico negreiro como ponto de cruzamento de múltiplos significados, no qual os sujeitos históricos envolvidos tiveram que percorrer um longo aprendizado para tecer as redes do comércio (no caso dos tripulantes e dos intermediários do tráfico) e para sobreviver e recriar suas identidades no mundo escravista ocidental em que eles começavam a se inserir (no caso dos africanos).

Concluo retomando a expressão de alívio sentida por Baquaqua ao desembarcar num porto clandestino nos anos 40 do século XIX. Tendo vivido os horrores da travessia atlântica no interior de um porão negreiro, ele podia ter se regozijado por ter sobrevivido. Ao mesmo tempo, iniciava imediatamente um novo aprendizado, o de ser escravizado nestas novas terras. A travessia de costa a costa podia estar concluída, mas seus significados e dimensões não seriam esquecidos. Rememorá-los e transformá-los em elementos importantes para a reflexão histórica sobre a experiência de tantos homens e mulheres traficados ao longo de mais de três séculos foi o que procurei fazer aqui.

Notas

APRESENTAÇÃO [pp. 11-8]

1. Beatriz Gallotti Mamigonian, *Africanos livres: a abolição do tráfico de escravos no Brasil*. São Paulo: Cia. das Letras, 2017.
2. Tâmis Peixoto Parron, *A política da escravidão no Império do Brasil, 1826-1865*. São Paulo: USP, 2009 (Dissertação de Mestrado em História).
3. Suely C. Cordeiro de Almeida e Marcus J. M. de Carvalho, "Apresentação do dossiê 'Escravidão e comércio de escravos através da história'". *Clio*, v.37, n.2, 2019, p. 2.
4. Aline Emanuelle De Biase Albuquerque, *De "Angelo dos Retalhos" a Visconde de Loures: a trajetória de um traficante de escravos*. Recife: UFPE, 2016 (Dissertação de Mestrado em História).
5. Amanda Barlavento Gomes, *A trajetória de vida do Barão de Beberibe, um traficante de escravos no Império do Brasil*. Recife: UFPE, 2016 (Dissertação de Mestrado em História).
6. Paulo Henrique Fontes Cadena, *O vice-rei: Pedro de Araújo Lima e a governança do Brasil no século XIX*. Recife: UFPE, 2011 (Tese de Doutorado em História), p. 191 e seguintes.
7. Nilma Teixeira Accioli, *José Gonçalves da Silva à nação brasileira: o tráfico ilegal de escravos no antigo Cabo Frio*. Niterói: FUNARJ; Imprensa Oficial, 2012.
8. João Marcos Mesquita, *O comércio ilegal de africanos no Atlântico: a trajetória de Manoel Pinto da Fonseca, c. 131-c. 1850*. Rio de Janeiro: Unirio, 2019 (Dissertação de Mestrado em História).
9. Thiago Campos Pessoa, *O império da escravidão: o complexo Breves no vale do café (Rio de Janeiro, c. 1850-c. 1888)*. Rio de Janeiro: Arquivo nacional, 2018.
10. Walter L. Carneiro de Mattos Pereira, "José Gonçalves da Silva: tráfico e traficante de escravos no litoral norte fluminense depois de 1950". *Tempo*, n.31:2011; Id., "A trama da ilega-

lidade: tráfico de africanos no sudeste brasileiro (1850-186)". In: Regina C. L. Xavier e Helen Osório (orgs.), *Do tráfico ao pós-Abolição: trabalho compulsório e livre e a luta por direitos sociais no Brasil*. São Leopoldo: Oikos, 2018.

11. Walter Carneiro de Mattos Pereira e Thiago Campos Pessoa, "Silêncios atlânticos: sujeitos e lugares praieiros no tráfico ilegal de africanos para o Sudeste do Brasil (c. 1830-c. 1860)". *Estudos Históricos*, v. 32, n. 66: jan./abr. 2019, p. 79-100.

12. Luiz Fernando Saraiva; Silvana Andrade dos Santos e Thiago Campos Pessoa (orgs.), *Tráfico & traficantes na ilegalidade: o comércio proibido de escravos para o Brasil (c. 1831-1850)*. São Paulo: Hucitec, 2021. Ver também o trabalho de Rafael Cupello Peixoto, *O Marquês de Barbacena: política e sociedade no Brasil Imperial (1796-1841)*. Rio de Janeiro: UERJ, 2018 (Tese de Doutorado em História).

13. Paulo César Oliveira de Jesus. *O fim do tráfico na imprensa baiana, 1811-1850*. Salvador: UFBA, 2004 (Dissertação de Mestrado).

14. Alain El Youssef, *Imprensa e escravidão: política e tráfico negreiro no Império do Brasil (Rio de Janeiro, 1822-1850)*. São Paulo: Intermeios; Fapesp, 2016.

15. Wildson Félix Roque da Silva. *Capitaneando em rotas atlânticas: os capitães e a faina do comércio negreiro (Pernambuco no século XVIII)*. Recife: UFRPE, 2020 (Dissertação de Mestrado em História).

16. Entre outros, Mariza de Carvalho Soares (org.), *Rotas atlânticas da diáspora africana: da Baía do Benim ao Rio de Janeiro*. 2. ed., Rio de Janeiro: Ed. da UFF, 2011 e Carlos Eugênio Líbano Soares; Cândido Domingues e Carlos da Silva Jr., *Africanos na cidade da Bahia: tráfico negreiro, escravidão e identidade africana, século XVIII*. Cruz das Almas; Belo Horizonte: Editora UFRB; Fino Traço, 2016.

17. Manolo Garcia Florentino, *Em costas negras: uma história do tráfico de escravos entre a África e o Rio de Janeiro (séculos XVIII e XIX)*. São Paulo: Cia. das Letras, 1997 (1. ed.: Rio de Janeiro: Arquivo Nacional, 1995).

18. Notáveis exceções são as obras de João José Reis; Flávio dos Santos Gomes e Marcus J. M. de Carvalho, *O alufá Rufino: tráfico, escravidão e liberdade no Atlântico negro (c. 1822--c. 1853)*. São Paulo: Cia. das Letras, 2010; Carlos Liberato; Mariana P. Candido; Paul Lovejoy e Renée Souloudre-La France (orgs.), *Laços atlânticos: África e africanos durante a era do comércio transatlântico de escravos*. Luanda: Ministério da Cultura; Museu Nacional da Escravatura, 2017 e Vanessa S. Oliveira, *Slave Trade and Abolition: Gender, Commerce ad Economic Transition in Luanda*. Madison: The University of Wisconsin Press, 2021.

19. As contribuições e os problemas decorrentes da constituição e do uso desse importante banco de dados relativo às viagens negreiras atlânticas foram objeto de discussão em *Almanack*, n. 22: 2019. Ver os artigos de David Eltis, "Iberian Dominance and the Intrusion of the Northern Europeans into the Atlantic World: Slave Trade as a Result of Economic Growth?"; Mariza de Carvalho Soares, "O comércio português/brasileiro de escravos no *Transalantic Slave Trade Database*" e Robert W. Slenes, "Variedades da economia política do capitalismo com escravidão: uma apreciação do ensaio e dos aportes à historiografia brasileira de David Eltis".

20. Rafael de Bivar Marquese e Ricardo Salles (orgs), *Escravidão e capitalismo histórico no século XIX: Cuba, Brasil, Estados Unidos*. Rio de Janeiro: Civilização Brasileira, 2016.

PALAVRAS INICIAIS [pp. 31-50]

1. Beatriz Gallotti Mamigonian, "To be a liberated African in Brazil: labour and citizenship in the nineteenth century", tese de doutorado, 2002; Jorge Luiz Prata Sousa, "Africano livre ficando livre: trabalho, cotidiano e luta", tese de doutorado, 1999; Afonso Bandeira Florence, "Resistência escrava em São Paulo: a luta dos escravos da fábrica de ferro São João de Ipanema, 1828-1842". *Afro-Ásia*, 18: 7-32, 1996.

2. Cf. Mamigonian, "To be a liberated African in Brazil", p. 10.

3. João Luís Ribeiro Fragoso, *Homens de grossa aventura*: *acumulação e hierarquia na praça mercantil do Rio de Janeiro (1790-1830)*; Manolo Garcia Florentino, *Em costas negras*: *uma história do tráfico atlântico de escravos entre a África e o Rio de Janeiro (séculos XVIII e XIX)*; João L. R. Fragoso & Manolo G. Florentino, *O arcaísmo como projeto*: *mercado atlântico, sociedade agrária e elite mercantil no Rio de Janeiro (c. 1790-c. 1840)*.

4. Uma abordagem do tráfico negreiro como negócio que envolvia interesses variados no Brasil e em Angola nos séculos XVI e XVII encontra-se no livro de Luiz Felipe de Alencastro, *O trato dos viventes*: *formação do Brasil no Atlântico Sul*.

5. Jaime Rodrigues, *O infame comércio*: *propostas e experiências no final do tráfico de africanos para o Brasil (1800-1850)*.

6. Além da consulta às obras mencionadas, as informações sobre os volumes do tráfico podem ser encontradas também em Jane Elizabeth Aita Fraquelli, "Métodos usados para avaliar o volume do tráfico de escravos africanos para o Brasil". *Revista do Instituto de Filosofia e Ciências Humanas da Universidade Federal do Rio Grande do Sul*, 5 (1977): 305-18, e em Robert E. Conrad, *Tumbeiros*: *o tráfico de escravos para o Brasil*, pp. 34-6.

7. Philip D. Curtin, *The Atlantic slave trade*: *a census*, p. 168.

8. O debate envolveu autores como David Eltis, Eugene Genovese, Herbert Klein, Stanley Engerman, Jan Hogendorn, Robert Stein e Roger Anstey, entre outros. Para uma visão mais detalhada, ver Paul Lovejoy, "The volume of the Atlantic slave trade: a synthesis". *Journal of African History*, 23 (4): 473-502, 1982, e Herbert S. Klein, "Novas interpretações no tráfico de escravos do Atlântico". *Revista de História*, 120: 3-26, 1989.

9. David Eltis, "The direction and fluctuation of the transatlantic slave trade, 1821-1843: a revision of the 1845 Parliamentary Paper". In: Henry A. Gemery & Jan S. Hogendorn, *The uncommon market*: *essays in the economic history of the Atlantic slave trade*, pp. 273-301; "The nineteenth-century transatlantic slave trade: an annual time series of imports into the Americas broken down by region". *Hispanic American Historical Review*, 67 (1): 109-38, 1987.

10. A razão disso seria a ausência de Benguela nas quantificações, que o autor calculou para o período 1730-1828. José C. Curto, "The legal Portuguese slave trade from Benguela, Angola, 1730-1828: a quantitative re-appraisal". *África*, 16-17 (1): 101-16, 1993-94.

11. Cf. A. J. R. Russel-Wood, "Ports of colonial Brazil". In: Franklin W. Knight, *Atlantic port cities*: *economy, culture, and society in the Atlantic world (1650-1850)*, pp. 216-7.

12. A partir da década de 1730, o volume de importação de escravos pelo porto carioca teve um incremento de aproximadamente 40% em relação às duas décadas anteriores, particularmente em função da necessidade do abastecimento de Minas Gerais; na primeira metade da década de 1730, entravam pelo Rio de Janeiro cerca de 7400 escravos ao ano, boa parte deles para satisfazer a demanda mineradora por mão de obra. Todavia, com o declínio da minera-

ção, o fluxo de cativos para aquela região foi restringido, cf. Manolo Florentino, *Em costas negras*, p. 45. Ver também Eulália M. L. Lobo, "Economia do Rio de Janeiro nos séculos XVIII e XIX". In: Paulo Neuhaus (ed.). *Economia brasileira: uma visão histórica*, p. 128.

13. Entre 1723 e 1771, o porto carioca recebeu 50% dos escravos exportados por Angola, à frente de Pernambuco, Maranhão e Pará (que ficavam com um quarto do total), Bahia, Colônia do Sacramento e Santos, taxa que se manteve até fins do século XVIII, cf. Herbert Klein, "The Portuguese slave trade from Angola in the 18th century". In: *The middle passage: comparative studies in the Atlantic slave trade*, p. 32; Klein, "O tráfico de escravos africanos para o Rio de Janeiro, 1795-1811". In: Iraci del Nero da Costa (org.), *Brasil: história econômica e demográfica*, pp. 77-94.

14. Como a agropecuária do sul mineiro, a área açucareira de Campos dos Goitacazes, a zona comercial da cidade do Rio de Janeiro e a cafeicultura do Vale do Paraíba fluminense, cf. Florentino, *Em costas negras*, pp. 46-7. O incremento da atividade negreira no Rio de Janeiro permitiu a João Luís Ribeiro Fragoso elaborar a tese sobre a importância do tráfico para a acumulação endógena de capital na colônia. Ver *Homens de grossa aventura*, p. 144 e passim.

15. As contagens de Maurício Goulart, comparando o movimento negreiro dos portos brasileiros nos primeiros anos do século XIX, demonstram a superioridade do número de escravos importados pelo Rio de Janeiro: dos 980 mil escravos importados pelo Brasil entre 1801 e 1839, 570 mil se destinavam ao porto carioca, o que representa 72% do total, cf. *A escravidão africana no Brasil: das origens à extinção do tráfico*, pp. 265-9 e 272. De acordo com Mary Karasch, as importações cariocas de cativos africanos durante a primeira metade do século XIX (1800-43) foram da ordem de 602 747, cf. *Slave life in Rio de Janeiro (1808-1850)*, p. 29. As estimativas mais recentes sobre o volume de escravos importados pelo Rio de Janeiro entre fins do século XVIII e meados do XIX foram feitas por Manolo Garcia Florentino. De acordo com o autor, entre 1790 e 1830 teriam chegado àquele porto 707 710 escravos, cf. *Em costas negras*, tabela 3, p. 59.

16. "Enquanto quase todos os escravos importados no período 1795-1811 procediam de Angola, divididos quase sempre igualmente entre os portos principais de Benguela e Luanda, no período 1825-1830 Angola forneceu 44% das importações do Rio. Os portos do norte do rio Zaire, especialmente Cabinda, aumentaram em importância. Nesse período posterior, Cabinda transformou-se no principal supridor de escravos para o Rio, enquanto o porto angolano de Ambriz adquiriu importância semelhante como supridor àquele de Benguela. Luanda e Benguela, que dominaram o comércio no início do século XIX, forneciam agora 12% e 21% das importações do Rio, respectivamente." Herbert S. Klein & Stanley Engerman, "Padrões de embarque e mortalidade no tráfico de escravos africanos no Rio de Janeiro: 1825-1830". In: Carlos M. Pelaez & Mircea Buescu, *A moderna história econômica*, p. 102. Sobre o predomínio do Rio de Janeiro no tráfico brasileiro e a primazia das fontes abastecedoras angolanas, ver ainda Manuel dos Anjos da Silva Rebelo, *Relações entre Angola e Brasil (1808-1830)*, quadros 1 e 2, p. 83, e Corcino Medeiros dos Santos, "Relações de Angola com o Rio de Janeiro (1736-1808)". *Estudos Históricos* (Marília): 12: 1973, pp. 16 e 17 e tabela 1, pp. 19-20.

17. Curtin, *The Atlantic slave trade*, p. 211, tabela 63.

18. O autor computou 1567 viagens transatlânticas entre a África e o Rio de Janeiro de 1795 a 1830; destas, 1282 (quase 81% do total) tiveram como ponto de partida os portos da África Central atlântica (Loango, Molembo, Cacongo, Cabinda, rio Zaire, Ambriz, Luanda e Benguela). Florentino, *Em costas negras*, p. 263, apêndice 13.

19. Até meados do século XVIII, Benguela exportava algo entre mil e 2 mil escravos ao ano. Depois de 1760, sua importância ampliou-se ainda mais e, na década de 1780, já dominava um quarto do tráfico angolano, percentual que se manteve até o final daquele século, cf. Klein, "The Portuguese slave trade", p. 26.

20. Id., ibid.; Horácio Gutiérrez, "O tráfico de crianças escravas para o Brasil durante o século XVIII". *Revista de História*, 120: 1989, p. 61.

21. Entre 7 e 10 mil escravos por ano, cf. Klein, "The Portuguese slave trade", p. 27; Klein, *A escravidão africana: América Latina e Caribe*, p. 27. Após 1850, Angola mantinha a supremacia no abastecimento de escravos para a Corte, o principal destino do tráfico ilegal para o Brasil. A média anual de importação entre 1852 e 1859 foi estimada em 3327 escravos. Klein demonstra que, em 1852, dos escravos importados pela Corte, 46% eram provenientes da África Central, cf. Klein, "The internal slave trade in nineteenth century Brasil: a study of slave importation into Rio de Janeiro in 1852". *Hispanic American Historical Review*, 51 (4): nov. 1971, pp. 568 e 577.

22. Joseph C. Miller, "The numbers, origins, and destinations of slaves in the eighteenth-century Angolan slave trade". In: Joseph E. Inikori & Stanley Engerman (eds.). *The Atlantic slave trade: effects on economies, societies, and peoples in Africa, the Americas, and Europe*, p. 77.

23. Joseph C. Miller, *Way of death: merchant capitalism and the Angolan slave trade (1730-1830)*, 1988.

24. Para uma discussão sobre a origem étnica dos africanos e a reinvenção das identidades, ver Mariza de Carvalho Soares, *Devotos da cor: identidade étnica, religiosidade e escravidão no Rio de Janeiro do século XVIII*.

25. Essa tônica, evidentemente com nuances, pode ser constatada em inúmeros trabalhos, entre eles a coletânea *O tráfico de escravos negros — séculos XV a XIX*, resultado dos trabalhos de um seminário promovido pela Unesco em 1978, e José Capela, *Escravatura: conceitos — a empresa do saque*.

26. Paul Lovejoy, *Transformation in slavery: a history in Africa*; Miller, *Way of death*.

27. Roquinaldo Amaral Ferreira, "Dos sertões ao Atlântico: tráfico ilegal de escravos e comércio lícito em Angola, 1830-1860", dissertação de mestrado.

28. Natalie Zemon Davis, *O retorno de Martin Guerre*.

29. Cf. Robert Finlay, "The refashioning of Martin Guerre". *The American Historical Review*, 93 (3): jun. 1988, em especial pp. 557-8.

30. Natalie Zemon Davis, "On the lame". *The American Historical Review*, 93 (3): jun. 1988, em especial pp. 572-5 e 600.

31. Rodrigues, *O infame comércio*.

32. Carlo Ginzburg, "Provas e possibilidades à margem de 'Il ritorno de Martin Guerre', de Natalie Zemon Davis". In: *A microhistória e outros ensaios*, pp. 179-202, em particular p. 183.

33. Trabalhos paradigmáticos nesse sentido são os de Silvia H. Lara, *Campos da violência*, e o de Sidney Chalhoub, *Visões da liberdade*. Mais recentemente, ver Regina C. L. Xavier, *A conquista da liberdade: libertos em Campinas na segunda metade do século XIX*, e Joseli Maria Nunes Mendonça, *A lei de 1885 e os caminhos da liberdade*.

34. Refiro-me às embarcações negreiras apreendidas pelas autoridades brasileiras e julgadas na Auditoria Geral de Marinha. Ver Rodrigues, *O infame comércio*, caps. 4 e 5.

35. Robert Darnton, *O grande massacre de gatos e outros episódios da história cultural francesa*, p. xv. Ver também pp. 103-39.

36. Colegas de ofício muitas vezes discordam e o fizeram no que concerne à permissividade dos documentos. Em um ensaio polêmico no qual contesta a interpretação do "grande massacre de gatos" de Darnton, Roger Chartier revelou sua descrença quanto à possibilidade de vislumbrar a "realidade" através dos documentos textuais. Analisando o mesmo relato sobre o massacre, Chartier optou por classificar seus elementos literários formais, encarando o texto como representação do real, e não como "janela" para o real, como ele julga que Darnton fez. Roger Chartier, "Text, symbols, and Frenchness". *The Journal of Modern History*, 57 (4): dez. 1985, em especial p. 692. Sem desconhecer os termos da polêmica e, ao mesmo tempo, reconhecendo o positivismo que impregna a definição do trabalho do historiador como uma "busca da verdade", filio-me àqueles que, identificando a opacidade dos documentos e o desafio que ela representa, procuram abordar um universo cultural por vias indiretas.

37. Considerando que o uso mais ou menos literal dos dicionários foi objeto de polêmica entre os dois consagrados historiadores da cultura citados acima, não posso deixar de mencioná-la para situar o uso e a utilidade desse tipo de fonte nesta pesquisa. Em seu já citado ensaio, Chartier observou uma noção equivocada dos símbolos no trabalho de Darnton. Ao espancar até a morte os gatos da tipografia — e com prazer especial a gata preferida da mulher do patrão —, os trabalhadores retratados no livro de Darnton estariam se manifestando de maneira muito particular, e não expressariam um sistema simbólico compartilhado por todos os tipógrafos (e muitos menos por todos os franceses). Darnton entende por símbolo "qualquer objeto, ato, evento, qualidade ou relação que serve como um veículo para a concepção". A essa noção antropológica de símbolo, Chartier opôs o "ponto de vista do nativo", recorrendo a um dicionário do idioma francês editado no início do século XVIII. Nesse dicionário, encontramos a definição de símbolo como "signo, tipo, espécie de emblema ou representação de alguma coisa moral, pelas imagens ou propriedades da coisa natural. Figura ou imagem que serve para designar alguma coisa, tanto pelos significados da pintura ou escultura, como pelo discurso. O leão é o símbolo do valor; a bola o da inconstância; o pelicano o do amor eterno". Chartier, "Text, symbols, and Frenchness", pp. 684-5, 690 e 688, respectivamente. Para Darnton, tomar as definições dos dicionários ao pé da letra tem seus inconvenientes: "Concordo que os dicionários da época podem ter utilidade para rastrear os sentidos atribuídos às palavras pela elite letrada. Mas não creio que um escritor refinado como Furetière [o dicionarista] possa servir como 'informante nativo' sobre a concepção do simbolismo entre trabalhadores analfabetos. E nem acho que Furetière ofereça um conceito adequado do simbolismo para a análise etnográfica". Robert Darnton, "História e antropologia". In: *O beijo de Lamourette: mídia, cultura e revolução*, p. 285.

38. A relação dos dicionários aqui utilizados encontra-se em "Fontes e bibliografia".

39. As listas de vocábulos elaboradas por viajantes são raridade. Uma delas, talvez a única sistemática, ficou inacessível para os que não dominam o idioma alemão, pois não foi traduzida na íntegra o "Diário de minha viagem até o Rio de Janeiro no Brasil e volta, nos anos de 1819 e 1820". O autor, Ludwig von Rango, escreveu sua narrativa em forma de cartas, e a oitava carta (não traduzida) traz uma lista das expressões usadas pelos marujos. Ver *O Rio de Janeiro visto por dois prussianos em 1819*, p. 127.

40. Gervase Clarence-Smith, *O terceiro império português (1825-1975)*, p. 51.

41. Revista *Cult*, 2 (17): dez. 1998, pp. 22-3. Os grifos são meus.

PARTE I: NEGOCIAÇÕES E CONFLITOS EM ANGOLA

1. A GRANDE LOBA QUE DEVORA TUDO: PORTOS, FEITORIAS E BARRACÕES DE ANGOLA [pp. 53-82]

1. Ofício de 11 de janeiro de 1798. AHU, Angola, caixa 87, doc. 16. A diferença entre presídios e distritos não era clara. Um presídio tinha por base uma fortaleza com sua guarnição, "mas um distrito podia ser um território 'pacificado' e explorado ao longo de séculos [...] que quando muito tinha um regente, isto é, um comerciante branco ou mestiço que servia de transmissor das ordens provenientes de Luanda ou de Benguela quando alguém se recordava da sua existência". René Pélissier, *História das campanhas de Angola: resistência e revoltas (1845-1941)*, v. I, p. 31.
2. A primeira feitoria lusa na África foi instalada em Arguim por volta de 1443 e transformada em forte em 1455, cf. S. U. Abramova, "Aspectos ideológicos, doutrinais, filosóficos, religiosos e políticos do comércio de escravos", e Françoise Latour da Veiga Pinto & António Carreira, "A participação de Portugal no tráfico negreiro". In: *O tráfico de escravos negros (sécs. XV--XIX)*, pp. 19-20 e 154, respectivamente.
3. Miguel Antonio de Melo era um dos críticos mais contundentes da política de instalação dos presídios, condenando particularmente o tamanho exagerado e a inutilidade de um deles — São José de Encoge, que teria sido "mal pensado", assim como a muralha de Luanda, "para a defesa da qual seriam necessários 12 mil homens", número muito superior à população da cidade na época. Da mesma forma, a "franca entrada" de homens "depravados" no sertão para comprar cativos teria motivado rebeliões de "mussui e a de [...] outros povos vizinhos que habitam ao norte desta cidade", cf. ofício de 11 de janeiro de 1798. AHU, Angola, caixa 87, doc. 16.
4. Autores como Herbert Klein observaram esse aspecto, ainda que rapidamente. Ver *The middle passage: comparative studies in the Atlantic slave trade*, p. 38.
5. Cf. Clarence-Smith, "The Portuguese contribuition to the Cuban slave and coolie trades in the nineteenth century". *Slavery & Abolition*, 5 (1): 1984, pp. 25-6. Sobre as tentativas portuguesas de controlar o comércio colonial na primeira metade do século XIX, ver, do mesmo autor, *O terceiro império português*, em especial pp. 29-63.
6. Tema que será analisado mais detalhadamente no capítulo 7.
7. James Holman, *A voyage around the world including travels in Africa, Asia, Australia, America...*, p. 71 (19 de setembro de 1827).
8. Cf. Jaime Cortesão, *Os portugueses em África*, p. 67.
9. *Notícia da cidade de São Felipe de Benguela e costumes dos gentios habitantes daquele sertão* (Luanda, 10 de novembro de 1797). BNDM, I-28, 28, 29.
10. Relatório de José Correa de Quevedo a Martinho de Melo e Castro (Sítio de N. S. da Ajuda, 1º de março de 1783). AHU, Angola, caixa 66, doc. 17.
11. Ofício do barão de Mossâmedes a Martinho de Melo e Castro (Luanda, 15 de julho de 1786). AHU, Angola, caixa 71, doc. 40.
12. Relatório de José Correa de Quevedo, governador de Benguela, a Martinho de Melo e Castro, AHU, Angola, caixa 66, doc. 17 (1º de março de 1783). A falta de medicamentos parece ter sido contornada, ao menos momentaneamente, em 1790; naquele ano, a relação de medi-

camentos da botica local menciona a existência de purgantes, cordiais, vinagres, espíritos, sais, pílulas, óleos e emplastros, com suas respectivas quantidades e preços. AHU, Angola, caixa 75, doc. 65 (26 de novembro de 1790).

13. *Mapa das pessoas que faleceram nesta cidade de Benguela no ano de 1798* (assinado pelo governador da capitania, Alexandre José Botelho de Vasconcelos). AHU, Angola, caixa 89, doc. 82.

14. *Mapa das pessoas livres e escravos e casas de sobrado, terras de telha e de palha de que se compõem a cidade de Benguela em 15 jun. 1796*. AHU, Angola, caixa 83, doc. 66. O número de cubatas ou cabanas indígenas em Luanda manteve-se estável até 1848, ano em que existiam na cidade 1058 dessas construções, cf. Pélissier, *História das campanhas de Angola*, v. I, p. 42.

15. Relatório de Alexandre José Botelho de Vasconcelos à Corte (Benguela, 28 de março de 1798). AHU, Angola, caixa 87, doc. 51B. Sobre os hospitais em 1845-48, ver Pélissier, *História das campanhas de Angola*, v. I, p. 43.

16. *Mapa das pessoas que faleceram nesta cidade de Benguela...* AHU, Angola, caixa 89, doc. 82.

17. *Mapa dos habitantes que existem na capitania de Benguela no ano de 1798*. AHU, Angola, caixa 89, doc. 85B.

18. Ofício de Miguel Antonio de Melo ao Visconde de Anadia (Luanda, 19 de julho de 1802). AHU, Angola, caixa 104, doc. 19.

19. Resposta à consulta do Conselho Ultramarino a respeito do governo de Benguela, assinada pelo barão de Mossâmedes (24 de fevereiro de 1796). AHU, Angola, caixa 83, doc. 30. As considerações de Mossâmedes sobre o comércio em Benguela foram integralmente repassadas pela rainha d. Maria I na forma de instruções ao novo governador daquela capitania — Alexandre José Botelho de Vasconcelos, que tomou posse em 13 de abril de 1796. AHU, Angola, caixa 83, doc. 41.

20. O pântano que a cercava começou a ser drenado por meio de um canal que o ligava ao mar. Com a conclusão da obra em 1850, "já se colhem grandes vantagens sanitárias, posto que ainda não as comerciais que dela se esperavam, porque se não tem adotado as providências econômicas que são necessárias", de acordo com um autor coevo. Ver José de S. Monteiro, *Dicionário geográfico das províncias e possessões portuguesas no ultramar*, p. 149.

21. De acordo com Januário Furtado Galvão, "a proximidade em que uma localidade está de montes, de bosques, do mar, de rios, de estabelecimentos industriais etc. é uma outra circunstância não menos atendível. Sem falarmos na influência que os montes e bosques exercem acerca dos ventos, notaremos que a atmosfera dos rios e do mar, conquanto seja mais pura, é úmida, o que torna o ar excelente veículo das emanações funestas, que frequentemente se formam junto aos rios e ao mar. Além disto, do contato e do conflito que se estabelece entre a atmosfera continental e a marítima, que é mais uniforme e constante, provêm as repetidas e repentinas vicissitudes termométricas e higrométricas, que se observam nos portos de mar". *Curso elementar d'higiene*, pp. 163-4.

22. Ofícios de José Gonçalo da Câmara, governador de Angola, a Martinho de Mello e Castro. AHU, Angola, caixa 63, docs. 5 (21 de fevereiro de 1780) e 23 (24 de abril de 1780).

23. Ofício de José Gonçalo da Câmara a Martinho de Mello e Castro (Luanda, 3 de julho de 1782). AHU, Angola, caixa 65, doc. 22.

24. Ilídio do Amaral, "Luanda: estudo de geografia urbana". *Memórias da Junta de Investigação do Ultramar*, v. 53, p. 44.

25. Selma Pantoja, "Aberturas e limites da administração pombalina na África: os autos da devassa sobre o negro Manoel de Salvador". *Estudos Afro-Asiáticos*, 29: mar. 1996, p. 145; Herbert Klein, *A escravidão africana: América Latina e Caribe*, p. 27. Até 1773, a Coroa reiterava a necessidade de os navios negreiros fazerem escala em São Tomé (como na Carta Régia de 4 de janeiro de 1710 e nas Provisões de 8 de outubro de 1733, 23 de julho de 1760 e 18 de outubro de 1773), embora tenha concedido, por curtos períodos, permissão para que os navios fossem diretamente da costa continental aos portos brasileiros — o que se devia a surtos epidêmicos em São Tomé. A obrigatoriedade da escala na ilha para os navios que carregavam na Costa da Mina manteve-se até 1800, quando a Carta Régia de 1º de dezembro revogou a disposição "enquanto durasse a guerra então existente e mais dois anos". Somente a partir da Carta Régia de 13 de abril de 1808 o comércio de costa a costa, sem escala, foi permitido em definitivo. Os textos das leis estão reproduzidos em Silvia H. Lara (org.), *Legislação sobre escravos africanos na América portuguesa*.

26. *Mapa do estado da povoação da cidade de S. Paulo de Assunção, capital do reino de Angola* (15 de abril de 1799). AHU, Angola, caixa 91, doc. 44.

27. Pélissier, *História das campanhas de Angola*, v. I, p. 41.

28. Amaral, "Luanda: estudo de geografia urbana", p. 47.

29. Ofício de Manoel de Almeida Vasconcelos a Martinho de Melo e Castro (Luanda, 25 de abril de 1793). AHU, Angola, caixa 78, doc. 59.

30. Ofício de Manoel de Almeida Vasconcelos a Martinho de Melo e Castro (Luanda, 3 de março de 1794). AHU, Angola, caixa 80, doc. 21.

31. Patrick Manning, "Escravidão e mudança social na África". *Novos Estudos Cebrap*, 21: jul. 1988, p. 22.

32. Cf. Richard B. Sheridan, *Doctors and slaves: a medical and demographic history of slavery in the British West Indies, 1680-1834*, p. 105.

33. Dauril Alden & Joseph C. Miller, "Out of Africa: the slave trade and the transmission of smallpox to Brazil, 1560-1831". *Journal of Interdisciplinary History*, 18 (2): 1987, pp. 206-8.

34. Ofício de Tomás José de Melo a Miguel Antonio de Melo (Luanda, 18 de outubro de 1798). AHU, Angola, caixa 89, doc. 17.

35. AN, Fundo Ministério do Reino e Império, caixa 502, Correspondência do governador de Angola com os vice-reis do Brasil, 1769-1807 (ofício de 8 de novembro de 1791).

36. *Mapa do Hospital da Cidade de S. Paulo de Assunção de Luanda do ano de 1799*, que traz uma relação, mês a mês, dos militares e paisanos que entraram, saíram, morreram ou permaneceram no hospital, bem como das causas que os levaram até lá. AHU, Angola, caixa 94, doc. 25.

37. Amaral, "Luanda: estudo de geografia urbana", p. 53.

38. Pélissier, *História das campanhas de Angola*, v. I, p. 41; Monteiro, *Dicionário geográfico*, p. 332.

39. "A população europeia não tendia a fixar-se para além dum satisfatório êxito financeiro que lhe permitisse regressar à Europa ou transferir-se para o Brasil, na mira de melhores condições de triunfo". Jofre Amaral Nogueira, "Luanda". In.: Joel Serrão (dir.), *Dicionário de história de Portugal*, v. II, p. 814.

40. Roquinaldo Amaral Ferreira, "O significado e os métodos do tráfico ilegal de africanos na Costa Ocidental da África, 1830-1860". *Cadernos do Laboratório Interdisciplinar de Pesquisa em História Social*, 2: 1995, p. 55.

41. Para um balanço historiográfico, ver João Pedro Marques, "Uma revisão crítica das teorias sobre a abolição do tráfico de escravos português". *Penélope*, 14: dez. 1994, em especial pp. 106-14.

42. Amaral, "Luanda: estudo de geografia urbana", p. 55.

43. Em Moçambique, o então governador marquês de Aracaty decidiu suspender o decreto de Sá da Bandeira e tributar pesadamente o tráfico, já que o cumprimento da lei era considerado impossível — iniciativa que lhe valeu a perda do cargo em 1839. Em Angola, o governador Antonio Manuel de Noronha procurou auxílio para o cumprimento da lei, firmando um acordo com o comandante inglês William Tucker. O acordo foi ratificado por Lisboa em 29 de maio de 1840, embora sem muito êxito; Noronha voltou a Portugal ainda nesse ano e foi substituído por Manuel Eleutério Malheiros. Somente em 1842 foi assinado o tratado anglo-português sobre o direito de visita recíproco nos navios de guerra das duas nações. Ver *Os portugueses em África, Ásia, América e Oceania, ou história cronológica dos descobrimentos, navegações, viagens e conquistas dos portugueses nos países ultramarinos desde o princípio da monarquia até o século atual*, pp. 75-81.

44. Ofício do barão de Mossâmedes a Martinho de Melo e Castro (Luanda, 15 de outubro de 1786). AHU, Angola, caixa 71, doc. 51.

45. *Plano do estado presente da Fortaleza de S. Felipe de Benguela*, enviado no anexo do ofício de José Gonçalo da Câmara a Martinho de Melo e Castro (12 de janeiro de 1780). AHU, Angola, caixa 63, doc. 3A.

46. Id., ibid.

47. Ofício de José Maria de Almeida Machado e Vasconcelos a Martinho de Melo e Castro (Benguela, 12 de outubro de 1788). AHU, Angola, caixa 73, doc. 44. O mau estado da fortaleza de Benguela foi reiterado em outras oportunidades. Numa delas, um sargento do Real Corpo de Engenheiros queixava-se ao governador Miguel Antonio de Melo de que um navio francês teria apresado dois navios com cargas para o Brasil e que a guarnição e a artilharia existentes na fortaleza não eram suficientes para proteger as embarcações numa baía aberta para o mar como Benguela, cf. ofício de 25 de abril de 1799, AHU, Angola, caixa 92, doc. 1. As queixas prosseguiram: em 1803, Fernando Antonio de Noronha observava a "defeituosa construção" da fortaleza e o "mau uso que se fizeram dos materiais de que é construída", constatando ainda que ela "não só é incapaz de sofrer ataque de poucas horas [...] mas até de poder subsistir sem um contínuo reparo e reedificação das partes que sucessiva e necessariamente se lhe arruinam [...]", cf. ofício ao Visconde de Anadia (13 de janeiro de 1803), AHU, Angola, caixa 106, doc. 4. Dois anos depois, o Conselho Ultramarino afirmava que o estado da fortaleza de Benguela era precário, sobretudo pela falta de artilharia que impedia "rebater ao menos as incursões dos negros". Considerando o estado da fortificação, julgava ser Benguela "absolutamente indefesa em risco de sucumbir ao primeiro golpe de mão que sobre ela seriamente se intente". Por outro lado, a cidade era importante, já que havia vários anos sua alfândega dava bons rendimentos, além das vantagens que oferecia "para comércio e agricultura do Brasil [...] pela muita escravatura que de Benguela se exporta para a América". No entanto, o Conselho não sabia o que recomendar sobre a reforma da fortaleza ou outras medidas para garantir a continuidade do domínio português no local. Relatório do Conselho Ultramarino analisando os mapas da fortaleza de Benguela (Lisboa, 26 de março de 1805). AHU, Angola, caixa 112, doc. 44A.

48. Os dois, considerados os dembos mais importantes dentre os "vassalos" portugueses,

podiam reunir de 10 a 15 mil homens para a luta. Os dembos eram as "autoridades africanas com o nome das terras que lhes obedecem (em geral, são ambundos, mas alguns são bakongos) e de quem dependem sobas de menor importância". Mas a palavra também designava "o território que juntamente todos eles governam" entre o rio Loge, o Mossul, os distritos a leste e nordeste de Luanda, o curso do rio Bengo e outros limites menos definidos. Dembos eram ainda títulos honoríficos dos soberanos "vassalos" dos portugueses, os habitantes dessa região e uma divisão administrativa do reino de Angola, cf. Pélissier, *História das campanhas de Angola*, v. I, pp. 44-5.

49. Como veremos com mais detalhes no capítulo 7.

50. *Extrato atual da conquista de Angola e seu comércio* (Luanda, 1º de fevereiro de 1792). AHU, Angola, caixa 77, doc. 14.

51. Ofício de Miguel Antonio de Melo a Rodrigo de Sousa Coutinho (3 de janeiro de 1801). AHU, Angola, caixa 98, doc. 6.

52. Ofício do barão de Mossâmedes ao conde de Resende (2 de setembro de 1790). AN, Fundo Ministério do Reino e Império, caixa 502.

53. Cf. *Repertório de fontes sobre a escravidão existentes no Arquivo Municipal de Salvador: as posturas (1631-1889)*, passim. Certamente, o elo comercial mais importante de Salvador era com a África Ocidental. Fiz referência às posturas baianas apenas no sentido de traçar uma analogia, dificultada pelo fato de as posturas cariocas desse período terem se perdido. No Rio de Janeiro também se privilegiava o abastecimento dos navios negreiros, considerando as diversas menções à carestia angolana — região de onde provinha o maior número de escravos para aquele porto. A recomendação para que os navios zarpassem daquele porto para Angola com farinha de mandioca suficiente para a viagem de volta agravava a carestia do produto na cidade e fazia com que a Câmara tivesse que administrar os estoques e mediar os conflitos em torno das licenças para embarque. Ver, por exemplo, o processo do navio *Santo Antonio Sertório* (1792). AGCRJ, códice 6-1-23, Mercadores de escravos (1777-1831).

54. Amaral, "Luanda: estudo de geografia urbana", p. 48.

55. Parecer da Mesa de Consciência e Ordens sobre o estado da religião em Angola, mediante consulta do Ouvidor de Angola (22 de agosto de 1780). AHU, Angola, caixa 63, doc. 45.

56. Ofício do bispo de Angola frei Luís a Martinho de Melo e Castro (18 de junho de 1783). AHU, Angola, caixa 66, doc. 64.

57. Manoel Patrício Correa de Castro, "Memorial sobre os males que impedem o engrandecimento do Reino de Angola" (Lisboa, 10 de setembro de 1823). AIHGB, lata 28, doc. 21, fls. 1 e 1V.

58. Diversas leis foram firmadas nesse sentido, a saber: o Título XCIV do Livro V das Ordenações Manuelinas, o Livro V das Ordenações Filipinas; as Cartas Régias de 4 de agosto de 1623, 5 de março de 1697, 1º de dezembro de 1698 e 7 de março de 1701; as Provisões de 23 de agosto de 1718, 29 de abril de 1719 e 29 de dezembro de 1760, e a Consulta de 20 de maio de 1724. Para o texto completo dessas leis, ver Lara, *Legislação*.

59. Charles R. Boxer, *A Igreja e a expansão ibérica*.

60. Miller, *Way of death*, pp. 402-4.

61. Boxer, *Salvador de Sá*, p. 243.

62. Cf. L. F. Tollenare, *Notas dominicais tomadas durante uma viagem em Portugal e no Brasil em 1816, 1817 e 1818*, p. 110.

63. Entre 1765 e 1823, o governo português concedeu apenas 389 licenças para padres que quisessem embarcar em navios mercantes, incluindo os negreiros, cf. ANTT, Fundo Junta do Comércio, maço 65, caixas 210 e 211.

64. Amaral, "Luanda: estudo de geografia urbana", p. 48. Os grifos são meus.

65. Ofício de Francisco Inocêncio de Souza Coutinho ao marquês de Pombal. Luanda, 25 de junho de 1771. Manuscrito avulso da Biblioteca do Instituto de Estudos Brasileiros-USP, 4-a-30. O grifo é meu. Coutinho governou Angola entre 1764 e 1772 e foi o responsável pela implantação das "diretrizes pombalinas de deixar o grande comércio aos grupos metropolitanos e o comércio secundário aos grupos locais, terminar com o contrabando de franceses e ingleses e dirigir os benefícios do tráfico para o erário público", cf. Pantoja, "Aberturas e limites...". *Estudos Afro-Asiáticos*, 29: mar. 1996, pp. 144-6.

66. De acordo com Pélissier, em meados do século XIX "cerca de um quinto das importações era proveniente de Portugal e o resto do Brasil, o qual recebia quatro quintos das exportações. O equilíbrio da balança comercial com o grande tutor americano só podia, portanto, ser mantido à custa do contrabando negreiro". *História das campanhas de Angola*, v. I, p. 42.

67. Até o século XIX, a África Oriental era uma incógnita para os portugueses. Ao chegar ao litoral moçambicano, um governador trazia a desinformação que imperava em Lisboa: "Na Corte se desconhece o estado atual destes rios. Lá se diz que os moradores possuem quinze ou vinte mil escravos, que há tropas, riquezas, etc.", cf. Francisco José de Lacerda e Almeida, *Memória sobre a viagem que fez* [...], *governador dos Rios de Sena, para procurar e averiguar a comunicação das duas costas Oriental e Ocidental de África* (s. d.). BNDM, I-28, 29, 12. No início do século XIX, as notícias sobre a África Oriental ainda eram "muito limitadas e imperfeitas". Os portugueses "sempre tiveram uma ciosa reserva em instruírem o público sobre o estado de suas colônias, desconfiados que a pequenez das suas forças mal poderiam conservar o domínio delas contra os atentados da ambição e cobiça de outras nações mais poderosas". Até mesmo os limites e nomes dos acidentes geográficos eram inexatos, renomeados por cada viajante que passava pela colônia — a maioria deles agentes do tráfico negreiro, portadores de informações preciosas sobre as rotas do interior e os costumes dos africanos. Luís Vicente de Simoni, *Tratado médico sobre clima e enfermidades de Moçambique* (1821). BNDM, I-47, 23, 17, fls. 14-14v e 15v-16.

68. Desde o século XVIII, os franceses abasteciam suas plantações canavieiras das ilhas Maurício com escravos moçambicanos e não viam com bons olhos as pretensões lusas no local. Um relato escrito em 1783, época em que o comércio nos portos ultramarinos portugueses era vedado aos estrangeiros, dá uma amostra da ação dos contrabandistas franceses naquela região. A troca de escravos por armas e pólvora era constante e fragilizava ainda mais a pretensa soberania portuguesa, já que os africanos ainda não estavam completamente dominados — e, de resto, nunca estariam até o final do tráfico. Apesar da proibição, Lisboa pouco podia fazer "por lhe faltar o braço da tropa, por diminuta lhe faz infrutífera toda a diligência". A pequena força militar portuguesa em Moçambique era suspeita de corrupção, pois era impossível dizer se os rendimentos das transações com os estrangeiros iam para a Real Fazenda ou se ficavam nas mãos do governador, conforme o boato que ganhava o porto. Árabes e ingleses também eram presenças constantes nos portos da costa oriental, sempre vendendo armas e pólvora e comprando escravos. João Batista Roffe, *Descrição da negociação que os franceses faziam em Moçambique, Ilha de Oybo e Querimba, com a compra de escravatura e marfim para conduzirem à Ilha Maurícia* (1783). BNDM, I-13, 1, 47.

69. Ofício de Antonio Saldanha da Gama ao visconde de Anadia (Luanda, 17 de agosto de 1807). AHU, Angola, caixa 118, doc. 17.

70. A questão da conquista de Mossul será tratada mais adiante, no capítulo 7.

71. *Ata da reunião do Conselho Militar realizada no quartel de Santa Maria de Cabinda em 15 dez. 1783.* AHU, Angola, caixa 67, doc. 54. Nessa reunião, ficou decidido — por catorze votos contra três — que "não convinha presentemente fazer a dita expedição do Molembo" e que o melhor era esperar a vinda do novo governador para decidir assunto tão importante, pois talvez ele trouxesse instruções de Lisboa sobre o assunto.

72. O sargento-mor Antonio Máximo de Souza fez o reconhecimento da costa a mando de Antonio de Lencastre e foi demasiadamente otimista ao afirmar que não haveria problemas em construir fortalezas nos portos de Quitingo, Cabinda e Loango "pelo que respeita à oposição os negros, que não tinham forças para resistir à nossa artilharia, nem havia coisa alguma que recear a respeito". AN, códice 67, v. 10, Correspondência [do Vice-Reinado] com a Corte, desde 1º de janeiro de 1782 até 20 de dezembro do mesmo ano, fl. 86.

73. AN, códice 67, v. 10, Correspondência [do Vice-Reinado] com a Corte, desde 1º de janeiro de 1782 até 20 de dezembro do mesmo ano, fls. 84v e 87.

74. Ofícios de "diferentes indivíduos que tratam do forte que se mandou construir no porto de Cabinda e da sua destruição por duas fragatas francesas (1783 e 1784)". AHU, Angola, caixa 67, doc. 60. Ver também Pélissier, *História das campanhas de Angola*, v. I, pp. 53-4.

75. Ofício do marquês de Louriçal, 10 de janeiro de 1785. AHU, Angola, caixa 70, doc. 1.

76. José d'A. Correia de Sá, *A abolição da escravatura e a ocupação de Ambriz*, p. 101.

77. Cf. ofício de Pedro Álvares de Andrade e Francisco Xavier Lobão Machado Pereira [?] a Martinho de Melo e Castro (Luanda, 4 de agosto de 1789), prestando contas de que em 13 de julho saíram daquele porto as fragatas *N. S. da Graça* e *Luanda* e as corvetas *Invencível*, *S. José* e *Sararoca* com destino a Cabinda, levando "tropas, víveres, trabalhadores e materiais necessários para o estabelecimento que se pretende construir naquela baía". AHU, Angola, caixa 74, doc. 32.

78. Ofício de Manuel de Almeida e Vasconcelos a Martinho de Melo e Castro (Luanda, 14 de julho de 1795). AHU, Angola, caixa 82, doc. 7.

79. Cf. ofício do comandante Bartolomeu José Soares, da fragata *Cristóvão Colombo*, ao vice-rei conde de Resende em 15 de dezembro de 1799. AN, Fundo Ministério do Reino e Império, caixa 498 (Marinha — Correspondência, 1770-1800).

80. Ofício de Miguel Antonio de Melo a Felisberto Caldeira Brant Pontes (Luanda, 12 de junho de 1799). AHU, Angola, caixa 92, doc. 28.

81. *Instrução do que se deve praticar no porto de S. Felipe de Benguela indo a ele arribado algum navio estrangeiro*, anexada ao ofício de Miguel Antonio de Melo ao visconde de Anadia (Luanda, 3 de agosto de 1802). AHU, Angola, caixa 104, doc. 25.

82. AHI, lata 3, maço 5, pasta 1 (*Dona Bárbara*), depoimento de 28 de março de 1829.

83. AHI, lata 16, maço 2, pasta 3 (*Flor de Luanda*), depoimento de 20 de abril de 1838.

84. *Relatório de Antonio Máximo de Sousa Magalhães, capitão da companhia de artilharia e natural de Luanda, dando conta das investigações das quais foi incumbido, de explorar a costa de Loango e fazer novas averiguações para corrigir as cartas já existentes* (16 de março de 1780). AHU, Angola, caixa 63, doc. 13.

85. *Extrato atual da conquista de Angola e seu comércio, examinado sobre instruções parti-*

culares que me comunicou o Ilmo. e Exmo. St. Martinho de Melo e Castro com um resumo da receita e despesa do erário, segundo o cálculo mais aproximado. Ano de 1791 (Luanda, 1º de fevereiro de 1792). AHU, Angola, caixa 77, doc. 14.

86. Ofício de Manoel de Almeida Vasconcelos a Martinho de Melo e Castro (Luanda, 25 de abril de 1793). AHU, Angola, caixa 78, doc. 58.

87. Monteiro, *Dicionário geográfico*, p. 176; Correia de Sá, *A abolição da escravatura*, p. 101.

88. Ferreira, "O significado e os métodos", p. 55.

89. Cf. Louis Lacroix, *Les derniers negriers*, p. 164.

90. Lacroix a definiu como construção fortificada; Taunay deu outra definição para a quibanda ou *quibangua*: para ele, tratava-se de uma construção provisória, feita pelos traficantes "candidatos à aquisição de escravos" que "mandavam construir pelos carpinteiros de bordo a casa de madeira, o *quibangua*, no meio do campo, onde lhes deviam trazer os lotes de cativos". Taunay, *Subsídios para a história do tráfico africano no Brasil*, p. 107.

91. Lacroix, *Les derniers negriers*, pp. 164-7.

92. O médico protestante Jose E. Cliffe, norte-americano que se naturalizou brasileiro e tornou-se proprietário no Brasil, viveu parte de sua vida engajado no tráfico negreiro. Ele foi interrogado em 11 de maio de 1848 pela comissão do Parlamento britânico que investigava o tráfico na África. Para a íntegra do depoimento, ver *Second report from the select committee on slave trade; together with the minutes of evidence, and appendix*, pp. 36-59.

93. Id., ibid., p. 44.

94. Cf. Henry A. Gemery & Jan S. Hogendorn, "Technological change, slavery, and the slave trade". In: Clive Dewey & A. G. Hopkins (eds.), *The imperial impact: studies in the economic history of Africa and India*, p. 253.

95. J. F. de Almeida Prado, *Pernambuco e as capitanias do Norte do Brasil (1530-1630)*, v. I, pp. 271-4; Taunay, *Subsídios*, p. 107.

96. AHI, lata 19, maço 1, pasta 1 (*John Bob*, 1844), interrogatório de Edmundo Gabriel.

97. Cf. ofícios de 25 de fevereiro de 1797 e 17 de abril de 1798. AGCRJ, códice 6-2-11, Mercadores de escravos (1825).

98. AHI, lata 13, maço 1 (*Emília*, 1821), fls. 147-55.

99. Miller, *Way of death*, cap. 8.

100. John Luccock, *Notas sobre o Rio de Janeiro e partes meridionais do Brasil*, p. 391.

101. Gemery & Hogendorn, "Technological change...", pp. 247-51.

102. Castro, "Memorial"; ofício de Joaquim Xavier Diniz Costa ao governador da capitania de Moçambique (1829), BNDM, I-28, 31, 17.

103. Ofício de Miguel Antonio de Melo a Rodrigo de Sousa Coutinho (3 de janeiro de 1801), citado na nota 51. Os grifos são meus.

2. INTERESSES EM CONFRONTO [pp. 83-103]

1. Parte deste capítulo foi publicada, com o título "África, 'uma sociedade mais feliz do que a nossa': escravos e senhores transitórios nas redes do tráfico negreiro". *Projeto História*, 27: dez. 2003, pp. 123-46.

2. Claude Meillassoux, *Antropologia da escravidão: o ventre de ferro e dinheiro*, pp. 180 ss.

3. João José Reis, "Notas sobre a escravidão na África pré-colonial". *Estudos Afro-Asiáticos*, 14: 5-21, 1987.

4. John Thornton, "African dimensions of the Stono rebellion". *American Historical Review*, 96 (4): 1101-13, out. 1991, e *Africa and Africans in the making of the Atlantic world, 1400-1680*.

5. Nesta abordagem, podem ser citados os trabalhos de Paul Lovejoy, "The impact of the slave trade on Africa". *Trends in History*, 3 (1): 19-36, 1982, e *Transformation in slavery: a history in Africa*, além de Patrick Manning, "Escravidão e mudança social na África". *Novos Estudos Cebrap*, 21: 8-29, jul. 1988, e *Slavery and African life (Occidental, Oriental, and African slave trades)*.

6. *An abstract of the evidence derivered before a selected committee of the House of Commons in the years 1790, and 1791; on the part of petitioners for the abolition of the slave trade*.

7. Outra coletânea fora publicada dois anos antes, reunindo depoimentos de pessoas ligadas ao tráfico na África, no Brasil e nas Antilhas. Ver *Report of the lords of the committee of council appointed for the consideration of all masters relating of trade and foreign plantations*, 1789. Até meados do século XIX, outros volumes seriam editados pelo Parlamento inglês.

8. Robert Walsh, *Notícias do Brasil*, p. 161. A africana, cujo nome o viajante nem sequer mencionou, foi devolvida posteriormente ao seu senhor.

9. Não consegui saber com mais detalhes quem foi o major William Dalrymple, além de autor de *Travels through Spain and Portugal in 1774*, editado em Londres em 1776.

10. *An abstract of the evidence...*, p. 2.

11. Ibid., pp. 3-5.

12. Cf. James Green, "The publishing history of Olaudah Equiano's *Interesting narrative*". *Slavery & Abolition*, 16 (3): dez. 1995, pp. 362-7.

13. Id., ibid., p. 367; G. I. Jones, "Olaudah Equiano of the Niger Ibo". In: Philip D. Curtin (ed.). *Africa remembered: narratives by West Africans from the era of the slave trade*, pp. 60-7. Esta última obra é uma edição de trechos de relatos de africanos escravizados que publicaram suas obras na Europa e nos Estados Unidos nos séculos XVIII e XIX.

14. "Zangara, the Negro slave" e "Maquama, the discarded Negro slave". In: *Slavery illustred in the histories of Zangara and Maquama, two Negroes stolen from Africa and sold into slavery, related by themselves*, pp. 2 e 27, respectivamente.

15. "Zangara, the Negro slave", pp. 6-7.

16. Sobre os ataques e as táticas de guerrilha nos confrontos ocorridos no interior, ver Lacroix, *Les derniers negriers*, p. 159.

17. Considerado o "último cirurgião no tráfico de africanos" inglês, cf. seu livro *An account of the slave trade on the coast of Africa*.

18. *An abstract of the evidence...*, p. 13, que reproduz trechos do relato de Falconbridge.

19. Ibid., p. 15.

20. Ibid., p. 14.

21. Ibid., p. 15.

22. Nesse contexto, a experiência de Zangara e sua família parece excepcional. No mesmo navio, além dele, embarcaram sua mulher Quahama e sua filha Mene. Desembarcada na América, a família foi vendida para o mesmo senhor. "Zangara, the Negro slave", pp. 10-2.

23. V. Lovett Cameron, *Através d'África: viagem de Zanzibar a Benguela*, v. II, pp. 302-3.

24. Isaac Taylor, *Scenes in Africa, for the amusement and instruction of little tarry-at-home travellers*, pp. 43 e 63 ss.

25. Sobre o assunto, ver Seymour Drescher, *Capitalism and antislavery: British mobilization in comparative perspective*, em especial o capítulo "Class conflict, hegemony and the costs of antislavery", pp. 135-61.

26. Apud Lacroix, *Les derniers negriers*, p. 158.

27. Certamente, havia outras formas de violência, menos diretas e sensíveis apenas a longo prazo, como a inibição do crescimento demográfico africano por mais de quatrocentos anos. Na melhor das hipóteses, os índices de crescimento populacional da África Ocidental — a primeira região a fornecer escravos para o tráfico transatlântico — estacionaram entre os séculos XVI e XIX. Entre 1500 e 1870, o aumento da população africana foi muito menor do que em qualquer outro continente. Somente a partir de fins do século XIX, quando o tráfico acabou e as relações comerciais na África ficaram relativamente estabilizadas, é que a população do continente cresceu a uma das taxas mais elevadas do mundo (entre 1900 e 1950), cf. Manning, "Escravidão e mudança social na África".

28. Klein, *A escravidão africana: América Latina e Caribe*, pp. 157 ss.

29. Apud Joseph E. Inikori, "O tráfico negreiro e as economias atlânticas de 1451 a 1870". In: *O tráfico de escravos negros — séculos XV a XIX*, p. 95.

30. AHI, lata 13, maço 1A (*Emília*), fls. 324 e 321, respectivamente. Dias depois da partida de Molembo, esse navio foi apreendido pelos ingleses poucos graus ao norte do equador. As cartas de França nunca chegaram ao seu destino.

31. Ver Reis, "Notas sobre a escravidão", p. 16.

32. Ofício de José Gonçalo da Câmara a Martinho de Mello e Castro (Luanda, 22 de fevereiro de 1780). AHU, Angola, caixa 63, doc. 7.

33. Representação dos negociantes de Luanda (6 de outubro de 1781). AHU, Angola, caixa 64, doc. 10.

34. Rafael José de Sousa Correa e Mello, *Memória sobre o abuso pernicioso do comércio deste sertão com a introdução da pólvora e das armas de fogo e sobre alguns outros vícios do mesmo comércio* (Benguela, 12 de novembro de 1786). AHU, Angola, caixa 71, doc. 60.

35. AHI, lata 31, maço 4, pasta 1 (*Venturoso*), fls. 9-9v, depoimento de 16 de julho de 1817.

36. Reis, "Notas sobre a escravidão", p. 11.

37. Na sociedade *bawoyo*, os escravos poderiam ter pelo menos seis origens diferenciadas: cativos em guerras contra os povos vizinhos; nascidos de mulheres escravas; provenientes do comércio de longa distância — nesse caso, trocados sobretudo por sal; receber a condição de dependente ou servo após um julgamento onde era condenado pela quebra das normas do reino; dependência por dívida — que poderia ser individual ou de toda uma linhagem; tornar-se cativo pela impossibilidade de garantir sua autossubsistência ou sua sobrevivência diante do perigo de vingança de outro membro de seu próprio grupo, cf. Carlos Serrano, *Os senhores da terra e os homens do mar: antropologia política de um reino africano*, pp. 119-21.

38. Serrano, *Os senhores da terra e os homens do mar*, pp. 106-7 e 69-70, respectivamente.

39. Relatório de Antonio Máximo de Sousa Magalhães, capitão da companhia de artilharia (16 de março de 1780). AHU, Angola, caixa 63, doc. 13.

40. Sobre Manuel Pinto da Fonseca e sua feitoria em Cabinda, além do que já foi dito no capítulo 1, ver Jaime Rodrigues, "Os traficantes de africanos e seu 'infame comércio'

(1827-1860)". *Revista Brasileira de História*, 15 (29), 1995, p. 146; Roquinaldo Amaral Ferreira, "O significado e os métodos do tráfico ilegal de africanos na Costa Ocidental da África, 1830-1860". *Cadernos do Laboratório Interdisciplinar de Pesquisa em História Social*, 2: 1995, p. 61 e adiante; e Gervase Clarence-Smith, *O terceiro império português (1825-1975)*, pp. 60-1.

41. AHI, lata 19, maço 1, pasta 1 (John Bob), depoimento de 11 de outubro de 1844.

42. *Ngoyo* é uma palavra composta, na qual *Ngo* significa leopardo (um símbolo de poder, pois apenas os chefes podiam usar a pele desse animal como sinal de liderança e distinção social) e *oyo* ou *moyo* significa espírito, alma ou força vital. O poder atribuído aos reis em muitas sociedades africanas provinha (como é o caso desta), entre outras coisas, de sua função religiosa. Os reis eram os responsáveis pela ligação entre os vivos e os mortos, a comunidade e os ancestrais. Essa ligação era fundamental, pois através dela se transmitia o *fluxo vital* que garantia a manutenção do grupo. Ver Serrano, *Os senhores da terra e os homens do mar*, pp. 47-8.

43. AHI lata 19, maço 1, pasta 1 (*John Bob*).

44. Id., ibid.

45. Os vili estavam estabelecidos no reino de Loango e criaram, em meados do século XVII, uma série de vilas para auxiliar o sistema de caravanas de escravos através do Congo. Esse povo engajou-se no comércio com Angola, apesar da proibição portuguesa, negociando em larga escala com Matamba, o vizinho independente a leste de Angola. No Congo Oriental, fizeram contato com os mercadores de Nzombo, cujas operações se estendiam a leste e incluíam muitos não congoleses. Ver Thornton, "African dimensions...", p. 1104. Sobre a habilidade desse povo na agricultura e na fabricação e manejo de barcos pesqueiros e de transporte na costa, ver Luiz Geraldo Silva, "A faina, a festa e o rito: gentes do mar e escravidão no Brasil (séculos XVII ao XIX)" (tese de doutorado), p. 63.

46. O reino do Congo passou por um período de 44 anos de guerras civis a partir de 1665. Mais do que levantar as causas da guerra, Thornton assinala que era comum o engajamento de congoleses em armas durante o período das guerras, que voltaram a ocorrer no século XVIII. Descrições das guerras no século XVII mostram que as armas de fogo não eram importantes antes de 1680, mas a situação mudou no final desse século e no início do seguinte. Em 1734, ainda havia arqueiros e lanceiros entre as tropas em luta, mas também havia numerosos mosqueteiros. Na década de 1780, os mosquetes eram as armas mais importantes usadas nas guerras do Congo, tendo sido levados à África pelos europeus — em particular portugueses, cf. Thornton, "African dimensions...", pp. 1109-11.

47. Cf. Pierre Verger, *Fluxo e refluxo do tráfico de escravos entre o golfo de Benin e a Bahia de Todos os Santos dos séculos XVII ao XIX*, pp. 257-67.

48. Id., ibid., pp. 279-80.

49. Id., ibid., pp. 282-3.

50. Ofício do conde de Galveas ao conde dos Arcos, governador da Bahia (Rio de Janeiro, 2 de agosto de 1811). BNDM, II-33, 29, 23.

51. Verger, *Fluxo e refluxo...*, p. 266. Em resposta à embaixada do Daomé, a Coroa portuguesa enviou dois padres com o objetivo de converter o soberano local, Adarunzá VIII. O relato da viagem desses embaixadores está em Clado Ribeiro de Lessa, *Crônica de uma embaixada luso-brasileira à Costa d'África em fins do século XVIII*, incluindo o texto da viagem de África em o Reino de Dahomé, escrita pelo padre Vicente Ferreira Pires no ano de 1800 e até o presente inédita.

52. Sobre esse assunto, ver Rodrigues, *O infame comércio*, especialmente o capítulo II.
53. Ofício do conde de Galveas ao conde dos Arcos, citado acima.
54. Carta do rei Adoxa ao rei [sic] de Portugal (Onim, 12 de março de 1812). BNDM, I-46, 15, 11.
55. Id., ibid.
56. Id., ibid.
57. Mesmo a criação das companhias de comércio no século XVII não excluía a negociação direta com os soberanos locais na África, como ocorria com os holandeses e sua Companhia das Índias Ocidentais. James Bellarosa mencionou o caso de um navio que iniciou sua viagem no forte de Elmina, na África Ocidental, em 1659, que não conseguiu completar ali seu carregamento com os escravos disponíveis naquela dependência holandesa. Seguiu, então, para Bonny, "uma vila comercial localizada na atual Nigéria", e negociou o complemento da carga com os chefes nativos ao longo de mais de dois meses. J. M. Bellarosa, "The tragic slaving voyage of the *St. John*". *American Neptune*, 40 (4): 1980, p. 293.
58. Termos do tratado entre a expedição de Cabinda e os príncipes e potentados do lugar, 26 de julho de 1783. AHU, Angola, caixa 67, doc. 8.
59. Ibid.
60. AHU, Angola, caixa 67, doc. 45.
61. AHU, Angola, caixa 119, doc. 2. Yanvo propunha a abertura de uma feira portuguesa, que não chegou a funcionar, "embora comerciantes portugueses tenham seguido, a partir de 1807-1808, as pisadas dos dois pombeiros [os escravos angolanos Pedro João Batista e Amaro José]", que chegaram à capital dos lundas em 1806, cf. Pélissier, *História das campanhas de Angola*, v. I, p. 59.

3. A REDE MIÚDA DO TRÁFICO [pp. 104-35]

1. Versão ligeiramente modificada do terço inicial deste capítulo encontra-se publicada em "A rede miúda do tráfico: os pombeiros e o comércio de escravos em Angola no final do século XVIII". *História & Perspectivas*, 23: 67-83, jul.-dez. 2000.
2. Uma abordagem do tráfico negreiro como negócio que envolvia interesses variados no Brasil e em Angola nos séculos XVI e XVII pode ser encontrada no livro de Luiz Felipe de Alencastro, *O trato dos viventes: formação do Brasil no Atlântico Sul*.
3. Jill Dias, "Mudanças nos padrões de poder no 'hinterland' de Luanda: o impacto da colonização sobre os mbundu (c. 1845-1920)". *Penélope*, 14: dez. 1994, p. 45.
4. Os bubi migraram para a ilha em data desconhecida, em virtude da pressão dos povos do interior do continente, e já estavam estabelecidos ali em fins do século XVI. Quando da ocupação espanhola, Fernando Pó foi imaginada como uma grande base do tráfico para a América. O projeto malogrou por diversas razões — entre elas a guerra anglo-espanhola de 1778 e a relutância dos habitantes da ilha em estabelecer comércio com estrangeiros. O contato dos espanhóis com os bubis foi mínimo e hostil: "a estrutura da sociedade bubi não era propícia ao comércio. Não existia ali uma reserva de escravos capaz de ser vendida a estrangeiros para exportação, nem havia uma autoridade política capaz de fazer voltar os recursos da ilha para o comércio com os europeus. A demanda por produtos de fora também não era grande. Os bubi resistiram fechando os contatos comerciais com estranhos até os primeiros anos do século XX", cf. I. K.

Sundiata, "A note on an abortive slave trade: Fernando Pó, 1778-1781". *Bulletin de l'Institut Fondamental d'Afrique Noire*, série B, 35 (4): 793-804, 1973.

5. Cf. Carlos Alberto Zeron, "Pombeiros e tangosmaos, intermediários do tráfico de escravos na África", *Actes du Colloque Passeurs Culturels — Mediadores Culturais*, Lagos (Portugal), 9 a 11 de outubro de 1997. Lisboa: Fundação Calouste Gulbenkian, 1998. Indicações de outros estudiosos vão no mesmo sentido: o "copiador de Angola" teria anotado em 1799 que o termo *pombeiro* era um "vocábulo derivado do Pumbo ou Pombo, antiga feira de escravos no Congo", cf. Pedro Ramos de Almeida, *Portugal e a escravatura em África — cronologia (sécs. XVI-XX)*, p. 67; Afonso d'E. Taunay afirma que o vocábulo procede de "Pompo ou Mpumbu, onde viviam os Bavumbus em Quicongo". *Subsídios para a história do tráfico africano no Brasil*, p. 111.

6. Zeron, "Pombeiros e tangosmaos".

7. Os primeiros tangomaus eram os cabo-verdianos que, impedidos legalmente de fazer comércio no continente no século XVI, burlaram a proibição e passaram a ser designados "lançados" ou "tangomaos" na legislação portuguesa, "tendo como primeira atividade o comércio ilícito não só na zona dos privilégios dos cabo-verdianos, como em toda a zona dos rios da Guiné. Depois esta designação passou a aplicar-se aos cabo-verdianos que se internavam pelos rios a comerciar com os negros e mais tarde a todo o indivíduo, mesmo não nascido nas ilhas, que se internasse pelos rios da Guiné comerciando a maior parte das vezes com quem oferecesse melhores produtos para o resgate". Zeron, "Pombeiros e tangosmaos".

8. Na ausência de herdeiros, esses bens seriam deixados à Misericórdia de Lisboa, cf. Título XVI (Do juiz dos feitos da Misericórdia e Hospital de Todos os Santos de Lisboa) das *Ordenações Filipinas*, v. I, pp. 44-5, apud Silvia H. Lara (org.), *Legislação sobre escravos africanos na América portuguesa*, pp. 102-3.

9. Charles R. Boxer, *Salvador de Sá e a luta pelo Brasil e Angola*, p. 242.

10. Defensor de uma política na qual os africanos fossem os abastecedores de escravos para o litoral e contrário ao estabelecimento dos presídios e às atividades dos pombeiros, o governador Miguel Antonio de Melo referia-se aos que iam para o sertão como "homens de costumes depravados, que trocaram os patíbulos de Portugal por virem morar em Angola", cf. ofício a Rodrigo de Sousa Coutinho (Luanda, 11 de janeiro de 1798). AHU, Angola, caixa 87, doc. 16.

11. Selma Pantoja, "Aberturas e limites da administração pombalina na África: os autos da devassa sobre o negro Manoel de Salvador". *Estudos Afro-Asiáticos*, 29: mar. 1996, p. 145.

12. Id., ibid.

13. Memorialistas do final do século XVIII e início do XIX mencionaram as atividades dos pombeiros, nomeando-os "funidores" ou "tumberos". Ver Luiz A. de Oliveira Mendes, *Memória a respeito dos escravos e tráfico da escravatura entre a costa d'África e o Brasil* (1793), p. 43, e Domingos A. B. Muniz Barreto, "Memória sobre a abolição do comércio da escravatura". In: *Memórias sobre a escravidão*, pp. 79-99.

14. Manoel Patrício Correa de Castro, "Memorial sobre os males que impedem o engrandecimento do Reino de Angola" (Lisboa, 10 de setembro de 1823). AIHGB, lata 28, doc. 21, fl. 7.

15. Gastão de Sousa Dias (ed.), "Uma viagem a Cassange nos meados do século XVIII". *Boletim da Sociedade de Geografia de Lisboa*, 56 (1-2), 1938, p. 11.

16. Id., ibid., p. 16.

17. Id., ibid., p. 17.

18. Cf. Pantoja, "Aberturas e limites", p. 145.

19. Jill Dias, "Mudanças nos padrões de poder...", pp. 50-1. De acordo com a autora, "estes indivíduos constituíam a elite de uma minoria de agricultores-comerciantes, negociantes e artesãos que haviam emergido em resposta ao crescimento de Luanda como centro administrativo do tráfico de escravos", concentrando-se nas proximidades dos rios Bengo e Dande e "nas comunidades comerciais luso-mbundo das regiões do baixo Kwanza e Lukala, onde a maioria possuía terras independentes da autoridade dos sobas e dos anciãos das linhagens" (p. 51) e ampliaram sua influência especialmente a partir da década de 1830.

20. *Regimento para o Diretor da Feira de Cassange, publicado em 6 de outubro de 1790*, art. 5º. AHU, Angola, caixa 75, doc. 51.

21. Ibid., art. 10º.

22. Miguel Antonio de Melo foi nomeado governador de Angola em 1795, cf. AHU, Angola, caixa 82, doc. 5.

23. AHU, Angola, caixa 100, doc. 11 (Luanda, 12 de abril de 1801).

24. Id., ibid.

25. Id., ibid.

26. Cerca de 462 quilômetros, considerando uma légua o equivalente a 6600 metros.

27. Criado em 1685, o presídio de Caconda situava-se na região de Hanha, ao sopé do planalto do Bihé, e fazia parte da rede de presídios portugueses em Angola. A intenção original da Coroa era fazer dele um centro de povoamento branco no leste de Angola. Ver João Medina & Isabel Castro Henriques, *A rota dos escravos*, p. 140; René Pélissier, *História das campanhas de Angola*, v. I, p. 67.

28. Ofício do ouvidor-geral João Álvares de Melo a Miguel Antonio de Melo (Luanda, 7 de dezembro de 1798). AHU, Angola, caixa 89, doc. 59.

29. Miller, *Way of death*, p. 382.

30. Aliás, os únicos que encontrei entre os autos da Comissão Mista Anglo-Brasileira do Rio de Janeiro. No *Arquivo Histórico do Itamarary*, onde essa documentação está guardada, existem 155 processos de apreensão de navios negreiros. Muitos deles não tinham escravos a bordo e havia também os que foram apreendidos por engano ou pela orientação que os comandantes ingleses tinham de aprisionar todos os navios portugueses e brasileiros que pudessem, no auge da repressão ao tráfico. Dentre os mais de noventa processos que li, raros são aqueles nos quais os africanos foram ouvidos em interrogatório; mais raros ainda são os depoimentos que trazem informações relevantes sobre a experiência africana no tráfico.

31. AHI, lata 3, maço 5, pasta 1 (*Dona Bárbara*), fls. 15-6.

32. Robert W. Slenes, "Malungu, ngoma vem!': África coberta e descoberta no Brasil". *Revista USP*, 12: 48-67, dez. 1991-fev. 1992.

33. Sobre as deficiências legais na condução dos processos judiciais e a questão dos intérpretes africanos, ver Rodrigues, *O infame comércio*, pp. 218-20.

34. Sebastião Xavier Botelho, *Memórias estatísticas sobre os domínios portugueses na África Oriental*, pp. 367-8.

35. Cf. Afonso d'E. Taunay, *No Brasil de 1840*, p. 127.

36. Ofício de informações dirigidas ao conde de Galveas pelo corregedor do Crime da Corte Francisco Lopes de Sousa, a respeito de uma transação mercantil feita entre José Malaquias Ferreira e o rei de Oére, na costa da África, de oitenta escravos (Rio de Janeiro, 28 de agosto de 1810). AIHGB, lata 8, doc. 7.

37. AHI, lata 13, maço 1A (*Emília*), cartas de Vicente Ferreira Milles (Feitoria de Molembo, 5 e 12 de fevereiro de 1821), fls. 324 e 334.

38. Carta datada em Luanda, 25 de agosto de 1821. AN, códice 1142, Registro de várias correspondências de caráter comercial procedentes de Luanda, Moçambique e Rio de Janeiro (1821-24).

39. Carta para Manoel Gonçalves de Carvalho (Luanda, 28 de junho de 1821). AN, códice 1142, Registro de várias correspondências..., fls. 1-1v.

40. Carta de José da Silva Rios ao piloto e ao contramestre Joaquim Antonio (Bahia, 9 de março de 1828). AHI, lata 14, maço 4, pasta 1 (*Esperança*).

41. Carta para Antônio José da Silva Guimarães (Luanda, 25 de agosto de 1821). AN, códice 1142, Registro de várias correspondências..., fl. 3.

42. Carta datada em Luanda, 17 de fevereiro de 1796. BNDM, I-32, 34, 39 n. 1.

43. AHI, lata 19, maço 3, pasta 2 (*Lindeza*), fls. 5v-6.

44. Id., ibid., fls. 6v-7.

45. Luccock, *Notas sobre o Rio de Janeiro*, pp. 390-1.

46. Como se deu com o brigue *Trajano*, apreendido em Ajudá em 13 de março de 1827, onde trocava fazendas por búzios a serem utilizados na troca por escravos em Molembo. Esse navio levava ainda tabaco, aguardente, lenços pintados, chita, veludo, espingardas e coral, entre outras mercadorias, para trocar na África, cf. o "Livro de cargas e fretes do brigue *Trajano*", AHI, lata 30, maço 2, pasta 1. A sumaca *Tentadora* também parou em Ajudá para trocar fazendas por búzios e mantimentos, "sempre escassos em Molembo pela afluência de navios que concorrem a esse mercado", cf. AHI, lata 30, maço 1, pasta 1. Referências às fazendas como mercadoria de troca podem ser encontradas em diversos outros processos, como o do *Nova Inveja* (AHI, lata 23, maço 2, pasta 1).

47. Cf. AHI, lata 28, maço 5, pasta 1 (*São João Segunda Rosália*).

48. AHI, lata 25, maço 2 (*Paquete de Benguela*), fl. 27.

49. Cf. AHI, lata 28, maço 2, pasta 1 (*Rosália Terceira*); AHI, lata 17, maço 3, pasta 1 (*Guiana*); AHI, lata 15, maço 4, pasta 2 (*Feliz Americano*); AHI, lata 12, maço 3, pasta 1 (*Eclypse*); AHI, lata 10, maço 2, pasta 2 (*Destino*); AHI, lata 9, maço 2, pasta 1 (*Criola*); AHI, lata 6, maço 3, pasta 1 (*Cerqueira*).

50. AHI, lata 18, maço 1 (*Imperador Dom Pedro*), e AHI, lata 20, maço 2, pasta 1 (*Maria*).

51. AHI, lata 7, maço 5, pasta 1 (*Comerciante*).

52. Cf. Klein, *The middle passage*, pp. 41-2.

53. Ivo Cerqueira, *Vida social indígena na colônia de Angola*, apud Luís da Câmara Cascudo, *Prelúdio da cachaça: etnografia, história e sociologia da aguardente no Brasil*, p. 23.

54. AHI, lata 21, maço 2, pasta 1 (*Minerva*), fls. 8 a 10.

55. AHI, lata 7, maço 5, pasta 1 (*Comerciante*).

56. Falconbrige, *An account*..., p. 44.

57. AHU, códice 481, Consultas de Angola e São Tomé (1778-1831), parecer de 21 de janeiro de 1829, fls. 41-44v.

58. Cf. Clarence-Smith, "The Portuguese contribution", p. 27.

59. A história da chalupa *Dolphin* exemplifica as dificuldades que poderiam ocorrer em uma viagem negreira. Zarpando de Rhode Island em junho de 1795, ela arribou 56 dias depois na costa africana. Naquela época, os produtos americanos trocados por escravos na África

Ocidental passavam por um declínio no preço. Frustrado, o capitão do navio anotou em seu diário a chegada à ilha de Goré em 9 de outubro e a permanência até o final do ano tentando comprar escravos. Em abril de 1796, ele tentava completar seu carregamento no rio Gâmbia. Depois de onze meses nas costas africanas, fora o tempo de navegação até lá, o *Dolphin* naufragou. A história é relatada com mais detalhes por Bruce L. Mouser, "The voyage of the good sloop *Dolphin* to Africa, 1795-1796". *American Neptune*, 37 (4): 1978, pp. 249-56.

60. David M. Williams atentou para o grau de barganha envolvido na compra de escravos feita pelos capitães dos navios ou por comerciantes europeus residentes na África. Sobre a (im)possibilidade de completar um carregamento num único porto, ele afirma tratar-se de "um problema imprevisível [...], um objeto sobre o qual nosso conhecimento está longe de ser completo". Ver "The shipping and organization of the Atlantic slave trade (A review article)". *The Journal of Transport History*, 4 (3): 1977-78, p. 181.

61. AHU, Angola, códice 551, fl. 44, apud Manuel dos Anjos da Silva Rebelo, *Relações entre Angola e Brasil (1808-1830)*, p. 343.

62. Id., ibid., p. 344.

63. Emílio Roig de Leuchsenring, "De cómo y por quiénes se realizava en Cuba la trata e esclavos africanos durante los siglos XVIII y XIX". *Estudios Afrocubanos*, 1 (1): 1937, pp. 134-5.

64. Miller, *Way of death*, p. 314.

65. Id., ibid., pp. 314-5. A distinção operada nos dois decretos de 1758 referia-se à prática comercial até então vigente. Eles deram a prioridade nas partidas em Luanda aos navios "de efeitos próprios" ou que carregavam seus próprios escravos para venda, sobre os navios fretados — também chamados "de bando", ou os que carregavam escravos pertencentes a terceiros através de cargas fretadas (id., ibid., p. 316). De acordo com Manolo Florentino, havia os "comissários" — agentes dos traficantes brasileiros — e os comerciantes de "efeitos próprios" — os que possuíam "fundos suficientes para bancar a importação dos bens do escambo", cf. *Em costas negras*, p. 154. Para o texto completo dos decretos (de 11 e de 25 de janeiro de 1758, respectivamente), consulte Lara, *Legislação*, pp. 323-7.

66. AHI lata 10, maço 4, pasta 1 (*Diana, II*), 17 de março de 1827.

67. Ver AHI, lata 10, maço 4, pasta 1 (*Diana, I*).

68. Carta de ordens assinada por Isidoro Martins Braga (Bahia, 28 de setembro de 1811). AHI, lata 26, maço 6, pasta 2 (Prazeres).

69. Carta de Ordens (Bahia, 30 de agosto de 1821). AHI, lata 15, maço 1, pasta 1 (*Esperança Feliz*).

70. Carta de José da Silva Rios ao piloto e contramestre Joaquim Antonio (Bahia, 9 de março de 1828). AHI, lata 14, maço 4, pasta 1 (*Esperança*). Recomendação semelhante foi dada ao capitão da galera *São Benedito*, apreendida em Onim em 1826; ele deveria comprar escravos "moços, e mais machos que fêmeas de boas figuras". AHI, lata 28, maço 4, pasta 1.

71. Carta ao capitão Jacinto Antonio Pereira Caneiro do proprietário (20 de janeiro de 1827). AHI, lata 18, maço 3, pasta 1 (*Independência*).

72. Carta de José Lourenço (Montevidéu, 27 de junho de 1834). AHI, lata 28, maço 1, pastas 1 e 2 (*Rio da Prata*), fl. 200.

73. AHI, lata 10, maço 4, pasta 1 (*Diana*).

74. Cartas de Caetano Alberto de França a Antônio Francisco Ribeiro (12 de fevereiro de 1821) e de Vicente Ferreira Milles a Escolástica do Carmo Vianna (8 de fevereiro de 1821). AHI, lata 13, maço 1A (*Emília*, 1821), fls. 321 e 324, respectivamente.

75. Como os oficiais do *Prazeres*, que receberam instruções para controlar "tudo quanto vai, e o seu produzido deve pagar frete, pois apesar de não termos largado carregações e do ajuste dos oficiais, a equipagem sempre havia de meter alguma coisa, o que não ignoramos, e por isso é que recomendamos isto muito a v. mercê a fim que note tudo com [...] clareza no livro dos fretes que deve formar". AHI, lata 26, maço 6, pasta 2 (*Prazeres*).

76. Como no caso do *Prazeres* (AHI, lata 26, maço 6, pasta 2).

77. Isso foi notado pelos autores do *Projeto d'uma companhia para o melhoramento do comércio, agricultura e indústria na província de Angola*, 1848. Em função das medidas repressivas inglesas, quando um navio chegava à costa africana, "a primeira coisa que se lhe entra a bordo são seiscentos ou mais pretos tudo dum só golpe, e depois começam a vir as provisões e água, porém algumas vezes quando apenas destas se acham a bordo um terço, lá grita o marinheiro de vigia no tope do negreiro 'uma vela ao sul'; a esta palavra largam-se as lanchas com o mantimento e a água, e o negreiro fazendo violentíssima força de vela, às vezes consegue escapar à vela que avistava", cf. p. 6.

78. Sobre as estratégias dos traficantes e tripulantes para se livrar das acusações de tráfico ilegal nos processos judiciais instaurados no Brasil depois de 1831, ver Jaime Rodrigues, "Os traficantes de africanos e seu 'infame comércio' (1827-1860)", 1995.

79. Relatório de Antonio Máximo de Sousa Magalhães (16 de março de 1780). AHU, Angola, caixa 63, doc. 13.

80. Id., ibid.

81. Id., ibid.

82. Ofício do barão de Mossâmedes a Martinho de Melo e Castro, 15 de agosto de 1790. AHU, Angola, caixa 75, doc. 35.

83. Id., ibid.

84. Devassa sobre o contrabando existente em Benguela (13 de abril de 1793). AHU, Angola, caixa 77, doc. 59.

85. Cf. ofício de Manoel de Almeida Vasconcelos a Martinho de Mello e Castro (Luanda, 9 de fevereiro de 1793). AHU, Angola, caixa 78, doc. 27.

86. Ofício do conde de Resende a Rodrigo de Sousa Coutinho (Rio de Janeiro, 12 de dezembro de 1798). AN, códice 68, v. 14.

87. Id., ibid. Resende fazia essas sugestões tendo em mente a Carta Régia de 24 de setembro de 1798, que reiterava a proibição da passagem de escravos para os domínios espanhóis. Ver AN, Correspondência, códice 67, livro 19, fl. 99, apud Lara, *Legislação*, p. 357.

88. O navio em que estes últimos vieram chamava-se *São José Diligente*. Ver ofício de Luís de Vasconcelos a Martinho de Melo e Castro (Rio de Janeiro, 24 de maio de 1784). AN, códice 67, v. 12, Correspondência [do Vice-Reinado] com a Corte, desde 9 de janeiro de 1784 até 30 de dezembro do mesmo ano, fls. 217-217v.

89. AN, códice 68, v. 6, Correspondência [do Vice-Reinado] com a Corte, 1783-1785.

90. O *N. S. do Carmo e São Pedro* era uma corveta regularmente matriculada na Junta do Comércio portuguesa para atuar na rota Lisboa-Luanda-Benguela, sendo tripulado por 26 homens quando deixou o porto lisboeta em 1783, cf. ANTT, Junta do Comércio, maço 34, caixa 112, Matrícula de equipagem de navios dos anos de 1779 a 1803. Sendo um navio de frete como suponho que fosse, ao chegar a Luanda e deparar-se com o naufrágio do navio francês *Arquiduquesa Maria Cristina de Bordéus*, provavelmente seu capitão optou por dei-

xar de fazer seu próprio carregamento para embarcar os escravos de Castanhet rumo ao Rio de Janeiro.

91. Devassa sobre o contrabando existente em Benguela (13 de abril de 1793). AHU, Angola, caixa 77, doc. 59.

92. Id., ibid.

93. Ver, por exemplo, a carta de 2 de julho de 1784, na qual Antonio Alves do Rio menciona a ruína do comércio entre o Cabo das Palmas e Ajudá, devido à presença estrangeira — particularmente holandesa. AHU, Bahia, caixa 61, doc. 11 654.

94. Id., ibid.

95. Id., ibid.

96. Ofício de Alberto Antonio Pereira, 18 de abril de 1799.

97. Ofícios de Alexandre José Botelho de Vasconcelos a d. Miguel Antonio de Almeida datados de 18 de abril de 1799, 28 de abril de 1799, e 3 de maio de 1799. AHU, Angola, caixa 91, doc. 49.

PARTE II: NAVIOS E HOMENS NO MAR

4. NAVIOS NEGREIROS: IMAGENS E DESCRIÇÕES [pp. 139-66]

1. Johann Moritz Rugendas, *Viagem pitoresca através do Brasil*, p. 233. Os grifos são meus.

2. Falconbrigde, *An account...*, pp. 20 e 24.

3. Sobre as influências na produção artístico-literária de Rugendas, ver Robert W. Slenes, "Uma heroína de amor e de constância: ressonância e erro em duas gravuras antiescravistas de Rugendas". Campinas, março de 1999. Slenes identifica semelhanças entre o texto da *Viagem Pitoresca* de Rugendas e a *Memória a respeito dos escravos e tráfico da escravatura entre a costa d'África e o Brasil*, escrita por Luiz Antonio de Oliveira Mendes e publicada originalmente em 1793, além de outras obras que teriam servido como fonte de inspiração para as gravuras do artista bávaro. Sugeri que a obra de Mendes foi objeto de uma releitura por outro autor do início do século XIX — Domingos Alves Branco Muniz Barreto, que escreveu sua *Memória sobre a abolição do comércio da escravatura* em 1817 e a publicou em 1837. Ver Rodrigues, *O infame comércio*, pp. 59-60.

4. Walsh, *Notícias do Brasil*, pp. 212 e 215-7.

5. Pascoe Grenfell Hill, *Fifty days on board a slave-vessel in the Mozambique Channel, in April and May 1843*, pp. 48-52.

6. Id., ibid., pp. 99-100.

7. Como o capitão John Foote, comandante do brigue de guerra inglês *Fawn*, que apreendeu o bergantim português *Asseiceira* em dezembro de 1840, quando este se preparava para desembarcar 332 cativos em São Sebastião (SP). Foote afirmou que a embarcação estava bem suprida de mantimentos e que "os africanos pareciam sadios depois de uma tão longa viagem [vinham de Quilimane, na África Oriental], o que atribuiu a "lhes ser circunstancialmente permitido vir sobre o convés". AHI, lata 2, maço 2 (*Asseiceira*), fls. 5v-6.

8. G. Schlichthorst, *O Rio de Janeiro como é, 1824-1826 (uma vez e nunca mais)*, p. 130. Ver também visconde de Taunay, *Estrangeiros ilustres e prestimosos do Brasil (1800-1892) e outros escritos*, p. 29.

9. Além de sua repetida reprodução em livros didáticos, por exemplo, a gravura "Negros no porão do navio" foi estampada na capa do livro de Joseph Miller, *Way of death*. Há alguns anos, escrevi um livro paradidático sobre o tráfico negreiro para alunos do ensino médio e, embora não trate ali particularmente das condições de bordo, a ilustração escolhida pelos editores para a capa foi igualmente a obra de Rugendas. Jaime Rodrigues, *O tráfico de escravos para o Brasil*.

10. Estou me referindo, entre outros, a trabalhos como o de Miller, *Way of death*, Gemery & Hogendorn, "Technological change, slavery, and the slave trade", e Charles Garland & Herbert Klein, "The allotment on space for slaves aboard eighteenth-century British slave ships".

11. Alguns exemplos podem ser mencionados, entre eles a obra pioneira de Afonso Celso de Assis Figueiredo (visconde de Ouro Preto), *A marinha de outrora*, de 1894, sobre a Guerra do Paraguai. Ver também Lucas Alexandre Boiteux, *A marinha imperial e outros ensaios*, de 1954, sobre as guerras da independência, da Cisplatina e do Paraguai; e Pedro Brando, *Por que não temos construção naval?*, de 1958.

12. Cf. José Roberto do Amaral Lapa, *A Bahia e a Carreira da Índia*, em especial o capítulo 3, "Estaleiro colonial", pp. 51-81. Para um panorama dos estaleiros coloniais, ver "Construção naval". In: Maria Beatriz N. da Silva (org.), *Dicionário da história da colonização portuguesa no Brasil*, pp. 209-10.

13. Cf. Warren Dean, *A ferro e fogo: a história e a devastação da Mata Atlântica brasileira*, p. 151. "As florestas de Alagoas eram valorizadas pelas madeiras disformes que se prestavam para nervuras, proas e quilhas". Id., ibid., p. 152.

14. Nos termos otimistas de um relato da época, havia na Bahia "os mananciais mais inexauríveis de madeiras de construção, as melhores que podem desejar as nações marítimas, como também de todos os mais acessórios de que depende a construção naval": sucupiras para as quilhas e cavernas; vinhático, oiticica e outras para os costados; canelas para as cobertas, por serem "madeiras quase incombustíveis, tanto resistem ao fogo!", e o tapinhoam para forrar as naus até a cinta. Citam-se ainda o jequitibá, o jenipapo, o pau-de-arco, a sapucaia, o angelim, a massaranduba, o jacarandá e outras, além da piaçava para as amarras e a aroeira e a almácega como substitutas do alcatrão. Ver ofício de Antônio Ferreira de Andrade a Martinho de Mello e Castro (Lisboa, 9 de novembro de 1799). BNDM, I-28, 28, 12.

15. Mesmo ano em que se promulgou um alvará dando preferência aos navios construídos no Brasil para o transporte de longa distância entre as partes do império português, cf. João Carlos Gonçalves Caminha, *História marítima*, p. 279.

16. Embora desde sua fundação até o ano de 1858 nada de importante tenha resultado de suas atividades, de acordo com Augusto Zacarias da Fonseca Costa, *Esboço histórico da Academia de Marinha*.

17. Havia dezoito desses estabelecimentos em 1779, os quais supriam também a demanda de embarcações para a pesca de baleias e o comércio de cabotagem. No mesmo período, o abade Raynal referia-se à importância crescente dos comerciantes coloniais do Rio e da Bahia na construção de navios do tráfico africano. De acordo com ele, tratava-se de embarcações de quarenta a sessenta toneladas, construídas nos estaleiros coloniais. Eulália M. L. Lobo, "Eco-

nomia do Rio de Janeiro nos séculos XVIII e XIX", pp. 129 e 137; Thomas François Raynal, *Histoire philosophique et politique des etablissements et du commerce européen dans les deus Indes* (Genebra, 1781), apud Lobo, op. cit., p. 137, e *História do Rio de Janeiro: do capital comercial ao capital industrial e financeiro*, v. I, p. 53.

18. Juvenal Greenhalgh, *O Arsenal da Marinha do Rio de Janeiro na história*, p. 28.

19. "Importante início para acionar a indústria foi o estabelecimento do Arsenal, cujo pequeno esboço de fato já existia antes da vinda do rei, mas que só foi oficialmente organizado e posto em plena atividade em 1811". Johann Baptist von Spix & Carl Friedrich Philip von Martius, *Viagem pelo Brasil*, v. I, p. 97.

20. Brasil, Ministério da Marinha, Divisão de História Marítima, *Subsídios para a história marítima do Brasil*, v. I, p. 179 (1938), e v. XIV, p. 63 (1955).

21. Greenhalgh, *O Arsenal da Marinha*, p. 112.

22. Florentino, *Em costas negras*, p. 121.

23. Spix & Martius, *Viagem pelo Brasil*, v. I, p. 97.

24. João Carlos Gonçalves Caminha, *História marítima*, p. 280. Desde o início do século XVII, havia em Portugal falta de "madeira de dimensões e curvas apropriadas" e já naquela época passou-se a utilizar troncos verdes e pequenos, motivo indireto da perda de muitas naus lusitanas desde os meados do século XVI, cf. Paulo C. Miceli, "O ponto onde estamos: viagens e viajantes nas histórias da história da expansão e da conquista (Portugal, séculos XV e XVI)", tese de doutorado, p. 118.

25. Ver "Relação dos gêneros abaixo declarados e seus preços que por ordem do Ilmo. e Exmo. Sr. Conde Vice-Rei se compraram a David Consthard, capitão do navio dinamarquês para fornecimento da Marinha desta cidade" (Rio de Janeiro, 19 de julho de 1799). AN, Fundo Ministério do Reino e Império, caixa 498 (Marinha — Correspondência, 1770-1800).

26. Lucy Maffei Hutter reproduziu uma extensa relação das madeiras do Brasil utilizadas na construção naval lisboeta e suas características e empregos em partes específicas das embarcações. Ver "A madeira do Brasil na construção e reparo de embarcações". *Revista da Universidade de Coimbra*, 33 (1985): 413-30.

27. Cf. Robert Chester Smith, *Igrejas, casas e móveis: aspectos da arte colonial brasileira*, p. 118. Quase todas as madeiras de lei aparecem listadas no decreto de 7 de janeiro de 1835, que definiu aquelas utilizadas na construção naval no Brasil, cf. Antonio Alves Câmara, *A construção naval no Brasil e seus progressos* (comunicação apresentada ao 3º Congresso Científico Latino-Americano), pp. 108-9. Num manuscrito sem data (provavelmente do século XVIII) existente na Biblioteca Central da Marinha (Lisboa), estão listados 75 tipos de madeiras para uso em partes específicas das embarcações. Ver *Relação dos nomes das peças da construção dos navios e das madeiras do Brasil próprias para elas*, Man. RDd 607, 1-14. Ver ainda ofício do governador de Pernambuco Tomás José de Melo a Fernando José de Portugal sobre a encomenda de madeiras de Alagoas para construção de embarcações (5 de outubro de 1796). BNDM, II-32, 33, 23.

28. Câmara, *A construção naval no Brasil*, p. 109.

29. *Traslado dos autos-cíveis de justificação processado no Juízo dos Feitos da Mesa da Inspeção desta cidade [Bahia] a instâncias do justificante Francisco Antonio Filgueiras, proprietário e caixa do bergantim Falcão* (7 de setembro de 1812). AN, Fundo Junta do Comércio, caixa 445, pacote 2, Navios aprisionados pelos ingleses: pedidos de indenização, fl. 9v. Ver também AHI, lata 15, maço 3, pasta 1.

30. *Traslado dos Autos Cíveis de Justificação processado no Juízo dos Feitos da Mesa de Inspeção desta cidade a instâncias do justificante José Gomes Pereira, proprietário do brigue denominado* Feliz Americano *sendo citado Frederico Lindeman, cônsul da nação britânica, para vir jurar testemunho* (1812). AHI, lata 15, maço 4, pasta 2. De fato, o valor da indenização pedida nesse caso parece avaliar o navio de forma muito otimista, se comparado a outros navios apreendidos. O bergantim *Feliz*, apreendido em 1838, foi avaliado em 2:000$000, cf. AHI, lata 15, maço 4, pasta 1, enquanto o proprietário do bergantim *Empreendedor*, apresado em 1845, afirmava ter pago 3:000$000 pelo navio, cf. AHI, lata 13, maço 2.

31. Alexandre Max Kitzinger, "Resenha história da cidade de S. Sebastião do Rio de Janeiro, desde sua fundação até a abdicação de Pedro I". *RIHGB*, tomo 76, parte 1 (1915), pp. 219-20.

32. Greenhalgh, *O Arsenal da Marinha*, p. 112. Ver ainda, de Eulália M. L. Lobo, "Economia do Rio de Janeiro", p. 137; da mesma autora, *História do Rio de Janeiro*, pp. 52-3; e Lapa, *A Bahia e a Carreira da Índia*, pp. 94-5. Sobre a devastação das matas litorâneas, ver Warren Dean, *A ferro e fogo*, passim.

33. Cf. *Memória sobre a questão, 1) se convêm ao Brasil vender madeiras de construção às nações estrangeiras; 2) se no Brasil há abundância das suas madeiras preciosas de construção, que possam vender-se sem dano, ou falta das mesmas para a nossa Marinha Real e mercante* (24 de fevereiro de 1811). AIHGB, lata 18, doc. 5, fls. 5-5v.

34. Zacarias de Góis e Vasconcelos, *Relatório apresentado à Assembleia Geral Legislativa na 1ª Sessão da 9ª Legislatura pelo Ministro e Secretário de Estado dos Negócios da Marinha*, p. 21.

35. A Lei nº 601, de 18 de setembro de 1850, e o Regulamento de 30 de janeiro de 1853, cf. José Maria da Silva Paranhos, *Relatório apresentado à Assembleia Geral Legislativa na 2ª Sessão da 9ª Legislatura pelo Ministro e Secretário de Estado dos Negócios da Marinha*.

36. Câmara, *A construção naval no Brasil*, p. 115.

37. Sete deles em Salvador: o *Falcão* (AHI, lata 15, maço 3, pasta 1), o *Destino* (AHI, lata 10, maço 2, pasta 2), o *Feliz Americano* (AHI, lata 15, maço 4, pasta 2), o *Lindeza* (AHI, lata 19, maço 3, pasta 2), o *Prazeres* (AHI, lata 26, maço 6, pasta 2), o *Flor do Porto* (AN, Fundo Junta do Comércio, caixa 445, pacote 2), o *Nova Sorte* (AHI, lata 23, maço 4, pastas 1 e 2); um nos Estados Unidos: o *Brilhante* (AHI, lata 4, maço 3, pasta 1); dois em Portugal: o *Leal* (AHI, lata 19, maço 2, pasta 1) e o *Especulador* (AHI, lata 14, maço 3, pasta 1); e um em Santa Catarina: o *Penha* (AHI, lata 26, maço 2, pasta 1).

38. Paul Edward (org.), "The slave ship". *Equiano's Travels*, p. 30.

39. Gemery & Hogendorn, "Technological change...", pp. 254-6.

40. Cf. Greenhalgh, *O Arsenal da Marinha*, pp. 190 e 227; Thomas Lindley, *Narrativa de uma viagem ao Brasil*, p. 188. A "ótima casca fibrosa" era provavelmente a embira que, diferentemente da estopa de linho grosseiro, não apodrecia na longa submersão marinha a que era submetida: "O desgaste dessa fibra era muito menor e mais lento quando sujeita à ação da água do mar. Tinha ainda a vantagem de dilatar-se, intumescendo com o que melhor se obstruía a passagem da água". Ainda de acordo com Lapa, *embira* era um nome genérico para uma grande variedade de fibras vegetais: "As embiras que mais se assemelhavam ao cânhamo, e que ocorriam, geralmente, nas árvores de madeira mole, serviam para rudimentar fiação, em particular para o fabrico de amarras e cordame, cuja durabilidade, entretanto, parece ter sido discutível na medida em que o emprego de material inadequado e confecção defeituosa contribuíram para a sua fragilidade". Ver *A Bahia e a Carreira da Índia*, pp. 88-104.

41. Cf. Pedro Ramos de Almeida, *História do colonialismo português em África* (*cronologia, sécs. XV-XVIII*), pp. 258-9.

42. Herbert Klein, "Novas interpretações no tráfico de escravos do Atlântico". *Revista de História*, 120: 1989, p. 12; Gemery & Hogendorn, "Technological change...", p. 256. Raymond L. Cohn assinala que os estudiosos têm pontuado a importância da cobertura de cobre para os navios do tráfico, mas desconfia que o aumento na velocidade decorrente disso tenha sido pequeno. As primeiras embarcações a adotar o revestimento de cobre foram as que navegavam em águas tropicais — como as do tráfico negreiro, as de guerra e as que se dirigiam às Índias Orientais. Ver "Deaths of slaves in the middle passage". *The Journal of Economic History*, 45 (3): set. 1985, p. 691.

43. Ofício de Miguel Antonio de Melo a Rodrigo de Souza Coutinho (Luanda, 17 de junho de 1799). AHU, Angola, caixa 92, doc. 32.

44. Antônio Câmara afirma ser desconhecida a data da introdução dos navios a vapor no Brasil. Sabe-se que d. João VI promulgou o primeiro decreto sobre o assunto em 3 de agosto de 1818, "concedendo que se incorporasse uma companhia para fazer a navegação a vapor dos portos e rios da capitania da Bahia, cujo efeito se ignora", mas pouco depois foi estabelecida a ligação a vapor entre Salvador e Cachoeira. A partir daí, outros navios a vapor foram incorporados à marinha militar brasileira, cf. *A construção naval no Brasil*, pp. 116-7. Já Adolpho Morales de Los Rios Filho acredita que a cronologia básica da navegação a vapor começa no porto do Rio de Janeiro em 1819, por iniciativa do marquês de Barbacena — não sabemos se para uso militar ou mercante — cf. *O Rio de Janeiro imperial*, p. 119.

45. E. Leitão Carvalho, "Forças Armadas". *RIHGB*, 195: 3-23, abr.-jun. 1947. De acordo com Caminha, somente em 1837 chegou ao Brasil o primeiro navio a vapor, cf. *História marítima*, p. 284. Nesse período, os vapores também foram empregados no transporte de passageiros: em 1834, foi criada uma linha regular de vapores entre a Corte e Niterói; no ano seguinte, foram importadas da Inglaterra as primeiras barcas para o serviço de passageiros. Em 1839, entraram em atividade na navegação de cabotagem as embarcações da Companhia Brasileira de Paquetes a Vapor, a principal empresa do setor de transporte de passageiros no Império e que atuou até 1860. Somente em 1843 seria construído, no Arsenal de Marinha carioca, o primeiro navio misto do Brasil — a barca *Tétis*, com casco de madeira e capacidade de 240 toneladas, com máquinas e caldeiras importadas da Inglaterra.

46. Caminha, *História marítima*, pp. 284-5; Armando A. F. Vidigal, *A evolução do pensamento estratégico naval brasileiro*, p. 23.

47. Vasconcelos, *Relatório...*, p. 20.

48. Id., ibid.

49. Vidigal, *A evolução...*, pp. 18-9.

50. Courtlandt Canvy, *História da marinha*, pp. 75 e 82. Por isso, pela falta de confiabilidade e pela diminuta capacidade de carga nos primeiros tempos, durante anos os vapores circularam apenas pelos rios, até serem incorporados às marinhas de guerra em meados do século XIX. Vitor Hugo, em seu romance sobre os homens do mar da Normandia, deixa claro que essas máquinas eram particularmente suspeitas entre os moradores locais, sendo apelidado no início do século XIX de "Navio-Diabo", associado à besta do Apocalipse no imaginário dos marinheiros americanos, enquanto os europeus o identificavam à besta do Gênesis. *Os trabalhadores do mar*, pp. 46-7.

51. O *Parahyba*, apreendido em Marambaia (RJ) em 3 de janeiro de 1863 pelo navio de guerra inglês *Stromboli*. O navio foi julgado má presa, pois transportava fumo, café e toucinho na cabotagem entre Ubatuba (SP) e a Corte. AHI, lata 26, maço 1, pasta 1.

52. Miller, *Way of death*, pp. 437-42; Gemery & Hogendorn, "Technological change...", pp. 256-7.

53. J. F. de Almeida Prado, *Pernambuco e as capitanias do Norte do Brasil (1530-1630)*, v. I, p. 298; Taunay, *Subsídios*, pp. 125-6.

54. Klein, "O tráfico de escravos africanos para o Rio de Janeiro, 1795-1811". In: Iraci del Nero da Costa (org.). *Brasil: História econômica e demográfica*, pp. 77-93; Klein & Stanley Engerman, "Padrões de embarque e mortalidade no tráfico de escravos africanos no Rio de Janeiro: 1825-1830". In: Carlos M. Pelaez & Mircea Buescu, *A moderna história econômica*, p. 102, nota 21.

55. Leuchsenring, "De cómo y por quiénes se realizava en Cuba...", p. 131.

56. Enriqueta Vila Vilar, "Algunos datos sobre la navegación y los navíos negreros en el siglo XVII". *Historiografia y Bibliografia Americanistas*, Sevilha, 17 (3): 1973, p. 224.

57. Cf. Humberto Leitão & José Vicente Lopes, *Dicionário da linguagem de marinha antiga e atual*, p. 303; Antonio Gregório de Freitas, *Novo dicionário de marinha de guerra e mercante*, p. 261; e Amphilóquio Reis, *Dicionário técnico de marinha*, p. 248.

58. AHI, lata 3, maço 3, pasta 1 (*Aventura*, 1835); lata 25, maço 4, pasta 1 (*Paquete do Sul*, 1833-34), e lata 16, maço 2, pasta 3 (*Flor de Luanda*, 1838).

59. Leitão & Lopes, *Dicionário da linguagem*, pp. 71, 86 e 188; Reis, *Dicionário técnico*, pp. 64, 71 e 146.

60. Florentino, *Em costas negras*, p. 48. Segundo Luccock, uma lancha teria cinquenta toneladas, uma sumaca, cem toneladas, e um brigue, 150 toneladas, cf. *Notas sobre o Rio de Janeiro e partes meridionais do Brasil*. Outros viajantes, embora sem indicarem as tipologias das embarcações, deram informações genéricas sobre a tonelagem — como Tollenare, para quem "as embarcações empregadas nesse comércio [no Recife] são de duzentas a quatrocentas toneladas", cf. *Notas dominicais tomadas durante uma viagem em Portugal e no Brasil em 1816, 1817 e 1818*, p. 108.

61. Cf. Leitão & Lopes, *Dicionário da linguagem*, pp. 63 e 221; Reis, *Dicionário tecnico*, pp. 61 e 172; Antônio Marques Esparteiro, *Dicionário ilustrado de marinharia*, pp. 30 e 106; João Pedro Amorim, *Dicionário da Marinha*, pp. 50 e 169; Maurício da Costa Campos, *Vocabulário marujo*, p. 57.

62. Cf. ofício-relatório de Miguel Antonio de Melo à Corte (12 de março de 1799). AHU, Angola, caixa 91, doc. 17.

63. Cf. Esparteiro, *Dicionário ilustrado*, pp. 30 e 106, e Leitão & Lopes, *Dicionário da linguagem*, p. 221, respectivamente.

64. O *União* (AHI, lata 30, maço 7, pasta 1).

65. Leitão & Lopes, *Dicionário da linguagem*, p. 86, e Amorim, *Dicionário da Marinha*, p. 66.

66. Desde que o mastro do traquete fosse igual ao do brigue e o grande ao da escuna, cf. Reis, *Dicionário técnico*, p. 71.

67. As definições de bergantim foram retiradas de Leitão & Lopes, *Dicionário da linguagem*, p. 71; Reis, *Dicionário técnico*, p. 64, e Esparteiro, *Dicionário ilustrado*, p. 32.

68. AHI, lata 10, maço 4, pasta 1 (*Diana*, 1826-1869).

69. De acordo com Leitão & Lopes, a sumaca era um "navio de vela semelhante ao patacho" muito usado no Norte do Brasil, cf. *Dicionário da linguagem de marinha antiga e atual*, p. 376. Reis concorda e afirma que a sumaca é um "pequeno veleiro com dois mastros, igual ao patacho", cf. *Dicionário técnico de marinha*, p. 300. A descrição se repete em Esparteiro, *Dicionário ilustrado de marinharia*, p. 180, enquanto Amorim afirmou que a sumaca "é mais propriamente [uma] polaca", cf. *Dicionário da Marinha*, p. 285. O camarote foi apontado como característica arquitetônica comum nas sumacas por Miguel Antonio de Melo em 1799, defendendo que essa câmara servisse "para rancho das negras" e não para a acomodação do mestre, como normalmente se fazia. AHU, Angola, caixa 91, doc. 17.

70. Pés de carneiro "são uns paus como pilares, que postos verticalmente entre as cobertas, lhes servem de apoio". Pedro de Mariz de Sousa Sarmento, *Elementos de construção e dicionário francês e português de todas as peças de que se formam os navios*, p. 55.

71. Em setembro desse ano, alguns pescadores da localidade de Cajuais tiveram contato com tripulantes da lancha e a notícia era de que ela tinha "35 palmos de quilha e 11 de boca, com uma meia coberta fabricada em um acrescentamento do costado", cf. *Listas das cartas do serviço de S. M. que se remetem do governo de Pernambuco para a Secretaria de Estado da Repartição da Marinha e Domínios Ultramarinos*, manuscrito do Serviço de Documentação da Marinha — Arquivo, doc. 87/2091, prateleira 4, obras raras.

72. AHI, lata 23, maço 1, pasta 1 (*Nova Granada*, 1844-1860). Para a referência completa dos processos envolvendo as demais embarcações mencionadas, ver Fontes e bibliografia.

73. AHI, lata 21, maço 5, pasta 1 (*Ninfa*, 1817-1818).

74. Leslie Bethell, *A abolição do tráfico de escravos no Brasil*, p. 126. A descrição do armamento de um navio britânico em meados do século XIX pode ser encontrada no relato de Samuel Greene Arnold: o *Express*, bergantim que o levou da Madeira para o Rio de Janeiro, era "um dos seis barcos postais pertencentes à armada britânica que vem ao Brasil. É de 365 toneladas [...] e leva agora quatro canhões de nove libras; tem uma amurada alta, de tabuões de três polegadas de espessura, porém, em caso de guerra, sua coberta se baixa dezoito polegadas e se agrega a ela outra sólida amurada onde se montam oito canhões de 32 polegadas". *Viaje por América del Sur 1847-1848*, p. 44.

75. Ubiratan Castro de Araújo, "1846: um ano na rota Bahia-Lagos". *Afro-Ásia* 21-22: 90, 1998.

76. Cf. David Eltis, "The impact of abolition on the Atlantic slave trade". In: David Eltis & James Walvin (orgs.), *The abolition of the Atlantic slave trade*, p. 156.

77. *Projecto d'uma Companhia para o melhoramento do comércio, agricultura e indústria na província de Angola; que se deve estabelecer na cidade de S. Paulo d'Assumpção de Loanda e da qual são fundadores Silvano F. L. Pereira, de Londres; Arcenio P. P. de Carpo, de Loanda; A. V. R. Schut, d'Hamburgo; e Eduardo G. Possolo*, pp. 3-4.

78. Ofício-relatório de Miguel Antonio de Melo à Corte (12 de março de 1799). AHU, Angola, caixa 91, doc. 17.

79. Seymour Drescher, *Econocide: British slavery in the era of abolition*, p. 212; David M. Williams, "The shipping and organization of the Atlantic slave trade (a review article)". *The Journal of Transport History*, 4 (3): 181, 1977-78.

80. Joseph S. Inikori. "Market structure and the profits of the British African trade in the late eighteenth century". *The Journal of Economic History*, 41: 745-76, dez. 1981.

81. A réplica de Drescher apareceu em "British slavers: a comment", *The Journal of*

Economic History, 45 (3): 704, set. 1985. Inikori treplicou em "Market structure and profits: a further rejoinder", *The Journal of Economic History*, 45 (3): 708-11, set. 1985.

82. Williams, "The shipping and organization", pp. 180-1.

83. "Nunca houve mais que um punhado dos menores barcos de comércio, já que parecia essencial uma tonelagem mínima para garantir a lucratividade e as possibilidades de navegação", cf. Herbert Klein, *A escravidão africana*: *América Latina e Caribe*, pp. 159-60. Ainda de acordo com Klein, os navios negreiros não eram as maiores embarcações da época, sendo ultrapassadas pelos navios mercantes das Índias Orientais e Ocidentais.

84. Williams, "The shipping and organization", p. 181.

85. Klein, "The Portuguese slave trade", pp. 31-2.

86. Eltis, "The impact", p. 157. O autor afirma ainda que os navios negreiros destinados à Jamaica eram maiores que os navios mercantes em geral, sendo "pouco provável que a abolição tenha tido muita influência sobre as tendências dos navios negreiros". Id., ibid., p. 160. Gemery & Hogendorn, "Technological change...", p. 255.

87. Francisco Acquarone, *História da navegação*: *a conquista do mar*, pp. 183-5.

88. Klein, "Novas interpretações", p. 12.

89. Bethell, *A abolição*, pp. 125-50.

90. Walsh, *Notícias do Brasil*, v. II, p. 212.

91. Eltis, "The impact", pp. 161-2.

92. Florentino, *Em costas negras*, p. 240, apêndice 18.

93. Id., ibid., p. 213.

94. Boxer, *Salvador de Sá*, p. 244. Para Recife e Salvador, as viagens a partir de Luanda duravam menos tempo: 35 e quarenta dias, respectivamente. Id., ibid. Almeida Prado afirma que no século XVI, a viagem de Angola a Pernambuco, em condições normais, levava cerca de quarenta dias. Ver *Pernambuco*, v. I, p. 299. Nas inspeções feitas pela polícia nos navios negreiros que entraram no porto do Rio de Janeiro em 1824, foram anotados os dias gastos na travessia — que iam de 32 a 38 dias no caso dos que vinham da costa angolana e de cinquenta a 81 para os que zarparam da África Oriental. *Auto das visitas da polícia a bordo dos navios entrados no porto do Rio de Janeiro (1824)*. AN, códice 416, v. I.

95. Cohn, "Deaths of slaves in the middle passage", p. 681. Ver também Charles Garland & Herbert S. Klein, "The allotment on space for slaves aboard eighteenth-century British slave ships", p. 239.

96. Eltis ressalta que depois que o tráfico tornou-se ilegal, na década de 1830, as taxas de mortalidade que demonstravam tendência de queda voltaram a crescer até 1867, cf. "Mortality and voyage lenght in the middle passage: new evidence from the nineteenth-century". *Journal of Economic History*, 44 (2): 301-8, 1984. As evidências apresentadas por Eltis não foram aceitas de forma unânime: para Cohn, "talvez seja melhor concluir que as novas amostragens de Eltis possam ser vistas como um caso especial". "Deaths of slaves in the middle passage", p. 688.

97. Pedro Puntoni, "A mísera sorte: a escravidão africana no Brasil e as guerras do tráfico no Atlântico Sul, 1621-1648", dissertação de mestrado, p. 116.

98. James C. Riley, "Mortality on long-distance voyages in the eighteenth century". *The Jornal of Economic History*, 41 (3): set. 1981, pp. 651-2.

99. Cf. Russel-Wood, "Ports of colonial Brazil", p. 201.

100. Miller, *Way of death*, cap. 10.

5. AS TRIPULAÇÕES DO TRÁFICO NEGREIRO [pp. 167-92]

1. Marcus Rediker, *Between the devil and the deep blue sea: merchant seamen, pirates, and the Anglo-American maritime world* (1700-1750), pp. 74-5. Todavia, o navio de "tipo holandês" provavelmente não era o mesmo empregado pelos holandeses no tráfico durante o século anterior. De acordo com um historiador das invasões holandesas em Pernambuco, normalmente os navios holandeses do início do século XVII eram pequenos, "muitos deles de cem toneladas. Os maiores, de quatrocentas. Em navios desse porte era comum serem embarcados trezentos, quatrocentos, quinhentos e mesmo seiscentos negros, além da tripulação, de trinta a 35 pessoas". Ver José Antônio Gonçalves de Mello, *Tempo dos flamengos*, p. 180.

2. Rediker, *Between...*, pp. 80-2 e 134.

3. Luccock, *Notas sobre o Rio de Janeiro*, p. 392.

4. Relação de navio, assinada por Manoel Moreira de Castro, Secretário da Saúde, 12 de novembro de 1833. AN, IS 4, 3.

5. Apreendido em Porto Novo em 1812, o *Feliz Americano* tinha doze tripulantes cativos (dois tanoeiros e dez marinheiros comuns). AHI, lata 15, maço 4, pasta 2.

6. AHI, lata 4, maço 3, pasta 1 (*Brilhante*).

7. Rodrigues, *O infame comércio*, pp. 140-1. Ver também a tabela 8, no capítulo 6, que especifica a proporção de marinheiros livres e escravos, bem como as nacionalidades dos estrangeiros engajados nas tripulações negreiras.

8. Sobre os casos desses navios, ver Jaime Rodrigues, "Os traficantes de africanos e seu 'infame comércio' (1827-1860)", *Revista Brasileira de História*, 15 (29): 148.

9. Peter Linebaugh, "Todas as montanhas atlânticas estremeceram". *Revista Brasileira de História*, 6: set. 1983, p. 32.

10. Rediker, *Between...*, pp. 89-91. O aparelho é o conjunto do massame (cabos), poleame (peças, de madeira ou de ferro, destinadas à passagem do cabos) e velame (velas), cf. Leitão & Lopes, *Dicionário da linguagem*, pp. 37, 269 e 322.

11. Rediker, *Between...*, p. 83.

12. O comandante, dois capitães-tenentes, dois tenentes do mar, um tenente de infantaria, um tenente de artilharia, o primeiro, o segundo e o terceiro piloto, dois sargentos de mar e guerra, um mestre, um escrivão, um despenseiro, um oficial de artilharia, um cabo de esquadra, o primeiro e o segundo praticantes, o primeiro e o segundo cirurgiões, um contramestre, dois guardiães, o primeiro, o segundo e o terceiro carpinteiro, o primeiro, o segundo e o terceiro alfaiate, um passageiro, além do governador Álvaro Teixeira, cf. AN, Junta de Comércio, caixa 388, pacote 1 (29 de novembro de 1784), fl. 3.

13. Rediker, *Between...*, pp. 85 e 131.

14. Id., ibid., pp. 84, 85 e 122.

15. Id., ibid., pp. 84-5.

16. *Viagem de Francisco Pyrard, de Laval — contendo a notícia de sua navegação às Índias Orientais, ilhas de Maldiva, Maluco e ao Brasil e os diferentes casos que lhe aconteceram na mesma viagem nos dez anos que andou nestes países* (1601 a 1622), apud Paulo Celso Miceli, *O ponto onde estamos: viagens e viajantes nas histórias da história da expansão e da conquista (Portugal, séculos XV e XVI)*, p. 175.

17. Miceli, *O ponto onde estamos*, pp. 176, 178 e 177, respectivamente.

18. Freitas, *Novo dicionário*, pp. 181-2.
19. Id., ibid., p. 209.
20. "Matrícula e rol da equipagem do brigue escuna brasileiro *Aracaty*". AHI, lata 2, maço 1, pasta 1.
21. AHI, lata 12, maço 4, pasta 1.
22. Entre eles o do bergantim *Destino*, que pagava 1:600$000 ao capitão, 400$000 ao capelão, 350$000 ao piloto, 230$000 ao segundo piloto, 240$000 ao contramestre, 100$000 ao barbeiro e ao tanoeiro, 50$000 aos marinheiros brancos e 45$000 aos marinheiros negros, forros ou escravos, por uma viagem realizada em 1812. AHI, lata 10, maço 2, pasta 2, fls. 9 a 12v.
23. AHI, lata 15, maço 4, pasta 1 (*Feliz*).
24. AHI, lata 19, maço 2, pasta 1 (*Leal*).
25. AN, códice 1142, Registro de várias correspondências de caráter comercial procedentes de Luanda, Moçambique e Rio de Janeiro (1821-1824), fls. 2-2v.
26. Rediker, *Between...*, p. 111.
27. Id., ibid., pp. 111 e 86, respectivamente.
28. De acordo com Clarence-Smith, as equipagens e os salários eram cerca de duas vezes maiores nas rotas negreiras do que nas demais, cf. *O terceiro império português*, p. 51. Na explicação de Herbert Klein, essas "tripulações incomumente grandes" em comparação ao tamanho dos navios deviam-se à "necessidade de homens extras para controlar os escravos", cf. *A escravidão africana*, pp. 159-60.
29. AN, códice 416, v. I, Auto das visitas da polícia..., fls. 37 e 40v.
30. Rediker, *Between...*, p. 86.
31. AHI, lata 15, maço 4, pasta 1 (*Feliz*), fl. 98v.
32. Cf. Philip D Curtin, "Epidemiology and the slave trade". *Political Science Quarterly*, 83 (2): jun. 1968, pp. 201-3.
33. Cf. Curtin, *The Atlantic slave trade*, pp. 283-5.
34. Rediker, *Between...*, pp. 93-4.
35. Hill, *Fifty days on board*, pp. 57-8.
36. Id., ibid., p. 47.
37. Id., ibid., p. 48.
38. AHI, lata 10, maço 1, pasta 1 (*Deligente*); AHI, lata 4, maço 3, pasta 1 (*Brilhante*), fl. 17; AHI, lata 2, maço 1, pasta 1 (*Aracaty*), respectivamente.
39. AHI, lata 19, maço 2, pasta 1 (*Leal*), fls. 15 e 4-4v, respectivamente.
40. Ver, por exemplo, os pedidos de diversos tripulantes e passageiros do Feliz, no sentido de serem encaminhados a um hospital, por alegarem doença e falta de medicamentos adequados no navio apreensor. AHI, lata 15, maço 4, pasta 1 (*Feliz*). Ver ainda pedidos semelhantes encaminhados por passageiros e tripulantes presos a bordo do *Leal*, que alegavam estar doentes e pediam para serem liberados. AHI, lata 19, maço 2, pasta 1 (*Leal*), e o caso do mestre Vicente de Freitas, internado no Hospital da Marinha do Rio de Janeiro depois da apreensão do navio comandado por ele, para o qual um juiz da Comissão Mista recomendava vigilância para evitar sua fuga. AHI, lata 18, maço 4 (*D. João de Castro*).
41. AHI, lata 10, maço 1, pasta 1 (*Diligente*).
42. Id., ibid.

43. A doença aparece referida nas obras de João Rodrigues de Abreu, *Historiologia médica no Brasil* (Lisboa, 1714), e Luís Gomes Ferreira, *Erário mineral* (Lisboa, 1735). Ver Octávio de Freitas, *Doenças africanas no Brasil*, pp. 31-45.

44. Joseph François Xavier Sigaud, *Du climat et des maladies du Brésil, ou statistique médicale de cet empire*, pp. 130-2.

45. AHI, lata 25, maço 4, pasta 1 (*Paquete do Sul*); lata 2, maço 4, pasta 1 (*Atrevida*); lata 28, maço 5, pasta 1 (*São João Segunda Rosália*); lata 11, maço 2, pasta 1 (*Dois Amigos Brasileiros*); lata 10, maço 4, pasta 1 (Diana). A febre chamada de "carneirada" era comum também em várias partes do litoral africano; temos notícia de sua incidência em outro caso — o da escuna *Tentadora* — relatado pelo cozinheiro mina do navio, Joaquim João das Neves, segundo o qual a tripulação estivera em Ajudá por muito tempo e muitos ficaram gravemente doentes "da carneirada que costuma dar". AHI, lata 30, maço 1, pasta 1 (*Tentadora*), fl. 7.

46. Rediker, *Between...*, p. 48.

47. Florentino, *Em costas negras*, pp. 124-5.

48. Rediker, *Between...*, pp. 50 e 101, respectivamente.

49. "Sequestro feito na província de Benguela aos súditos rebeldes do chamado Império Brasileiro" (1823). BNDM, II-31, 2, 11.

50. Lapa, *A Bahia e a Carreira da Índia*, p. 208.

51. Id., ibid., p. 231.

52. Gilberto Ferrez (ed.), "Diário anônimo de uma viagem às costas d'África e às Índias Espanholas (1702-1703). O tráfico de escravos no Brasil". *RIHGB*, 267: abr.-jun. 1965, p. 13.

53. Miceli, *O ponto onde estamos*, p. 190, nota 40. Sobre a pirataria contra os navios negreiros no século XIX, ver também Florentino, *Em costas negras*, pp. 141-2.

54. Ver Dauril Alden, "Vicissitudes of trade in the Portuguese Atlantic empire during the first half off the eighteenh century: a review article". *The Americas*, 32 (2): 1975, p. 287.

55. AHI, lata 15, maço 4, pasta 1 (*Feliz*), fl. 92v.

56. A declaração, datada de 21 de janeiro de 1831, é de próprio punho. Modernizei a grafia. AHI, lata 10, maço 2, pasta 1 (*Destemida*).

57. AHI, lata 10, maço 2, pasta 1 (*Destemida*), Interrogatório do mestre, fl. 94v-95v, 95v-96v e 100v-101, respectivamente.

58. AHI, lata 19, maço 2, pasta 1 (*Leal*), fl. 107-107v.

59. Inquirição de testemunhas. AHI, lata 12, maço 4, pasta 1 (*Eliza*), fl. 158v, 19 de outubro de 1830.

60. Id., ibid., fl. 163. Rigau assinou o testemunho, datado de 20 de outubro de 1830.

61. AHI, lata 4, maço 3, pasta 1 (*Brilhante*), fls. 205-6.

62. Apesar de Antônio Jorge da Costa afirmar que essa era sua primeira viagem à África, mesmo que ele não fosse um piloto experimentado, a posição do porto do Rio dispensava qualquer manobra excepcional. Thomas Ewbank afirmou que a "abertura para o porto do Rio é tão claramente definida a ponto de não ser possível confundi-la e de tão fácil acesso em todas as épocas que dispensa perícia de piloto. Qualquer comandante, estrangeiro ou nacional, dirige seu próprio barco para entrar ou sair da baía". *Vida no Brasil*, pp. 47-8. Ao que tudo indica, essa facilidade não era motivo de controvérsia: o relato de Amédée de la Salle, *Voyage autour du monde*, p. 182, descreve um quadro bastante semelhante.

63. AHI, lata 4, maço 3, pasta 1 (*Brilhante*), fls. 194-5, 197-203 e 205v-206, respectivamente.
64. AHI, lata 15, maço 4, pasta 1 (*Feliz*), fl. 91v-96v.
65. AHI, lata 20, maço 2, pasta 1 (*Maria*).
66. AHI, lata 15, maço 4, pasta 1 (*Feliz*), fl. 92.

6. CULTURA MARÍTIMA: A VEZ DOS MARINHEIROS [pp. 193-227]

1. Uma versão preliminar deste capítulo foi publicada com o título "Cultura marítima: marinheiros e escravos no tráfico negreiro para o Brasil (sécs. XVIII e XIX)". *Revista Brasileira de História*, 19 (38): 15-53, 1999. Posteriormente, as fontes foram adensadas e a discussão, ampliada.
2. José Roberto do Amaral Lapa, *A Bahia e a Carreira da Índia*, p. 189.
3. Encontrei apenas uma rara exceção: a presença da africana Dadah como tripulante da escuna *Dona Bárbara*. Ao que parece, a africana teria sido alçada do porão para prestar serviços na equipagem, talvez em razão da morte ou deserção de algum marujo. AHI, lata 3, maço 5, pasta 1 (*Dona Bárbara*, 1829), depoimento datado de 20 de março de 1829.
4. Rediker, *Between...*, pp. 155-6; Julius Sherrard Scott, *The common wind: currents of Afro-American communication in the era of the Haitian revolution*, p. 66; Peter Linebaugh, "Todas as montanhas atlânticas estremeceram", *Revista Brasileira de História*, 6: set. 1983, pp. 7 e 46, respectivamente.
5. Herbert Klein também contabilizou a presença de marinheiros africanos nas equipagens negreiras. De acordo com seus cálculos, entre 1795 e 1811 os escravos totalizavam 2058 dos 12 250 marinheiros nos navios do tráfico brasileiro (em média catorze marinheiros escravos por navio), o que significa 16,8% do total — um percentual similar ao indicado aqui para um período mais longo. Ver *A escravidão africana*, p. 92.
6. Clarence-Smith, *O terceiro império português*, p. 51.
7. Silva, *A faina, a festa e o rito*, pp. 64 ss., especialmente p. 71.
8. Ainda que por vezes em tarefas especializadas como as de barbeiros e sangradores, conforme analisarei no capítulo 8.
9. Samuel Greene Arnold, *Viaje por América del Sur 1847-1848*, p. 56, 10 de novembro de 1847.
10. Pélissier, *História das campanhas de Angola*, v. I, p. 54; Winston McGowan, "African resistance to the Atlantic slave trade in West Africa". *Slavery & Abolition*, 11 (1): maio 1990, p. 9. De acordo com Silva, "a inclusão dos negros no universo marítimo — seja enquanto escravos, seja como homens livres e libertos —, decorria de dois fatores fundamentais: primeiro, desta tradição da utilização de homens de cor nos ofícios marítimos desde a Península Ibérica e, ao mesmo tempo [...], da execução do trabalho marítimo verificada entre africanos ao nível das estruturas comunitárias e tribais existentes na África". *A faina, a festa e o rito*, p. 67.
11. Lapa, *A Bahia e a Carreira da Índia*, p. 220.
12. Id., ibid., pp. 112-3. O autor conclui que muitos desses escravos agregavam propinas ao seu salário, além de muitas vezes conseguirem alforrias como reconhecimento da sua aptidão no ofício. A prática de comprar escravos para a construção de embarcações prosseguiu no século XIX, como alternativa à contratação de oficiais brancos, que exigiam altos salários. O regente determinou a compra de alguns escravos na Costa da Mina para serem treinados em

1802, recomendando que a escolha deles não se fizesse pelos mestres dos navios negreiros, pois estes tinham por costume separar para si os melhores escravos. Id., ibid., pp. 113-4.

13. A expedição, que aportou no Rio de Janeiro durante os meses de outubro de 1695 e junho de 1696, teria passado pela África Ocidental, onde carregou grande número de escravos, "que foram então negociados, salvo os mais robustos, destinados a substituir os marinheiros brancos dizimados na costa da Gâmbia, pela febre amarela. Só a capitânia, o *Faucon Anglais*, perdera mais de cinquenta homens", cf. Afonso d'E. Taunay, "Rio de Janeiro de antanho". *RIHGB*, 90 (144): 1921, pp. 402-5. Ver ainda Gilda M. W. Verri, *Viajantes franceses no Brasil*, pp. 130-1.

14. AHI, lata 3, maço 5, pasta 1 (*Dona Bárbara*, 1829), depoimento de 20 de março de 1829, fl. 15.

15. Scott, *The common wind*, p. 109.

16. Freitas, *Novo dicionário*, p. 209.

17. Rediker, *Between...*, p. 156.

18. Id., ibid., p. 157.

19. "Ela [a classe operária] não foi gerada espontaneamente pelo sistema fabril. Nem devemos imaginar alguma força exterior — a 'revolução industrial' — atuando sobre algum material bruto, indiferenciado e indefinível de humanidade, transformando-se em seu outro extremo, uma 'vigorosa raça de seres'. As mutáveis relações de produção e as condições de trabalho na Revolução Industrial não foram impostas sobre um material bruto, mas sobre ingleses livres [...]. A classe operária formou a si própria tanto quanto foi formada". E. P. Thompson, *A formação da classe operária inglesa*, v. II, pp. 17-8.

20. Para Thompson, luta de classes é um conceito prévio e mais universalizante do que classe. Ao identificar interesses antagônicos e começar a lutar por eles, os homens "se encontram em uma sociedade estruturada em modos determinados (crucialmente, mas não exclusivamente, em relações de produção) [e] experimentam a exploração (ou a necessidade) de manter o poder sobre os explorados". Ver "La sociedade inglesa del siglo XVIII: lucha de clases sin clases?". In: *Tradición, revuelta y consciencia de clase*, p. 37.

21. Thompson, "Tiempo, disciplina de trabajo y capitalismo industrial". In: *Tradición, revuelta...*, p. 245.

22. Sobre o caso de Ipanema, ver Jaime Rodrigues, "Ferro, trabalho e conflito: os africanos livres na Fábrica de Ipanema". *História Social*, 4-5: 1997-98, em especial pp. 34-42.

23. Luís dos Santos Vilhena, *Recopilação de notícias soteropolitanas e brasílicas*, livro IV, p. 133; "Almanaque da cidade do Rio de Janeiro para o ano de 1794". *RIHGB*: 266 (jan.-mar. 1965), p. 286.

24. Essas reflexões se inspiraram nos escritos de Thompson, particularmente "La economia moral de la multitud". In: *Tradición, revuelta...*, pp. 62-134; e "The moral economy reviewed". In: *Customs in common*, pp. 259-351.

25. Rediker, *Between...*, p. 153.

26. Picar terra é o mesmo que aportar, cf. Leitão & Lopes, *Dicionário da linguagem*, p. 317.

27. *Viagem de Francisco Pyrard, de Laval, contendo a notícia de sua navegação às Índias Orientais, ilhas de Maldiva, Maluco e ao Brasil e os diferentes casos que lhe aconteceram na mesma viagem nos dez anos que andou nestes países (1601 a 1622)* [...], apud Miceli, *O ponto onde estamos*, p. 175.

28. Lapa, *A Bahia e a Carreira da Índia*, p. 216.

29. Gilberto Freyre, *Ingleses no Brasil: aspectos da influência britânica sobre a vida, a paisagem e a cultura do Brasil*, p. 253.

30. Scott, *The common wind*, pp. 62-3.

31. De acordo com Rediker, foi no bojo dessa luta constante que se originou o provérbio "estamos todos juntos neste barco". *Between...*, p. 153.

32. Lapa, *A Bahia e a Carreira da Índia*, pp. 86-7 e 111.

33. Theodor von Leithold, "Minha excursão ao Brasil ou viagem de Berlim até o Rio de Janeiro e volta". In: *O Rio de Janeiro visto por dois prussianos em 1819*, pp. 98-9.

34. Diário náutico do *Brilhante*. AHI, lata 4, maço 3, pasta 1 (*Brilhante*, 1831-39).

35. Rediker, *Between...*, pp. 154-5.

36. Alcide D'Orbigny, *Viagem pitoresca através do Brasil*, p. 167. Mesmo antes da abertura dos portos, o testemunho de Thomas Lindley (1802) menciona o "grande afluxo de navios ao Rio", razão pela qual "os portugueses acostumaram-se com os estrangeiros, tendo-se portado, pelo menos até agora, com a maior civilidade". *Narrativa de uma viagem ao Brasil*, p. 188.

37. Wied Neuwied Maximiliano, *Viagem ao Brasil* (1820), p. 32.

38. Daniel P. Kidder, *Reminiscências de viagens e permanência no Brasil (Rio de Janeiro e província de São Paulo)*, p. 45.

39. Ezequiel Barra, *A tale of two oceans; a new story by an old Californian. An account of a voyage from Philadelphia to San Francisco around Cape Horn, Years 1849-50, calling at Rio de Janeiro, Brazil, and at Juan Fernandez, in the South Pacific*, p. 86.

40. Clarke Abel, *Narrative of a journey in the interior of China, and of a voyage to and from that country, in the years 1816 and 1817; containing an account of the most interesting transactions of Lord Amherst's Embassy to the Court of Pekin, and observations on the coutries wich it visited*, p. 11.

41. Cf. Scott, *The common wind*, pp. 60-1.

42. Leithold, "Minha excursão ao Brasil", p. 97.

43. Arnold, *Viaje por America del Sur*, pp. 53-4. O *gug* era a porção diária de aguardente correspondente a cada tripulante.

44. J. A. B. Beaumont, *Travel in Buenos Ayres, and adjacent provinces of the Rio de la Plata*, p. 2.

45. Walter Colton, *Deck and port; or incidents of a cruise to California; with sketches of Rio de Janeiro, Valparaiso, Lima, Honolulu, and San Francisco*, p. 23.

46. Antonio Bento, *Manet no Brasil*, p. 15.

47. Rediker, *Between...*, p. 163.

48. João Emanuel Pohl, *Viagem no interior do Brasil empreendida nos anos de 1817 a 1821*, p. 29.

49. De acordo com Henrique Lopes de Mendonça, "de todas as criações do engenho humano, nenhuma como o navio me parece comparável a um organismo vivo. E não sei que haja outras, cuja existência seja mais aventurosa, mais cortada de peripécias dramáticas, mais movimentadas de lutas e catástrofes". In: Quirino da Fonseca, *Os portugueses no mar: memórias históricas e arqueológicas das naus de Portugal. Ementa histórica das naus portuguesas*, p. 5, apud Miceli, *O ponto onde estamos*, p. 153.

50. Leitão & Lopes, *Dicionário da linguagem*, p. VII.

51. "Qualquer pessoa que se dedica a professar a *Arte Marítima*, não pode saber os nomes, que se tem dado aos cabos, e mais cousas, que servem em os navios, sem que andem embarcado, e faça neles viagens longas, ou continuadas: não é isto só bastante; porque um passageiro,

que embarca sempre, não lhe importando mais do que o seu negócio, certamente não saberá já mais os nomes dos ditos cabos: é necessário pois, que esta pessoa aprenda, e procure saber cuidadosamente os nomes de todos os cabos, que servem para o aparelho dos navios, e também de todos aqueles de que se faz uso dentro deles". Campos, *Vocabulário marujo*, p. 1. Campos era professor de Marinha da Nova Academia Militar de Goa.

52. Freitas, *Novo dicionário*.
53. Rediker, *Between...*, pp. 162-3.
54. Id., ibid., p. 164.
55. Cf. Linebaugh, "Todas as montanhas atlânticas estremeceram", pp. 33-4, e Thornton, "African dimensions...", pp. 1103 e 1107.
56. Manuela Carneiro da Cunha, *Negros, estrangeiros: os escravos libertos e sua volta à África*, pp. 171-2.
57. Slenes, "Malungu, ngoma vem!", p. 51.
58. Tema do próximo capítulo.
59. Cf. Klein, *A escravidão africana*, pp. 91-2.
60. Cf. Rui Vieira da Cunha, "A vida do Rio de Janeiro através dos testamentos, 1815-1822". *RIHGB*, 282 (jan.-mar.1969): 62; AN, códice 789, Inventário dos bens da casa do finado Conselheiro Elias Antônio Lopes.
61. Brantz Mayer, *Captain Canot: or twenty years of an African slaver*, p. 272.
62. José Vieira Fazenda, "Antiqualhas e memórias do Rio de Janeiro". *RIHGB*, 88 (142): 279, 1920. Ver ainda Nelson Costa, *Rio de ontem e hoje*, p. 62.
63. D'Orbigny, *Viagem pitoresca*, p. 165.
64. Gustave Beyer, "Ligeiras notas de viagem do Rio de Janeiro à Capitania de São Paulo no Brasil no verão de 1813". *Revista do Instituto Histórico e Geográfico de São Paulo*, 12 (1907), p. 277.
65. Scott, *The common wind*, pp. 64-5.
66. Campos, *Vocabulário marujo*, p. 93; Leitão & Lopes, *Dicionário da linguagem*, pp. 117-8 e 360. A proibição foi definida pelo Capítulo I, art. 74, do *Regimento Provisional para o serviço e disciplina das esquadras e navios da Armada Real, que por ordem de S. M. deve servir de Regulamento aos comandantes das esquadras e navios da mesma senhora, novamente reimpresso por ordem de S. M. o Imperador*, de 20 de junho de 1796. Nele, ordenava-se a observação da "estreita ordem de falar com vozes moderadas, tanto nas práticas ordinárias a gente, uma com outra, mas muito principalmente em ocasiões de manobra e fainas, proibindo toda a *saloma*", cf. p. 20, grifo meu. Reeditado posteriormente (em 1825, 1835, 1841 e 1868) sem alterações, o Regimento vigorou durante todo o período imperial brasileiro.
67. Keith Thomas, *Religião e declínio da magia: crenças populares na Inglaterra, séculos XVI e XVII*, pp. 49 e 35-6, respectivamente.
68. "'Sant'Ana, se tu me salvares, tornar-me-ei monge', jurara Lutero, no meio da tempestade, ao voltar de Erfurt — tipo de prece que o Reformador rejeitará em seguida, mas que foi conservada pela maior parte do mundo cristão — diz Delumeau. A colônia não fugia a esta regra". Laura de Mello e Souza, *O diabo e a Terra de Santa Cruz*, p. 109. Nas páginas seguintes, a autora enumera diversos exemplos, colhidos nas fontes inquisitoriais, da pressão exercida pelos fiéis sobre Deus e os santos, denotando um contato direto com o objetivo de resolver problemas concretos e materiais.

69. Thomas, *Religião e declínio da magia*, p. 258. Thomas consultou ainda os registros de atendimento do astrólogo Lilly entre junho de 1654 e setembro de 1656, período em que o mesmo fez 4403 mapas e em 683 casos anotou dados sobre a ocupação dos clientes: 104 (pouco mais de 15%) deles eram marinheiros. Id., ibid., p. 613.

70. Thomas, *Religião e declínio da magia*, pp. 436-7 e 529, respectivamente.

71. Rediker, *Between...*, pp. 169 e 175. Para confirmar suas palavras, o autor cita os trabalhos de Cristopher Hill e Keith Thomas, entre outros.

72. Rediker, *Between...*, pp. 172 e 174.

73. Id., ibid., p. 171. O missionário Charles Stewart, que passou pelo Rio de Janeiro entre março e abril de 1829 a bordo do navio norte-americano *Guerriere*, mencionou a determinação do capitão para que se fizessem preces públicas diariamente ao pôr do sol, mas frisou que isso não era comum nos navios. O ritual não durava mais de dez minutos, nos quais se cantavam hinos ou liam-se alguns versículos da Bíblia. Stewart estava persuadido de que um serviço religioso mais rigoroso não podia ser adotado a bordo. *A visit to the South Seas, in the U. S. ship Vincennes, during the years 1829 and 1830, with scenes in Brazil, Peru, Manilla, the Cape of Good Hope and St. Helena*, v. 1, pp. 30-1.

74. "Registro de uma lei que Sua Majestade manda se guarde neste Estado sobre a condução dos negros cativos de Angola (Bahia, 7 de novembro de 1684)". *Livro Primeiro de Regimentos* (1653-1684), in *Documentos Históricos*, v. 89, 1948, pp. 383 e 385; e Luiz Vianna Filho, *O negro na Bahia*, p. 34, respectivamente.

75. Ver Hélio Viana, "Um humanitário alvará de 1813, sobre o tráfico de africanos em navios portugueses". *RIHGB*, 256: 79-88, jul.-set. 1962.

76. Encontrei, nas listas de matrículas de equipagens (ver Fontes e bibliografia), registros de apenas trinta capelães, vindos a bordo de navios que partiam de Lisboa ou do Brasil em direção a Angola entre 1780 e 1822. Esses capelães vieram embarcados nos navios *Águia Lusitânia*; *Americana*; *Andorinha do Tejo*; *Ânimo Grande*; *Conceição e Santa Rita*; *Destino*; *Espada de Ferro*; *Feliz Americano*; *Maria*; *N. S. Conceição e Santo Antonio Flor do Mar*; *N. S. Conceição e Santa Rita*; *N. S. de Belém*; *S. José*; *S. Francisco de Paula e Almas*; *N. S. do Carmo e S. Pedro*; *N. S. dos Prazeres e S. Sacramento*; *N. S. Nazaré e Senhor do Bonfim*; *Nova Amazona*; *Santa Cruz e Resolução*; *Santana e N. S. do Bonsucesso*; *S. Sacramento e Todos os Santos*; *Santo Antonio*; *Santo Antonio Sertório*; *Senhora da Piedade Prudente Amigo*; *Sobrano*; *Sultana*; *Surtório*; *Triunfo da Inveja e Vitória*.

77. Cf. Amaral, "Luanda: estudo de geografia urbana", p. 48.

78. O piloto fez confusão nas datas, rogando a todos os santos em 24 de outubro de 1820. Ver diário náutico da escuna *Emília* (AHI, lata 13, maços 1, 1A e 1B). Pedidos a Nossa Senhora da Conceição também foram endereçados pelo escrivão do diário náutico do *Especulador* em 5 de setembro de 1839 (AHI, lata 14, maço 3, pasta 1). Já o escrevente do *Incomparável* recorreu a Nossa Senhora do Monte do Carmo (AHI, lata 18, maço 2, pasta 1) em 1826. Nossa Senhora, de forma genérica, foi lembrada pelo escrivão da sumaca *Vencedora* (AHI, lata 31, maço 3) em 1836.

79. AHI, lata 14, maço 2, pasta 1 (*Espadarte*).

80. Cf. Pierre Verger, *Notícias da Bahia*, pp. 48-9. Diferentemente de outros ex-votos, a pormenorização parece ter sido mais detalhada nos marítimos, que por isso foram considerados pela crítica Lélia Frota Coelho um gênero à parte no universo dos ex-votos cênicos, constituindo um "verdadeiro capítulo descritivo de arte naval". *Cadernos da história da pintura no Brasil. Pintura colonial*, v. 7, p. 22.

81. Carta de Salvador de Brito Ribeiro a Rita da Silva, 6 de fevereiro de 1821, apreendida entre os papéis da escuna *Emília*. AHI, lata 13, maços 1, 1A e 1B (*Emília*, 1821), fl. 137.

82. Elias Alexandre e Silva, *Relação ou notícia particular da infeliz viagem da Nau de Sua Majestade Fidelíssima Nossa Senhora da Ajuda e São Pedro de Alcântara, do Rio de Janeiro para a cidade de Lisboa, neste presente ano*, pp. 23, 41-2 e 65, respectivamente.

83. Cf. Afonso d'E. Taunay, *Visitantes do Brasil colonial (séculos XVI-XVIII)*, pp. 90-1.

84. "Nós abaixo assinados atestamos e se necessário for juraremos aos Santos Evangelhos em como no curso da nossa viagem desde 15 de fevereiro em que saíamos de Lourenço Marques até que entramos neste Porto do Rio de Janeiro faleceram a bordo da barca *Eliza* 91 escravos [...]. Rio de Janeiro, a bordo da dita barca à uma hora da tarde do dia 6 de setembro de 1830. O piloto que fez as vezes de escrivão. José d'Oliveira Dias. Rafael Rigau. Manoel Antônio da Cunha. Jacinto e Aspero". *Livro da carga que conduz a barca brasileira Eliza*, AHI, lata 12, maço 4, pasta 1 (*Eliza*, 1829-30); *Diário náutico*, 26 e 29 de abril de 1838, respectivamente, AHI, lata 4, maço 3, pasta 1 (*Brilhante*, 1831-39); e *Diário náutico*, 2 e 4 de novembro de 1820, AHI, lata 13, maços 1, 1A e 1B (*Emília*, 1821), respectivamente. O escrevente do *Emília* pediu ainda, em 24 de outubro do mesmo ano, "dia de Todos os Santos [sic]", que eles rogassem por todos os tripulantes.

85. Cf. Lapa, *A Bahia e a Carreira da Índia*, p. 209. Em seu estudo sobre as visitações inquisitoriais na Colônia, Sonia Siqueira listou os nomes de 49 tripulantes de navios processados, com base nas mesmas fontes. Ver *A Inquisição portuguesa e a sociedade colonial*.

86. Cf. Luiz Geraldo Silva, "Pescadores, 'homens do mar' e a Inquisição no Brasil colonial". In: Raymundo H. Maués (org.). *Anais da 3ª Reunião Regional de Antropólogos do Norte e Nordeste*, p. 672. Devo essa indicação a Jane Felipe Beltrão.

87. Id., ibid., p. 670.

88. Rediker, *Between...*, pp. 179 e 181-3.

89. *Diário náutico do Brilhante*, 26 de novembro de 1831. AHI, lata 4, maço 3, pasta 1. Pojo é o "lugar em que se poja, se desembarca", cf. Leitão & Lopes, *Dicionário*, p. 322.

90. Rediker, *Between...*, p. 184.

91. O inglês Peter Campbell Scarlett, que esteve no Rio de Janeiro entre 14 de setembro e 5 de outubro de 1834, afirmou nunca ter conhecido a origem dessa prática, mas acreditava que ela fosse universalmente adotada por todas as nações e sabia que ela abria uma brecha para ressentimentos pessoais entre os homens. Ver *South America and the Pacific; comprising a journey across the Pampas and the Andes, from Buenos Ayres to Valparaiso, Lima, and Panamá*, p. 28.

92. Rediker, *Between...*, p. 187.

93. Hermann Burmeister, *Viagem ao Brasil através das províncias do Rio de Janeiro e Minas Gerais*, pp. 27-8; Théophile de Ferrière Le Vayer, *Une ambassade française en Chine: journal de voyage*, pp. 30-2, Carl Seidler, *Dez anos no Brasil*, p. 32. As descrições referem-se aos anos de 1850, 1844 e 1826, respectivamente.

94. Burmeister, *Viagem ao Brasil*, p. 28; Bento, *Manet no Brasil*, p. 15; Seidler, *Dez anos no Brasil*, p. 32, respectivamente.

95. Burmeister, *Viagem ao Brasil*, p. 27; Carlo Ginzburb, *O queijo e os vermes: o cotidiano e as ideias de um moleiro perseguido pela Inquisição*.

96. Ernst Ebel, *O Rio de Janeiro e seus arredores em 1824*, p. 7; Burmeister, *Viagem ao Bra-*

sil, p. 28. Praticamente nenhum dos relatos dos viajantes que consultei deixou de mencionar o ritual de travessia do equador. Ver ainda, entre outros, Pohl, *Viagem no interior do Brasil*, pp. 46-8.

97. Rediker, *Between...*, pp. 193-6. Stewart menciona o ritual pouco elaborado de enterro no mar quando da morte de um jovem oficial a bordo, "um sacrifício ao demônio da embriaguez". *A visit to the South Seas*, p. 35.

98. Colton, *Deck and port*, pp. 30-1.

99. Tema abordado no capítulo 5.

100. Cf. *Termo de Protesto de Arribada*, 18 de fevereiro de 1830, assinado pelo piloto, pelo mestre, pelo contramestre, pelo cirurgião e por sete marinheiros. AHI, lata 12, maço 4, pasta 1 (*Eliza*, 1829-30).

101. *Diário náutico*, 10, 14, 17, 18, 19 e 22 de novembro de 1831. AHI, lata 4, maço 3, pasta 1 (*Brilhante*, 1831-39).

102. AHI, lata 20, maço 2, pasta 1 (*Maria da Glória*, 1826-35).

103. Lindley, *Narrativa de uma viagem ao Brasil*, p. 72.

104. AHI, lata 2, maço 1, pasta 1 (*Aracaty*, 1842-43), fls. 8v-9.

PARTE III: MARINHEIROS E AFRICANOS EM AÇÃO

7. GUERRAS, RESISTÊNCIA E REVOLTAS [pp. 231-59]

1. Relatório sobre a negociação da compra de escravos e da rebelião dos negros embarcados ainda no porto africano (15 de agosto de 1782). AHU, Angola, caixa 65, doc. 64.

2. Cf. Prado, *Pernambuco*, v. I, p. 306. De acordo com Winston McGowan, "uma vez que o navio deixava as águas africanas e a esperança final dos cativos de voltar à África desaparecia, sua resistência tendia a declinar e o capitão e a tripulação normalmente ficavam menos temerosos e ansiosos". "African resistance to the Atlantic slave trade in West Africa". *Slavery & Abolition*, 11 (1): maio 1990, p. 21.

3. Sobre esse assunto, ver o capítulo 2.

4. *Notícia da cidade de São Felipe de Benguela e costumes dos gentios habitantes daquele sertão* (Luanda, 10 de novembro de 1797). BNDM, I-28, 28, 29.

5. Miller, *Way of death*, cap. 4. Para uma análise mais detida do caso de Cabinda/Ngoyo, ver Serrano, *Os senhores da terra e os homens do mar*, passim.

6. McGowan, "African resistance"; Ferreira, "O significado e os métodos", e "Dos sertões ao Atlântico: tráfico ilegal e comércio lícito em Angola, 1830-1860", dissertação de mestrado, em especial pp. 53-80.

7. McGowan, "African resistance", p. 21.

8. "*Kalunga* também significava a linha divisória, ou a 'superfície', que separava o mundo dos vivos daquele dos mortos; portanto, atravessar a *kalunga* (simbolicamente representada pelas águas do rio ou do mar, ou mais genericamente por qualquer tipo de água ou por uma superfície refletiva como a de um espelho) significava 'morrer' se a pessoa vinha da vida, ou 'renascer', se o movimento fosse no outro sentido". Slenes, "Malungu, ngoma vem!", pp. 53-4.

9. Pélissier, *História das campanhas de Angola*, v. I, pp. 30-1.
10. Cf. Clarence-Smith, *O terceiro império português*, pp. 40-3.
11. Francis Castelnau, *Expedição às regiões centrais da América do Sul*, v. I, p. 14.
12. Representação de Manuel Francisco da Silva ao imperador (18 de novembro de 1830). AHI, lata 1, maço 6, pasta 1 (*Amizade*).
13. Carta de José Francisco Abranches a Paulino José Fernandes (Benguela, 24 de fevereiro de 1839). AHI, lata 14, maço 3, pasta 1 (*Especulador*), fl. 60.
14. Ofício de Félix Correa de Araújo, Martinho Teixeira de Mendonça, Miguel Pires de Carvalho, José da Silva Maria Ferreira e João Leite de Faria a Fernando Antonio de Noronha, governador de Angola (Câmara de Luanda, 1º de janeiro de 1803). AHU, Angola, caixa 106, doc. 1.
15. Roquinaldo Amaral Ferreira, "Dos sertões ao Atlântico", pp. 61-4.
16. Ofício de Fernando Antonio de Noronha ao visconde de Anadia (Luanda, 8 de novembro de 1803). AHU, Angola, caixa 108, doc. 33.
17. Ferreira identificou a multiplicação dos *quilombos* ou *motolos* nas proximidades de Luanda a partir de fins da década de 1840. Entretanto, ele chama a atenção para o fato de que o termo *quilombo* não tinha em Angola a mesma conotação que tinha no Brasil escravista: a palavra poderia designar um acampamento de homens brancos, por exemplo, enquanto *motolo* era o nome que se dava ao "lugar dos fugidos". De acordo com ele, na década de 1850 é que as palavras tornaram-se sinônimos ("Dos sertões ao Atlântico", p. 68, nota 31). Todavia, o termo *quilombo* certamente foi usado como sinônimo de agrupamento de escravos fugitivos no documento que mencionei acima, o que pode denotar que o significado de quilombo como "lugar dos [escravos] fugidos" era mais antigo. Para uma análise dos quilombos do entorno de Luanda entre 1850 e 1855 e das estratégias dos portugueses no combate a eles, ver Ferreira, "Dos sertões ao Atlântico", pp. 68-74.
18. Ofício do barão de Mossâmedes a Fernando José de Portugal (Luanda, 3 de setembro de 1790), BNDM, II-33, 32, 29; ofício de Joaquim José da Silva, 15 de agosto de 1790. AHU, Angola, caixa 75, doc. 39. Sobre o significado do termo *dembo*, ver cap. 1, nota 48.
19. Carta do barão de Mossâmedes a Luís de Vasconcelos, 1790. AN, Fundo Ministério do Reino e Império, caixa 502, Correspondência do governador de Angola com os vice-reis do Brasil, 1769-1807. Em ofício de 2 de setembro de 1790, o barão reiterava o pedido para que os navios vindos do Brasil embarcassem os mantimentos necessários para a volta, pelo mesmo motivo de guerra contra os nativos, desta vez dirigindo-se ao conde de Resende. Id., ibid.
20. Ofício de Manuel de Almeida e Vasconcelos ao conde de Resende (Luanda, 22 de maio de 1793). AN, Fundo Ministério do Reino e Império, caixa 502, Correspondência do governador de Angola com os vice-reis do Brasil, 1769-1807; ofício do barão de Mossâmedes a Martinho de Melo e Castro, 15 de agosto de 1790. AHU, Angola, caixa 75, doc. 35.
21. Resposta do Conselho Ultramarino à representação de Manuel de Almeida e Vasconcelos, governador de Angola, sobre o estado de Angola (1790). AHU, Angola, caixa 75, doc. 79.
22. *Termo de indamento [?], sujeição e vassalagem que faz o Marquês do Mussulu, D. Antonio Manuel, sovas e maçotas seus potentados, [...] que tendo sido derrotados e vencidos pelas armas de S. M. F., vieram entregar-se e deprecar o perdão dos seus excessos perante o Ilmo. e Exmo. Sr. Manuel de Almeida e Vasconcelos, governador e capitão-general destes reinos e suas conquistas, que em nome de S. M. lhe perdoa e impõe as condições abaixo declaradas. Celebrado nesta cidade de S. Paulo de Assunção de Luanda a 25 de abril de 1792.* AHU, Angola, caixa 77, doc. 41.

23. Manuel de Almeida e Vasconcelos escrevia à Corte em 1796 informando sobre o confronto com os dembos e o envio de seus embaixadores pedindo "perdão pelo passado" e jurando solenemente cumprir a vassalagem acordada. Ofício de Manuel de Almeida e Vasconcelos a Luís Pinto de Souza Coutinho (Luanda, 23 de janeiro de 1796). AHU, Angola, caixa 83, doc. 21.

24. Pélissier, *História das campanhas de Angola*, v. I, p. 55. Ver também José d'Almeida Correa de Sá, *A abolição da escravatura e a ocupação de Ambriz*, e Ferreira, "Dos sertões ao Atlântico", p. 53.

25. *Extrato atual da conquista de Angola e seu comércio* (Luanda, 1º de fevereiro de 1792). AHU, Angola, caixa 77, doc. 14.

26. Foi o que aconteceu com os da *N. S. da Conceição e Santo Antonio* que, ao aportarem em Luanda, souberam que uma tropa vinda do sertão fora atacada em seu acampamento — incendiado e roubado pelos negros. Para os vereadores da cidade, era necessário promover uma "formidável guerra" para retomar o domínio sobre os sertões e proteger o comércio. Na reação portuguesa, auxiliada pelos homens da nau vinda da Índia, um soba foi preso e degredado para Fernando Pó e mais de oitenta negros foram aprisionados e vendidos em hasta pública na capital. Aproveitando-se do envio das tropas para o interior, os habitantes das margens do Bengo atacaram os arrabaldes de Luanda. Ofício do Juiz de Fora de Angola e vereadores da Câmara de Luanda à Corte (17 de agosto de 1790). AHU, Angola, caixa 75, doc. 40; ofício dos comandantes da nau *N. S. da Conceição e Santo Antonio* (Lisboa, 29 de dezembro de 1790). AHU, Angola, caixa 75, doc. 70.

27. Ofício de Manuel de Almeida e Vasconcelos a Martinho de Melo e Castro (Luanda, 16 de abril de 1791). AHU, Angola, caixa 76, doc. 15.

28. Ofício de Manoel de Almeida Vasconcelos a Martinho de Melo e Castro (Luanda, 25 de abril de 1793). AHU, Angola, caixa 78, doc. 59.

29. Nome dado pelos portugueses aos confrontos militares contra os negros inimigos em Angola e, ao mesmo tempo, às tropas recrutadas entre os nativos cujos chefes haviam firmado acordo com eles.

30. Ofício de Manoel de Almeida Vasconcelos a Martinho de Melo e Castro (Luanda, 31 de julho de 1794). AHU, Angola, caixa 80, doc. 37.

31. Id., ibid.

32. Ofício de Francisco Paim da Câmara e Ornelas, capitão de Benguela, a Martinho de Melo e Castro (Benguela, 21 de junho de 1791). AHU, Angola, caixa 76, doc. 43.

33. Relatório do capitão-tenente Antonio José Valente (Lisboa, 3 de fevereiro de 1791). AHU, Angola, caixa 76, doc. 8.

34. Ofício do capitão-tenente Antonio José Valente (Lisboa, 8 de fevereiro de 1791). AHU, Angola, caixa 76, doc. 9.

35. Ofício-relatório de Francisco Paim da Câmara e Ornelas, capitão de Benguela, a Martinho de Melo e Castro (Benguela, 30 de março de 1792). AHU, Angola, caixa 77, doc. 37.

36. Representação da Câmara de Benguela a S. M. (29 de outubro de 1792). AHU, Angola, caixa 77, doc. 69.

37. Ofício de Manuel de Almeida e Vasconcelos a Luís Pinto de Sousa Coutinho (Luanda, 22 de janeiro de 1796). AHU, Angola, caixa 83, doc. 16.

38. Resposta à consulta do Conselho Ultramarino a respeito do governo de Benguela, assinada pelo barão de Mossâmedes (24 de fevereiro de 1796). AHU, Angola, caixa 83, doc. 30.

39. Ofício de Alexandre José Botelho de Vasconcelos a d. Miguel Antonio de Mello (Benguela, 25 de maio de 1798). AHU, Angola, caixa 88, doc. 5.

40. Ver ofício de João Manuel Pinto de Magalhães à Corte (1798). AHU, Angola, caixa 88, doc. 8.

41. Ofício de Alexandre José Botelho de Vasconcelos a Miguel Antonio de Melo (Benguela, 27 de janeiro de 1798). AHU, Angola, caixa 87, doc. 28.

42. Parecer de Miguel Antonio de Melo (Luanda, 11 de março de 1798). AHU, Angola, caixa 87, doc. 42; ordem de libertação imediata dos cativos do soba de Quilengues (24 de março de 1798), in: *Fontes & Estudos — Revista do Arquivo Histórico Nacional* (Angola), 3 de novembro de 1996, seção Documentos.

43. Pélissier, *História das campanhas de Angola*, v. I, p. 68.

44. Cf. Ferreira, "Dos sertões ao Atlântico", pp. 66-7.

45. *Relatório de Antonio Máximo de Sousa Magalhães, capitão da companhia de artilharia e natural de Luanda, dando conta das investigações das quais foi incumbido de explorar a costa de Loango e fazer novas averiguações para corrigir as cartas já existentes* (16 de março de 1780). AHU, Angola, caixa 63, doc. 13.

46. Cópia de ofício de Martinho de Melo e Castro a José Gonçalo da Câmara (Palácio de Queluz, 8 de agosto de 1782). AHU, Angola, caixa 65, doc. 60.

47. AN, códice 67, v. 10, fl. 86.

48. AHU, Angola, caixa 66, doc. 98.

49. AHI, lata 15, maço 1, pasta 1 (*Esperança Feliz*); Ferreira, "O significado e os métodos", p. 59.

50. Relatório sobre o estado do reino de Angola feito pelo barão de Mossâmedes em 29 de outubro de 1785. AHU, Angola, caixa 70, doc. 58.

51. Ofício do barão de Mossâmedes a Martinho de Melo e Castro (Luanda, 15 de outubro de 1786). AHU, Angola, caixa 71, doc. 51. Empacaceiros eram homens armados distribuídos em "companhias móveis, formada de voluntários, incluindo africanos negros e mestiços com algum grau de aculturação", cf. Pélissier, *História das campanhas de Angola*, v. I, pp. 36-7.

52. Ofício do barão de Mossâmades a Martinho de Melo e Castro (Luanda, 18 de fevereiro de 1789). AHU, Angola, caixa 74, doc. 5.

53. Ofício de Joaquim José da Silva, 15 de agosto de 1790. AHU, Angola, caixa 75, doc. 39.

54. McGowan, "African resistance to the Atlantic slave trade in West Africa", p. 9.

55. Sobre a questão da formação dos estados nessa região, ver Joseph C. Miller, *Poder político e parentesco: os antigos estados mbundu em Angola*, em especial pp. 112-48.

56. Slenes, "Malungu, ngoma vem!", p. 52.

57. Henry Koster, *Viagens ao Nordeste do Brasil*, p. 505; Rugendas, *Viagem pitoresca*, p. 235. Tollenare também observou a ligação entre os negros do mesmo carregamento, dizendo que "quando um negro é comprado, testemunha a sua alegria e parece deixar os companheiros sem pesar, não obstante, mais tarde, o fato de haverem feito a viagem no mesmo navio estabeleça entre eles uma espécie de parentesco". *Notas dominicais*, p. 110.

58. *An abstract of the evidence...*, p. 32.

59. Ver nota 8, acima.

60. Slenes, "Malungu, ngoma vem!", pp. 53-4.

61. Id., ibid., p. 54.

62. Prado, *Pernambuco*, v. I, p. 291.

63. McGowan, "African resistence", pp. 21-2.

64. Paul Edward (org.), "The slave ship". *Equiano's Travels*, p. 25.

65. Ofício de Francisco Paim da Câmara e Ornelas a Martinho de Mello e Castro (Benguela, 16 de abril de 1793). AHU, Angola, caixa 78, doc. 55.

66. "Um musgo com aplicação tintorial muito procurado pelas indústrias têxteis europeias", cf. Ferreira, "Dos sertões ao Atlântico", p. 77.

67. Ferreira, "Dos sertões ao Atlântico", p. 78; "O significado e os métodos", p. 68. A região fora colonizada por portugueses que fugiram do antilusitanismo em Pernambuco em 1848, após a Praieira. Na década de 1860, as revoltas e fugas de escravos provocadas pelo tráfico ilegal colocavam em risco o negócio e a vida dos proprietários na região. Com isso, os produtores de urzela tornaram-se os principais opositores do tráfico em Angola nesse período. Id., ibid., pp. 67-8.

68. Como ocorreu com o navio *Liberty Lying*, que, ao chegar ao Senegal em 1795, tentou carregar seis cativos que, ato contínuo, mataram o capitão — embora a tripulação tenha conseguido embarcar os revoltosos à força, cf. Bruce L. Mouser, "The voyage of the good sloop *Dolphin* to Africa, 1795-1796". *American Neptune*, 37 (4): 1978, p. 254.

69. O *Amistad* era um negreiro espanhol no qual 54 escravos se rebelaram quando o navio estava próximo de Cuba, em 1839. Depois de matarem parte da tripulação, os negros liderados por Cinquez conseguiram levar o navio para o litoral nordeste dos Estados Unidos, onde foram julgados e declarados livres em 1841, em meio à polêmica entre abolicionistas que os consideravam heróis e escravistas que os viam como assassinos. Associações de caridade providenciaram o transporte deles de volta à África, cf. James Truslow Adams, *Dictionary of American history*, v. I, p. 68, e Louis Lacroix, *Les derniers negriers*, pp. 268-72. Ainda sobre o episódio *Amistad*, procurei sem sucesso uma obra escrita no calor dos acontecimentos: trata-se do livreto de 32 páginas de John W. Barber, *A history of the* Amistad *captives* (Nova York: Arno Press, 1969), cuja primeira edição apareceu em New Haven, em 1840, publicada por E. L. & J. W. Barber. A bibliografia sobre o caso conta ainda com os livros de Helen Kromer, *The* Amistad *afair, 1839: the slave uprising aboard the Spanish schoomer* (Nova York: Franklin Watts, 1973), e Mary Cable, *Black odyssey: the case of the slave ship* Amistad (Baltimore: Peguin Books, 1977). Steven Spielberg criou uma pujante versão cinematográfica para o caso (*Amistad*, EUA, 1997, 152').

70. Lacroix, *Les derniers negriers*, p. 206.

71. Ofício de d. Miguel Antonio de Melo a Rodrigo de Souza Coutinho (Luanda, 17 de junho de 1799). AHU, Angola, caixa 92, doc. 32.

72. Lacroix, *Les derniers negriers*, pp. 207-9. O capitão do navio que trouxe o médico Chernoviz ao Brasil, que anteriormente se engajara no tráfico negreiro, também mencionou o uso dos tais pregos para impedir que mais negros saíssem do porão para juntar-se aos primeiros revoltosos. Ver Carlos da Silva Araújo, "Como o doutor Chernoviz viu a escravidão no Brasil (1840-1841)". *Revista de História e Arte*, 3-4: abr.-set. 1963, p. 80.

73. Como notou Charles Boxer, *Salvador de Sá e a luta pelo Brasil e Angola*, p. 244.

74. Oliveira Mendes, *Memória a respeito dos escravos*, p. 49.

75. Interrogatório de Jose E. Cliffe (11 de maio de 1848). *Second report...*, p. 47.

76. Falconbridge, *An account of the slave trade on the coast of Africa*, pp. 5-6.

77. Tollenare, *Notas dominicais*, p. 108.

78. James E. Alexander, *Transatlantic sketches, comprising visits to the most interesting scenes in the North and South America, and the West Indies. With notes on Negro slavery and Canadian emigration*, v. 1, p. 121.

79. AHI, lata 3, maço 5, pasta 1 (*Dona Bárbara*), fl. 6.

80. Interrogatório de Manuel Antônio Teixeira Barbosa, 20 de abril de 1838. AHI, lata 16, maço 2, pasta 3 (*Flor de Luanda*).

81. AHI, lata 15, maço 4, pasta 1 (*Feliz*), fl. 96v.

82. Brantz Mayer, *Captain Canot: or twenty years of an African slaver*, pp. 273-4.

83. O documento foi transcrito por Robert Conrad, *Children of God's fire: a documentary history of black slavery in Brazil*, p. 41. Artur Ramos também narrou um episódio da repressão, retirado do livro de bordo do navio negreiro *L'Africain*, em 1738: "Amarramos ontem os negros mais culpados, isto é, os negros autores da revolta, pelos quatro membros, e deitados de bruços em cima da ponte, fizemo-los açoitar. Depois, fizemo-los escarificações nas nádegas para que melhor sentissem suas faltas. Depois de ter posto as nádegas em sangue pelos açoites e escarificações, pusemos em cima pólvora, suco de limão, salmoura e pimenta, tudo pilado juntamente com outra droga posta pelo cirurgião; e atritamo-lhes as nádegas, para impedir que houvesse gangrena". "Castigos de escravos". *Revista do Arquivo Municipal de São Paulo*, v. 47, p. 85.

84. Auto de perguntas ao preto novo Muquita da nação macua (23 de abril de 1823); auto de perguntas feitas ao réu Umpulla, preto moço de nação Macua com dois intérpretes (26 de abril de 1823); auto de perguntas de Lauriano (30 de abril de 1823). *Arquivo do Estado da Bahia*, Seção Colonial e Provincial, maço 2845. Devo essa indicação e o envio de uma cópia desse documento a João José Reis, a quem agradeço.

85. AHI, lata 1, maço 5, pasta 1 (*Americana*).

8. SAÚDE E ARTES DE CURAR [pp. 260-304]

1. Bomtempo esteve em Angola entre 1799 e 1807. Para a nomeação, ver Decreto de 5 de outubro de 1798. AHU, Angola, caixa 89, doc. 2. Em 2 de agosto de 1804, o médico pedia para deixar Luanda com sua família (cf. AHU, Angola, caixa 110, doc. 33), o que só conseguiu três anos depois, quando um novo físico-mor foi nomeado, com o mesmo salário e obrigações (cf. AHU, Angola, caixa 116, doc. 44, 15 de setembro de 1806). O ensino pelo qual o físico-mor era responsável respondia pela metade dos seus vencimentos; em 1786, o cirurgião-mor nomeado para Moçambique, com a tarefa apenas de curar, recebia 400 mil-réis, cf. a carta patente que nomeou Sebastião José Rodrigues para o cargo. Arquivo da Alfândega de Lisboa, Livro de Mercês (1778 a 1802), códice 49, fls. 9v-10v.

2. José Maria Bomtempo, *Compêndios de medicina prática*, 1815; *Memória sobre algumas enfermidades do Rio de Janeiro, e mui particularmente sobre o abuso geral, e pernicioso efeito da aplicação da preciosa casca peruviana, ou quina*. Escrita no ano de 1814, 1825. Outros dados biográficos podem ser encontrados em Maria Beatriz Nizza da Silva (org.), *Dicionário da história da colonização portuguesa no Brasil*, p. 110.

3. Tânia Salgado Pimenta, "Artes de curar: um estudo a partir dos documentos da Fisicatura-mor no Brasil do começo do século XIX", dissertação de mestrado, p. 25.

4. Maria Cristina Cortez Wissenbach. "Gomes Ferreira e os símplices da terra: experiências sociais dos cirurgiões no Brasil colonial. In: Júnia Ferreira Furtado (org.). *Erário mineral. Luís Gomes Ferreira*. Belo Horizonte; Rio de Janeiro, 2002, v. 1, pp. 107-49.

5. Cf. Miguel Angel Gonzalez-Prendes, *Consideraciones acerca de la lepra*, p. 9; Flavio Maurano, *História da lepra em São Paulo*, p. 7.

6. José Lourenço Magalhães, *A morféa no Brasil, especialmente na província de São Paulo*, pp. 79-101.

7. José Lourenço Magalhães, *Étude sur la lèpre du Brésil*, p. 112.

8. "A lepra no Estado da Bahia". *Gazeta Médica da Bahia*, fev. 1891, cf. Magalhães, *Étude*, p. 112.

9. Esse médico dizia que os africanos valiam dinheiro e eram verificados antes da compra, de tal forma que seria difícil não ver quem trazia a doença. Outro argumento era que os africanos também foram para a América do Norte, e lá a lepra não se manifestou com igual intensidade. Ver "Relatório apresentado pelo catedrático de clínica sifiligráfica e dermatológica da Faculdade de Medicina no Rio de Janeiro ao Primeiro Congresso Sul-Americano de Dermatologia e Sifiligrafia", no *2º Boletim do 8º Congresso Brasileiro de Medicina* (12 a 20 de outubro de 1918), pp. 87-97, transcrito em Heráclides-César de Souza Araújo, *História da lepra no Brasil*, v. III, p. 219.

10. Maurano, *História da lepra*, pp. 7-8.

11. Id., ibid., p. 8.

12. Id., ibid., pp. 12-6.

13. Cf. João Lopes Cardoso Machado, *Dicionário médico-prático para uso dos que tratam da saúde pública onde não há professores de medicina*, v. II, pp. 190-1. Esse autor não faz nenhuma menção sobre a doença ser peculiar aos negros. Chernoviz constatou a existência da doença na África, mas não atribuiu sua introdução no Brasil ao tráfico negreiro. *Dicionário de medicina popular*, v. III, p. 65.

14. Bernardino Antônio Alves Machado, *Breves considerações sobre a elefantíase dos gregos*, p. 8.

15. Joaquim José da Silva, *Algumas considerações sobre a elefantíase dos gregos*, p. 6.

16. Antonio Lino Heredia, *Elefantíase dos gregos, suas causas e seu tratamento*, p. 8.

17. Albino Rodrigues de Alvarenga, *Quarto ponto: Ciências médicas. Elefantíase dos gregos, suas causas e seus tratamentos*; Joaquim Coelho Gomes, *Quarto ponto: Ciências médicas. Elefantíase dos gregos, suas causas, e seu tratamento*; Antonio Baptista Vilella Guapiassi, *Breves considerações sobre a elefantíase dos gregos, suas causas e seu tratamento*; João Fortunato de Saldanha da Gama, *A elefantíase dos gregos, suas causas e seu tratamento*.

18. Miguel Angel Gonzalez-Prendes, *Consideraciones acerca de la lepra*, pp. 11 e 10, respectivamente.

19. Cf. David Chandler, "Health conditions in the slave trade of colonial New Granada". In: Robert Brent Toplin (ed.), *Slavery and race relations in Latin America*, p. 64.

20. Grainger (1721?-1766) graduou-se em medicina em Edimburgo em 1753, servindo antes disso como cirurgião da armada britânica. Fixou-se em Londres como médico e poeta, além de ser proprietário absenteísta nas ilhas de St. Christopher e St. Kitts. Em 1759 foi para St. Kitts — onde permaneceu até sua morte em 1766 —, e lá praticou a medicina e escreveu *An essay on the more common West-India diseases and the remedies wich that country itself produces* (Londres, 1764), acrescido de alguns conselhos sobre o gerenciamento dos escravos. James

Thomson, o único jamaicano a escrever um manual médico exclusivamente sobre doenças de escravos, também se formou em Edimburgo, em 1813, clinicou em Londres e retornou à Jamaica, até morrer, em 1822, cf. Richard B. Sheridan, *Doctors and slaves: a medical and demographic history of slavery in the British West Indies, 1680-1834*, pp. 28 e 37-8, respectivamente.

21. Cf. Sheridan, *Doctors and slaves*, pp. 39-40.

22. Devido aos sintomas, as boubas eram ainda confundidas com as erupções cutâneas da sífilis, cf. E. H. Hudson, "Treponematosis and African slavery". *British Journal of Venereal Disease*, 40: 1964, p. 51.

23. Cf. Keneth F. Kiple & Virginia H. King, *Another dimension to the black diaspora: diet, diseases and racism*, p. 7. José Martins da Cruz Jobim foi um dos médicos brasileiros a notar tal diferença na incidência das chamadas "febres intermitentes" entre brancos e negros: "É notável que as nossas [...] sejam menos mortíferas nos pretos africanos do que nos nascidos no Brasil e nos brancos; o que pode ser devido ao hábito naqueles de sofrerem melhor as intempéries da atmosfera, ou à circunstância de se acharem eles acostumados por geração às impressões miasmáticas que as produzem, pois as febres da costa da África, se não consistem em verdadeiras intermitentes contagiosas, têm com elas a maior analogia, pelo que vemos em seus efeitos consecutivos nos marinheiros que de lá vem". *Discurso sobre as moléstias que mais afligem a classe pobre do Rio de Janeiro*, p. 22.

24. Octávio de Freitas, *Doenças africanas no Brasil*.

25. Lycurgo de Castro Santos Filho, *História geral da medicina no Brasil*, v. III, p. 41.

26. H. Harold Scott, "The influence of the slave-trade in the spread of tropical diseases". *Transaction of the Royal Society of Tropical Medicine and Hygiene*, 37: 1943, p. 182. Do mesmo autor, ver também "The slave trade and disease". In: *A history of tropical medicine*, v. II, pp. 982-1010.

27. Joseph Sigaud, *Du climat et des maladies du Brésil*, p. 127. Sigaud nasceu em Marselha em 1796 e formou-se na Faculdade de Medicina de Estrasburgo em 1818. Dirigiu a *Aurora Fluminense*, periódico editado no Rio de Janeiro, cidade onde faleceu em 1856, cf. O. Carneiro Giffoni, *Dicionário bio-bibliográfico brasileiro de escritores médicos (1500-1899)*, p. 229.

28. Sigaud, *Du climat et des maladies du Brésil*, p. 136.

29. Cf. Ernani Silva Bruno, *Histórias e tradições da cidade de São Paulo*, v. I, pp. 334 e 338. Ver ainda pp. 337 e 353. A percepção do vínculo profundo entre o tráfico e as epidemias de varíola na Corte era consensual na comunidade médica da época. Sobre esse assunto, ver Sidney Chalhoub, *Cidade febril: cortiços e epidemias na Corte imperial*, pp. 108-12.

30. Sobre a discussão desse tema no meio médico brasileiro, ver Chalhoub, *Cidade febril*, pp. 62-8.

31. F. Pompeu do Amaral, *O problema da alimentação: aspectos médico-higiênico-sociais*, v. I, pp. 136-7. De acordo com Sérgio Buarque de Holanda, "embora haja incerteza quanto à exata identidade da árvore salvadora não se pode sustentar a ideia de que fosse o sassafrás, espécie desconhecida no sítio da atual cidade de Quebec onde o milagre se produziu [...]. As preferências dirigem-se atualmente para certas coníferas da mesma região, onde análises recentes feitas nas entrecascas revelaram a presença de vitamina C, agente antiescorbútico por excelência". *Visão do paraíso: os motivos edênicos no descobrimento e colonização do Brasil*, pp. 261-2.

32. Holanda, *Visão do paraíso*, pp. 255-6.

33. Id., ibid., p. 257.

34. Américo Pires de Lima, *Como se tratavam os portugueses em Moçambique, no primeiro quartel do século XVII*, v. III, pp. 11-2.

35. Cf. L. Sueuer, "Alimentation des marius du roi de France, de 1763 a 1789, sur le vaisseaux au long cours se dirigeant vers les Indes Orientales". *Revue Historique*, 568: out.-dez. 1988, pp. 415 e 417.

36. Ofício de José Gonçalo da Câmara a Martinho de Melo e Castro (Luanda, 12 de junho de 1781). AHU, Angola, caixa 64, doc. 24.

37. Os únicos casos que encontrei foram o do bergantim *Orion* (AHI, lata 25, maço 1, pasta 1, fl. 4), do brigue-escuna *Aracaty* (AHI, lata 2, maço 1, pasta 1, fl. 7v), e o da escuna *Emília* (AHI, lata 13, maço 1).

38. Renato Braga, *Plantas do Nordeste, especialmente do Ceará*, verbete "caju", apud Luís da Câmara Cascudo, *História da alimentação no Brasil*, v. I, p. 223.

39. Cf. Cascudo, p. 223; Rugendas, *Viagem pitoresca*, p. 234.

40. Watkin Tench esteve no Rio no inverno de 1787 e foi o menos elogioso. Em sua obra, afirmou que havia vegetais em grande abundância, que as laranjas e os limões eram vendidos a preço baixo, mas que a banana, o coco e o ananás eram de qualidade medíocre. *Voyage a la baie Botanique*, tradução para o francês de *A narrative of the expedition to Botany Bay; with an account of New South Wales* (Londres: J. Debret, 1789), p. 37. O relato de John Schillibeer refere-se ao verão de 1814 (*A narrative of the Briton's voyage to Pitcairn's Islands; including an interesting sketch of the present State of the Brazil and of Spanish South America*, pp. 12-3). O diário de W. H. B. Webster refere-se ao inverno de 1828 e ressalta que cada homem da tripulação recebeu no Rio de Janeiro uma ração de seis laranjas por dia, cf. *Narrative of a voyage to the Southern Atlantic Ocean, in the years 1828, 29, 30*, v. I, p. 50. Jeremiah J. Reynolds esteve na Corte em duas oportunidades (entre 16 de outubro e 5 de novembro de 1831 e de 26 de março a 9 de abril de 1834), cf. *Voyage of the United States frigate Potomac, under the command of commodore John Downes, during the circumnavigation of the globe, in the years 1831, 1832, 1833, and 1834*, pp. 54-5.

41. Cf. Sheridan, *Doctors and slaves*, p. 114.

42. M. G. Mauran, *Aviso à gente do mar sobre a sua saúde, obra necessária aos cirurgiões de navios e em geral a todos os marinheiros que andam embarcados em navios, aonde não há cirurgiões*, p. 79.

43. Ofício-relatório de Miguel Antonio de Melo à Corte (12 de março de 1799). AHU, Angola, caixa 91, doc. 17.

44. Mauran, *Aviso à gente do mar sobre a sua saúde*, pp. 82-3.

45. Cf. Giffoni, *Dicionário bio-bibliográfico brasileiro de escritores médicos*, p. 128. Ver o "Registro do diploma de doutor em medicina passado a José Martins da Cruz Jobim", em AGCRJ, códice 8-4-31, Cartas de médicos e farmacêuticos (1830-40), fls. 14-14v.

46. José Martins da Cruz Jobim, *Discurso sobre as moléstias que mais afligem a classe pobre do Rio de Janeiro*, p. 6.

47. Id., ibid., p. 11.

48. Afonso d'E. Taunay, "Rio de Janeiro de antanho". *RIHGB*, 90 (144): 1921, p. 459.

49. Como foi o caso, entre outros, dos navios de guerra britânicos *Septro* e *Medea*, autorizados a permanecer por 21 dias no porto do Rio de Janeiro em abril de 1782 para curar

vinte de seus tripulantes e passageiros com escorbuto, cf. ofício do vice-rei do Brasil a Martinho de Mello e Castro. AN, códice 68, v. 5, Correspondência de d. Luiz de Vasconcelos para a Corte (1782).

50. Mauran, *Aviso à gente do mar*, pp. 80-2.

51. Tal "ponche", mais semelhante ao que viria a ser conhecido no Brasil como caipirinha, tornou-se uma "bebida que todos os marinheiros hoje em dia conhecem". Id., ibid., p. 13.

52. Id., ibid., pp. 95 bis-96.

53. "Notas do tradutor". In: L. Barin, *Observações sobre a doença do escorbuto, apresentada a Sua Excelência o Ministro da Marinha e das Colônias, por L. Barin, cavaleiro da Ordem Real da Legião de Honra, e Oficial de Marinha em S. Maló, ano de 1822, traduzidas do francês, e impressas às custas do tradutor para ser distribuídas grátis, e servir de comprovar a excelência da medicina curativa de Le Roy*, p. 13. Décadas depois, as autoridades de saúde cariocas notavam que, com ou sem epidemias, os hospitais e os navios de guerra ingleses, italianos e mesmo portugueses faziam uso das fumigações de enxofre, salitre ou pólvora misturada ao vinagre "como poderoso meio desinfetante atmosférico", medida coerente com a ideia então corrente de que era pelos miasmas que as doenças se disseminavam. Soluções brandas de ácido cítrico também eram recomendadas para ambientes fechados, cf. ofício de Joaquim Pereira de Araújo à Câmara Municipal, 14 de fevereiro de 1850. AGCRJ, códice 8-4-20, Salubridade e saúde do Rio de Janeiro (porto) (1830-88).

54. *Relatório do físico-mor do Estado da Índia Dr. Baltasar Manoel de Chaves para o vice-rei Marquês de Távora*, 1º de dezembro de 1750. In: Antonio M. Esparteiro, "A higiene nas naus de viagem em meados do século XVIII". *Boletim da Sociedade de Geografia de Lisboa*, 76ª série, 10 (10): out.-dez. 1958, p. 291.

55. Id., ibid., pp. 294-5. De acordo com Amaral Lapa, o escorbuto era a doença que mais vitimava os marinheiros da Carreira da Índia e era combatida com alimentos ricos em vitamina C. Ver *A Bahia e a Carreira da Índia*, p. 215. Todavia, Lapa não indica que tal procedimento não era sistemático nem que, quando aplicado, resultava mais da experiência dos marinheiros do que das recomendações médicas acadêmicas.

56. Samuel Holmes, *Voyage en Chine et en Tartarie, a la suite de l'ambassade de Lord Macartney*, v. I, p. 67 (tradução para o francês da obra editada em Londres em 1798). A expedição esteve no Rio de Janeiro de 30 de novembro a 16 de dezembro de 1792.

57. AN, Fundo Junta do Comércio, caixa 445, pacote 2, Navios aprisionados pelos ingleses: pedidos de indenização, fl. 2v.

58. "Nota de remédios". AHI, lata 17, maço 3, pasta 1 (*Guiana*).

59. Na Europa, nos Estados Unidos e no Caribe do século XVIII, obras dessa natureza já tinham circulação maior, de acordo com Francisco Guerra, "Medical almanacs of the American colonial period". *Journal of the History of Medicine and Allied Sciences*, 26 (3): jul. 1961, pp. 234-55. Devo essa indicação a Tânia Salgado Pimenta.

60. Lycurgo Santos Filho menciona outras, como a *Medicina doméstica* do inglês Buchan, ou Buchanan, traduzida para o português e adaptada às condições do Brasil, cuja popularidade no interior foi testemunhada por viajantes como Spix, Martius e Luccock. A obra foi editada pela primeira vez em 1788 e teve mais três edições até 1841. Um *Tratado das doenças dos negros*, editado por volta de 1818, teria circulado entre os capitães de navios negreiros e fazendeiros do Rio de Janeiro, cf. *História geral da medicina no Brasil*, v. III, p. 158.

61. O autor do *Dicionário* era o polonês Pierre-Louis Napoleon Czerniewicz. Formado pela Universidade de Monpellier, ele chegou ao Rio de Janeiro em 1840 como médico da Missão Francesa. Naturalizou-se brasileiro e adotou o nome de Pedro Luiz Napoleão Chernoviz, vivendo aqui quinze anos. Outros dados biográficos podem ser encontrados em Carlos da Silva Araújo, "Retratos do doutor Chernoviz e sua consorte, pintados no Rio de Janeiro". *Revista de História e Arte*, 2: 5-10, jan.-mar.1963. Sobre a existência do *Dicionário* a bordo do *Relâmpago*, ver Jaime Rodrigues, *O infame comércio*, p. 172.

62. Pedro L. N. Chernoviz, *Dicionário*, v. I, p. 201.

63. Theodoro Johannis Henrique Langaard, *Dicionário de medicina doméstica e popular*, v. II, p. 124.

64. Chernoviz, *Dicionário*, v. I, pp. 977-8.

65. Raymond L. Cohn, "Deaths of slaves in the middle passage". *The Journal of Economic History*, 45 (3): set. 1985, p. 692. Sobre a incidência da varíola e sua profilaxia, ver Chalhoub, "Varíola, vacina e 'vacinophobia'". *Cidade febril*, em especial pp. 97-164.

66. G. Schlichthorst, *O Rio de Janeiro como é, 1824-1826 (uma vez e nunca mais)*, p. 130.

67. Id., ibid.

68. Jane Felipe Beltrão, *Cólera, o flagelo da Belém do Grã-Pará*, p. 49.

69. "Regulamento que devem observar os portugueses colonos de Angola transportados do Pará à cidade de São Paulo de Luanda durante a sua viagem" (30 de agosto de 1839). AHI, lata 1, maço 3, pasta 1 (*Amália*).

70. Como, por exemplo, na viagem feita em 1828 pela escuna *Esperança*, quando o piloto e o contramestre receberam a recomendação de que "os escravos sejam mui bem tratados, tanto em terra como em mar, conservando-os sempre na maior limpeza e, finalmente, tratando-os com todo amor e carinho". AHI, lata 14, maço 4, pasta 1 (*Esperança*).

71. Tânia Salgado Pimenta, "Artes de curar: um estudo a partir dos documentos da Fisicatura-mor no Brasil do começo do século XIX", dissertação de mestrado, p. 67.

72. "Existiam boticários e cirurgiões que pediam licença para exercerem a arte antes de serem examinados, a fim de conseguirem meios para arcar com as despesas necessárias. [...] Trabalhar em navios era, várias vezes, uma solução encontrada para resolver problemas financeiros. Muitos dos que se dirigiam à Fisicatura o faziam pedindo uma licença para poder embarcar, como cirurgião na maioria dos casos, antes de ter feito o exame, justamente a fim de obterem meios para pagar as custas deste ou mesmo da carta e dos emolumentos dos oficiais do físico-mor ou cirurgião-mor". Id., ibid., p. 75.

73. Cf. Sheridan, *Doctors and slaves*, p. 110. De acordo com Herbert Klein, os ingleses foram os primeiros a introduzir cirurgiões entre os tripulantes, "mas isto teve pouco impacto sobre a mortalidade africana ou a incidência de doenças a bordo", cf. *A escravidão africana: América Latina e Caribe*, p. 160.

74. Paul Erdman Isert, *Voyages en Guinée et dans les iles Caraibes en Amerique*, pp. 282-5.

75. Cf. Robert E. Conrad, *Children of God's fire: A documentary history of black slavery in Brazil*, p. 42.

76. Labat, *Voyage du Chevalier des Marchais en Guinée, isles voisines, et a Cayénne fait em 1725, 1726 & 1727*, pp. 670-81. Devo essa indicação a Maria Cristina Wissenbach.

77. Mary C. Karasch, *Slave life in Rio de Janeiro (1808-1850)*, p. 15; Chalhoub, *Cidade febril*, pp. 139-40.

78. Cf. Claude Lépine, "Representações sociais sobre varíola entre os daometanos na África Ocidental — séculos XVIII e XIX". In: Aracy W. de P. Spínola et al. (orgs.). *Pesquisa social em saúde*, pp. 275 e 274, respectivamente.

79. Chalhoub, *Cidade febril*, p. 149. Sobre a variolização, ver id., ibid., em particular as pp. 102-14.

80. Ofício de José Maria Bomtempo (Luanda, 28 de maio de 1803). AHU, Angola, caixa 106, doc. 43.

81. José Pinto de Azeredo, *Ensaios sobre algumas enfermidades de Angola*, pp. 52-3. Grifos no original. Além de formado na Europa (na Universidade de Leide), Azeredo era membro da Real Sociedade Médica e da Sociedade Física Americana (ambas sediadas em Edimburgo), tendo presidido esta última.

82. Essa visão encontra suporte nos pedidos de licença de sangradores na Fisicatura do Rio de Janeiro. De acordo com Tânia Pimenta, "A maior parte dos [sangradores] que viajavam oficialmente autorizados eram escravos, alguns tinham vindo da própria Costa de Leste. Mas havia forros que também se empregavam nesse trabalho — forros africanos inclusive. Os africanos deviam ser bastante requisitados para esse serviço, pois havia uma forte probabilidade de que se comunicassem com mais facilidade com os escravos recém-adquiridos. E de sua parte, quando forros, podiam considerar esse trabalho recompensador. Mas a comunicação entre os africanos não acontecia apenas no nível linguístico. Especificamente em relação ao Centro-Sul do Brasil, onde os escravos africanos procediam majoritariamente do Centro-Oeste da África, pode-se dizer que compartilhavam partes de seu complexo cultural, como pressuposições básicas sobre o parentesco e visões cosmológicas. Entre elas, estava decerto a ideia de que o desequilíbrio, o infortúnio e a doença seriam causados pela ação malévola de espíritos ou de pessoas, em geral através de bruxaria ou feitiçaria. Tal fato sugere o importante apoio que esses sangradores poderiam constituir para os africanos que vinham nos navios negreiros". "Barbeiros-sangradores e curandeiros no Brasil (1808-28)". *História, Ciência, Saúde — Manguinhos*, 5 (2): 349-72, jul.-out. 1998.

83. Como o brigue *Nossa Senhora da Guia*, que chegou ao Rio de Janeiro vindo de Quilimane com mais de um terço da carga de escravos morta, "além de muitos cegos e outros doentes e quase toda a armação imprestada [sic] por falta de medicamentos necessários". Uma averiguação da Fisicatura-mor, porém, constatou que na botica de bordo existiam os remédios necessários — o que sugere que talvez tenha faltado quem soubesse e pudesse ministrá-los. AN, caixa 480, pacote 4, Fisicatura-mor, requerimento datado de 24 de março de 1823. A existência de boticas de bordo em negreiros, entretanto, era bastante rara. Além dos casos já mencionados, ver AHI, lata 8, maço 6, pasta 1 (*Continente*); lata 10, maço 1, pasta 1 (*Deligente*); lata 27, maço 3, pasta 1 (*Recuperador*).

84. David L. Chandler, "Health conditions in the slave trade of colonial New Granada". In: Robert Brent Toplin (ed.), *Slavery and race relations in Latin America*, em especial pp. 52-69.

85. Cf. Ordival Cassiano Gomes, "Manuel Fernandes Nabuco: cirurgião e professor no século XVIII". *RIHGB*, 208: jul.-set. 1950, p. 55.

86. Cf. Edital da Real Junta do Proto-Medicato (Lisboa, 16 de dezembro de 1803). AN, maço IS 4, 1.

87. Vieira da Silva foi nomeado provedor da Saúde em 26 de janeiro de 1810, data em que o serviço de saúde do porto começou a funcionar efetivamente. Ver Lourival Ribeiro, *O barão de Lavradio e a higiene no Rio de Janeiro*, p. 73.

88. Spix & Martius, *Viagem pelo Brasil*, v. I, p. 110; Walsh, *Notícias do Brasil*, v. I, 83.

89. Rugendas, *Viagem pitoresca*, p. 234.

90. Thomas Ewbank, *Vida no Brasil ou diário de uma visita à terra do cacaueiro e da palmeira*, p. 48.

91. Sobre a vacinação e a relação entre as epidemias de varíola e os fluxos do tráfico negreiro, nesse período e na época da ilegalidade, ver Chalhoub, *Cidade febril*, pp. 108-14.

92. Alden & Miller, "Out of Africa", pp. 210 e 213, respectivamente; Luiz Gonçalves dos Santos, *Memórias para servir à história do reino do Brasil*, v. II, pp. 240-1 e 246; Lycurgo de Castro Santos Filho, *História geral da medicina no Brasil*, p. 319.

93. Cf. Regimento de 22 de janeiro de 1810, apud Plácido Barbosa & Cássio Barbosa de Rezende, *Os serviços de saúde pública no Brasil, especialmente na cidade do Rio de Janeiro, de 1808 a 1907 (esboço histórico e legislação)*, v. I, p. 7.

94. Cf. ofício do conde de Linhares ao conde de Aguiar (4 de dezembro de 1809). AN, maço IS 4, 1.

95. Representação dos negociantes de escravos, 1810. BNDM, II-34, 27, 15.

96. Ofício de Manuel Vieira da Silva, 14 de julho de 1810. AN, maço IS 4, 1.

97. Ofício de Manuel Vieira da Silva, 22 de julho de 1810. AN, maço IS 4, 1. Os traficantes João Gomes Valle, José Luís Alves e João Alves de Souza Guimarães, construtores e proprietários do *Lazareto*, eram acusados de tirar lucro fácil do negócio, mas Vieira os defendia, afirmando que havia muitos riscos: "E que diríamos, se acontecesse um caso, posto que menos frequente, sempre receado, e algumas vezes visto, que não tomando o administrador, e guardas do *Lazareto* sobre a arqueação, ou arqueações nele recolhidas, o necessário cuidado, e segurança, especialmente de noite, suceder-se levantarem-se os escravos, abrirem, ou arrombarem as portas, fugindo, e extraviando-se, o que causaria o roubo, ou descaminho de muitos, talvez depois de matarem as pessoas empregadas no *Lazareto*? Não é este um fato muitas vezes projetado, e algumas vezes realizado nas arqueações a bordo dos navios, que as conduzem?". Id., ibid.

98. Representação de 37 comerciantes de escravos a V. A. R., 25 de maio [de 1810]. BNDM, II-34, 27, 16.

99. Ofício de Manuel Vieira da Silva, 9 de março de 1816. AN, maço IS 4, 1.

100. Por exemplo, os ofícios do provedor-mor da Saúde Francisco Manuel de Paula a Estevão Ribeiro de Rezende, 18 de abril de 1825, e de Estevão Ribeiro de Rezende a Francisco Manuel de Paula, 26 de abril de 1825. AN, maço IS 4, 2.

101. Representação de Manoel Vieira da Silva (provedor-mor da Saúde) a S. M. AN, maço IS 4, 2.

102. Ofício de Francisco Manuel de Paula a José Clemente Pereira, ministro do Império, 3 de outubro de 1828. AN, maço IS 4, 2.

103. Portaria de 25 de junho de 1821; ofício de Manoel Antonio Farinha a Francisco Manuel de Paula, 23 de julho de 1821; ofício de Luiz da Cunha Moreira ao físico-mor do Império, 28 de abril de 1823, respectivamente. AN, Ministério do Império e Saúde, caixa 480, pacote 4. Ver ainda Pimenta, *Artes de curar*, p. 77.

104. Cf. Ribeiro, *O barão de Lavradio...*, p. 73.

105. Ofício do barão da Saúde a José Clemente Pereira, 17 de novembro de 1828. AN, maço IS 4, 3.

106. AN, códice 1091, v. I, Informação sobre as visitas do corpo de saúde nos navios que entram no porto do Rio de Janeiro, fls. 3, 6 e 18, respectivamente.
107. Ribeiro, *O barão de Lavradio...*, pp. 73-4.
108. Relatório de 5 de fevereiro de 1834. AN, maço IS 4, 3.
109. O Regulamento de 17 de janeiro de 1828 está transcrito em Barbosa & Rezende, *Os serviços de saúde pública*, v. I, 29. As descrições dos viajantes podem ser vistas em Karasch, *Slave life*, cap. 2.
110. Ofício de setembro de 1841. AN, maço IS 4, 4.
111. Ofício de Francisco Luís a Bento de Oliveira Braga, presidente da Câmara Municipal, 1829. ACGRJ, códice 8-4-19.
112. Relatório do Provedor de Saúde, [1829-30]. AGCRJ, códice 8-4-19.
113. Ofício de José Lino Coutinho à Câmara Municipal carioca, 2 de julho de 1832. AGCRJ, códice 8-4-21.
114. Ofício da Secretaria dos Negócios do Império à Câmara Municipal, 25 de julho de 1832; ofício da Secretaria de Marinha à Câmara Municipal, 1º de setembro de 1832, respectivamente. AGCRJ, códice 8-4-21.
115. Cf. ofício do provedor da Saúde Antônio Francisco Leite a José Clemente Pereira, 7 de março de 1829; "Relação dos escravos e utensílios, pertencentes ao escaler das visitas de saúde feitas neste porto", 15 de fevereiro de 1829; ofício de 23 de maio de 1829; ofícios de 7 de janeiro de 1833 e 8 de outubro de 1834. AN, IS 4, 3.
116. Sobre o assunto, ver Rodrigues, "Os traficantes de africanos e seu 'infame comércio'", pp. 139-55.

9. O MERCADO DO VALONGO [pp. 305-20]

1. Uma versão de parte deste capítulo foi publicada anteriormente. Ver Jaime Rodrigues, "Festa na chegada: o tráfico e o mercado de escravos do Rio de Janeiro", pp. 93-103 e 110-5.
2. Cf. Sérgio T. N. Lamarão, *Dos trapiches ao porto*: *um estudo sobre a área portuária do Rio de Janeiro*, p. 43; Brasil Gerson, *História das ruas do Rio de Janeiro*, p. 159; Elizabeth D. Cardoso et al., *História dos bairros*: *Saúde, Gamboa, Santo Cristo*, pp. 52-3.
3. Cf. Adolfo Morales de Los Rios Filho. *Grandjean de Montigny e a evolução da arte brasileira*, pp. 22 e 231-41. Luís Gonçalves dos Santos descreveu detalhadamente a festa para Leopoldina (*Memórias para servir à história do reino do Brasil*, v. II, pp. 128-40). Para a recepção à segunda imperatriz, ver Carl Seidler, *Dez anos no Brasil*, pp. 287-8.
4. As festas organizadas por ocasiões como a chegada da princesa, a aclamação do rei e o casamento de Pedro II e Teresa Cristina eram parte das atribuições do intendente da polícia: "era um dever da polícia entrar nestes objetos, não só pela utilidade que se tira em trazer o povo alegre e entretido, como promovendo ao mesmo tempo o amor e respeito dos vassalos para com o soberano e sua real dinastia". "Abreviada demonstração dos trabalhos da polícia em todo o tempo que serviu o desembargador do Paço Paulo Fernandes Vianna". *RIHGB*, 55, parte I, 1892, p. 379.
5. Cf. Karasch, *Slave life*, p. 36.

6. "Relatório do Marquês de Lavradio, vice-rei do Rio de Janeiro, entregando o governo a Luiz de Vasconcelos e Souza, que o sucedeu no vice-reinado [19 de junho de 1779]". *RIHGB*, 4 (16): 450-2, 1842. O intendente da polícia Paulo Fernandes Viana tomava para si a glória de ter criado o Valongo em sua gestão (entre 1808 e 1821): "Fiz o cais do Valongo no fim da rua deste nome com rampas e escadas para embarque, que foi de suma utilidade por não haver em certas estações local mais cômodo para embarques, e desembarques, e iluminei com lampiões o mesmo cais". "Abreviada demonstração dos trabalhos...", p. 374. Porém todos os cronistas e historiadores que consultei atribuem a obra a Lavradio.

7. Cf. Taunay, *Subsídios*, p. 129.

8. O número de comerciantes de escravos em 1779 foi calculado por Eulália Lobo. Para os anos de 1792, 1794 e 1799 não há nenhuma loja desse tipo registrada nas fontes consultadas pela autora, o que provavelmente se deve à concentração desse segmento comercial na rua do Valongo. Ver "Economia do Rio de Janeiro nos séculos XVIII e XIX", p. 135. Ver ainda Gerson, *História das ruas*, p. 157.

9. Abaixo-assinado de vendedores de escravos da rua Direita (dezembro de 1824); requerimento de Vítor Lúcio Vieira (1825). AGCRJ, códice 6-1-23, Mercadores de escravos (1777-1831).

10. Requerimento ao Senado da Câmara (21 de janeiro de 1826). AGCRJ, códice 6-1-62, Feira e leilão de móveis, animais e escravos (1826).

11. Luiz Edmundo, *O Rio de Janeiro no tempo dos vice-reis*, p. 53. A paróquia de Santa Rita foi criada em 1721, cf. Eulália M. L. Lobo, *História do Rio de Janeiro: do capital comercial ao capital industrial e financeiro*, v. I, p. 239.

12. Os proprietários da região eventualmente pediam licenças para ampliar suas instalações, como pode ser visto em AGCRJ, códices 19-2-2 e 19-2-5, Licenças para obras, 1813-81 e 1821-30, respectivamente.

13. Apud Gerson, *História das ruas*, p. 158. Jacquemont veio ao Rio, a caminho da Índia, quanto tinha 27 anos de idade. Indignado com as cenas do tráfico que presenciou na cidade, ele previu para o Brasil um futuro semelhante ao do Haiti, cf. Taunay, "Rio de Janeiro de antanho", pp. 409 e 508.

14. Walsh, *Notícias do Brasil*, p. 152; Henry Chamberlain, *Vistas e costumes da cidade e arredores do Rio de Janeiro em 1819-1820*, p. 151.

15. James Hardy Vaux, *Memoirs of James Hardy Vaux*, p. 218.

16. Santos, *Memórias*, v. I, p. 48; Jeanine Potelet, *Le Brésil vu par les voyageurs et les marins français*, pp. 62-9 e 157-85; Karasch, *Slave live*, p. 38.

17. Alexandre José de Mello Moraes Filho, *Festas e tradições populares do Brasil*, p. 243.

18. Sebastião Xavier Botelho, *Memórias estatísticas sobre os domínios portugueses na África Oriental*, pp. 165 e 214-5.

19. José Pinto de Azeredo, *Ensaios sobre algumas enfermidades de Angola*, pp. 54-5.

20. Taylor, *Scenes in Africa*, p. 70.

21. José Vieira Fazenda, "Antiqualhas e memórias do Rio de Janeiro". *RIHGB*, 86, 1919, pp. 409-14. Ver também Nelson Costa, *Rio de ontem e hoje*, p. 59; Paulo Berger, *Dicionário histórico das ruas do Rio de Janeiro*, pp. 31 e 121-2.

22. Relatório de Francisco Manuel de Paula, 11 de junho de 1825. AN, maço IS 4, 2.

23. Cf. Gastão Cruls, *A aparência do Rio de Janeiro. Notícia histórica e descritiva da cidade*, v. II, p. 360.

24. Ofício de Francisco Manuel de Paula a João Severiano Maciel da Costa, 10 de outubro de 1824. AN, maço IS 4, 2.

25. "Auto de exame e vistoria feito no cemitério dos negros novos estabelecidos no bairro do Valongo" (14 de maio de 1825). AN, maço IS 4, 2. Ver também Leila M. Algranti, *O feitor ausente: estudo sobre a escravidão urbana no Rio de Janeiro*, p. 102.

26. Ofício de Luís Paulo de Araújo Bastos (5 de março de 1829). José Tomás Filho, fiscal da freguesia de Santa Rita, notificava à Câmara, em 3 de maio de 1831, que os ossos enterrados no largo de Santa Rita serviam de brinquedo de moleques, o que era absolutamente "repugnante aos olhos d'um civilizado". AGCRJ, códice 58-2-1, Cemitérios (1829-1839). Ver ainda Robert Conrad, *Tumbeiros: o tráfico de escravos para o Brasil*, p. 62; Delso Renault, *O Rio antigo nos anúncios de jornais (1808-1850)*, p. 230; José Vieira Fazenda, "Antiqualhas e memórias do Rio de Janeiro", p. 414.

27. De acordo com Mello Moraes, "para iludirem os compradores, [os ciganos] punham todos os artifícios em contribuição: uma fruta fechada na mão para ocultar um defeito físico, um punhado de açúcar atirado às costas de uma *boa peça*, a fim de atrair as moscas e depreciar o gênero". *Festas e tradições populares do Brasil*, p. 239.

28. Walsh, *Notícias do Brasil*, p. 152.

29. Gerson, *História das ruas*, pp. 208-9; Mello Moraes, *Festas e tradições populares do Brasil*.

30. Karasch, *Slave life*, p. 41. Apesar do comentário da autora, uma investigação mais detalhada nos registros da polícia no sentido de rastrear ocorrências desse tipo é uma tarefa longa e de resultados duvidosos. Fiz algumas tentativas, embora alertado por Karasch durante um seminário realizado no IFCH-Unicamp de que o resultado não seria animador. De fato, não localizei nenhuma menção ao papel da polícia como mediadora dos conflitos ocorridos entre africanos e comerciantes no Valongo, o que dá a entender que os confrontos ali ocorridos tenham sido solucionados de outra forma — certamente mais direta, envolvendo os capatazes das lojas de compra e venda de escravos.

31. Cf. Gonçalves de Mello, *Tempo dos flamengos*, pp. 181-2.

32. Cf. Boxer, *Salvador de Sá*, p. 246.

33. Ludwig von Rango, "Diário de minha viagem até o Rio de Janeiro", p. 147; Rugendas, *Viagem pitoresca*, p. 234; Chamberlain, *Vistas e costumes*, p. 151. De modo semelhante, os missionários do navio de James Wilson haviam notado que a massa humana exposta à venda no Valongo assemelhava-se a cães ou cavalos, cf. *A missionary voyage to the Southern Pacific Ocean performed in the years 1796, 1797, 1798 in the ship* Duff, p. 35.

34. Pohl, *Viagem no interior do Brasil*.

35. Afonso d'E. Taunay, "Rio de Janeiro de antanho", p. 510.

36. Sigaud, *Du climat et des maladies du Brésil*, p. 192.

37. Chamberlain, *Vistas e costumes*, p. 151. James Alexander, entre outros viajantes, também percebeu que os exercícios físicos a que os africanos eram obrigados diante de compradores em potencial destinavam-se a demonstrar sua força ou defeitos físicos. *Transatlantic sketches...*, p. 122.

38. Carlos da Silva Araújo, "Como o doutor Chernoviz viu a escravidão no Brasil (1840-1841)". *Revista de História e Arte*, 3-4: abr.-set. 1963, pp. 80-1.

39. Rodolfo Garcia, "O Rio de Janeiro em 1823, conforme a descrição de Otto von Kotzebue, oficial da marinha russa". *RIHGB*, 80 (1916), pp. 511-2.

40. Ernst Ebel, *O Rio de Janeiro e seus arredores em 1824*, p. 42.
41. Chamberlain, *Vistas e costumes*, p. 151.
42. Labat, *Voyage du Chevalier des Marchais en Guinée...*, p. 681.
43. A. C. d'Araújo Guimarães, *A Corte no Brasil: figuras e aspectos*, p. 61.
44. Clarke Abel, *Narrative of a journey in the interior of China*, p. 13.
45. Tollenare, *Notas dominicais*, p. 109.
46. Adalbert-Ferdinand, príncipe da Prússia. *Travels of his Royal Highness Prince Adalbert of Prussia, in the South of Europe and in Brazil, whith a voyage up the Amazon and the Xingu*, v. I, p. 291.
47. Maria Graham, *Diário de uma viagem ao Brasil*, pp. 191 e 273-4, respectivamente.
48. Cf. Taunay, *No Brasil de 1840*, p. 96.
49. Id., ibid., p. 128.
50. AHI, lata 3, maço 5, pasta 1 (*Dona Bárbara*), fl. 17.
51. Mariza de Carvalho Soares, "Mina, Angola e Guiné: nomes d'África no Rio de Janeiro setecentista". *Tempo*, 3 (6): dez. 1998, p. 81. Um estudo sobre as diversas terminologias para denominar a origem dos escravos na Bahia desde o século XVI pode ser visto em Maria Inês C. de Oliveira, "Quem eram os 'negros da Guiné'?: a origem dos africanos na Bahia". *Afro-Ásia*, 19-20: 37-73, 1997.

EPÍLOGO [pp. 321-7]

1. As citações nos parágrafos seguintes foram retiradas da "Biografia de Mahommah G. Baquaqua" (excertos). *Revista Brasileira de História*, 8 (16) (Escravidão): 269-84.

Abreviaturas utilizadas

AGCRJ   Arquivo Geral da Cidade do Rio de Janeiro
AGM   Arquivo Nacional, processos da Auditoria Geral de Marinha
AHI   Arquivo Histórico do Itamaraty, Coleções Especiais, processos da Comissão Mista Anglo-Brasileira (RJ)
AHU   Arquivo Histórico Ultramarino (Lisboa)
AIHGB   Arquivo do Instituto Histórico e Geográfico Brasileiro (RJ)
AN   Arquivo Nacional (RJ)
ANTT   Arquivo Nacional da Torre do Tombo (Lisboa)
BNDM   Biblioteca Nacional, Divisão de Manuscritos (RJ)
IEB   Instituto de Estudos Brasileiros da Universidade de São Paulo
RIHGB   Revista do Instituto Histórico e Geográfico Brasileiro (RJ)

Fontes e bibliografia

I. FONTES MANUSCRITAS (arquivos e bibliotecas)

Arquivo Histórico do Itamaraty, Coleções especiais (AHI) (L = lata; M = maço)

    L. 1, M. 1, pasta 1 (*Activo*)
    L. 1, M. 1, pasta 1 (*Africano Oriental*)
    L. 1, M. 2, pasta 1 (*Alexandre*)
    L. 1, M. 3, pasta 1 (*Amália*)
    L. 1, M. 4, pasta 1 (*América*)
    L. 1, M. 5, pasta 1 (*Americana*)
    L. 1, M. 6, pasta 1 (*Amizade*)
    L. 1, M. 7, pasta 1 (*Andorinha*)
    L. 1, M. 8, pasta 1 (*Aquila*)
    L. 2, M. 1, pasta 1 (*Aracaty*)
    L. 2, M. 2 (*Asseiceira*)
    L. 2, M. 3, pasta 2 (*Atrevida*)
    L. 2, M. 4, pasta 1 (*Atrevida*)
    L. 3, M. 1, pasta 1 (*Áurea*)
    L. 3, M. 3, pasta 1 (*Aventura*)
    L. 3, M. 4, pasta 1 (*Bahia*)
    L. 3, M. 5, pasta 1 (*Dona Bárbara*)
    L. 3, M. 6, pasta 1 (*Bela Clara*)
    L. 4, M. 2, pasta 1 (*Bonfim*)
    L. 4, M. 3, pasta 1 (*Brilhante*)

L. 4, M. 4, pasta 1 (*Cacique*)
L. 5, M. 4, pasta 1 (*Camila*)
L. 6, M. 1, pasta 1 (*Castro*)
L. 6, M. 3, pasta 1 (*Cerqueira*)
L. 7, M. 3, pasta 1 (*Chaves Primeiro*)
L. 7, M. 5, pasta 1 (*Comerciante*)
L. 8, M. 6, pasta 1 (*Continente*)
L. 9, M. 2, pasta 1 (*Criola*)
L. 9, M. 3, pasta 1 (*Delfim*)
L. 10, M. 1, pasta 1 (*Diligente*)
L. 10, M. 2, pasta 1 (*Destemida*)
L. 10, M. 2, pasta 2 (*Destino*)
L. 10, M. 4, pasta 1 (*Diana, I*)
L. 10, M. 4, pasta 1 (*Diana, II*)
L. 11, M. 2, pasta 1 (*Dois Amigos Brasileiros*)
L. 11, M. 3 (*Doze de Outubro*)
L. 12, M. 1, pasta 1 (*Duquesa de Bragança*)
L. 12, M. 2, pasta 1 (*Echo*)
L. 12, M. 3, pasta 1 (*Eclypse*)
L. 12, M. 4, pasta 1 (*Eliza*)
L. 13, Ms. 1, 1A e 1B (*Emília*)
L. 13, M. 2 (*Empreendedor*)
L. 13, M. 3, pasta 1 (*Ermelinda*)
L. 14, M. 1, pasta 1 (*Esmênia*)
L. 14, M. 2, pasta 1 (*Espadarte*)
L. 14, M. 3, pasta 1 (*Especulador*)
L. 14, M. 4, pasta 1 (*Esperança*)
L. 15, M. 1, pasta 1 (*Esperança Feliz*)
L. 15, M. 2, pasta 1 (*Estrela do Mar*)
L. 15, M. 3, pasta1 (*Falcão*)
L. 15, M. 4, pasta 1 (*Feliz*)
L. 15, M. 4, pasta 2 (*Feliz Americano*)
L. 16, M. 2, pasta 3 (*Flor de Luanda*)
L. 16, M. 3, pasta 1 (*Flor de Moçambique*)
L. 16, M. 4, pasta 1 (*Ganges*)
L. 17, M. 3, pasta 1 (*Guiana*)
L. 17, M. 4, pasta 1 (*Heroína*)
L. 18, M. 1 (*Imperador Dom Pedro*)
L. 18, M. 1, pasta 1 (*Gavião*)
L. 18, M. 2, pasta 1 (*Incomparável*)
L. 18, M. 3, pasta 1 (*Independência*)
L. 18, M. 4 (*D. João de Castro*)
L. 19, M. 1, pasta 1 (*John Bob*)
L. 19, M. 2, pasta 1 (*Leal*)

L. 19, M. 3, pasta 1 (*Leopoldina*)
L. 19, M. 3, pasta 2 (*Lindeza*)
L. 20, M. 1, pasta 1 (*Magano Imperial Senhor*)
L. 20, M. 2, pasta 1 (*Maria da Glória*)
L. 20, M. 2, pasta 1 (*Maria*)
L. 20, M. 3 (*Maria Carlota*)
L. 20, M. 4, pasta 1 (*Maria Teresa*)
L. 21, M. 2, pasta 1 (*Minerva*)
L. 21, M. 4, pasta 1 (*New Port*)
L. 21, M. 5, pasta 1 (*Ninfa*)
L. 21, M. 6, pasta 1 (*N. S. Carmo*)
L. 21, M. 7, pasta 1 (*N. S. Conceição*)
L. 22, M. 1, pasta 1 (*Nova Amália*)
L. 23, M. 1, pasta 1 (*Nova Granada*)
L. 23, M. 2, pasta 1 (*Nova Inveja*)
L. 23, M. 3, pasta 1 (*Nova Sociedade*)
L. 23, M. 4, pastas 1 e 2 (*Nova Sorte*)
L. 24, M. 1, pasta 1 (*Novo Melo*)
L. 24, M. 2 (*Novo Destino*)
L. 25, M. 1, pasta 1 (*Orion*)
L. 25, M. 2 (*Paquete de Benguela*)
L. 25, M. 3, pasta 1 (*Paquete de Santos*)
L. 25, M. 4, pasta 1 (*Paquete do Sul*)
L. 26, M. 1, pasta 1 (*Parahyba*)
L. 26, M. 2, pasta 1 (*Penha*)
L. 26, M. 3, pasta 1 (*Perpétuo Defensor*)
L. 26, M. 4, pasta 1 (*Polka*)
L. 26, M. 5 (*Pompeo*)
L. 26, M. 6, pasta 1 (*Princesa*)
L. 26, M. 6, pasta 2 (*Prazeres*)
L. 27, M. 1, pasta 1 (*Príncipe de Guiné*)
L. 27, M. 2 (*Providência*)
L. 27, M. 3, pasta 1 (*Recuperador*)
L. 27, M. 4, pasta 1 (*Relâmpago, 1844*)
L. 28, M. 2, pasta 1 (*Rosália Terceira*)
L. 28, M. 4, pasta 1 (*São Benedito*)
L. 28, M. 5, pasta 1 (*São João 2ª Rosália*)
L. 28, M. 1, pastas 1 e 2 (*Rio da Prata*)
L. 28, M. 2, pasta 2 (*Santo Antonio*)
L. 29, M. 4, pasta 1 (*Suspiro*)
L. 29, M. 5, pasta 1 (*Tejo ou Amizade Constante*)
L. 30, M. 1, pasta 1 (*Tentadora*)
L. 30, M. 2, pasta 1 (*Trajano*)
L. 30, M. 3 (*Três Amigos*)

L. 30, M. 4, pasta 1 (*31 de Outubro*)
L. 30, M. 5 (*Triunfante*)
L. 30, M. 7, pasta 1 (*União*)
L. 31, M. 3, pasta 1 (*Vencedora*)
L. 31, M. 4, pasta 1 (*Venturoso*)
L. 31, M. 6, pasta 1 (*Voador*)
L. 187, M. 2, pasta 5 (*Informações sobre Moçambique, s. d., séc. XIX*)

Arquivo Histórico Ultramarino (AHU), caixas

Angola: 63 (1780); 64 (1781); 65 (1782); 66 (1783); 67 (1783); 70 (1785); 71 (1786); 72 (1787); 73 (1788); 74 (1789); 75 (1790); 76 (1791); 77 (1792); 78 (1793); 80 (1794); 82 (1795); 83 (1796); 85 (1797); 87 (1798); 88 (1798); 89 (1798); 90 (1799); 91 (1799); 92 (1799); 93 (1799); 93A (1799); 94 (1800); 96 (1800); 98 (1801); 100 (1801); 102 (1801); 104 (1802); 106 (1803); 108 (1803); 110 (1804); 112 (1805); 114 (1805); 116 (1806); 118 (1807); 119 (1808).
Bahia, caixa 61.
Consultas de Angola e São Tomé (1778-1831), códice 481.

Arquivo Nacional (AN)

Correspondência [do Vice-Reinado] com a Corte, códices:
    67, v. 10 (de 1º jan. a 20 dez. 1782); 67, v. 12 (de 9 jan. a 30 dez. 1784); 68, v. 5 (1782); 68, v. 14 (1798).
Ministério do Reino e Império: Provedoria da Saúde, documentos diversos, maços:
    IS 4, 1 (de 1809 a 1817), IS 4, 2 (de 1818 a 1824), IS 4, 3 (de 1829 a 1836).
Correspondência do governador de Angola com os vice-reis do Brasil, caixa: 502 (de 1769 a 1807).
Ministério do Império e Saúde, caixas:
    480, pacote 4 (Fisicatura-mor) e 498 (Marinha — Correspondência, 1770-1800).
Relatório do vice-rei Luís de Vasconcelos, ago. 1789 (códice 72).
Auto das visitas da polícia a bordo dos navios entrados no porto do Rio de Janeiro, 1824 (códice 416, v. I).
Informação sobre as visitas do corpo de saúde nos navios que entram no porto do Rio de Janeiro, 27 nov. 1828 (códice 1091, v. I).
Registro de várias correspondências de caráter comercial procedentes de Luanda, Moçambique e Rio de Janeiro, 1821-24 (códice 1142).
Junta do Comércio (caixas 388, pacote 1, e 445, pacote 2).
Processos da Auditoria Geral de Marinha (caixas 13 195, processos 2, 3 e 4; 13 196, processo 10; 13 197, processos 14 e 15; 13 198, processos 20 e 21).

Biblioteca Nacional, Divisão de Manuscritos (BNDM)

ROFFE, João Batista. "Descrição da negociação que os franceses faziam em Moçambique, Ilha de Oybo e Querimba, com a compra de escravatura e marfim para conduzirem à Ilha Maurícia" (1783) (I-13, 1, 47).

Mapa dos escravos que têm vindo da Costa d'África para esta cidade desde o ano de 1799, até 13 do corrente, e pagaram a guarda-costa nesta Alfândega (13 set. 1802) (I-17, 12, 1, nº 17).
Ofício de Antônio Ferreira de Andrade a Martinho de Mello e Castro (Lisboa, 9 nov. 1799) (I-28, 28, 12).
Notícia da cidade de São Felipe de Benguela e costumes dos gentios habitantes daquele sertão (Luanda, 10 nov. 1797) (I-28, 28, 29).
Ofício de Joaquim Xavier Diniz Costa ao governador da capitania de Moçambique (1829) (I-28, 31, 17).
Ofício do desembargador ouvidor da capitania de Moçambique dirigido ao governador daquela capitania (1829) (I-28, 31, 17).
Mapa dos escravos exportados desta capitania de Benguela para o Brasil, desde o ano de 1762 até o de 1796 (I-28, 31, 47, n. 14).
ALMEIDA, Francisco José de Lacerda e. "Memória sobre a viagem que fez [...] governador dos Rios de Sena, para procurar e averiguar a comunicação das duas costas oriental e ocidental de África" (s. d.) (I-28, 29, 12).
Carta datada de Luanda, 17 fev. 1796 (I-32, 34, 39, nº 1).
Carta do rei Adoxa ao rei de Portugal (Onim, 12 mar. 1812) (I-46, 15, 11).
SIMONI, Luís Vicente de. "Tratado médico sobre clima e enfermidades de Moçambique" (1821) (I-47, 23, 17).
Ofício do conde de Galveas ao conde dos Arcos, governador da Bahia (Rio de Janeiro, 2 ago. 1811) (II-33, 29, 23).
Ofício do barão de Mossâmedes a Fernando José de Portugal, São Paulo de Luanda (3 set. 1790) (II-33, 32, 29).
Ofício do governador de Pernambuco Tomás José de Melo a Fernando José de Portugal sobre a encomenda de madeiras de Alagoas para construção de embarcações (5 out. 1796) (II-32, 33, 23).
Representação dos negociantes de escravos (1810) (II-34, 27, 15).
Representação de 37 comerciantes de escravos a V. A. R. (25 maio 1810) (II-34, 27, 16).

Arquivo do Instituto Histórico e Geográfico Brasileiro (AIHGB)

"Memória sobre a questão, 1) se convém ao Brasil vender madeiras de construção às nações estrangeiras; 2) se no Brasil há abundância das suas madeiras preciosas de construção, que possam vender-se sem dano, ou falta das mesmas para a nossa Marinha Real e mercante" (24 fev. 1811) (lata 18, doc. 5).
CASTRO, Manoel Patrício Correa de. "Memorial sobre os males que impedem o engrandecimento do Reino de Angola" (Lisboa, 10 set. 1823) (lata 28, doc. 21).
Ofício de informações dirigidas ao conde de Galveas pelo corregedor do Crime da Corte Francisco Lopes de Sousa, a respeito de uma transação mercantil feita entre José Malaquias Ferreira e o rei de Oére, na costa da África, de oitenta escravos (Rio de Janeiro, 28 ago. 1810) (lata 8, doc. 7).

Arquivo Geral da Cidade do Rio de Janeiro (AGCRJ), códices

Mercadores de escravos, 1777-1831 (6-1-23) e 1825 (6-2-11).
Feira e leilão de móveis, animais e escravos, 1826 (6-1-62).
Salubridade e saúde do Rio de Janeiro (porto), 1829-31 (8-4-19); 1830-88 (8-4-20); 1832-38 (8-4-21).
Cartas de médicos e farmacêuticos, 1830-40 (8-4-31).
Licenças para obras, 1813-81 (19-2-2); 1821-30 (19-2-5).
Cemitérios, 1829-39 (58-2-1).

Biblioteca do Instituto de Estudos Brasileiros

4-a-30 — Ofício de Francisco Inocêncio de Souza Coutinho ao marquês de Pombal (Luanda, 25 jun. 1771).

Arquivo Nacional da Torre do Tombo (ANTT)

Fundo Junta do Comércio:
 Termos de qualificação de navios para obterem os seus passaportes, maços: 24 (1779 a 1807); 25 (1808 a 1842); 26 (1813 e 1814); 27 (1815 a 1822).
 Matrículas de equipagens de navios, maços: 34 (1779 a 1803), caixas 112, 113, 114 e 115; 35 (1804 a 1809), caixa 116.
 Negociações de escravos e mais ordens a este respeito, maço 62 (1761 a 1834), caixas 200, 201, 202, 203 e 204.
 Trezentos e oitenta e nove avisos concedendo licenças a diversos religiosos para embarcarem por capelães, maço 65 (1765 a 1823), caixas 210 e 211.

Biblioteca da Marinha (Lisboa)

Relação dos nomes das peças da construção dos navios e das madeiras do Brasil próprias para elas. Manuscrito RDd 607, 1-14.

Arquivo da Alfândega de Lisboa

Livro de Mercês (1778 a 1802), códice 49.

Serviço de Documentação da Marinha — Arquivo (Rio de Janeiro)

"Listas das cartas do serviço de S. M. que se remetem do governo de Pernambuco para a Secretaria de Estado da Repartição da Marinha e Domínios Ultramarinos". Doc. 87/2091, prateleira 4, obras raras.

II. FONTES IMPRESSAS

Relatos de viajantes

ABEL, Clarke. *Narrative of a journey in the interior of China, and of a voyage to and from that country, in the years 1816 and 1817; containing an account of the most interesting transactions of Lord Amherst's Embassy to the Court of Pekin, and observations on the countries wich it visited*. Londres: Longman, Hurst, Green, Rees, Orme and Brown, 1818.

ABSTRACT *of the evidence derivered before a selected committee of the House of Commons in the years 1790, and 1791; on the part of petitioners for the abolition of the slave trade* (An). Londres: James Phillips, 1791.

ADALBERT-Ferdinand, príncipe da Prússia. *Travels of his Royal Highness Prince Adalbert of Prussia, in the South of Europe and in Brazil, whith a voyage up the Amazon and the Xingu.* Londres: David Bogue, 1849, v. I, p. 291.

ALEXANDER, James E. *Transatlantic sketches, comprising visits to the most interesting scenes in the North and South America, and the West Indies. With notes on Negro slavery and Canadian emigration.* Londres: Richard Benthley, 1833.

ARAÚJO, Carlos da Silva. "Como o doutor Chernoviz viu a escravidão no Brasil (1840-1841)". *Revista de História e Arte*, 3-4: 80-3, abr.-set. 1963.

ARNOLD, Samuel Greene. *Viaje por América del Sur 1847-1848*. Buenos Aires: Emecé, 1951.

BARRA, Ezequiel. *A tale of two oceans; a new story by an old Californian. An account of a voyage from Philadelphia to San Francisco around Cape Horn, Years 1849-50, calling at Rio de Janeiro, Brazil, and at Juan Fernandez, in the South Pacific*. San Francisco: Press of Eastmen & Co., 1893.

BEAUMONT, J. A. B. *Travel in Buenos Ayres, and adjacent provinces of the Rio de la Plata*. Londres: James Ridgway, 1828.

BENTO, Antonio. *Manet no Brasil*. Rio de Janeiro: MEC, s. d.

BEYER, Gustave. "Ligeiras notas de viagem do Rio de Janeiro à Capitania de São Paulo no Brasil no verão de 1813". *Revista do Instituto Histórico e Geográfico de São Paulo*, 12 (1907): 275-311.

BURMEISTER, Hermann. *Viagem ao Brasil através das províncias do Rio de Janeiro e Minas Gerais*. São Paulo: Martins, 1952.

CAMERON, V. Lovett. *Através d'África: viagem de Zanzibar a Benguela*. Lisboa: Liv. Ed. de Matos Moreira & Cia., 1879. 2 v.

CASTELNAU, Francis. *Expedição às regiões centrais da América do Sul*. São Paulo: Cia. Ed. Nacional, 1949.

CHAMBERLAIN, Henry. *Vistas e costumes da cidade e arredores do Rio de Janeiro em 1819-1820*. Rio de Janeiro; São Paulo: Kosmos, 1943.

CHERPAK, Evelyn M. (ed.), "Reminiscences of Brazilian life, 1834-1848. Selections from the diary of Mary Robinson Hunter". *The Americas*, 49 (1): 69-76, jul. 1992.

COLTON, Walter. *Deck and port; or incidents of a cruise to California; with sketches of Rio de Janeiro, Valparaiso, Lima, Honolulu, and San Francisco*. Londres: Partridge & Oakey, 1851.

D'ORBIGNY, Alcide. *Viagem pitoresca através do Brasil*. Belo Horizonte: Itatiaia; São Paulo: Edusp, 1976.

DIAS, Gastão de Sousa Dias (ed.). "Uma viagem a Cassange nos meados do século XVIII". *Boletim da Sociedade de Geografia de Lisboa*, 56 (1-2), 3-330, 1938.

EBEL, Ernst. *O Rio de Janeiro e seus arredores em 1824*. São Paulo: Cia. Ed. Nacional, 1972.

EWBANK, Thomas. *Vida no Brasil*. Belo Horizonte: Itatiaia; São Paulo: Edusp, 1976.

FALCONBRIDGE, Alexander. *An account of the slave trade on the coast of Africa*. Londres: J. Phillips, 1788.

FERREZ, Gilberto (ed.). "Diário anônimo de uma viagem às costas d'África e às Índias Espanholas (1702-1703). O tráfico de escravos no Brasil". *RIHGB*, 267: 3-42, abr.-jun. 1965.

GRAHAM, Maria. *Diário de uma viagem ao Brasil*. São Paulo: Edusp, 1990.

HILL, Pascoe Grenfell. *Fifty days on board a slave-vessel in the Mozambique Channel, in April and May 1843*. Londres: John Murray, 1844.

HOLMAN, James. *A voyage around the world including travels in Africa, Asia, Australia, America, etc*. Londres: Smith, Elder & Co., 1834.

HOLMES, Samuel. *Voyage en Chine et en Tartarie, a la suite de l'ambassade de Lord Macartney*. Paris: Delance et Lessueur, 1805.

ISERT, Paul Erdman. *Voyages en Guinée et dans les iles Caraibes en Amerique*. Paris: Maradan, 1793.

KIDDER, Daniel P. *Reminiscências de viagens e permanência no Brasil (Rio de Janeiro e província de São Paulo)*. São Paulo: Martins, 1940.

KOSTER, Henry. *Viagens ao Nordeste do Brasil*. São Paulo: Cia. Ed. Nacional, 1942.

LABAT (padre). *Voyage du Chevalier des Marchais en Guinée, ilsles voisines, et a Cayénne fait em 1725, 1726 & 1727*, tomo IV. Paris: Chez Prault, 1730.

LESSA, Clado Ribeiro de. *Crônica de uma embaixada luso-brasileira à costa d'África em fins do século XVIII, incluindo o texto da viagem de África em o reino de Dahomé, escrita pelo padre Vicente Ferreira Pires no ano de 1800 e até o presente inédita*. São Paulo: Cia. Ed. Nacional, 1957.

LE VAYER, Théophile de Ferrière. *Une ambassade française en Chine: journal de voyage*. Paris: D'Amyot, 1854.

LEITHOLD, Theodor von. "Minha excursão ao Brasil ou viagem de Berlim até o Rio de Janeiro e volta". (Berlim, 1820). In: *O Rio de Janeiro visto por dois prussianos em 1819*. São Paulo: Cia. Ed. Nacional, 1966.

LINDLEY, Thomas. *Narrativa de uma viagem ao Brasil*. São Paulo: Cia. Ed. Nacional, 1969.

LUCCOCK, John. *Notas sobre o Rio de Janeiro e partes meridionais do Brasil*. Belo Horizonte: Itatiaia; São Paulo: Edusp, 1975.

MAXIMILIANO, príncipe de Wied Neuwied. *Viagem ao Brasil* (1820). São Paulo: Cia. Ed. Nacional, 1940.

POHL, João Emanuel. *Viagem no interior do Brasil empreendida nos anos de 1817 a 1821*. Rio de Janeiro: INL, 1951.

RANGO, Ludwig von. "Diário de minha viagem até o Rio de Janeiro no Brasil e volta, nos anos de 1819 e 1820". In: *O Rio de Janeiro visto por dois prussianos em 1819*. São Paulo: Cia. Ed. Nacional, 1966.

REYNOLDS, Jeremiah J. *Voyage of the United States frigate Potomac, under the command of commodore John Downes, during the circumnavigation of the globe, in the years 1831, 1832, 1833, and 1834*. Nova York: Harper & Brothers, 1835.

RUGENDAS, Johann Moritz. *Viagem pitoresca através do Brasil*. São Paulo: Círculo do Livro, s. d.

SALLE, Amédée de la. *Voyage autour du monde*. Paris: Arthus Bertrand, s. d.

SCARLETT, Peter Campbell. *South America and the Pacific; comprising a couney across the Pampas and the Andes, from Buenos Ayres to Valparaiso, Lima, and Panamá*. Londres: Henry Colburn, 1838.

SCHILLIBEER, John. *A narrative of the Briton's voyage to Pitcairn's Islands; including an interesting sketch of the present State of the Brazils and of Spanish South America*. Taunton: J. W. Marriott, 1817.

SCHLICHTHORST, G. *O Rio de Janeiro como é, 1824-1826 (uma vez e nunca mais)*. Rio de Janeiro: Getúlio Costa, s. d.

SEIDLER, Carl. *Dez anos no Brasil*. Belo Horizonte: Itatiaia; São Paulo: Edusp, 1980.

SPIX, J. B. von & MARTIUS, C. F. P. von. *Viagem pelo Brasil*. 1. ed., Rio de Janeiro: Imprensa Nacional, 1938; 2. ed., São Paulo: Melhoramentos, s. d.

STEWART, Charles Samuel. *A visit to the South Seas, in the U. S. ship Vincennes, during the years 1829 and 1830, with scenes in Brazil, Peru, Manilla, the Cape of Good Hope and St. Helena*. Nova York: John P. Haven, 1831.

TAYLOR, Isaac. *Scenes in Africa, for the amusement and instruction of little tarry-at-home travellers*. 4. ed. Londres: Harris and Son, 1824.

TENCH, Watkin Tench. *Voyage a la baie Botanique*. Paris: Letellier, 1789.

TOLLENARE, L. F. *Notas dominicais tomadas durante uma viagem em Portugal e no Brasil em 1816, 1817 e 1818*. Recife: Governo do Estado, 1978.

VAUX, James Hardy. *Memoirs of James Hardy Vaux*. Londres: W. Clowes, 1819.

WALSH, Robert. *Notícias do Brasil*. Belo Horizonte: Itatiaia; São Paulo: Edusp, 1985.

WEBSTER, W. H. B. *Narrative of a voyage to the Southern Atlantic Ocean, in the years 1828, 29, 30*. Londres: Richard Bentley, 1834.

WILSON, James. *A missionary voyage to the Southern Pacific Ocean performed in the years 1796, 1797, 1798 in the ship Duff*. Londres: T. Chapman, 1799.

Literatura médica

ALVARENGA, Albino Rodrigues de. *Quarto ponto: Ciências médicas. Elefantíase dos gregos, suas causas e seus tratamentos*. Rio de Janeiro: Tip. Universal de Laemmert, 1856.

AZEREDO, José Pinto de. *Ensaios sobre algumas enfermidades de Angola*. Lisboa: Régia Oficina Tipográfica, 1799.

BARBOSA, Plácido & REZENDE, Cássio Barbosa de. *Os serviços de saúde pública no Brasil, especialmente na cidade do Rio de Janeiro, de 1808 a 1907 (esboço histórico e legislação)*, v. I. Rio de Janeiro: Imprensa Nacional, 1909.

BARIN, L. *Observações sobre a doença do escorbuto, apresentada a Sua Excelência o Ministro da Marinha e das Colônias, por L. Barin, cavaleiro da Ordem Real da Legião de Honra, e Oficial de Marinha em S. Maló, ano de 1822, traduzidas do francês, e impressas às custas do tradutor para ser distribuídas grátis, e servir de comprovar a excelência da medicina curativa de Le Roy*. Rio de Janeiro: Tip. Nacional, 1826.

BOMTEMPO, José Maria. *Compêndios de medicina prática*. Rio de Janeiro: Régia Oficina Tipográfica, 1815.

BOMTEMPO, José Maria. *Memória sobre algumas enfermidades do Rio de Janeiro, e mui particularmente sobre o abuso geral e pernicioso efeito da aplicação da preciosa casca peruviana, ou quina. Escrita no ano de 1814.* Rio de Janeiro: Tip. Nacional, 1825.

CHERNOVIZ, Pedro Luíz Napoleão. *Dicionário de medicina popular.* 3. ed., Paris: Em casa do autor, 1862; 5. ed., Paris: Em casa do autor, 1878.

GALVÃO, Januário Furtado. *Curso elementar d'higiene.* Porto, 1845.

GAMA, João Fortunato de Saldanha da. *A elefantíase dos gregos, suas causas e seu tratamento.* Rio de Janeiro: Tip. de Nicolao Lobo Viana & Filhos, 1857.

GOMES, Joaquim Coelho. *Quarto ponto: Ciências médicas. Elefantíase dos gregos, suas causas, e seu tratamento.* Rio de Janeiro: Tip. Universal de Laemmert, 1856.

GUAPIASSU, Antonio Baptista Vilella. *Breves considerações sobre a elefantíase dos gregos, suas causas e seu tratamento.* Rio de Janeiro: Tip. de Nicolao Lobo Viana & Filhos, 1856.

HEREDIA, Antonio Lino. *Elefantíase dos gregos, suas causas e seu tratamento.* Rio de Janeiro: Tip. de Nicolao Lobo Viana & Filhos, 1855.

JOBIM, José Martins da Cruz. *Discurso sobre as moléstias que mais afligem a classe pobre do Rio de Janeiro.* Rio de Janeiro: Tip. Fluminense de Brito & Cia., 1835.

LANGAARD, Theodoro Johannis Henrique. *Dicionário de medicina doméstica e popular.* Rio de Janeiro: Eduardo & Henrique Laemmert, 1865.

MACHADO, Bernardino Antônio Alves. *Breves considerações sobre a elefantíase dos gregos.* Rio de Janeiro: Tip. do Brasil de J. J. da Rocha, 1846.

MACHADO, João Lopes Cardoso. *Dicionário médico-prático para uso dos que tratam da saúde pública onde não há professores de medicina.* Rio de Janeiro: Tip. Silva Porto, 1823.

MAURAN, M. G. *Aviso à gente do mar sobre a sua saúde, obra necessária aos cirurgiões de navios e em geral a todos os marinheiros que andam embarcados em navios, onde não há cirurgiões.* Lisboa: Tip. de João Antonio da Silva, 1794.

"RELATÓRIO do físico-mor do Estado da Índia Dr. Baltasar Manoel de Chaves para o vice-rei Marquês de Távora, 1º dez. 1750". In: ESPARTEIRO, Antonio M. "A higiene nas naus de viagem em meados do século XVIII". *Boletim da Sociedade de Geografia de Lisboa*, 76ª série, 10 (10): 281-96, out.-dez. 1958.

SIGAUD, Joseph François Xavier. *Du climat et des maladies du Brésil, ou statistique médicale de cet empire.* Paris: Fortin, Masson & Cia., 1844.

SILVA, Joaquim José da. *Algumas considerações sobre a elefantíase dos gregos.* Rio de Janeiro: Tip. do Arquivo Médico Brasileiro, 1847.

Dicionários e obras técnicas de marinharia

AMORIM, João Pedro. *Dicionário da Marinha.* Lisboa: Imprensa Nacional, 1841.

CAMPOS, Maurício da Costa. *Vocabulário marujo: ou conhecimento de todos os cabos necessários ao navio; do seu poliame e de todos os termos marujaes, e de alguns da construção naval e artilheria; de indispensável conhecimento do oficial do mar.* Rio de Janeiro: Of. de Silva Porto, 1823.

CLUBE NAVAL. *Dicionário marítimo brasileiro.* Rio de Janeiro: Imprensa Naval, 1961.

ESPARTEIRO, Antônio Marques. *Dicionário ilustrado de marinharia.* 2. ed., Lisboa: Clássica, 1943.

FREITAS, Antonio Gregório de. *Novo dicionário de marinha de guerra e mercante*. Lisboa: Imprensa Silviana, 1855.

LAMARE, José Victor de. "Dicionário técnico do oficial de Marinha". *Revista Marítima Brasileira*, jan. 1926 a maio-jun. 1933.

LEITÃO, Humberto & LOPES, José Vicente. *Dicionário da linguagem de marinha antiga e atual*. Lisboa: Centro de Estudos Históricos Ultramarinos, 1963.

REIS, Amphilóquio. *Dicionário técnico de marinha*. Rio de Janeiro: s. e., 1947.

SANTOS, Elisiário Antônio dos (barão de Angra). *Dicionário marítimo brasileiro*. Rio de Janeiro: Tip. do Imperial Instituto Artístico, 1877.

SARMENTO, Pedro de Mariz de Sousa. *Elementos de construção e dicionário francês e português de todas as peças de que se formam os navios*. Lisboa: Of. Patr. de Francisco Luiz Ameno, 1788.

Relatórios, memórias, compilações e outras fontes

"ALMANAQUE da cidade do Rio de Janeiro para o ano de 1794". *Revista do Instituto Histórico e Geográfico Brasileiro*, 266 (jan.-mar. 1965): 218-90.

BARRETO, Domingos A. B. Muniz. "Memória sobre a abolição do comércio da escravatura". In: *Memórias sobre a escravidão*. Rio de Janeiro, Arquivo Nacional; Brasília, Fundação Petrônio Portela, 1988, pp. 79-99 (1. ed.: 1837; manuscrito: 1817).

Biografia de Mahommah G. Baquaqua (excertos). *Revista Brasileira de História*, v. 16 (Escravidão), São Paulo: ANPUH/Marco Zero, 1988, p. 273.

BOTELHO, Sebastião Xavier. *Memórias estatísticas sobre os domínios portugueses na África Oriental*. Lisboa: Tip. de João Baptista Morando, 1835.

CONRAD, Robert E. (org.). *Children of God's fire: a documentary history of black slavery in Brazil*. Princeton: Princeton University Press, 1983.

EDWARD, Paul (org.). "The slave ship". *Equiano's Travels*. Nova York: Praeguer, 1967.

GRÃ-BRETANHA. Board of trade. *Report of the lords of the committee of council appointed for the consideration of all masters relating of trade and foreign plantations*. S. l., s. e., 1789.

_____. *Second report from the select committee on slave trade; together with the minutes of evidence, and appendix*. Londres: House of Commons, 1848.

JONES, G. I. "Olaudah Equiano of the Niger Ibo". In: CURTIN, Philip D. (ed.). *Africa remembered: narratives by West Africans from the era of the slave trade*. Madison: University of Wisconsin Press, 1977, pp. 60-98.

MAYER, Brantz. *Captain Canot: or twenty years of an African slaver*. Nova York: Arno Press, 1968.

MENDES, Luís A. de Oliveira. *Memória a respeito dos escravos e tráfico da escravatura entre a costa d'África e o Brasil* (1793). Porto: Publicações Escorpião, 1977.

MONTEIRO, José de S. *Dicionário geográfico das províncias e possessões portuguesas no ultramar*. Lisboa: Lisbonense, 1850.

"ORDEM de libertação imediata dos cativos do soba de Quilengues" (24 mar. 1798). *Fontes & Estudos — Revista do Arquivo Histórico Nacional* (Angola), 3: nov. 1996, seção Documentos.

PARANHOS, José Maria da Silva. *Relatório apresentado à Assembleia Geral Legislativa na 2ª ses-*

são da 9ª legislatura pelo Ministro e Secretário de Estado dos Negócios da Marinha. Rio de Janeiro: Tip. do Diário de A. & L. Navarro, 1854.

PROJECTO d'uma companhia para o melhoramento do comércio, agricultura e indústria na província de Angola. Lisboa: Tip. da Revolução de Setembro, 1848.

"REGISTRO de uma lei que Sua Majestade manda se guarde neste Estado sobre a condução dos negros cativos de Angola (Bahia, 7 nov. 1684)". Livro Primeiro de Regimentos (1653-1684). In: Documentos Históricos, v. 89, 1948.

"RELATÓRIO do marquês de Lavradio, vice-rei do Rio de Janeiro, entregando o governo a Luís de Vasconcelos e Souza, que o sucedeu no vice-reinado [19 jun. 1779]". RIHGB, 4 (16): 450-2, 1842.

RENAULT, Delso. O Rio antigo nos anúncios de jornais (1808-1850). Rio de Janeiro: Alves, 1984.

REPERTÓRIO de fontes sobre a escravidão existentes no Arquivo Municipal de Salvador: as posturas (1631-1889). Salvador: Fundação Gregório de Matos, 1988.

SANTOS, Luís Gonçalves dos. Memórias para servir à história do reino do Brasil, v. II. Belo Horizonte: Itatiaia; São Paulo: Edusp, 1981.

SILVA, Elias Alexandre e. Relação, ou notícia particular da infeliz viagem da nau de Sua Majestade Fidelíssima Nossa Senhora da Ajuda e São Pedro de Alcântara, do Rio de Janeiro para a cidade de Lisboa, neste presente ano. Lisboa: Régia Oficina Tipográfica, 1778.

SLAVERY illustred in the histories of Zangara and Maquama, two Negroes stolen from Africa and sold into slavery, related by themselves. Manchester: Wm. Irwin; Londres: Simpkin, Marshall & Co., 1849.

VASCONCELOS, Zacarias de Góis e. Relatório apresentado à Assembleia Geral Legislativa na 1ª sessão da 9ª legislatura pelo Ministro e Secretário de Estado dos Negócios da Marinha. Rio de Janeiro: Tip. do Diário de A. & L. Navarro, 1853.

VILHENA, Luís dos Santos. Recopilação de notícias soteropolitanas e brasílicas. Salvador: Itapuã, 1969.

III. BIBLIOGRAFIA

ADAMS, James Truslow. Dictionary of American history, v. I. Nova York: Charles Scribner's Son, 1940.

ALENCASTRO, Luiz Felipe de. O trato dos viventes: formação do Brasil no Atlântico Sul. São Paulo: Companhia das Letras, 2000.

ALGRANTI, Leila M. O feitor ausente: estudo sobre a escravidão urbana no Rio de Janeiro. Petrópolis: Vozes, 1988.

ANTUNES, Dioclécio de Paranhos. Estudos de história carioca. Rio de Janeiro: Prefeitura do Distrito Federal/Secretaria Geral de Educação e Cultura, 1960.

AQUARONE, Francisco. História da navegação: conquista do mar. 3.ed. Rio de Janeiro: Pongetti, 1955.

ALDEN, Dauril. "Vicissitudes of trade in the Portuguese Atlantic empire during the first half off the eighteenth century: A review article". The Americas, 32 (2): 282-91, 1975.

_____. & MILLER, Joseph C. "Out of Africa: the slave trade and the transmission of smallpox to Brazil, 1560-1831". Journal of Interdisciplinary History, 18 (2): 195-224, 1987.

ALMEIDA, Pedro Ramos de. *História do colonialismo português em África* (cronologia, sécs. XV-XVIII). Lisboa: Imprensa Universitária/Editorial Estampa, 1978.

ALMEIDA, Pedro Ramos de. *Portugal e a escravatura em África — cronologia* (sécs. XVI-XX). Lisboa: Estampa, 1978.

AMARAL, F. Pompeu do. *O problema da alimentação: aspectos médico-higiênico-sociais*. Rio de Janeiro: José Olympio, 1963.

AMARAL, Ilídio do. "Luanda: estudo de geografia urbana". *Memórias da Junta de Investigação do Ultramar*, v. 53. Lisboa, 1968.

ARAÚJO, Carlos da Silva. "Retratos do doutor Chernoviz e sua consorte, pintados no Rio de Janeiro". *Revista de História e Arte*, 2: 5-10, jan.-mar. 1963.

ARAÚJO, Heráclides-César de Souza. *História da lepra no Brasil*. Rio de Janeiro: Imprensa Nacional, 1946.

ARAÚJO, Ubiratan Castro de. "1846: um ano na rota Bahia-Lagos". *Afro-Ásia*, 21-22: 83-110, 1998.

BELLAROSA, J. M. "The tragic slaving voyage of the St. John". *American Neptune*, 40 (4): 293-7, 1980.

BELLUZZO, Ana Maria de Moraes (org.). *O Brasil dos viajantes, v. III — A construção da paisagem*. São Paulo: Metalivros; Salvador: Fundação Emílio Odebrechet, 1994.

BELTRÃO, Jane Felipe. *Cólera, o flagelo da Belém do Grã-Pará*. Belém: Ed. da UFPA/Goeldi Editoração, 2004.

BERGER, Paulo. *Dicionário histórico das ruas do Rio de Janeiro*. Rio de Janeiro: Olympia, 1974.

BETHELL, Leslie. *A abolição do tráfico de escravos no Brasil*. Rio de Janeiro: Expressão e Cultura; São Paulo: Edusp, 1976.

BOITEUX, Lucas Alexandre. *A marinha imperial e outros ensaios*. Rio de Janeiro: Imprensa Naval, 1954.

BOXER, Charles. *Salvador de Sá e a luta pelo Brasil e Angola*. São Paulo: Cia. Ed. Nacional/Edusp, 1973.

BRANDO, Pedro. *Por que não temos construção naval?* Rio de Janeiro: Lux, 1958.

BRASIL. Ministério da Marinha. Divisão de História Marítima. *Subsídios para a história marítima do Brasil*. Rio de Janeiro: Imprensa Naval, v. I (1938); v. XIV (1955).

BRUNO, Ernani Silva. *Histórias e tradições da cidade de São Paulo*, v. I. 4.ed., São Paulo: Hucitec, 1991.

CADERNOS da história da pintura no Brasil. *Pintura colonial*, v. 7. São Paulo: Instituto Cultural Itaú, 1994.

CÂMARA, Antonio Alves. *A construção naval no Brasil e seus progressos* (comunicação apresentada ao 3º Congresso Científico Latino-Americano). Rio de Janeiro: Imprensa Nacional, 1907.

CAMINHA, João Carlos Gonçalves. *História marítima*. Rio de Janeiro: Bibliex, 1980.

CANVY, Courtlandt. *História da marinha*. Lausanne: Morais, 1965.

CAPELA, José. *Escravatura: conceitos — a empresa do saque*. Porto: Afrontamento, 1978.

CARDOSO, Elizabeth D. et al. *História dos bairros: Saúde, Gamboa, Santo Cristo*. Rio de Janeiro: Index, 1987.

CARVALHO, E. Leitão. "Forças Armadas". *RIHGB*, 195: 3-23, abr.-jun. 1947.

CASCUDO, Luís da Câmara. *História da alimentação no Brasil*. Belo Horizonte: Itatiaia; São Paulo: Edusp, 1983.

CASCUDO, Luís da Câmara. *Prelúdio da cachaça*: etnografia, história e sociologia da aguardente no Brasil. Rio de Janeiro: IAA, 1968.

CHALHOUB, Sidney. *Cidade febril*: cortiços e epidemias na Corte imperial. São Paulo: Companhia das Letras, 1996.

_____. *Visões da liberdade*: uma história das últimas décadas da escravidão na Corte. São Paulo: Companhia das Letras, 1990.

CHANDLER, David L. "Health conditions in the slave trade of colonial New Granada". In: TOPLIN, Robert Brent (ed.). *Slavery and race relations in Latin America*. Westport: Greenwood Press, 1974, pp. 51-88.

CHARTIER, Roger. "Text, symbols, and Frenchness". *The Journal of Modern History*, 57 (4): 682-95, dez. 1985.

CLARENCE-SMITH, Gervase. "The Portuguese contribuition to the Cuban slave and coolie trades in the 19th century". *Slavery & Abolition*, 5 (1): 25-33, 1984.

_____. *O terceiro império português (1825-1975)*. Lisboa: Teorema, 1990.

COHN, Raymond L. "Deaths of slaves in the middle passage". *The Journal of Economic History*, 45 (3): 685-92, set. 1985.

CONRAD, Robert E. *Children of God's fire: a documentary history of black slavery in Brazil*. Princeton: Princeton University Press, 1983.

_____. *Tumbeiros: o tráfico de escravos para o Brasil*. São Paulo: Brasiliense, 1985.

CORTESÃO, Jaime. *Os portugueses em África*. Lisboa: Portugália, 1968.

COSTA, Augusto Zacarias da Fonseca. *Esboço histórico da Academia de Marinha*. Rio de Janeiro: Tip. do Imperial Instituto Artístico, 1873.

COSTA, Nelson. *Rio de ontem e hoje*. Rio de Janeiro: Leo, 1958.

CRULS, Gastão. *A aparência do Rio de Janeiro. Notícia histórica e descritiva da cidade*. 3. ed. Rio de Janeiro: José Olympio, 1965.

CUNHA, Manuela Carneiro da. *Negros, estrangeiros: os escravos libertos e sua volta à África*. São Paulo: Brasiliense, 1985.

CUNHA, Rui Vieira da. "A vida do Rio de Janeiro através dos testamentos, 1815-1822". *RIHGB*, 282: 46-62, jan.-mar. 1969.

CURTIN, Philip D. "Epidemiology and the slave trade". *Political Science Quarterly*, 83 (2): 190-216, jun. 1968.

_____. *The Atlantic slave trade: a census*. Madison: Wisconsin University Press, 1969.

CURTO, José C. "The legal Portuguese slave trade from Benguela, Angola, 1730-1828: a quantitative reappraisal". *África*, 16-17 (1): 101-16, 1993-94.

DARNTON, Robert. "História e antropologia". In: *O beijo de Lamourette: mídia, cultura e revolução*. São Paulo: Companhia das Letras, 1990, pp. 284-303.

_____. *O grande massacre de gatos e outros episódios da história cultural francesa*. Rio de Janeiro: Graal, 1986.

DAVIS, Natalie Zemon. *O retorno de Martin Guerre*. Rio de Janeiro: Paz e Terra, 1987.

_____. "On the lame". *The American Historical Review*, 93 (3): 572-603, jun. 1988.

DEAN, Warren. *A ferro e fogo: a história e a devastação da mata atlântica brasileira*. São Paulo: Companhia das Letras, 1996.

DIAS, Jill. "Mudanças nos padrões de poder no 'hinterland' de Luanda: o impacto da colonização sobre os mbundu (c. 1845-1920)". *Penélope*, 14: 43-91, dez. 1994.

DRESCHER, Seymour. "British slavers: a comment". *The Journal of Economic History*, 45 (3): 704, set. 1985.

DRESCHER, Seymour. *Capitalism and antislavery: British mobilization in comparative perspective*. Nova York; Oxford: Oxford University Press, 1987.

_____. *Econocide: British slavery in the era of abolition*. Pittsburgh: University of Pittsburgh Press, 1977.

EDMUNDO, Luís. *O Rio de Janeiro no tempo dos vice-reis*. 2. ed. Rio de Janeiro: Athena, s. d.

ELTIS, David. "The impact of abolition on the Atlantic slave trade". In: ELTIS, David & WALVIN, James (orgs.). *The abolition of the Atlantic slave trade*. Madison: University of Wisconsin Press, 1981.

_____. "The 19th-century transatlantic slave trade: an annual time series of imports into the Americas broken down by region". *Hispanic American Historical Review*, 67 (1): 109-38, 1987.

_____. "The direction and fluctuation of the transatlantic slave trade, 1821-1843: a revision of the 1845 Parliamentary Paper". In: GEMERY, Henry A. & HOGENDORN, Jan S., *The uncommon market: essays in the economic history of the Atlantic slave trade*. Nova York: Academic Press, 1979.

_____. "Mortality and voyage lenght in the middle passage: new evidence from the nineteenth-century". *Journal of Economic History*, 44 (2): 301-8, 1984.

FAZENDA, José Vieira. "Antiqualhas e memórias do Rio de Janeiro". *RIHGB*, 88 (142): 1920.

FERREIRA, Roquinaldo Amaral. "O significado e os métodos do tráfico ilegal de africanos na costa ocidental da África, 1830-1860". *Cadernos do Laboratório Interdisciplinar de Pesquisa em História Social*, 2: 55-70, 1995.

_____. "Dos sertões ao Atlântico: tráfico ilegal de escravos e comércio lícito em Angola, 1830-1860" (dissertação de mestrado). Rio de Janeiro: UFRJ, 1996.

FIGUEIREDO, Afonso Celso de Assis (visconde de Ouro Preto). *A marinha de outrora*. Rio de Janeiro: Livraria Moderna, 1894.

FINLAY, Robert. "The refashioning of Martin Guerre". *The American Historical Review*, 93 (3): 553-71, jun. 1988.

FLORENCE, Afonso Bandeira. "Resistência escrava em São Paulo: a luta dos escravos da fábrica de ferro São João de Ipanema, 1828-1842." *Afro-Ásia*, 18: 7-32, 1996.

FLORENTINO, Manolo Garcia. *Em costas negras: uma história do tráfico atlântico de escravos entre a África e o Rio de Janeiro (séculos XVIII e XIX)*. 1. ed. Rio de Janeiro: Arquivo Nacional, 1995; 2. ed. São Paulo: Companhia das Letras, 1997.

FRAGOSO, João Luís Ribeiro. *Homens de grossa aventura: acumulação e hierarquia na praça mercantil do Rio de Janeiro (1790-1830)*. Rio de Janeiro: Arquivo Nacional, 1992.

FRAGOSO, João L. R. & FLORENTINO, Manolo. *O arcaísmo como projeto: mercado atlântico, sociedade agrária e elite mercantil no Rio de Janeiro (c. 1790-c. 1840)*. Rio de Janeiro: Diadorim, 1993.

FRAQUELLI, Jane Elizabeth Aita. "Métodos usados para avaliar o volume do tráfico de escravos africanos para o Brasil". *Revista do Instituto de Filosofia e Ciências Humanas da Universidade Federal do Rio Grande do Sul*, 5: 305-18, 1977.

FREITAS, Octávio de. *Doenças africanas no Brasil*. São Paulo: Cia. Ed. Nacional, 1935.

FREYRE, Gilberto. *Ingleses no Brasil*: aspectos da influência britânica sobre a vida, a paisagem e a cultura do Brasil. 2. ed. Rio de Janeiro: José Olympio/MEC, 1977.

GARCIA, Rodolfo. "O Rio de Janeiro em 1823, conforme a descrição de Otto von Kotzebue, oficial da marinha russa". *RIHGB*, 80: 507-25, 1916.

GARLAND, Charles & KLEIN, Herbert S. "The allotment on space for slaves aboard eighteenth--century British slave ships". *William and Mary Quarterly*, 62 (2): 238-48, 1985.

GEMERY, Henry A. & HOGENDORN, Jan S. "Technological change, slavery, and the slave trade". In: DEWEY, Clive & HOPKINS, A. G. (eds.), *The Imperial impact*: studies in the economic history of Africa and India. Londres: Athlone Press, 1978, pp. 247-51.

GERSON, Brasil. *História das ruas do Rio de Janeiro*. Rio de Janeiro: Souza, 1954.

GIFFONI, O. Carneiro. *Dicionário bio-bibliográfico brasileiro de escritores médicos (1500-1899)*. São Paulo: Nobel, 1972.

GINZBURG, Carlo. "Provas e possibilidades à margem de 'Il ritorno de Martin Guerre', de Natalie Zemon Davis". In: *A microhistória e outros ensaios*. Lisboa: Difel; Rio de Janeiro: Bertrand Brasil, 1991, pp. 179-202.

GOMES, Ordival Cassiano. "Manuel Fernandes Nabuco: cirurgião e professor no século XVIII". *RIHGB*, 208: 37-92, jul.-set. 1950.

GONZALEZ-PRENDES, Miguel Angel. *Consideraciones acerca de la lepra*. Havana: Ministerio de Salud Pública, 1965.

GOULART, Maurício. *A escravidão africana no Brasil*: das origens à extinção do tráfico. São Paulo: Martins, s. d.

GREEN, James. "The publishing history of Olaudah Equiano's *Interesting narrative*". *Slavery & Abolition*, 16 (3): 362-75, dez. 1995.

GREENHALGH, Juvenal. *O Arsenal da Marinha do Rio de Janeiro na história*. Rio de Janeiro: A Noite, 1951.

GUIMARÃES, A. C. d'Araújo. *A Corte no Brasil*: figuras e aspectos. Porto Alegre: Globo, 1936.

GUTIÉRREZ, Horácio. "O tráfico de crianças escravas para o Brasil durante o século XVIII". *Revista de História*, 120: 59-73, 1989.

HOLANDA, Sérgio Buarque de. *Visão do paraíso*: os motivos edênicos no descobrimento e colonização do Brasil. 3. ed. São Paulo: Cia. Ed. Nacional/Secretaria de Estado da Cultura, 1977.

HUGO, Vitor. *Os trabalhadores do mar*. São Paulo; Rio de Janeiro; Porto Alegre: W. M. Jackson, 1952.

HUDSON, E. H. "Treponematosis and African slavery". *British Journal of Venereal Disease*, 40: 43-52, 1964.

HUTTER, Lucy Maffei. "A madeira do Brasil na construção e reparo de embarcações". *Revista da Universidade de Coimbra*, 33: 413-30, 1985.

INIKORI, Joseph E. "Market structure and the profits of the British African trade in the late eighteenth century". *The Journal of Economic History*, 41: 745-76, dez. 1981.

_____. "Market structure and profits: a further rejoinder". *The Journal of Economic History*, 45 (3): 708-11, set. 1985.

_____. "O tráfico negreiro e as economias atlânticas de 1451 a 1870". In: Unesco. *O tráfico de escravos negros — séculos XV a XIX*. Lisboa: Edições 70, 1981, pp. 71-112.

KARASH, Mary C. *Slave life in Rio de Janeiro (1808-1850)*. Princeton, Princeton University Press, 1987. Trad. port., *A vida dos escravos no Rio de Janeiro (1808-1850)*. São Paulo: Companhia das Letras, 2000.

KIPLE, Keneth F. & KING, Virginia H. *Another dimension to the black diaspora: diet, diseases and racism*. Cambridge, 1981.

KITZINGER, Alexandre Max. "Resenha história da cidade de S. Sebastião do Rio de Janeiro, desde sua fundação até a abdicação de Pedro I". *RIHGB*, 76 (1), 1915.

KLEIN, Herbert S. "Novas interpretações no tráfico de escravos do Atlântico". *Revista de História*, 120: 3-26, 1989.

_____. "O tráfico de escravos africanos para o Rio de Janeiro, 1795-1811". In: COSTA, Iraci del Nero da (org.). *Brasil: História econômica e demográfica*. São Paulo: Fipe-USP, 1986, pp. 77-94.

_____. "The internal slave trade in 19th-century Brazil: a study of slave importation into Rio de Janeiro in 1852". *Hispanic American Historical Review*, 51 (4): 567-85, nov. 1971.

_____ & ENGERMAN, Stanley. "Padrões de embarque e mortalidade no tráfico de escravos africanos no Rio de Janeiro: 1825-1830". In: PELAEZ, Carlos M. & BUESCU, Mircea. *A moderna história econômica*. Rio de Janeiro: Apec, 1976, pp. 99-113.

_____. *A escravidão africana: América Latina e Caribe*. São Paulo: Brasiliense, 1987.

_____. *The middle passage: comparative studies in the Atlantic slave trade*. Princeton: Princeton University Press, 1978.

LACROIX, Louis. *Les derniers negriers*. Paris: Ed. Maritimes et d'Outre Mer, 1977.

LAMARÃO, Sérgio T. N. *Dos trapiches ao porto: um estudo sobre a área portuária do Rio de Janeiro*. Rio de Janeiro: PMRJ, 1991.

LAPA, José Roberto do Amaral. *A Bahia e a Carreira da Índia*. São Paulo: Cia. Ed. Nacional/Edusp, 1968.

LARA, Silvia Hunold. *Campos da violência*. Rio de Janeiro: Paz e Terra, 1988.

_____ (org.). *Legislação sobre escravos africanos na América portuguesa*. Madri: Mapfré, 1999.

LEUCHSENRING, Emílio Roig de. "De cómo y por quiénes se realizava en Cuba la trata de esclavos africanos durante los siglos XVIII y XIX". *Estudios Afrocubanos*, 1 (1): 122-38, 1937.

LÉPINE, Claude. "Representações sociais sobre varíola entre os daometanos na África Ocidental — séculos XVIII e XIX". In: SPÍNOLA, Aracy W. de P. et al. (orgs.). *Pesquisa social em saúde*. São Paulo: Cortez, 1992.

LIMA, Américo Pires de. *Como se tratavam os portugueses em Moçambique, no primeiro quartel do século XVII*. Porto, Separata dos Anais da Faculdade de Farmácia do Porto, v. III, 1941.

LINEBAUGH, Peter. "Todas as montanhas atlânticas estremeceram". *Revista Brasileira de História*, 6: 7-46, set. 1983.

LOBO, Eulália M. L. "Economia do Rio de Janeiro nos séculos XVIII e XIX". In: NEUHAUS, Paulo (ed.). *Economia brasileira: uma visão histórica*. Rio de Janeiro: Campus, 1980, pp. 123-59.

_____. *História do Rio de Janeiro: do capital comercial ao capital industrial e financeiro*. Rio de Janeiro: IBMEC, 1978.

LOVEJOY, Paul. "The impact of the slave trade on Africa". *Trends in History*, 3 (1): 19-36, 1982.

_____. "The volume of the Atlantic slave trade: a synthesis". *Journal of African History*, 23 (4): 473-502, 1982.

LOVEJOY, Paul. *Transformation in slavery: a history in Africa*. Nova York: Cambridge University Press, 1993.

MCGOWAN, Winston. "African resistance to the Atlantic slave trade in West Africa". *Slavery & Abolition*, 11 (1): 5-29, maio 1990.

MAGALHÃES, José Lourenço. *Étude sur la lèpre du Brésil*. Rio de Janeiro: Tip. de Pereira Braga & Cia., 1900.

_____. *A morféa no Brasil, especialmente na província de São Paulo*. Rio de Janeiro: Tip. Nacional, 1882.

MAMIGONIAN, Beatriz Gallotti. "To be a liberated African in Brazil: labour and citizenship in the the nineteenth century" (tese de doutorado). Waterloo [Canadá]: University of Waterloo, 2002.

MANNING, Patrick. "Escravidão e mudança social na África". *Novos Estudos Cebrap*, 21: 8-29, jul. 1988.

_____. *Slavery and African life (Occidental, Oriental, and African slave trades)*. Nova York: Cambridge University Press, 1993.

MARQUES, João Pedro. "Uma revisão crítica das teorias sobre a abolição do tráfico de escravos português". *Penélope*, 14: 95-118, dez. 1994.

MAURANO, Flávio. *História da lepra em São Paulo*. São Paulo: Revista dos Tribunais, 1939.

MEDINA, João & HENRIQUES, Isabel Castro. *A rota dos escravos: Angola e a rede do comércio negreiro*. Lisboa: Cegia, 1996.

MEILLASSOUX, Claude. *Antropologia da escravidão: o ventre de ferro e dinheiro*. Rio de Janeiro: Jorge Zahar, 1995.

MELLO, José Antônio Gonçalves de. *Tempo dos flamengos*. 3. ed. Recife: Fundaj/Massangana; Brasília: INL, 1987.

MENDONÇA, Joseli Maria Nunes. *A lei de 1885 e os caminhos da liberdade*. Campinas: Ed. da Unicamp/Cecult, 1999.

MICELI, Paulo Celso. *O ponto onde estamos: viagens e viajantes nas histórias da história da expansão e da conquista (Portugal, séculos XV e XVI)*. Campinas: IFCH-Unicamp, 1992.

MILLER, Joseph C. "The numbers, origins, and destinations of slaves in the 18th century Angolan slave trade". In: INIKORI, Joseph E. & ENGERMAN, Stanley (eds.). *The Atlantic slave trade: effects on economies, societies, and peoples in Africa, the Americas, and Europe*. Londres: Duke University, 1992, pp. 77-115.

_____. *Poder político e parentesco: os antigos estados mbundu em Angola*. Luanda: Arquivo Histórico Nacional, 1995.

_____. *Way of death: merchant capitalism and the Angolan slave trade (1730-1830)*. Madison: University of Wisconsin Press, 1988.

MORAES FILHO, Alexandre José de Mello. *Festas e tradições populares do Brasil*. Belo Horizonte: Itatiaia; São Paulo: Edusp, 1979.

MORALES DE LOS RIOS, Adolfo. *Grandjean de Montigny e a evolução da arte brasileira*. Rio de Janeiro: A Noite, s. d.

_____. *O Rio de Janeiro imperial*. Rio de Janeiro: A Noite, 1946.

MOUSER, Bruce L. "The voyage of the good sloop *Dolphin* to Africa, 1795-1796". *American Neptune*, 37 (4): 249-61, 1978.

OLIVEIRA, Maria Inês Côrtes de. "Quem eram os 'negros da Guiné'? — a origem dos africanos na Bahia". *Afro-Ásia*, 19-20: 37-73, 1997.

PANTOJA, Selma. "Aberturas e limites da administração pombalina na África: os autos da devassa sobre o negro Manoel de Salvador". *Estudos Afro-Asiáticos*, 29: 143-60, mar. 1996.

PÉLISSIER, René. *História das campanhas de Angola: resistência e revoltas (1845-1941)*. Lisboa: Imprensa Universitária/Editorial Estampa, 1986. 2 v.

PIMENTA, Tânia Salgado. "Artes de curar: um estudo a partir dos documentos da Fisicatura--mor no Brasil do começo do século XIX" (dissertação de mestrado). Campinas: IFCH-Unicamp, set. 1997.

_____. "Barbeiros-sangradores e curandeiros no Brasil (1808-28)." *História, Ciência, Saúde — Manguinhos*, 5 (2): 349-72, jul.-out. 1998.

PORTUGUESES em África, Ásia, América e Oceania, ou história cronológica dos descobrimentos, navegações, viagens e conquistas dos portugueses nos países ultramarinos desde o princípio da monarquia até o século atual (Os). 2. ed. Lisboa: Livr. de Antonio Maria Pereira, 1877.

POTELET, Jeanine. *Le Brésil vu par les voyageurs et les marins français*. Paris: Éditions L'Harmattan, 1993.

PRADO, João Fernando de Almeida. *Pernambuco e as capitanias do Norte do Brasil (1530-1630)*. São Paulo: Cia. Ed. Nacional, 1939 (v. I).

PUNTONI, Pedro. "A mísera sorte: a escravidão africana no Brasil e as guerras do tráfico no Atlântico Sul, 1621-1648" (dissertação de mestrado). São Paulo: FFLCH-USP, 1992.

RAMOS, Artur. "Castigos de escravos". *Revista do Arquivo Municipal de São Paulo*, v. 47.

REBELO, Manuel dos Anjos da Silva. *Relações entre Angola e Brasil (1808-1830)*. Lisboa: Agência Geral do Ultramar, 1970.

REDIKER, Marcus. *Between the devil and the deep blue sea: merchant seamen, pirates, and the Anglo-American maritime world (1700-1750)*. Nova York: Cambridge University Press, 1989.

REIS, Álvaro A. de Souza. "História da literatura médica brasileira (subsídio)". In: *Anais do Congresso Internacional de História da América*, 1, Rio de Janeiro, set. 1922. Rio de Janeiro: Imprensa Nacional, 1925-30, v. 5, pp. 499-549.

REIS, João José. "Notas sobre a escravidão na África pré-colonial". *Estudos Afro-Asiáticos*, 14: 5-21, 1987.

RIBEIRO, Lourival. *O barão de Lavradio e a higiene no Rio de Janeiro*. Belo Horizonte: Itatiaia; São Paulo: Edusp, 1992.

RIPLEY, James C. "Mortality on long-distance voyages in the eighteenth century". *The Jornal of Economic History*, 41 (3): 651-6, set. 1981.

RODRIGUES, Jaime. "África, 'uma sociedade mais feliz do que a nossa': escravos e senhores transitórios nas redes do tráfico negreiro". *Projeto História*, 27: 23-46, dez. 2003.

_____. "Cultura marítima: marinheiros e escravos no tráfico negreiro para o Brasil (sécs. XVIII e XIX)". *Revista Brasileira de História*, 19 (38): 15-53, 1999.

_____. "Ferro, trabalho e conflito: os africanos livres na Fábrica de Ipanema". *História Social*, 4-5: 29-42, 1997-98.

RODRIGUES, Jaime. "Festa na chegada: o tráfico e o mercado de escravos do Rio de Janeiro". In: SCHWARCZ, Lilia & REIS, Letícia V. S. (orgs.). *Negras imagens: ensaios sobre cultura e escravidão no Brasil.* São Paulo: Edusp/Estação Ciência, 1996, pp. 93-115.

_____. *O infame comércio: propostas e experiências no final do tráfico de africanos para o Brasil (1800-1850).* Campinas: Ed. da Unicamp/Cecult, 2000.

_____. "A rede miúda do tráfico: os pumbeiros e o comércio de escravos em Angola no final do século XVIII". *História & Perspectivas*, 23: 67-83, jul.-dez. 2000.

RODRIGUES, Jaime. "Os traficantes de africanos e seu 'infame comércio' (1827-1860)". *Revista Brasileira de História*, 15 (29): 139-55, 1995.

_____. *O tráfico de escravos para o Brasil.* São Paulo: Ática, 1997.

RUSSEL-WOOD, A. J. R. "Ports of colonial Brazil". In: KNIGHT, Franklin W. (org.). *Atlantic port cities: economy, culture, and society in the Atlantic world (1650-1850).* Knoxville: The University of Tennessee Press, 1991, pp. 196-239.

SÁ, José d'Almeida Correa de. *A abolição da escravatura e a ocupação de Ambriz.* Lisboa: Bertrand, 1934.

SANTOS, Corcino Medeiros dos. "Relações de Angola com o Rio de Janeiro (1736-1808)". *Estudos Históricos* (Marília): 12: 7-68, 1973.

SANTOS FILHO, Lycurgo de Castro. *História geral da medicina no Brasil.* São Paulo: Brasiliense, 1947.

SHERIDAN, Richard B. *Doctors and slaves: a medical and demographic history of slavery in the British West Indies, 1680-1834.* Nova York: s. e., 1985.

SCOTT, H. Harold "The influence of the slave-trade in the spread of tropical diseases". *Transaction of the Royal Society of Tropical Medicine and Hygiene*, 37: 169-88, 1943.

_____. "The slave trade and disease". In: *A history of tropical medicine.* Baltimore: William Wood Book, 1939, v. II, pp. 982-1010.

SCOTT III, Julius Sherrard. *The common wind: currents of Afro-American communication in the era of the Haitian revolution.* Ann Arbor: Duke University, 1986.

SERRANO, Carlos. *Os senhores da terra e os homens do mar: antropologia política de um reino africano.* São Paulo: FFLCH-USP, 1983.

SERRÃO, Joel (dir.). *Dicionário de história de Portugal.* Lisboa: Iniciativas Editoriais, 1963.

SILVA, Luiz Geraldo. "A faina, a festa e o rito: gentes do mar e escravidão no Brasil (séculos XVII ao XIX)" (tese de doutorado). São Paulo: FFLCH-USP, 1996.

_____. "Pescadores, 'homens do mar' e a Inquisição no Brasil colonial". In: MAUÉS, Raymundo Heraldo (org.). *Anais da 3ª Reunião Regional de Antropólogos do Norte e Nordeste.* Belém: UFPA/MPEG/CNPq/Sebuc-PA/Secult-PA/ABA, 1993, pp. 665-73.

SILVA, Maria Beatriz Nizza da (org.). *Dicionário da história da colonização portuguesa no Brasil.* Lisboa: Verbo, 1994.

SIQUEIRA, Sonia Aparecida. *A Inquisição portuguesa e a sociedade colonial.* São Paulo: Ática, 1978.

SLENES, Robert W. "Uma heroína de amor e de constância: ressonância e erro em duas gravuras antiescravistas de Rugendas" (texto de pesquisa em andamento). Campinas, março de 1999.

_____. "'Malungu, ngoma vem!': África coberta e descoberta no Brasil". *Revista USP*, 12: 48-67, dez. 1991-fev. 1992.

SMITH, Robert Chester. *Igrejas, casas e móveis: aspectos da arte colonial brasileira*. Recife: UFPE/ IPHAN, 1979.

SOARES, Mariza de Carvalho. *Devotos da cor: identidade étnica, religiosidade e escravidão no Rio de Janeiro do século XVIII*. Rio de Janeiro: Civilização Brasileira, 2001.

_____. "Mina, Angola e Guiné: nomes d'África no Rio de Janeiro setecentista". *Tempo*, 3 (6): 73-93, dez. 1998.

SOUSA, Jorge Luiz Prata. "Africano livre ficando livre: trabalho, cotidiano e luta" (tese de doutorado). São Paulo: FFLCH-USP, 1999.

SOUZA, Laura de Mello e. *O diabo e a Terra de Santa Cruz*. São Paulo: Companhia das Letras, 1986.

SUEUER, L. "Alimentation des marius du roi de France, de 1763 a 1789, sur le vaisseaux au long cours se dirigeant vers les Indes Orientales". *Revue Historique*, 568: out.-dez. 1988.

SUNDIATA, I. K. "A note on an abortive slave trade: Fernando Pó, 1778-1781". *Bulletin de l'Institut Fondamental d'Afrique Noire*, série B, 35 (4): 793-804, 1973.

TAUNAY, Afonso d'E. *Visitantes do Brasil colonial (séculos XVI-XVIII)*. São Paulo: Cia. Ed. Nacional, 1933.

_____. "Rio de Janeiro de antanho". *RIHGB*, 90 (144): 391-538, 1921.

_____. *No Brasil de 1840*. São Paulo: s. e., s. d.

_____. *Subsídios para a história do tráfico africano no Brasil*. São Paulo: Imesp, 1941.

TAUNAY, Visconde de. *Estrangeiros ilustres e prestimosos do Brasil (1800-1892) e outros escritos*. São Paulo: Melhoramentos, 1932.

THOMAS, Keith. *Religião e declínio da magia: crenças populares na Inglaterra, séculos XVI e XVII*. São Paulo: Companhia das Letras, 1991.

THOMPSON, E. P. "La sociedade inglesa del siglo XVIII: lucha de clases sin clases?"; "Tiempo, disciplina de trabajo y capitalismo industrial"; "La economia moral de la multitud". In: *Tradición, revuelta y consciencia de clase*. Barcelona: Crítica, 1979.

_____. "The moral economy reviewed". In: *Customs in common*. Londres: Merlin, 1991, pp. 259-351.

_____. *A formação da classe operária inglesa*, v. II. Rio de Janeiro: Paz e Terra, 1987.

THORNTON, John. "African dimensions of the Stono rebellion". *American Historical Review*, 96 (4): 1101-13, out. 1991.

_____. *Africa and Africans in the making of the Atlantic world, 1400-1680*. Nova York: Cambridge University Press, 1993.

VERGER, Pierre. *Fluxo e refluxo do tráfico de escravos entre o golfo de Benin e a Bahia de Todos os Santos dos séculos XVII ao XIX*. São Paulo: Corrupio, 1987.

_____. *Notícias da Bahia*. Salvador: Corrupio/F. C. Ba, 1981.

VERRI, Gilda Maria Whitaker. *Viajantes franceses no Brasil*. Recife: Universitária, 1994.

VIANA, Hélio. "Um humanitário alvará de 1813, sobre o tráfico de africanos em navios portugueses". *RIHGB*, 256: 79-88, jul.-set. 1962.

VIANNA FILHO, Luiz. *O negro na Bahia*. Rio de Janeiro: José Olympio, 1946.

VIDIGAL, Armando A. F. *A evolução do pensamento estratégico naval brasileiro*. 3. ed. Rio de Janeiro: Bibliex, 1985.

VILAR, Enriqueta Vila. "Algunos datos sobre la navegación y los navíos negreros en el siglo XVII". *Historiografia y Bibliografia Americanistas*, Sevilha, 17 (3): 219-32, 1973.

VILARINHO, Manuel (apres.). *Primeira exposição nacional de painéis votivos do rio, do mar e do além-mar* [Museu da Marinha, maio a setembro de 1983]. Lisboa: Museu da Marinha/Museu de Etnografia e História do Douro Litoral — Porto.

WILLIAMS, David M. "The shipping and organization of the Atlantic slave trade (a review article)". *The Journal of Transport History*, 4 (3): 179-84, 1977-78.

WISSENBACH, Maria Cristina Cortez. "Gomes Ferreira e os símplices da terra: experiências sociais dos cirurgiões no Brasil colonial. In: FURTADO, Júnia Ferreira (org.). *Erário mineral. Luís Gomes Ferreira*. Belo Horizonte; Rio de Janeiro, 2002, v. 1, pp. 107-49.

XAVIER, Regina Célia Lima. *A conquista da liberdade: libertos em Campinas na segunda metade do século XIX*. Campinas: CMU-Unicamp, 1996.

ZERON, Carlos Alberto. "Pombeiros e tangosmaos, intermediários do tráfico de escravos na África". *Actes du Colloque Passeurs Culturels — Mediadores Culturais*, Lagos (Portugal), 9 a 11 de outubro de 1997. Lisboa: Fundação Calouste Gulbenkian, 1998.

Lista das tabelas

1. População de Luanda entre 1814 e 1845 (p. 64)
2. Valor dos navios pertencentes a Elias Antonio Lopes, 1815 (p. 148)
3. Tipos de embarcações negreiras apreendidas entre 1811 e 1863 (p. 155)
4. Tonelagens de embarcações negreiras apreendidas entre 1812 e 1851 (p. 156)
5. Navios mercantes entrados no porto do Rio de Janeiro em 1824 (p. 176)
6. Número de tripulantes em navios negreiros destinados ao Brasil, 1780 a 1859 (p. 177)
7. Relação entre tipo de navio, rota e tripulantes embarcados, 1780 a 1859 (p. 178)
8. Distribuição das tripulações negreiras por nacionalidade (p. 194)
9. Média etária de oficiais e marinheiros negreiros (p. 197)
10. Profissionais da saúde embarcados em navios negreiros, 1780 a 1863 (p. 281)

Créditos das imagens

1. Isaac Taylor, *Scenes in Africa, for the amusement and instruction of little tarry-at-home travellers*. 4. ed. Londres: Harris and Son, 1824, p. 43 (fig. 24). São Paulo: Biblioteca do Instituto de Estudos Brasileiros — USP. Reprodução de Lucila Wroblewski.

2. Isaac Taylor, *Scenes in Africa, for the amusement and instruction of little tarry-at-home travellers*. 4. ed. Londres: Harris and Son, 1824, p. 63 (fig. 34). São Paulo: Biblioteca do Instituto de Estudos Brasileiros — USP. Reprodução de Lucila Wroblewski.

3. Isaac Taylor, *Scenes in Africa, for the amusement and instruction of little tarry-at-home travellers*. 4. ed. Londres: Harris and Son, 1824, p. 63 (fig. 36). São Paulo: Biblioteca do Instituto de Estudos Brasileiros — USP. Reprodução de Lucila Wroblewski.

5. Johann Moritz Rugendas, *Malarische Reise in Brasilien*. Paris: Herausgegeben von Engelmann & Cie, 1827-35, prancha 1.

6. Emeric Essex Vidal, *Picturesque illustrations of Buenos Aires and Monte Video*. Londres: R. Ackermann, 1820. São Paulo: Instituto de Estudos Brasileiros — USP. Reprodução de Lucila Wroblewski.

7. Ezequiel Barra, *A tale of two oceans*. San Francisco: Press of Eastmen & Co., 1893, p. 67. São Paulo: Biblioteca do Instituto de Estudos Brasileiros — USP. Reprodução de Lucila Wroblewski.

8. Henry Chamberlain, *Views and costumes of the city and neighbourhood of Rio de Janeiro, Brazil*. Londres: Thomas M'Lean, 1822. São Paulo: Biblioteca do Instituto de Estudos Brasileiros — USP. Reprodução de Lucila Wroblewski.

9. Henry Chamberlain, *Views and costumes of the city and neighbourhood of Rio de Janeiro, Brazil*. Londres: Thomas M'Lean, 1822, página não numerada. São Paulo: Biblioteca do Instituto de Estudos Brasileiros — USP. Reprodução de Lucila Wroblewski.

10. Johann Moritz Rugendas, *Malerische Reise in Brasilien*. Paris: Herausgegeben von Engelmann & Cie, 1827-35. São Paulo: Biblioteca do Instituto de Estudos Brasileiros — USP. Reprodução de Lucila Wroblewski.

12. Johann Moritz Rugendas, *Malerische Reise in Brasilien*. Paris: Herausgegeben von Engelmann & Cie, 1827-35. São Paulo: Biblioteca do Instituto de Estudos Brasileiros — USP. Reprodução de Lucila Wroblewski.

14. Paul Harro-Harring, *Tropical sketches from Brazil*, 1840, p. 25. São Paulo: Acervo do Instituto Moreira Salles.

18. Mungo Park, *Travels in the interior districts of Africa*. Londres: W. Bulmer, 1799.

21. Paul Harro-Harring, *Tropical sketches from Brazil*, 1840, capa. São Paulo: Acervo do Instituto Moreira Salles.

22. Paul Harro-Harring, *Tropical sketches from Brazil, 1840*, p. 6. São Paulo: Acervo do Instituto Moreira Salles.

23. Walter Colton, *Deck and port; or incidents of a cruise to California; with sketches of Rio de Janeiro, Valparaiso, Lima, Honolulu, and San Francisco*. Londres: Partridge & Oakey, 1851, p. 86, anexo. São Paulo: Biblioteca do Instituto de Estudos brasileiros — USP. Reprodução de Lucila Wroblewski.

24. James Holman, *A voyage a round the world including travels in Africa, Asia, Australia, America, etc*. Londres: Smith, Elder & Co., 1834, p. 84, anexo. São Paulo: Biblioteca do Instituto de Estudos brasileiros — USP. Reprodução de Lucila Wroblewski.

26. Pascoe Grenfell Hill, *Fifty days on board a slave-vessel in the Mozambique Channel, in April and May 1843*. Londres: John Murray, 1844. São Paulo: Biblioteca do Instituto de Estudos Brasileiros — USP. Reprodução de Lucila Wroblewski.

28. Alexander Falconbridge, *An account of the slave trade on the coast of Africa*. Londres: J. Phillips, 1788. São Paulo: Biblioteca do Instituto de Estudos Brasileiros — USP. Reprodução de Lucila Wroblewski.

31. Thomas Clarkson, *Le cri des africains contre les européens, leurs oppresseurs, ou coup d'oleil sur le commerce homicide appelé traite des noirs*. Londres: G. Schulze, 1821. São Paulo: Biblioteca do Instituto de Estudos Brasileiros — USP. Reprodução de Lucila Wroblewski.

Índice remissivo

Abel, Clarke, 206, 317
abolição da escravidão, 33-5, 46
abolição do tráfico negreiro, 87
abolicionismo, 65, 86, 90, 140, 324, 373
Abranches, José Francisco, 235
absenteísmo, 375
Academia de Marinha, 145
açúcar, 20, 116, 120, 298
administração colonial, 55, 65-6, 69-70, 80, 82, 103, 105, 109, 129, 132, 135, 245
Adoxa, rei de Onim, 99-100
África: costa da, 68, 75, 104-5, 130, 169, 184-6, 211, 214, 275, 293, 295, 299, 303; Estados africanos, 25, 97, 234; pré-colonial, 84
África Central, 37, 71, 82, 95, 97, 105, 113, 164, 166, 184, 211, 234, 250-1, 252, 287-8, 332-3
África Meridional, 89
África Ocidental, 55, 62, 73, 75, 77, 88, 92, 97, 106, 115-6, 119-20, 122, 133, 144, 154, 160, 166, 179-80, 185, 190, 212-3, 234, 246, 252, 256, 286, 288, 290, 327, 339, 344, 346, 349-50, 364
África Oriental, 89, 108, 177, 184, 190, 258, 340, 359

africanistas, 31, 250
Agomé, 99
Agonglô, rei do Daomé, 97
agricultura, 61, 80, 338, 345
agropecuária, 332
aguardente, 94, 120-2, 127, 224, 231, 272, 275, 309, 349
Aguiar, José Caetano Ferreira de, 310
Aguirre, Juan Francisco, 306
Ajudá, 22, 97, 120, 124, 188, 256, 286, 316, 349, 352, 362
Alagoas, 145, 149, 353-4
Alden, Dauril, 61
alemães, 194, 206
Alencastro, Luiz Felipe de, 20, 331
Alexandre, embarcação, 158
alfândegas, 66, 74, 94, 102, 121, 131, 135, 291, 293, 299, 303
Alfred, navio inglês, 159
alimentos, 61, 63, 68, 77, 80, 163, 251, 268, 270-1, 273, 276-7, 295
Almeida Prado, J. F. de, 359
Amaral Lapa, José Roberto do, 24, 198, 204, 355, 378

Amaral, Ilídio do, 64
Ambriz, 21, 64, 74, 88, 111, 204, 227, 234, 237-9, 241, 332
América, 32, 39, 46, 198, 212, 251, 262, 267
Americana, embarcação, 258
Amistad, navio negreiro, 254, 373
Anadia, visconde de, 103, 338
Andrade, Gomes Freire de, 214
Angelina, embarcação, 170
Angola, 20, 23, 37, 40-8, 53-135, 151, 160-71, 181-5, 190, 196, 212, 219, 233-50, 253, 260, 265, 271-2, 280, 288-9, 309, 313, 319, 321, 327, 331-3, 338-40, 345, 348, 370, 373
Angra dos Reis, 23
antiescravismo, 87, 143
Antilhas, 203, 207, 343
Antônio (marinheiro espanhol), 142
Appé, porto, 100
Aracaty, embarcação, 158-9, 174, 181, 228, 338
Araújo, Félix Correa de, 110
Araújo, Ubiratan, 160
Arcos, conde dos, 98
Ardra, 98
armada britânica, 96, 159, 278, 358, 375
armas de fogo, 46, 87, 91, 93-4, 97, 116, 120, 233, 245, 255-6, 345
Arnold, Samuel Greene, 208, 358
Arquiduquesa Maria Cristina de Bordéus, navio francês, 131, 351
Arribas, Raimundo de, 187
Arsenal da Marinha, 145-6, 201, 303
artesãos, 201, 224, 348
asiáticos, 194, 217
assalariados, 170
Asseiceira, embarcação, 352
Atrevida, embarcação, 183
autoridades coloniais, 43, 62, 66, 117, 128, 237, 248-9
Aventura, embarcação, 154
Azeredo Coutinho, José Joaquim, 35
Azeredo, José Pinto de, 289, 309

Badagri, 92, 94, 100, 188
Bahamas, 148
Bahia, 20, 26, 37, 97, 100, 122, 144, 148-9, 160, 188, 201, 203, 219, 258, 285, 287, 318, 353
bakongo, povo, 242, 251
Baltimore (EUA), 254
bantos, etnia, 44, 82, 95, 103, 105, 114, 121, 212, 234-5, 239, 243, 247-9, 251-2, 259, 288-9
Banze, soba, 112
Baquaqua, Mahommah Gardo, 324-7
barbeiros, 49, 185, 261, 281, 285-6, 290
Barbosa, Manoel de Paula, 253
Barbosa, Manuel Antônio Teixeira, 74
Barra, Ezequiel, 206
barracões, 23, 25, 46, 69, 76-7, 79, 82-3, 86, 89, 91, 235, 237, 253, 286, 292, 323
Bastos, Luís Paulo de Araújo, 258, 311
batismo, 45, 69, 154, 224, 322
bawoyo, povo, 23, 95-6, 344
Beaumont, J. A. B., 208
Bell, rei (Camarões), 76
Bellarosa, James, 346
Bengo, rio, 63, 105, 236-7, 339, 348
Benguela, 21, 23, 38, 54, 57-9, 64-5, 72-3, 75, 80, 106, 111-2, 120, 128, 132-4, 162, 166, 174, 179-80, 190, 235, 242-4, 247, 253, 319, 332, 335-6, 338
Benin, 20, 23, 87, 212, 251
Bento, Francisco, 92
bergantim, 153, 154, 157
Bethell, Leslie, 159
Beyer, Gustave, 214
Bíblia, 367
bicho-de-pé, 266
Boa Esperança, cabo da, 191
Boa Viagem, ancoradouro da, 294
Bomtempo, José Maria, 260, 288-9, 374
Botelho, Sebastião Xavier, 115
boticas, 269, 274, 299
boubas, 266, 376
Bourbon, Teresa Cristina de, 305, 307, 312, 382
Boxer, Charles R., 69, 107-8, 164
Bracuí, 152
Braga, Antonio Daniel de Azevedo, 169
Braz de Pina, praia de, 214
breu, 116, 146, 150
brigue, 154

416

Brilhante, embarcação, 169, 176, 181, 189, 204-5, 221-2, 227
Brito Ribeiro, Salvador de, 220
Buarque de Holanda, Sérgio, 269, 376
bubi, grupo banto, 105, 346
Buenos Aires, 170, 313
Burmeister, Hermann, 223-5
burocracia, 95, 132, 300-1
búzios, 107, 120, 275, 349

Cabinda, 21, 23, 38, 54, 64, 71-4, 78, 93, 95-6, 100-2, 114-5, 118, 120, 124, 127, 133, 162, 189, 219, 231-2, 242, 245, 247-8, 287, 332, 341, 344
Cabo Frio, 273, 315
Cabo Verde, 73, 227
Cacahende, Sebastião Francisco Cheque Dembo Caculo, 120
Caconda, presídio de, 242-3, 348
Cacongo, reino de, 95, 128, 332
Calabar, África Ocidental, 180
Calmon, Pedro, 36
Calógeras, Pandiá, 36
Camacho, Manuel Marques, 117
Câmara Cascudo, Luís da, 120, 270
Câmara dos Comuns (Inglaterra), 85
Câmara Municipal do Rio de Janeiro, 302
Câmara, Francisco Paim da, 132
Câmara, José Gonçalo da, 93
Camarões, 76
Camarões, rio, 67, 76, 120-1
Cameron, Lovett, 89
Campos dos Goitacazes, 332
canibais/canibalismo, 25, 252, 286, 325
Canot, capitão, 256
capitães negreiros, 89, 121-2, 255, 274, 278
captura de africanos, 32, 40, 54, 84-91, 94, 104, 107, 120, 139, 184, 253, 323, 326
caravanas de escravos, 80, 85, 247, 345
Caribe, 87, 206, 214, 265, 378
Carolina do Sul (EUA), 97
Carreira da Índia, 24, 185, 198, 240, 378
Cartagena, 265, 291-2, 294
Cartas de Saúde, 180-1, 183, 300
Cartier, Jacques, 269

Carvalho, Manoel Gonçalves de, 118
Casa de Correção da Corte, 114
casas negrerias, 291
Cassange, 103, 108-9, 235
Castanhet, Arnau, 131-2
Castelnau, Francis, 235
Castelo Branco, Nicolau, 63
castigos físicos, 234, 255, 326
Castro, Ana de, 310
Castro, Manoel Patrício Correa de, 69, 81, 108
catequese, 69, 312
Catoco, soba, 112
catolicismo *ver* Igreja
Catumbela, 253
Cavazzi, João Antônio, 251
cemitérios, 59, 308-11
Chalhoub, Sidney, 288, 333
chalupa, 211
Chamberlain, Henry, 307, 312-6
Chartier, Roger, 334
Chaves, Baltazar Manoel de, 274
Chernoviz, Pedro Luiz Napoleão, 262, 276-7, 314-5, 373, 375, 379
Cinquez (africano), 373
cirurgiões, 25, 49, 182, 261, 280-1, 284-6, 290, 292, 300, 310, 360, 374-5, 379
Clarence-Smith, Gervase, 55, 195, 361
Cleopatra, navio de guerra, 142
Cliffe, Jose E., 77, 79, 255, 342
Cobras, ilha das, 182
Coelho, Antonio José, 244
Coelho, Lélia Frota, 367
Cohn, Raymond, 278, 356, 359
cólera, 49
Colômbia, 265
colônias portuguesas, 43, 80, 116, 211
Colton, Walter, 208, 225
Comerciante, embarcação, 121
comércio de escravos, 25, 33, 35, 38, 41, 47, 54, 70, 82-3, 98, 101, 103, 105, 115, 135, 168, 180, 238, 248, 298, 305, 310, 323
Comissão de Inspeção de Saúde Pública do Porto do Rio de Janeiro, 301
Comissão Mista Anglo-Brasileira, 24, 153-5,

169-70, 174, 179, 182, 187, 189, 226, 246, 258, 286
Confissões e denunciações de Pernambuco, 221
Congo, 23, 72, 80, 95, 106, 120, 127, 211, 249-50, 265, 309, 345
Conselho da Fazenda, 185
Conselho Ultramarino, 70, 122, 243, 338
construção naval, 47, 144, 146, 149-50, 165, 354
contrabandistas, 32, 44, 47, 49, 54, 72-4, 111, 128, 131, 135, 152, 157, 201, 296, 323, 340
Copacabana, 131
Coroa portuguesa, 22, 54-7, 66-7, 70, 72, 75, 81, 83, 93, 97, 101-4, 112, 127, 129, 133, 145, 160, 166, 217-8, 235, 247-8, 294, 322-3, 345
Correia, João Antonio, 190
Correia, Josefino Antonio, 190
Correia, Manoel José, 253
corsários, 73, 133-4, 148, 151
Corte portuguesa, 37, 44, 99, 303
corvetas, 93, 131, 153, 155, 177, 203, 232-3
cosmologia banto, 234, 251
costa da África, 68, 75, 104-5, 130, 169, 184-6, 211, 214, 275, 293, 295, 299, 303
Costa da Mina, 20, 37, 55, 73, 120, 212, 219, 283, 287, 337, 363
Costa do Marfim, 196
Costa do Ouro, 162
Costa, Antonio Jorge da, 189, 204-5, 215, 219, 362
Costa, Joaquim Xavier Diniz, 81
Courtney, George William, 121
Coutinho, Francisco Inocêncio de Sousa, 70, 108
Coventry, navio negreiro, 186
Cremer, Jack, 210
cristianismo, 87, 217, 325-6
Cristóvão Colombo, embarcação, 341
cronômetro marítimo, 150
Cuba, 122-3, 154, 373
cultura marítima, 191, 193-228
culturas negras no novo mundo, As (Ramos), 36
curandeiros, 58, 261, 284, 290
Curtin, Philip D., 36, 38, 164
Curto, José, 37

Cybele, cruzeiro britânico, 184
Czerniewicz, Pierre-Louis Napoleon *ver* Chernoviz, Pedro Luiz Napoleão

D. Afonso, embarcação, 151
D. João de Castro, embarcação, 158
Dadah (africana), 114, 199, 363
Dalrymple, William, 86
Dande, rio, 105, 129, 237, 348
Daomé, 97-8, 249, 345
Darnton, Robert, 45, 334
Deligente, navio, 181, 182
Del-Rey, rio, 88
Dembo, marquês de, 127
dembos, povo, 67-8, 237, 239, 242, 245, 338, 371
Destemida, embarcação, 187-8
Diana, navio negreiro, 126, 157, 183
Dias, Cristóvão Avelino, 185
Dicionário da linguagem de marinha antiga e atual (Leitão & Lopes), 210
Dicionário de Medicina Popular (Chernoviz), 276-7
dicionários de marinharia, 45, 173, 215
dinamarqueses, 206
disenteria, 49, 58, 180, 266, 278, 288
doenças, 22, 40, 47, 49, 57, 60, 62, 78, 122, 142, 165, 179-80, 183-4, 186, 201, 212, 216, 256, 260-2, 265-8, 272, 274, 276, 278, 285, 288, 291, 293, 296, 299, 319, 378; *ver também* doenças específicas
Dois Amigos Brasileiros, embarcação, 183
Dois de Março, embarcação, 154, 179
Dolphin, embarcação, 349
Dona Bárbara, embarcação, 74, 114, 199, 256, 319, 363
Doris, navio, 254
Drescher, Seymour, 161
Drumond, William Russel, 154
Du climat et des maladies du Brésil (Sigaud), 314

Ebel, Ernest, 224, 316
economia, 31, 59, 84, 105, 202, 302
elefantíase, 264
Eliza, embarcação, 174, 189, 221, 226, 368
Eltis, David, 37, 162, 164, 359
Embarcação de escravos (Vidal), 143

Emília, embarcação, 79, 92, 117, 126, 219
Encoge, 67-8, 239, 242, 248
Encoge, presídio de, 67, 237, 239, 335
engenhos de açúcar, 294
Engerman, Stanley, 38, 153
epidemias, 24, 57, 61, 68, 78, 266, 268, 288, 291, 293, 299, 376, 378, 381
Equiano, Olaudah, 86, 150, 252
Erário mineral (Ferreira), 261
erisipela, 288
escandinavos, 194
Escócia, 151
Escola Naval, 146
escorbuto, 49, 60, 63, 179-80, 268-78, 288, 291, 313-4, 378
escravidão africana, 214, 323
escravidão africana no Brasil, A (Goulart), 36
escravos-marinheiros, 148, 169, 201, 213
escuna, 153, 154, 156, 157
Espanha/espanhóis, 55, 82, 105, 154, 170, 194, 206, 267, 285, 346
Esperança, embarcação, 118, 125, 379
Espírito Santo, 149
Estados africanos, 25, 97, 234
Estados Unidos, 35, 86, 373, 378
Europa/europeus, 35, 39, 46, 54-5, 59, 62, 76, 83, 91, 94, 97, 107, 111, 120, 162, 179, 198, 216, 234, 248-9, 266-7, 290, 313, 350, 378
Europa, navio, 148
Eusébio de Queirós, Lei, 35
Ewbank, Thomas, 293, 362

Fábrica de Ferro de Ipanema, 201
Faculdade de Medicina do Rio de Janeiro, 263-4
Falcão, embarcação, 148, 275
Falconbridge, Alexander, 88, 121, 140, 256
Faria, Domingo, 219
febre amarela, 49, 179-80, 266, 291, 295, 364
febre tifoide, 267, 291
feirantes, 38, 75, 110, 247
feitiçaria/feiticeiros, 251, 290, 380
feitorias, 23, 46, 54, 73, 76, 79, 95, 100, 102, 118, 219, 239, 248, 335, 344
Feliciano, Manuel, 285

Feliz Americano, embarcação, 148, 169
Ferreira, Francisco Xavier, 300
Ferreira, José Malaquias, 116, 348
Ferreira, Luís Gomes, 261
Ferreira, Roquinaldo, 25, 40, 64, 75, 234, 236
ferro, 147, 151
Figueiredo, Afonso Celso de Assis (visconde de Ouro Preto), 353
Filgueira, Antonio Ribeiro, 287
Fisicatura, 260, 284, 379-80
Flor de Lisboa, embarcação, 133
Flor de Luanda, embarcação, 74, 154, 256
Florence, Afonso, 32
Florentino, Manolo, 20, 32, 38, 146, 154, 156, 164, 184, 350
fome, 24, 50, 61-2, 68, 80, 179, 233-4, 313
Fonseca, Manuel Pinto da, 78, 95, 344
Formação histórica do Brasil (Calógeras), 36
Forth Rouen, barão, 219
Fortuna, navio, 207
Fragoso, João Luís Ribeiro, 32, 332
França/franceses, 22-3, 38, 53, 71-2, 74, 102, 108, 128-34, 162, 179, 194, 237, 242, 245-6, 248, 263, 267, 314, 334, 340
Franca e Horta, Antonio José, 268
França, Caetano Alberto de, 92
Franque, Francisco, 96
Freitas, Antonio Gregório de, 210
Freitas, Octávio de, 182, 183, 266
Freitas, Vicente de, 361
Freyre, Gilberto, 203
frialdade, 266
Froger, François, 199
fumo, 116, 120, 357
Furtado, Luís Cândido, 66, 100

Gabão, 115
Gabriel, Edmundo, 95
Gadbury, John, 216
galeras (embarcações), 153, 155, 156
Galvão, Januário Furtado, 336
Galveas, conde de, 98
Gama, Antonio Saldanha da, 103
Gâmbia, 85, 252, 350, 364
Gambia Castle, navio, 185

419

Gemery, Henry, 162
gerebita, 26, 120
Ginzburg, Carlo, 43, 224
gíria de proa, 24, 156
Goa, 185, 274, 366
Góes e Vasconcelos, Zacarias de, 149
Golden Fluce, embarcação, 203
Gonzalez-Prendes, Miguel, 265
Goulart, Maurício, 20, 36, 332
Grã-Bretanha, 46, 76, 91, 190
Gra-fe, 325
Graham, Maria, 318
Grainger, James, 265, 375
Grandes Navegações, 144, 150, 196
Grecian, navio inglês, 189
Greenhalgh, Juvenal, 149
Guanabara, baía de, 316, 319
Guerra dos Dez Anos, 203
Guerra, Antonio Gomes, 258
Guiana Francesa, 264
Guiana, embarcação, 275
Guimarães, Antônio José da Silva, 175
Guimarães, Joaquim José da Silva, 112-4
Guimarães, Manuel de Sousa, 134
Guiné, 72, 85, 106, 115, 265, 347
gundu, 266

Hamilton, George, 92
Harrison, John, 150
Havana, 180, 275
Heredia, Antonio Lino, 265
hidropesia, 58
hierarquia de tripulação, 170-1, 174, 192, 201, 205, 209, 211, 285
higiene, 59, 158, 163, 255, 263-4, 266-7, 274, 276-7, 280, 290, 303
Hill, Pascoe Grenfell, 7, 142, 179, 208
História da lepra em São Paulo (Maurano), 263
História do Brasil (Calmon), 36
História econômica do Brasil (Simonsen), 36
Hofman, Agostinho da Silva, 295
Hogendorn, Jan, 162
holandeses, 22, 38, 53, 128, 162, 206, 219, 267, 346, 360
Holman, James, 56

Hoop, Klaus, 207, 210
Hordas y Valbuena, Benito, 181
Horibamba, soba, 112
hospitais, 58, 182, 378
Hospital da Marinha do Rio de Janeiro, 361
Humbe, 235
Hutter, Lucy Maffei, 354

iate, 155, 177
ibo, 87
Igreja, 69, 216-7, 221, 226
impostos, 65, 74, 83, 95-6, 122, 132, 239, 246, 265, 292, 298-9, 322
Independência, navio negreiro, 125
Índia, 109, 185, 217, 239, 269, 274, 371, 383
Índias Ocidentais, 207, 214, 265, 267, 346
Índico, oceano, 179, 269
índios, 263, 268
indústria naval *ver* construção naval
Inglaterra, 35, 71, 82, 85-6, 92, 98, 100, 151-2, 157, 198, 216, 356
ingleses, 22, 33, 38, 53, 67, 71, 76, 78, 82, 95, 99, 108, 118-9, 154, 179-80, 184, 206, 239, 273, 340, 378-9
Inhambane, 235, 257
Inikori, Joseph, 161
Inspeção da Visita de Saúde do Porto, 302
Interesting narrative of the life of Oloudah Equiano, or Gustavus Vassa, the African, The (Equiano), 86
Inveja, embarcação, 133-4
Invencível, embarcação, 341
Itabapoana, 258
italianos, 194, 206, 378
Itier, Jules, 116

Jack, Príncipe, 96
Jacquemont, Victor, 307-8, 312, 314, 383
Jamaica, 93, 203, 207, 214, 266, 271, 295, 359, 376
Jesus, Helena Rosa de, 169
Jesus, ilha de, 294, 296-7
João VI, dom, 293, 356
Joaquim (benguela), 169
Jobim, José da Cruz, 272, 376

420

John Bob, embarcação, 78, 95, 96
José (escravizado), 287
Junta Vacínica na Corte, 294

kalunga (mar), 234, 250, 259, 369
Karasch, Mary, 288, 312, 332
Kasange, 105
Kelly, James, 214
Kidder, Daniel, 206
Klein, Herbert S., 38, 153, 162-4, 278, 335, 363, 379
Koster, Henry, 250
Kotzebue, Otto von, 315
kru, grupo étnico, 196

La Estrela, navio, 256
La Fayette, embarcação, 254
La Flotte, viajante francês, 220
Labat, padre, 286, 316
Lacerda e Almeida, Francisco José de, 340
Lacroix, Louis, 76, 342
Lagos, 55, 99, 211, 227, 246, 347
Lamb, D. P., 161
Langaard, Theodoro, 277
Lara, Manoel dos Santos, 189
Lara, Silvia H., 333
Lauriano (escravizado), 258, 374
Laval, François Pyrard de, 172, 202
Lavollée (diplomata francês), 319
lavouras, 46, 144, 324
Lazareto, 298, 299, 300
Le Vayer, Théophile de Ferrière, 223
Leal, navio, 174, 181, 189, 361
Leitão, Manuel Correia, 108
Leithold, Theodor von, 204, 207, 210
Lencastre, Antonio de, 72, 242, 341
lepra, 49, 262-7, 277, 288, 295, 375
Leuchtenberg, Amélia de, 305
Levantado do chão (Saramago), 50
Libéria, 196
Libertador, embarcação, 168
Liberty Lying, navio, 373
Lightening, navio, 254
Lima, Domingos de Almeida, 117

Lindeza, embarcação, 119
Lindley, Thomas, 150, 228, 365
Linebaugh, Peter, 24, 171, 191, 194, 196, 201
língua franca, 96
línguas, 96, 113, 114, 206, 211, 213, 214, 250
linha do equador, 45, 99, 196, 204, 223
Lisboa, 144, 220, 237, 243, 260, 271, 274, 340, 351
Lisboa, Antonio da Silva, 132
Lisboa, Francisco José, 117
Liverpool, Inglaterra, 254
Loango, 21, 105, 127-8, 133, 233, 265, 332, 341, 345
Lobito, 134, 253
Lobo, Eulália M. L., 383
Loge, rio, 71, 74, 151, 238, 241, 339
Londres, 68, 85-6, 375-6
Lopes, Elias Antônio, 148, 213
Los Rios Filho, Adolpho Morales de, 356
Louriçal, marquês de, 72
Lovejoy, Paul, 40
Luanda, 21, 38, 58, 60-9, 73-4, 93, 102, 105-11, 118-23, 127, 129, 132-3, 153, 162, 166, 175, 180-1, 189, 204-5, 215, 218, 233, 235-44, 247-8, 260, 270, 280, 288-9, 319, 332, 335-6, 339, 348, 350-1, 359, 370-1, 374
Luccock, John, 80, 120, 168, 357, 378
Luís, Francisco, 302
Luís, Manuel, 222
Lutero, Martinho, 366

MacGaffey, Wyatt, 251
macua, grupo étnico, 258, 374
maculo, doença, 182, 266-7, 273
Madagascar, navio, 95
madeira, 56, 145-9, 353-5
mafuca (soba), 95
Magalhães, Antonio Máximo de Souza, 245, 341
Magalhães, Estêvão Abreu de, 301
Magalhães, estreito de, 199
Magalhães, José Lourenço, 262
Malabar, 26, 118
malária, 180, 266
Malheiros, Manuel Eleutério, 338
malungo (companheiro de viagem), 200, 250-2, 258

mambucos, 95, 96, 101, 246
Mamigonian, Beatriz, 32
Manet, Édouard, 209, 224
Manning, Patrick, 61
mão de obra, 32, 35, 40, 46, 104, 145, 151, 167, 198, 201, 246, 249, 253, 331
Maquama (africano), 87
máquinas a vapor, 151
Maranhão, 332
Maria Carlota, embarcação, 158, 159
Maria I, rainha de Portugal, 72, 101, 133, 243, 336
Maria Leopoldina, imperatriz, 209, 305, 382
marinha mercante, 171, 175, 220
marinheiros, 20, 23, 47-8, 63, 121, 152, 168, 176, 179-80, 183-5, 193-228, 252-3, 269-73, 277, 356, 360, 364, 376, 378
Marques, José Cardoso, 119
Marques, José de Souza, 92
Martius, Carl Friedrich Philip von, 146, 149, 293-4, 378
Matamba, 105, 345
matanga, 308
Mauboussin, Pierre Victor, 160
Mauran, M. G., 271-3, 277
Maurano, Flávio, 263
Maurício, ilhas, 73, 134, 340
Maximiliano, Wied Neuwied, 206
mbundu, 105
McGowan, Winston, 25, 234, 249, 252, 369
Medea, navio de guerra, 377
Medicina doméstica (Buchan), 378
medicina popular, 261-2, 266, 269, 276-7
médicos, 49, 59, 261, 264, 266-7, 277, 286, 288, 290, 299-300, 311, 314, 376
Meillassoux, Claude, 84
Melinde, 269
Mello e Souza, Laura de, 216, 218
Mello Moraes Filho, Alexandre José de, 308, 312
Melo, Miguel Antonio de, 53, 67, 81, 110, 151, 161, 244, 335, 338, 347
Melo, Rafael José de, 94
Mendonça, Henrique Lopes de, 365
Menezes, Rodrigo César de, 120

mercado de escravos, 37-8, 49, 292, 306-8, 313-6, 382
mercado do Valongo *ver* Valongo, mercado do
Mesa da Consciência e Ordens, 68
mestiços, 34, 44, 55, 57, 59, 63, 70, 106, 109, 112, 235, 245, 284, 335, 372
Miceli, Paulo C., 173
Miller, Joseph, 20, 23, 39-40, 61, 80, 114, 123, 153, 166, 234, 353
Milles, Vicente Ferreira, 117
minas (africanos), 286, 288, 290, 319, 324
Minas Gerais, 331
Minerva, embarcação, 121, 134
miscigenação racial, 34
Moçambique, 55, 70-1, 81, 115, 130, 134, 142, 181, 183, 189-90, 212, 227, 235, 257, 269, 285, 308-9, 319, 338, 340, 374
Molembo, 21, 71, 79, 92, 94-5, 101, 117, 120-1, 125-6, 128, 133, 183, 242, 246, 285, 287, 332, 341, 344, 349
monarquia portuguesa, 43, 46, 146
Mondego, rio, 159
Montevidéu, 181, 227
Montigny, Grandjean de, 305
Moreira, Juliano, 264
Morley, capitão negreiro, 88
mortalidade escrava, 39, 47, 153
Mossâmedes, barão de, 57, 59, 65, 68, 109, 128, 238, 243, 246-7, 336
Mossul, 71, 74, 238-9, 240, 242, 339
Mosteiro de São Bento, 145-6
mouros, 85, 196
Muquita (escravizado), 258, 374
mussui, 67, 237-9, 241, 248, 335
Mussulu, marquês de, 238

N. S. da Ajuda e São Pedro de Alcântara, embarcação, 220
N. S. da Conceição e Santo Antonio, embarcação, 371
N. S. da Graça, embarcação, 100, 341
N. S. da Piedade, embarcação, 131
N. S. das Brotas, embarcação, 93

N. S. de Belém, embarcação, 171
N. S. do Carmo e São Pedro, embarcação, 131
N. S. dos Remédios, embarcação, 134
Nantes, 162, 179
navios mercantes, 72, 144-6, 149, 158-9, 163, 167, 173, 175-6, 193, 215, 217, 274, 293, 340, 359
navios negreiros (ou tumbeiros), 23-5, 38, 44, 47, 49, 62, 64, 70, 74, 76, 78-9, 85-6, 90, 99, 119, 121, 131, 139-66, 175, 178-80, 183, 186, 195-6, 199, 213, 217, 219, 225, 233-4, 246, 250-1, 253-6, 261, 265, 268, 270-1, 275-6, 278, 280, 290, 293, 298, 308, 314-6, 318, 323-4; tripulação dos, 24-5, 42, 44, 47-9, 58, 73, 121, 124, 126, 131, 135, 142, 144, 147, 165, 167-93, 195-6, 198-214, 217-27, 252-7, 261, 275, 277, 280, 284-5, 291, 298, 323, 327, 351, 360
negro na Bahia, O (Vianna Filho), 36
Negro's Friend, The, 86
Neves, Joaquim da Silva, 188
Neves, Joaquim João das, 362
Ngoyo, reino de, 23, 95, 97, 102, 115
Níger, rio, 162
Nigéria, 346
Noronha, Antonio Manuel de, 338
Noronha, Fernando Antonio de, 338
Nova Granada, 291
Nova Granada, embarcação, 158-9
Novo Redondo, 73, 245
Nzombo, 345

Obaluaiê *ver* Soponna, orixá
Ochar, africano, 114, 199, 319
Oére, 116-7, 348
Oliveira Mendes, Luiz A. de, 255
Oliveira, Aureliano de Souza, 301
Olos, 108
Omoḷu *ver* Soponna, orixá
Onim, 99-100, 119, 121, 220, 350
Ordem Régia de 1729, 268
Ordenações Filipinas, 69
Ordenações Manuelinas, 69
Ouro Preto, visconde de *ver* Figueiredo, Afonso Celso de Assis

Paço, ancoradouro do, 294
Paço, largo do, 206, 214
padres, 218, 340, 345
Page, capitão inglês, 302
palmeo, 292
Palmerston, Lord, 76, 90-1
Pantoja, Selma, 107
Paquete do Sul, embarcação, 154, 183
Pará, 145, 149, 280, 332, 379
Paranaguá, 23
Park, Mungo, 252
Parlamento inglês, 85, 91, 255
Parliamentary Papers, 36
paternalismo, 202
Paula, Francisco Manuel de, 299, 310, 381
Payon, João, 131
Pedro Claver, são, 292
Pedro I, dom, 121, 300
Pedro II, dom, 305, 382
Pélissier, René, 60, 234, 340, 348
Península Ibérica, 263, 363
Pereira, Dionísio Alves, 287
Pereira, José Gomes, 148
Pereira, Manuel Francisco da Costa, 154
Pernambuco, 37, 145, 222, 298-9, 313, 327, 332, 359-60, 373
pidgin, 211
Pimenta, Tânia, 260, 284
piratas/pirataria, 22, 123, 133-4, 159, 167, 187, 194, 226, 304, 362
pleuris, doença, 58
pneumonia, 266, 291
Pohl, João Emanuel, 209, 313
Poliferno, embarcação, 177
pólvora, 73, 93-4, 116, 120, 245, 340, 374, 378
pombeiros, 20, 22, 57, 82, 106, 108-9, 111-3, 116, 135, 212, 235, 243, 251, 323, 325, 347
Pompeu do Amaral, F., 268
Porto Novo, 98, 100, 148
portos, 22, 54, 64, 98, 100, 147, 153, 164, 166, 185, 219, 237, 247, 265, 287, 290, 292, 298, 332, 340-1, 356, 365
Portugal, 40, 65, 70-3, 75, 81, 98-9, 101-2, 133, 144, 156, 190, 217, 235, 239, 244, 270, 340, 354
Prata, rio da, 131, 258

423

Prazeres, embarcação, 124, 351
Prelúdio da cachaça (Câmara Cascudo), 120
Primeiro Congresso Sul-Americano de Dermatologia e Sifiligrafia, 263
Primrose, navio inglês, 319
Príncipe, ilha do, 117, 186, 188
Progresso, navio negreiro, 142
protestantismo, 217
Provedoria da Saúde, 293-304, 310, 381
Prússia, 207
pumbagem, 107, 110-2

quadrante de Hadley, 150
Quevedo, José Correa de, 57
quibandas *ver* barracões
Quilimane, 177, 352, 380
quilombos/quilombolas, 236-7, 370
Quingolo, reino de, 244
Quissamã, 240
Quitingo, 341

Rabelo (traficante), 312
racismo, 32
Ramalho, Antonio José Oliveira, 189
Ramos, Artur, 36, 374
Rango, Ludwig von, 313, 334
Raynal, abade, 353
Real Junta do Proto-Medicato, 292
Rebeca, José, 169
Recife, 37, 62, 256, 266, 313, 317
Recôncavo da Guanabara, 294
Recuperador, embarcação, 158
Rediker, Marcus, 24, 167, 172, 175, 178, 180, 184, 191, 194, 197-8, 200-1, 211, 217, 222, 225, 365
Regimento de Saúde, 296, 301
Reis, João José, 84
Relâmpago, corsário francês, 73, 276
religião, 68, 205, 217, 220, 222, 289, 293, 312, 324
remédios, 60, 242, 269, 274, 276, 290
Repartição de Saúde, 310
Resende, conde de, 62, 119, 130, 370
resistência dos escravos, 233-4
Reynolds, Jeremiah J., 271, 377
Rhode Island (EUA), 349
Ribeira das Naus lisboeta, 147

Ribeiro, Antônio Francisco, 92
Ribeiro, Feliciano José, 189
Riflemant, navio inglês, 258
Rigau, Rafael, 189
Riley, James C., 165
Rio da Prata, embarcação, 125
Rio de Janeiro, 20, 26, 37-8, 41, 49, 85, 93, 98-9, 131-4, 140, 145-7, 152-7, 166, 170, 174, 179, 181-4, 189-90, 202, 206, 219-20, 226, 244, 260-4, 267, 270, 272, 279, 286, 290-4, 298, 301, 303, 305, 307-9, 315-9, 331-2, 339, 356, 364, 368
Rio Grande, 131
Rio, Antonio Alves do, 133, 352
rituais, 45, 76, 205, 216, 225, 289
Rocha Pita, Sebastião, 266
Rocha Pombo, José Francisco da, 266
Rodrigues, Jaime, 20-1, 23, 25-6
Rodrigues, Sebastião José, 374
Rover, embarcação britânica, 154
Royal African Company, 185
Royal Navy, 171, 203, 239, 302
Rugendas, Johann Moritz, 139, 140-2, 158, 250, 270, 293, 313, 353
Rússia/russos, 206, 315

S. João da Barra, 258
S. João Nepomuceno, embarcação, 93
S. José, embarcação, 341
Sá da Bandeira, ministro, 65, 116, 338
Saara, 54
Saldanha, José da Silva, 190
Salvador, Bahia, 37, 68, 74, 79, 98, 116-7, 122, 145, 166, 201-2, 219, 318, 339
Salvaterra de Magos, 244
sangradores, 49, 281, 285-6, 290, 380
Santa Casa de Misericórdia do Rio de Janeiro, 202, 309
Santa Catarina, 131
Santa Rita, largo de, 307-9, 384
Santo Antonio Diligente, embarcação, 116
Santo Antonio e Netuno, navio, 270
Santos Filho, Lycurgo, 267, 378
Santos, Luiz Gonçalves dos, 308
São Domingos (colônia francesa), 194, 207, 295

São Felipe de Benguela, 56
São Lourenço, embarcação, 177
São Luís (Maranhão), 37
São Paulo, 23, 268
São Paulo de Assunção de Luanda, 59
São Sebastião, embarcação portuguesa, 145-6
São Sebastião, ilha de, 154
São Tomé, ilha de, 60, 62, 150, 186, 227, 337
Sapata *ver* Soponna, orixá
Saramago, José, 50
Sararoca, embarcação, 341
Scarlett, Peter Campbell, 368
Scenes in Africa (Taylor), 90
Schillibeer, John, 271, 377
Schlichthorst, G., 143, 279, 308
Scott, Harold, 267
Scott, Julius, 214
Secretária dos Negócios do Império, 303
Seidler, Carl, 223
Senegal, 55, 235, 265, 373
senhores de engenho, 270
senhores de escravos, 32, 35, 104, 250
senzalas, 58, 66
Septro, navio de guerra, 377
Serra Leoa, 56, 73, 119, 183
sertão, 22, 59, 61, 75, 88, 93, 110-1, 118, 129, 241-3, 247, 371
Sete de Abril, embarcação, 203
Sexagenários, Lei dos, 35
sextante, 150
Sheridan, Richard B., 61
sífilis, 266, 313, 376
Sigaud, Joseph François Xavier, 262, 267, 273, 314, 376
Silva, Emídio Ribeiro da, 182
Silva, José Joaquim da, 187, 190
Silva, Luiz Geraldo, 196, 221
Silva, Manuel Vieira da, 231-2, 293, 296, 298, 380
Silva, Venâncio José, 303
Simonsen, Roberto, 36
slaves narratives, 86, 89, 324
Slenes, Robert, 25, 114, 212, 234, 250, 258, 352
Smart, Robert, 154
Soares, Mariza de Carvalho, 320
sobas africanos, 20, 22, 75, 112, 240, 242, 245-7, 348

soberanos africanos, 48, 75, 82-3, 97, 99, 102, 117, 121
Socoval, soba, 244
Soponna, orixá, 288
Sousa, Antonio José de, 285
Sousa, Joaquim Pinto de, 94
Sousa, Jorge Prata, 32
Spix, Johann Baptist von, 293-4
Starr, Adam, 252
Stewart, Charles, 367
Studart, barão de, 266
Subsídios para a história do tráfico africano no Brasil (Taunay), 36
Sudão, 264
suecos, 206
sumaca (embarcação), 358

tabaco, 20, 26, 94, 117, 120, 122, 144, 271-2, 275, 349
tangomaus, 106, 347
Taunay, Afonso d'E., 20, 36, 342, 347
Távora, marquês de, 274
Taylor, Isaac, 89
Tegbessu, rei, 97
Teixeira, Álvaro, 360
Tejo, rio, 145, 196
Tench, Watkin, 271, 377
Tenerife, 273
Terra, Fernando, 267
tétano, 266
Thomas, Keith, 215-8, 367
Thompson, E. P., 200, 364
Thomson, James, 265-6, 375-6
Thornton, John, 84, 97, 345
Tiempo, disciplina de trabajo y capitalismo industrial (Thompson), 201
Togo, 55
Tollenare, L. F., 256, 317-8, 357, 372
Tomás Cachaço, mestre de reza, 312
Tomás Luís, mestre da escuna *Dona Bárbara*, 74
Toríbio (escravizado), 287
Tourville, embarcação, 170
trabalho marítimo, 48, 167, 173, 179, 187, 193, 198, 200, 201, 363

traficantes de escravos, 25, 32, 38-9, 43, 49, 55, 69, 75-7, 82-3, 88, 91, 94-5, 97-8, 102-5, 116-9, 135, 148, 151-2, 160-4, 170, 175, 186-7, 196, 213, 218-9, 231, 233, 235, 246, 248-9, 253, 256, 262, 264, 270, 279, 286, 290, 295-8, 300, 303, 307, 312, 319, 322, 342, 350-1; grandes traficantes, 46, 76, 82-3, 103, 304; pequenos traficantes, 46, 83

tráfico ilegal de escravos, 43, 98, 118, 123, 176, 256, 333, 351, 373

tráfico negreiro, 19, 21, 22-3, 25-6, 31-50, 54, 57-68, 71, 75-86, 89-98, 102-3, 104-35, 139-92, 195, 198, 211, 218, 221, 226, 233-40, 245-55, 260-7, 271, 275-80, 284-7, 291-4, 298-301, 304, 307, 311, 314, 319, 322-3, 326-7, 331-2, 338-48, 353, 356, 360, 363, 373, 376, 383

Trajano, embarcação, 349
Tramandaí, 151
travessia do Atlântico, 139-208, 234, 307
Treatise on the Diseases of Negroes, as They Occur in the Island of Jamaica (Thomson), 265-6
Tribunal do Vice-Almirantado britânico, 191
tripulação de navios negreiros *ver* navios negreiros, tripulação dos
Trotter, Wilfred, 250
tuberculose, 266, 288
Tucker, William, 338

Ubatuba, 23
Uidá, 22
Umpulla, africano, 258, 374

Vale do Paraíba fluminense, 332
Vale, Antonio Januário do, 100
Valente, Antonio, 242
Valongo, mercado do, 43, 49, 85, 293-7, 305-18, 383-4
varíola, 49, 60-1, 180, 266-7, 278, 288-91, 294, 296, 309, 376
Vasco da Gama, 269
Vasconcelos e Sousa, Luís de, 131, 214
Vasconcelos, Alexandre José Botelho de, 336
Vasconcelos, Antonio de, 110

Vasconcelos, Manuel de Almeida e, 61-2, 70-1, 119, 238, 371
Vasconcelos, Tomé Guedes de, 124
Velha Calabar, 76, 88
Veloz, navio negreiro, 141, 163
Ventre Livre, Lei do, 35
Venturoso, embarcação, 94
Verger, Pierre, 20, 219
Viana, Paulo Fernandes, 383
Vianna Filho, Luiz, 36, 217-8
Vianna, José Antônio Rodrigues, 117
Vicente, Sebastian, 7, 180
Vidal, Emeric, 143
vili (africanos), 97, 345
Villegaignon, ilha de, 293
Virgínia (EUA), 87, 175
visita de sanidad, 291
Von Kotzebue, Otto *ver* Kotzebue, Otto von
Von Leithold, Theodor *ver* Leithold, Theodor von
Von Martius, Carl Friedrich Philip *ver* Martius, Carl Friedrich Philip von
Von Rango, Ludwig *ver* Rango, Ludwig von
Von Spix, Johann Baptist *ver* Spix, Johann Baptist von

Wagner, Zacharias, 313
Walsh, Robert, 85, 141-2, 163, 312
Way of death (Miller), 39, 353
Webster, W. H. B., 271, 377
White, John, 273
Williams, David M., 161, 350
Wissenbach, Maria Cristina, 19, 261
Wizard, embarcação, 205
Wooroo (africano), 325

Xapanã *ver* Soponna, orixá

Zaire, 124
Zaire, rio, 64, 95, 115, 126, 166, 183, 248, 254, 332
Zambuelas Grandes, 112, 114
Zangara (africano), 87, 343
Zanzibar, 265
Zemon Davis, Natalie, 41
Zeron, Carlos Alberto, 106

ESTA OBRA FOI COMPOSTA PELA PÁGINA VIVA EM MINION E IMPRESSA
PELA LIS GRÁFICA EM OFSETE SOBRE PAPEL PÓLEN NATURAL DA
SUZANO S.A. PARA A EDITORA SCHWARCZ EM NOVEMBRO DE 2022

A marca FSC® é a garantia de que a madeira utilizada na fabricação do papel deste livro provém de florestas que foram gerenciadas de maneira ambientalmente correta, socialmente justa e economicamente viável, além de outras fontes de origem controlada.